ちくま新書

戦後入門

加藤典洋
Kato Norihiro

1146

戦後入門【目次】

第二部　世界戦争とは何か　077

はじめに――戦後が剝げかかってきた

この本では、だいぶ思い切ったことを書いています。

数年前、アイルランドのタラの丘という聖地を訪れたことがあります。

そこの丘の中央に立つと、三六〇度、全方位的に草原が続いています。全方位的な眺望がえられるのです。この本では、日本の戦後について、それがどこからはじまり、どういう問題をはらみ、この戦後という空間から脱するのにどうすることが必要なのかについて、全方位的に考え抜き、論じています。

戦後について、タラの丘からの眺望のようなものを作ろうと考えました。

こういう本は、これまでなかったのではないか。

という意味は、こういう本を、誰も書こうとしなかったのではないか。

そんな思いで、『戦後入門』という題名を、真っ先に考えつき、それに値するものを書こうと、たくさんの本を読み、考え、それを新書に値する速度で読めるものにした結果が、この限界まで厚い一冊の書物となりました。

なぜ全方位か。

理由は簡単。

敗戦後七〇年目を迎え、「戦後」が剝げかかってきています。

ここまで自分の住む国がとんでもない状態になったことは記憶にない。まるで自分の国ではないようです。

なぜこうなったか。そういう思いが視野を思いきり広くとることを促しました。その結果、ほとんど現政権にとってだけでなく、現在の思想の枠組みにとっても破壊的な提言が行われています。コトバで作られた爆弾です。でも、さて、現実的でないかどうか。そこはどうぞ、読んで判断してみて下さい。

＊

私は、もうこれまでのような、またいまも散見される、つまみぐいのような「戦後」についての語り方はやめたほうがよいと思っています。「日米同盟」を動かしえない前提と考える〝現実論〟も、現実に立つというのであれば、その基盤が失われ、耐用期限を過ぎつつあることを直視すべきだろうと思っています。

昨年、大学を離れるまで、九年のあいだ、大学で外国からの留学生と日本の学生を相手に英語で日本の戦後について授業を行いました。そして、戦後というものが、どこの国にもある現象、問題であることを知りました。何が日本の戦後の特異さなのか、また普遍性なのか。なぜ日本の戦後を学ぶ必要があるのか。そんなことを考えさせられ、鍛えられました。

また、大学をやめる前後には一年間、米国の主要紙（「インターナショナル・ニューヨークタイムズ」）で固定コラムニストの仕事について、生き馬の目を抜くような米国の言論界の突端で、日本の現況の問題をめぐり、外国の読者に向かって書く経験もしてみました。[1]

何が彼らにわかっていないことなのか。そして何が私たちにわかっていないことなのか。先の戦争でこてんぱんに負けた日本は、面白い。私は、この国には世界に平和構築を呼びかける大きな可能性が秘められていると思っています。そのことを、面白がろう。そしてその可能性の大きな穴を、のぞき込んでみよう。そう思い、相手のいやがることを書き、同時に自分の知らないことも、教えられました。

＊

英語の授業で、数年前、こんな話をしました。

少し前のことです。昔世界史の授業で習った「バビロン捕囚」（BC五九七年）というものが、たった五九年間で終わっていることを知って、ショックを受けました。紀元前六世紀に新バビロニア王のネブカドネザル二世がユダ王国を征服し、数千人にのぼる有力者をバビロンその他の地に連行し虜囚とします。その後その数は、数万人に増えます。捕囚の時期は当初の楽観論を裏切り、世代を超えて、長期にわたってつづきます。そしてその間、ユダヤ人虜囚の間にバビロニア化ともいうべきものが起こるのです。

生まれてくる子の名前がバビロニアふうに変わり、月名にはじまり、文字自体もバビロニアふうに変質していく。文字を記す石板、家の建て方も変わる。そうしたなか、虜囚たちは、預言者に指導され、自分たちの宗教について徹底的に考え、崩壊した神殿に代わり、律法の言葉を重んじるという新しい信仰のあり方を作りだすようになります。そして、やがてペルシャが起こり、バビロニアを倒し、ユダヤ人たちは解放される。そういう話が、旧約聖書のエゼキエル書に出てきます。そしてこのできごとが、初の世界宗教を誕生させることになった契機として、歴史に名をとどめているのです。

聞いていて、――世界宗教のところを除くと――どこか戦後の日本を思わせる話だと思いませんか。明日の朝、大学にくる途中、電車にぶらさがっている広告の言葉に、英語と日本語とどちらが多いか、またカタカナの日本語と日本古来の日本語とアルファベットと、どんな比率になっているか、調べてご覧なさい。

そう宿題を出しました。

日本ももうだいぶバビロニアふうになびいてしまっています。何しろ日本の「バビロン捕囚」は、それよりも一〇年以上も長く続いているのですから。

戦争に敗れてから七〇年もたって、なお戦後七〇年ということが問題になるのは、その「戦後」が終わっていないからです。誰にも否定できないその明らかな証拠が、いま、沖縄の米軍基地を主権者である私たちが、自分たちの意向通りに動かせない事実として、私たちの前に差しだされています。

米国とのあいだの従属的な関係からいまだ脱することができず、そのことの裏返しの現象として、現在もなお、東アジアのうちのいくつかの国、特に中国、韓国と堅実な信頼関係を打ち立てることができない。そればかりか、みっともないヘイトスピーチなどが、盛んです。

こういう末期的な状態は、いつまで続くのでしょうか。そして終わるとしたら、それはどのようにしてでしょうか。もし終わらないとすれば、三〇年後、私たちはなおも、戦後一〇〇年、といっているのでしょうか。

第一部 対米従属とねじれ

昭和天皇、マッカーサー連合国軍最高司令官と会見（photo © ROGER_VIOLLET）

この本の入り口は、二つの関心からなっています。

一つは、日本の対米従属は、なぜ、いつから、どのようにあまり人の意識にのぼらないようになったのだろうか、という関心です。

というのも、ここ数十年という範囲で考える限りは、現在の日本の米国との関係は、ごく自然なものといってよく、米国と英国、フランス、インド、といった国々における二国関係とさして変わらないもののように感じられるのですが、たとえば、江戸時代、あるいは明治時代、またもっと下って戦前の日本と比べてみても、国土のなかに無視できない数の外国軍の軍事施設があり、また沖縄のように日々、住民が不安を感じながら生活しなければならない地域をもち、国際的な外交舞台でも、国際間の経済協議等でも、軍事的な領域でも、つねに米国の「力」のもとに置かれているこの現代の日本の状況は、やはりちょっと異常なのかなとは、少し立ちどまれば、すぐに誰もが気がつくことです。

しかし、そこで日本の対米従属が問題だなどというと、そういう私自身が、何となく居心地が悪い。そのうえ、きっといわれた方も、挨拶に困るだろう、と思うのです。

急に、こんなふうにいわれたら、ちょっと「引いてしまう」のではないでしょうか。

それで、対米従属などといわれると、なぜびっくりしてしまうのか、また、ことを荒立ててはまずい、という感じがしてしまうのか。そのあたりのことからはじめ、このことの背景をたどってみることにしたい。これが一つの関心のラインです。

私は、じつは三〇年以上前、三年半ほど外国に住んで、日本に帰ってきたときに、日本の戦後の社会にあるこの「微妙な感じ」に気づき、面白いと思い、そのことへの関心に導かれて、批評というものをはじめた経緯があります。

『アメリカの影』というのが、そのおりに刊行した私の最初の批評の本です。ですから、この問題については、この『アメリカの影』に立ち戻って考えます。

もう一つのラインは、この問題を解決する方法をめぐって、やってくる問いです。

私は、この対米従属からの独立のカギは、憲法九条の原則に立脚して、日本が国連中心主義に進むこと以外にないだろうと考えています。この本でも、こういう考え方で、日本の将来の展望を描いています。

つまり、対米従属からの独立というと、ふつうなら民族の独立とか日本の「誇り」の回復などナショナリズムに立った主張となるのですが、日本のばあいは特別で、そのふつうのやり方では、まったく「脈がない」だろうと思っているのです。

一般にはそれでよい。というより、どうしてもそうなります。しかし、日本のばあい、もしそうしようとしたら、袋小路に入る。

なぜなら、そのような試みは、当然、「国家・民族（ネーション）」のあり方を足場にすることから、日本のばあいだと、「戦前と戦後のつながり」を肯定する回路へと導かれます。しかし、それは、戦後の国際秩序を否定して「日本」の立場を主張することに帰着します。

米国政府の日本管轄の担当者たちは、そのばあい、日本の主張を支配者としての米国への独立の要求ではなく、自分たちの代表する「民主原則」の大義に対する反対の主張であると横滑りさせ、日本が再び復古的国家主義に訴えて敵対しようとしていると国際社会に喧伝するでしょう。すると日本は孤立します。

対米自立という要求は、正当なのですが、その正当性が戦後の国際秩序の「民主原則」に基づくものであること——現在の国際社会の価値観に合致するものであること——を証明できないと、その要求によって、日本は戦後の国際秩序に反逆する復古型国家主義者になってしまう、また、たとえそうでなくとも、そう仕立てられてしまいかねないのです。

なぜ、たとえばヴェトナムとか、インドとか、フィリピンとかなら、ナショナリズムに訴えてもその正当性が広く国際社会に認められるのに、日本が同じことをやろうとすると、それは、戦後の国際社会への反逆となるのでしょうか。

そのため、もし対米独立の要求の正当性を証明しようとするなら、どこまでも「戦前と戦後のつながり」を切断し、しっかりと「戦前」を否定しつくさなければ、孤立をまぬがれない、といわれるでしょうか。

つまり、なぜ、いったん対米従属という問題を解決しようとすると、今度は、厄介な「ねじれ」が浮かびあがるのでしょうか。

私は、そうした現象の根源に何があるのかを、『アメリカの影』の一〇年後、もう一つの著作『敗戦後論』で考えています。

なぜ、対米従属という現実をこと改めてつきつけられると、私たちは、何か赤裸々なふるまいに接したときのように、自分が攻撃されたようにも感じるのか。

その背後には、日本の戦後の問題の核心がひそんでいます。

またなぜ対米従属の問題を解決しようとして独立の主張を打ち出し、その正当性を主張しようとすると、今度は、他の国には見られない「ねじれ」現象にぶつかるのか。

その背後には、世界戦争という問題が横たわっているというのが、私の考えです。

戦後の問題については、第四部で考えます。世界戦争の問題については、それに先立ち、この準備編に続く第二部で考えるでしょう。

まずはじめに、なぜ対米従属の隠蔽が問題になるのか、世界戦争が問題になるのか、そのそれぞれの問題の入り口を、前著二冊を手がかりに、一望します。

I　対米従属——『アメリカの影』再訪

1 「対米従属」の後退

†「本日平和条約発効宣言、みんなしずかなもの」

『アメリカの影』で私は主に二つの問題について書きました。

一つは、日本社会に降りている米国のプレゼンスの「影」について——それを私は「『アメリカ』の影」と呼んでいます——(「『アメリカ』の影——高度成長下の文学」)。

そしてもう一つは、原爆と無条件降伏政策の連動性と、そこにかいま見られる第二次世界大戦の戦後の起源についてです(「戦後再見——天皇・原爆・無条件降伏」[1])。

でも、ここでは、前者、戦後の日本における米国のプレゼンスの問題、つまり、対米従属の問題を取りあげます。

対米従属の問題とは、何でしょうか。

先にも書いたように、対米従属、などと急にいわれると、私たちは、ちょっと「引き」ます。何だかシェードをはぎ取られて、赤裸々な陽の光にさらされ、ひいては何か自分たちのふだんの考え方が攻撃されているように感じられるのです。

でもなぜ、そのような「感じ方」がいま私たちのものになっているのでしょうか。

というのも、一九五二年のサンフランシスコ講和条約発効の時点では、対米従属は、誰の目にも明らかで、それをつきつけられても、誰もが、そんなことは当然じゃないか、だからどうした？　と考えており、こういう微妙な、あるいは繊細な（？）「感じ方」は、日本のどこにも存在していなかったからです。

最近出た中村秀之の『敗者の身ぶり――ポスト占領期の日本映画』（二〇一四年）は、その冒頭を、一九五二年四月二八日の講和成立の日と翌日のできごとにあて、こう述べています。

その日、作家の山田風太郎は日記にこう記した。

本日平和条約発効宣言、みんなしずかなもの。

明けて二九日の朝刊各紙は、平和条約が発効して「独立」を回復した前夜の雰囲気を「案外」という修飾語をつけて報じた。たとえば『朝日新聞』は「街は案外ひっそり昨夜10時30分の表情」という見出しで、二重橋前に日の丸を持って集まってきたのが「二十名ばかり」でしかなく、銀座でも特にお祭り騒ぎは見られなかったことなどを皮肉な調子で伝えている。「〝独立〟景気を当てこんでシャンパンを山と積んだ店もあったが「静かなものよ」と女給さんたちも手持ブサタ[2]」。

なぜでしょう。理由は簡単明瞭で、「『独立』といっても、実質的には対米従属的な体制の始まりでしかないことが明白だった」からです。中村は、山田風太郎が右の三週間ほど前、四月八日に記した日記を引きつつ、こう続けています。

独立の暁は——などいうが、日本は独立などできはしないではないか、講和条約は発効しても、行政協定が新に結ばれたではないか、自由未だ遼遠なり。

事実、四月二八日に発効したのは平和条約だけではない。前年九月に平和条約とともに結ばれた日米安全保障条約も、さらに、その第三条にもとづいて日本国内およびその付近における米軍の配備について定めた日米行政協定（同年二月調印）も、同時に発効したのである。そのとき日本政府は、占領終結後も自国内に米軍が駐留すること を認めただけでなく、その米軍関係者に対する裁判権も実質的に放棄することになった。(3)

†サンフランシスコ講和条約と日米安全保障条約

背景をおさらいしてみましょう。そこにあるのは次のような事実です。

まず、一九四五年七月二六日の最後通牒《つうちょう》、ポツダム宣言ですが、その第一二項には、「前記諸目的（非軍事化と民主化など──引用者）が達成せられ、且《かつ》日本国国民の自由に表明せる意思に従い平和的傾向を有し且責任ある政府が樹立せらるるに於《おい》ては、聯合国《れんごうこく》の占領軍は、直《ただち》に日本国より撤収せらるべし」とありました。

また、この宣言に対する日本政府からの問いただしに対する連合国からの八月一一日付回答、いわゆるバーンズ回答にも、その第五項に、「連合国軍隊は、『ポツダム』宣言に掲げられた諸目的が完遂されるまで日本国内に駐留するものとする」といささかニュアンスが異なるとはいえ、同趣旨の内容が明記されていました。

しかし、一九五一年九月、サンフランシスコ講和条約が、日本と連合国四八カ国（ソ連、中国等は入っていません）の間で調印されると、その第六条（a）項には、「すべての占領軍は九十日以内に日本から撤退する」と、一九四五年の規定に合致した規定がしっかりと書き込まれているものの、続けて、「二国間条約等による外国軍隊の日本駐留は可能」という規定が、目立たない形で入っていたのです。(4)

これがなければ、条約締結によって、占領は完了し、日本は五二年四月、めでたく「独立」となったところでしょう。でもこの項目を根拠に、この平和条約発効と同じ日に、日米安保条約（正式には「日本国とアメリカ合衆国との間の安全保障条約」）が発効されます。そして、この日以後、日本は対米従属の次の段階へと移行するのです。

日米安保条約は、前文と五条からなる簡単な条約で、前文に、「国連憲章は各国に自衛権を認めている」一方、日本には「独自の防衛力」が十分でないので「日本はアメリカ軍が国内に駐留することを希望する」と日本からの希望が表明され、米国もこれに応じ、日本の独自防衛力向上を期待するので、この条約を締結する、という意味のことが記されています。

そして第一条は、「日本は国内への米軍駐留の権利を与える（米軍は内乱鎮圧にもあたることができる）」、第三条は「細目決定は両国間の行政協定による」、第四条は、これなしでやれると「両国政府が認識した場合に」、この条約ははじめて失効する、旨のことを定めていました。米国に対して日本防衛の義務が明記されることはなく、また米国が同意しない限り、この米軍駐留は永遠に続く、というのでした。

そういうわけで、五二年の四月、日本がほんとうには独立などしていない、「自由未だ遼遠なり」の事実は、日本国内の誰の目にも明らかでした。

しかし、それ以来、日本がいつか「独立」をしたという話を聞きません。ですから、そのまま考えると、日本はいまだに独立していないというべきなのかもしれないのです。

†気分はもう「独立」

昨年まで大学でやってきた授業では、最初の日に、アンケートを行います。日本は敗戦後、占領されるわけだが、その占領が終わる、日本の「独立」の年は何年か。そう学生に質問を入れています。この質問に、二〇歳前後の現在の日本人学生が、一九六〇年とか、ひどいばあいには、一九七二年などと、てんで勝手に答えてきます。一九五二年と正答する学生は、五〇人に一人か二人、いればよいほうです。

しかし、それをもとに、ではいま日本は独立していると思うかと聞くと、全員が、何を聞くのだというように、もちろん、独立している、と答えるのです。それは、外国人の留学生も同様です。なかには、初回なので遠慮して、自分の率直な意見を控える外国人学生も、いたかもしれないのですが。

†三島由紀夫の「空振り」

しかし、一九五二年当時、日本人は誰ひとり、そんなふうには考えていませんでした。それが、変わりはじめるのは、五〇年代の後半、とりわけその終わりくらいからなのです。

それは「壁」として厳然と日本国民の前に存在していました。しかし、そのあたりの時期から、徐々に見えなくなっていきます。

たとえば、五九年、それはこんな「鉄の塀」の姿で描かれていました。

その小説、三島由紀夫の『鏡子の家』は、こうはじまります。

みんな欠伸をしていた。これからどこへ行こう、と峻吉が言った。

主人公は四人の青年。時期は「一九五四年の四月はじめの午後三時ちかく」。一九五五年七月、石原慎太郎の『太陽の季節』が現れる一年数カ月前、という設定です。

みんな退屈しています。どこへ行こうか？　そうだ、どこかあんまり人のいないところへ行こう。そういうわけで彼らは銀座から「月島のむこうの埋立地」に向かいます。そしていまもある、勝鬨橋《かちどきばし》の開閉橋のあがる時間帯の渋滞に、まきこまれるのです。

そのうちに鉄板の中央部がむくむくとうごき出した。その部分が徐々に頭をもたげ、割れ目をひらいた。鉄板はせり上って来、両側の鉄の欄干も、これにまたがっていた鉄のアーチも、鈍く灯《とも》った電燈を柱につけたまま、大まかにせり上った。(中略)

……こうして四人のゆくてには、はからずも大きな鉄の塀が立ちふさがってしまった。(5)

かなり意識的にファロス的な表徴をちりばめた表現ですが、この年、一九五九年に発表された三島由紀夫の意欲作の冒頭の一場面です。主人公たちが銀座から海に向かい、あんまり人のいない埋め立て地のほうに行こうとする。そこに日露戦争の旅順陥落に由来する名前をもつ「勝鬨橋」がせり上がって、彼らの前に「壁」となり、「立ちふさが」るのです。

しかしいまはそれは米国の勝鬨であって、立ちふさがるのは対米従属という「壁」にほかなりません。

三島はこの作品で、占領終了後間もない日本の「時代」を描こうとしました。しかし、対米従属下の日本の青年の絶望的な抗いを描くこの野心的な小説は、意外にも不評でした。三島が期待したようなヴィヴィッドな反応は現れず、意外にさめた批評が多く、この小説は、『仮面の告白』以来はじめての三島の「空振り」となり、以後、三島の進路を大きく変えることになります。

日本は東京オリンピックを前に大きく経済成長に向かって舵を切りはじめていました。経済の領域に新しい視界がひらけ、社会の気分も変わろうとしていました。対米従属の「壁」の屹立《きつりつ》、政治的な従属、こうした主題が、早くも少し古めかしく感じられるようになってきていたのです。

そして、翌年、安保闘争が起こり、対米従属からの離脱をめざし、国民規模の大きな反対運動に発展しますが、それが改定安保条約の自然成立で決着し、その代わり、強引な手法でこれを行った岸信介《のぶすけ》首相が退陣に追い込まれると、新首相池田勇人《はやと》による新政策のもと、やがて社会の雰囲気は一変し、対米従属の問題は、いよいよ後景に退き、見えにくくなっていくのです。

理由は、高度経済成長路線の採用による、政策課題の重心の政治から経済への大きな移行でした。政治課題が凍結され、もっぱら経済的な成長による生活意識の変化がめざされるようになると、対米従属、基地撤廃などといい募ることが、何だか「五〇年代っぽい」頑なさ、「後ろ向き」のこだわりっぽく感じられるようになってくるのです。

気がつくと、七〇年前後、あの五二年四月の、「独立」なんてウソだ、「本日平和条約発効宣言」、でも「みんなしずかなもの」といった気分はもう、どこにも見あたらなくなっていました。

2 対米従属の内面化

†「ゴウ・バック・ホーム・ヤンキー」

何が起こっているのか。

それが一九八二年、『アメリカの影』の最初の論考、「『アメリカ』の影――高度成長下の文学」を書いたときに私のまえにあった問題でした。

いまから考えれば、そこに起こっていたことは、占領終了後、対米従属の現実が、日本の経済的な自立によって程度として緩和され、同時に、内面化されたという問題でした。

「内面化」というのは、心理的にアメリカと自分を同じ側に感じるようになるということです。内面化された支配国たる米国はいわば「アメリカ」なるものとなり、その内実は、支配国であると同時に、近代化、経済成長、豊かさの追求のないまざった、なんだか自分にも手の届く、すてきなものの象徴に変わります。

「アメリカ」なるものの象徴が、政治的、軍事的で父権的なアンクル・サムのイメージと、繁栄と文化に親和的なミッキー・マウスの共存によって担われているとは、よくいわれることですが、このうち、後者のミッキー・マウスは、五〇年代には彼岸にある「憧れ」の存在でした。同じ側ではなかったのです。それが、六〇年代以降、いわば自分たちのもの、此岸の存在に移ってきます。

それにしたがい、五〇年代には冷然と存在していたアンクル・サム的なアメリカ、政治的、軍事的な抑圧的存在としてのアメリカが、日本社会の――沖縄を除く――視界の前景から、すっと遠のいていくようになります。

私は、右の論考で、江藤淳の『成熟と喪失』(一九六七年)という長編評論を手がかりに、この問題について考えています。これは江藤が六〇年代前半の米国滞在を終えてほどなく書いたすぐれた文学評論です。

そこに扱われている小説に、小島信夫の『抱擁家族』(一九六五年)がありました。そこに描かれているのは、この時期の社会の変化にうまく乗り切れない一人の中年男性のひとりぼっちの姿です。

彼三輪俊介は、妻時子の近代化にむけた「向上心」に脅かされ、反抗的な息子にも手を焼き、やがて妻の時子が不倫することになる相手の若いアメリカ兵ジョージに対し、さんざん彼をなじったあげくに、軽くいなされると、われを失って「ゴウ・バック・ホーム・ヤンキー」と怒鳴ったりします。この小説は、さまざまな形で論じられてきていますが、同時に、こうした六〇年代の高度成長下の日本人の意識の変質についていけない、一人の敗戦国インテリの孤立と苦渋を描いた作品でもありました。

自分は、ついこの間までの、五二年の講和成立の日の気分を忘れていない。しかし、いまでは誰もがもう、そんなことは気にしていない。そんな中で、一人の若い米兵に、妻を寝取られた中年男として滑稽にも「ゴウ・バック・ホーム・ヤンキー」と口にする主人公は、この時期、ひとすじに続いていた日本社会への不審の念と、それを抱える者のよるべなさを、よく示していたというべきです。

でも、それからさらに一五年もすると、もう意識が変質した部分に私たちの社会的生存の重心は移ってしまっています。「アメリカ」への屈服はすでに内面化され、意識に上りません。孤立しながら一人、戦後の日本における「アメリカ」なるものと苦闘しているのは、いまでは先の『成熟と喪失』の著者である江藤なのです。

江藤は、一九七八年の初頭に突然、これまでの文学史の記述に「日本が無条件降伏」をした、という記述のあることに噛みつき、これは「重大な事実の誤認」だといいます。[6]そしてほんとうは、戦前から続く日本国の政府が、敗戦で「ポツダム宣言の規定」によって降伏したのである以上、これは厳密にいえば条件に従った降伏なのだから、敗戦の当事者の日本人が、自分からこんなことをいってしまってはダメではないか、と戦後文学者、戦後知識人を敵に回し、批判を展開するようになるのです。しかし、これはだいぶ細部にこだわった異議申し立てで、すぐには人々の賛同を得る主張とはなりませんでした。

これをきっかけに、後にふれる無条件降伏論争（日本の降伏は、無条件降伏なのか、そうでないのか、をめぐる論争）が起こります。

ですが、そもそも、江藤自身が、その四年前に英語で書いた『A Nation Reborn（戦後日本小史）』という本では、「天皇が連合国への無条件降伏を発表した」[7]と、七八年の主張で自分の攻撃している相手と、まったく同じ見解を述べていたのです。

このことは、江藤自身の見解が、その四年のあいだに変わったことを意味していました。[8]彼自身、それまでは過去の歴史記述にさほど違和感をもっていなかった。無条件降伏に違和感をもっていなかった。でもある日気づいてみれば、もうどこにも、日本が米国に従属しており、まだほんとうの独立を果たしていないという共通の感覚が見られなくなっている。ほんとうは日本はアメリカの半従属国になって久しいのに、誰もが日本は完全な独立国であるかのように思ってしまっている。なぜだろうか。そういう問いに彼は、この四年のどこかの時点で、捉えられたのに違いありません。

そして結局、その原因を彼は、占領期のGHQ（連合国軍総司令部。以下、GHQ）の周到な――たとえば一方で憲法草案をGHQが作ったといった不都合な事実を封殺しながら、他方、表向きには「表現の自由」を宣揚する――占領政策と、それに無自覚に乗じた日本の革新派、戦後派の国家感覚の底の浅さにあると見立て、突如、このような個人的キャンペーンをはじめたのでした。

江藤は、その後、戦前と戦後の日本の国家をささえていた外務官僚や政治家にインタビューしたり、米国まで赴いて占領軍下の言論統制の事実を調査するなど、孤軍奮闘のうえ、戦後とは虚妄の時代なのだ、という主張を展開するようになります。

私たちの見てきた文脈でいうなら、五〇年代には誰もがはっきりと感じていたことが、七〇年代も終わりに近くなると、判然としなくなってくる。もう誰も従属感をもたないようになる。対米従属、なんていうと、えっ、この人おかしい、と少し引かれるくらいになる。ある日、不意に——ことによれば自分をも含めて——そうなっていることに気づき、大いなる危機感を抱いて、江藤は、「日本は無条件降伏していない」などというようにな
ったのかもしれません。

†親米ナショナリズム

しかし、その江藤のいい方は微妙です。日本は対米従属しているといっても、その主張のあり方はもう五〇年代のようではありえません。占領軍の民主化政策は欺瞞《ぎまん》的だ、それに同じて戦後民主主義をよしとしてやってきている日本の戦後社会も——戦後文学がその代表として槍玉にあげられます——虚妄にすぎない、とはいうものの、そのメッセージは、もはやアメリカは日本から出ていけ（「ヤンキー・ゴウ・ホーム！」）ではありえないのです。

江藤は、一九五五年、慶應大学在学中に発表した「夏目漱石論」で注目され、文芸評論家としてデビューしたあと、既成の価値観を打破する近代的で開明的な新進気鋭の文芸評論家として活躍をはじめます。

六〇年の安保闘争時には、「若い日本の会」という組織の有力な一員として、岸首相の政治の進め方の批判に加わりました。しかし、その年の六月、安保条約の改定のために来日した米大統領新聞担当秘書のジェイムズ・ハガチーを羽田空港で全学連の学生が取り囲

むというできごと（ハガチー事件）の現場にいあわせたことから、それまでの革新派としての言論活動から一歩身を引くようになります。

そのときに感じたことを、彼は「ハガティ氏を迎えた羽田デモ」というエッセイに、こう述べています。

ハガチー氏を囲むデモでは、「民族独立行動隊」の歌が歌われ、「We dislike Ike」、「Ike stop」（アイゼンハワー阻止）のプラカードが揺れる。主張は「すべて反米、反アイゼンハワーに統一されていて」、「反岸は一つもない」。このできごとは、安保闘争というものが排外的な情念に支えられたナショナリズムの運動にほかならないことをよく示していた。「この場を支配しているのは民衆の意志ではない。醜い、行き場のない、混乱だけである」。「政治感覚などというものは、まったく欠如していた」[9]。彼は以後、この安保闘争への参加に距離をおくようになるのです。

それ以降、彼は、こうした情念的な反米ナショナリズムとは一線を画す、別な仕方での従属的な日米関係からの脱却を模索するようになります。親米ナショナリズムとでもいうべき、日米関係を基調とする対米独立の獲得が、彼の新しくめざす目標となるのです。

そして八〇年、一〇カ月間のワシントンでの占領期検閲の研究を終えて帰国した江藤は、ある文学新人賞の選考の場で、興味深い作品に出会い、これを激賞します。それが、田中康夫のデビュー作、『なんとなく、クリスタル』でした。

†『なんとなく、クリスタル』

この作品は、よく知られているように、本文に多数の注を付し、当時最新の風俗をちりばめたおしゃれな小説です。主人公は都心の大学に通う女子学生由利で、彼女はモデルの仕事で、経済的に自立した生活を送っています。その彼女の恋人の淳一との共生の日々を、この小説は描きます。

そこには「クリスタルなアトモスフィア」が漂っています。学生ながらモデルとして経済的に自立した若い女性由利は、ここでは明らかに先に述べた『抱擁家族』の妻時子の後身だといえます。もう三輪俊介はこの一九八〇年の社会の先端部分には存在していません。代わりにいるのは、彼を時代遅れの存在とした新しい社会のもとで、向上心をもち、社会の中に自分もまた生きようと、近代的な価値観を自分のものとしようとした俊介の妻の時子の後身、すらりとした肢体をもった若い女子学生でモデルの由利のほうなのです。

では、この小説の何が批評家江藤の眼鏡にかなったのでしょうか。

主人公由利は、とはいえ、一本調子の向上心の申し子ともいうべき時子そのままではありません。そのまま行けば、彼女は、かなり複雑なフェミニストにでもなったでしょうが、時子とはまた別なふうに、成熟を遂げているのです。つまり、内省的でもある彼女は、自分の「弱さ」に自覚的なのです。彼女は恋人淳一と自分の関係について、こう思います。

私は、こわかった。淳一が離れていってしまうのが。おたがいに必要以上には束縛し合わないというのも、淳一が私から離れていかないという保証があっての話だった。やはり、淳一がいてくれるということが、私のアイデンティティーなのだった。[10]

淳一というコントローラーの下に、私は所属することになってしまった。私が普通の学生だったら、ここで淳一にベッタリくっついた、〝同棲〟という雰囲気になってしまっていたかもしれない。でも、幸か不幸か、私にはモデルという仕事があった。一緒に住んでいるとはいっても、私にもそれ相応の経済的にみた生活力があった。
（中略）淳一によってしか与えられない歓びを知った今でも、彼のコントロール下に〝従属〟ではなく〝所属〟していられるのも、ただ唯一、私がモデルをやっていたからかもしれなかった。（中略）

いつも、二人のまわりには、クリスタルなアトモスフィアが漂っていた[11]。

当時、この小説は、最新風俗を反映した新人小説家の第一作としてベストセラーとなるかたわら、世の文学の専門家たち、知識人たちには通俗的で安易なエンタテインメント小説にすぎないとして、ほとんど袋叩きの状態でした。

そしてまた、このとき私は、三年半のカナダ滞在を終えて、帰国したばかりでした。帰国の直後に、この作品について書く機会を与えられたことが、私を文芸評論の道に引き入れたのです。

†豊かさによって幸福を!

三年半ぶりに日本の社会にふれた私には、十字砲火状態のこの作品へのインテリたちの否定ぶりが、逆にとても興味深いものに感じられました。中で江藤が、一人、孤立するようにしてこの新人小説家の作品を高く評価していることも、面白い眺めでした。

米国への依存と従属といえば、カナダにも少なからず似た部分があります。私のいたケベック州のナショナリズム運動でも、アメリカとの独自の連携強化といった主張が、カナダ本国を牽制《けんせい》するために囁《ささや》かれたものです。オレたちはアメリカと連携して独立した経済体制に入ってもいいんだぞ、と。

そういう場所から見ると、このインテリのマジョリティの反応は、この豊かさへの臆面もない肯定への反発として、意味深いものだと思われました。

それまでこの豊かさの肯定は近代化、個人の確立と一対になってたとえば戦後の平和主義と共存し、ともに日本の戦後の価値観を作りあげてきました。たとえば「ＰＨＰ」というのは日本の一大家電コングロマリット創設者の松下幸之助の提唱した理念で、「Peace and Happiness through Prosperity」（繁栄によって平和と幸福を）の頭文字をとって、「物心両面の繁栄により、平和と幸福を実現していく」という意味とした標語ですが、この理念を冠した研究所（「ＰＨＰ研究所」）は、敗戦直後に創設された後、五〇年代に一度の活動停止をはさみ、一九六一年から本格的に活動を再開しています。平和と幸福と繁栄の一致。これが六〇年代にはじまる高度成長期の日本社会の達成でした。

しかし、そのことが同時に、あの五〇年代の共通認識――対米従属と半独立の現実――を体内に「消化」し、見えないものにする力でもあることに、日本のインテリたちは、どこかで気づいていたはずです。それが彼らの中に豊かさへの疑惑が最後まで消えなかったことの理由でした。

この時期、一九七二年まで、沖縄がまだ米国の統治下にあって日本人の視野の外に置かれていたことも、ここで同時に思い出されなければなりません。沖縄はこの後、復帰して、日本が「対米従属」から自由ではないことの象徴へと育ちますが、一方、日本社会自身は、その沖縄を孤立させるように動いていきます。

八〇年代初頭は、そういう時期でした。そこに、日本社会の豊かさの享受を、戦後的近代的な価値の追求からいったん外し、いわばPeaceなしに――対米従属への顧慮なしに――、Happiness through Prosperityだけでいけると、私は思う、という若い女性を主人公に据えた、新しい小説家が現れるのです。そしてその主人公が、こういいます。自分は他者への従属に十分に自覚的なつもりだ。でもその従属が経済的自立によって〝所属〟ともいうべきクリスタルなアトモスフィアを漂わせる関係に変わる。自分はそのことにも十分に大きな意味を見たいと思うのだ、と。

誰もがすでに対米従属と経済成長のアマルガム（混合物）に関し「内面化」を果たし、自分の体内に消化し終えたと感じているところでした。そこに、この新人作家が、誰も口にしないタブーをぬけぬけと言葉にしたのです。

このタブーを言葉にすれば、私たちは弱い、「アメリカなしにはやっていけない」、となるでしょう。また、私たちにとって「豊かであること」は単に経済力がある、というだけの意味ではない、もっとかけがえのない意味をもつものだ、大事だ、それを私は失いたくはない、となるでしょう。

なぜなら、この豊かさがあればこそ、私たちはアメリカへの「従属」を「所属」に変えることができる、「従属」しつつなお、自尊心（ナショナルな感覚）を失わないですむ、私たちにとって「経済的にみた生活力があること」は、いまや私たちの自尊心の基礎なのだ、と、この小説は語っていたからです。

私は、この小説は、タブーをしっかりと受けとめ、「しかし私は少なくとも自分がこのような弱さをもっていることを知っている、そしてこの条件のなかで、よりよく生きていこうと思っている」と呟く、新しいタイプの主人公を造型した、と考えました。俊敏な小説だと思いましたから、これを高く評価しました。

3 江藤淳のジレンマ

†交戦権の回復

しかし、こう考えてくれば、江藤がこの時期、この小説を激賞した理由も、見えてきます。彼には「ヤンキー・ゴウ・ホーム！」という反米的な対米独立路線が、戦後、まったく「脈がない」ことがよく見えていました。

当時は東西冷戦下でしたから、その意味は二重だったでしょう。はたして、米国との親しい通商関係、友好関係なしに、日本社会は経済的に成り立つのか。安全保障的にも、生存可能なのか。つまり、親米でない対米独立がありうるのか（対米独立後も親米でなければならない）、という現実認識が一つ。そしてもう一つは、ソ連、中国の側に引き寄せられることなしに、日本は対米独立できる基盤をもっているのか、つまり社会主義化に抗して自立できる自由と民主主義の政治的成熟に、日本は達しているのか（対米独立後も反米となってはならない）という政治認識が一つ。つまり、当時の日本社会の未成熟さ、また社会主義国の未成熟さの双方が、見えていました。

この時期もはや右翼団体にとっても、「ヤンキー・ゴウ・ホーム！」という選択肢はなくなっていました。私は、先の『アメリカの影』の第一の論考に、「愛国党（旧大日本愛国党）が「日米安保条約は日本の生命線」と述べて日米同盟の堅持を訴えることで共産主義化を防止しようとし、他方、「殉国社」が「屈辱憲法廃棄」を唱えながらもなお、「反米」と（ということは「米軍基地の撤廃を」とも）述べていないことに、読者の注意を喚起しています。

そのため、江藤のこのときの対米論は、まさしく、〝従属〟ではない、経済的な自立をテコにした〝所属〟関係をめざすというものとなっていました。『なんとなく、クリスタル』の主人公の認識は、しっかりと五〇年代来の対米従属と半独立という「弱さ」の認識を踏まえたうえ、このときの江藤の希求に重なる、ありうべき日米関係を体現するものにほかならなかったのです。

しかし、このとき、同時に、これを評価しながらも、江藤自身は、さらにこの先に一歩、踏み出ようとしていたことも事実です。彼は、『なんとなく、クリスタル』の登場の直前、一九八〇年七月にこう述べています。

以前から私は、日本人はどこかで自由を奪われている、と感じることがあった。また同時に、自由を奪われているにもかかわらずそのことに気がついていないふりをしている、と感じることもあった。要するに、われわれは、〝ごっこ〟の世界に生きているようなものだ、と、私は少くとも過去十年間、折に触れて感じて来た。[12]

では、その「自由」を回復するにはどうすればよいか。答えは、日本が自由に自分の運命を決定する主権（独立）を回復することによって、となるはずです。そして、GHQが制定した憲法の第九条二項を削除し、「交戦権」を回復することがこの主権回復の象徴となる、というのが、このときの江藤の反戦後論の骨格でした。

そこで彼はいいます。「交戦権」の回復は、「戦争への道を歩むこと」を意味していないし、「核武装すら」意味していない、「それは主権の回復のみを意味し」、「日本が通常の自由な主権国家となり、ふたたび自己の運命の主人公になるということを象徴する行為にすぎない」、と。

そのときはじめて日米同盟は、当初からの占領の継続という色彩を一切払拭して、自由な主権国家間の同盟に変質することができる。日米間のそのような自由な同盟は、米国を知る日本人にとっての永年の夢であった。その夢は、あるいは今後の日米両国の努力如何によっては、実現できないとはいえないのである。[13]

†核武装による自主防衛へ？

しかし、江藤のめざすこの日米関係は、この新しい小説の若いカップルよりは、格段に危うい関係の上に成り立っていたというべきです。対等な主権国家同士の緊密な同盟関係。それが誕生するには「日米両国の努力」が必要です。でももしそのような合意が成立しなかったら？　当然、そういうケースも、この非恋愛関係、可能的な主従関係にならら、原理上、ありうるからです。
対等な、――〝従属〟でも、さらに〝所属〟ですらない――「安保条約の発展的解消ともいうべき新たな同盟関係」の締結、これが最終的にめざされるべき目標だとして、しかし、その提案を米国が拒否したら、どうなるのか。

その答えは一九八〇年に書かれた二つの文章（「憲法と禁圧」「一九四六年憲法――その拘束」）には出てきません。しかし、彼は、一〇年前に書かれ、これと同じ著作に再収録された別の一文には、こう書いていました。そのばあいには、

> 日米関係を新しい同盟に切替えて、佐世保と横須賀から出て行ってほしいと、政府は米国を説得しようとするであろう。（中略）米国がこれを拒否すればいたしかたがない。日米関係は決定的に悪化して、日本政府は核武装による自主防衛への路に追いつめられぬともかぎらない。この場合、生存の維持と自己同一性《アイデンティティ》の回復という二つの要求をともに充足させようとすれば、これ以外の方策があり得るとも思えないからである。[14]（傍点引用者）

もし、米国とのありうべき関係が作り出せないとしたら。そのばあいのオプションは、

江藤の考えでは、「自主防衛」そして「核武装」という反米的たらざるをえない路線の採用ということになるのです。

一九八〇年段階でも、これに代わる対案が示されていないところから、このような構えが、このときも生きていたことがわかります。そしてこのことは、その後、孤立が深まったあと、彼の手で『日米戦争は終わっていない　宿命の対決——その現在、過去、未来』（一九八六年）なる表題の語りおろしの新書が刊行されていることからも、確かめられるでしょう。(15) 彼は親米のかたちでの対米自立をめざすのですが、それがうまくいかないばあいの最終案は、反米路線の採用だったのです。

†江藤淳の「空振り」

このことは、このときから二〇年前、彼が、反米に陥らない日米安保条約改定への反対という方向を模索し、そこから独自の歩みをはじめたことを知る者の目に、とりわけ、意味深いものと映ります。

彼は、先の六〇年のハガチー事件の取材エッセーでは、むしろ米国につきつけられるべきプラカードは、「反米」ではなくて「反岸」であるべきなのだ、と指摘していました。羽田空港のデモ隊がアイゼンハワーの来日に反対する理由は、「反米」のナショナリズムにあるのではなく、反民主主義的な岸政権への民主主義的立場からの批判にあると米国側に示すことこそ、「日米」の共通基盤を確認するうえで重要なのだという、それは若い民主主義者江藤からなされた、鋭敏な指摘でした。

だとすれば、ここでも、彼は「反米」ではなく「反岸」の立場から――ナショナリズムの立場からではなく、民主原則に立つインターナショナリズムの立場から――、この日米関係の是正、対米従属からの主権の回復を、訴えることもできたのではないでしょうか。

そしてそれだけが、ありうるとして、「日米両国の努力」を可能にする共通基盤を提供することのできる、唯一の対米自立のための企図の枠組みであることに、気づけたのではなかったでしょうか。

というのも、そうでなければ、この米国への訴え・要請が、米国によって拒まれたばあい、日本はその「不当」性を訴える先を、国際社会のどこにも見出せないからです。袋小路に入り、それこそ、「日本政府は核武装による自主防衛への路に追いつめられぬともかぎらない」からです。

しかし、それはそのまま、戦前の国際的な孤立への道を、再び繰り返すことでしかありません。これが、未来にひらかれた、したがって日本国民を説得するに足るオプションたりえないことは、このとき、誰の目にも明らかでした。

†宿命的な二律背反

結局、この一九八〇年前後にはじまる米国の無条件降伏、占領政策をめぐる江藤の批評的企ては、一九五九年の三島の企てと同様、「空振り」に終わり、彼を、時間をかけて、奇妙な孤立に追いやります。彼は親米派、知米派保守知識人の枠からずり落ち、やがて、個人的な事情も加わり、七〇年の三島に続き、九九年に自死をとげます。

いまの目から見れば、国の主権制限を回復するために「安保条約の発展的解消ともいうべき新たな同盟関係」をめざすという江藤の主張は、一九八〇年、主要な右翼団体ですら米国に対してあえて口にしない、もう一つの実質的なタブーでした。その意味でそれは、先駆的な意味をもっていました。しかし、そのための提案が、憲法九条二項の改定による「交戦権の回復」である点、じつは彼自身が六〇年に否定した、旧套《きゅうとう》のナショナリズムに立つ反米的主張の「袋小路」性を、従来の保守派の主張と共有するものでした。

なぜそうなるのでしょうか。

彼が前にしていたのは、あるいは、このとき彼が発見していたのは、戦後の日米関係をめぐる一つの二律背反、「ねじれ」であり、それは、こういうかたちをしていました。

（日米関係のもとで、日本の――引用者）自己同一性《アイデンティティ》の回復と生存の維持という二つの基本政策は、おたがいに宿命的な二律背反の関係におかれている。自己回復を実現するためには「米国」の後退を求めなければならず、安全保障のためにはその現存を求めなければならない。(16)

どうすれば、この二律背反を解くことができるのか。

しかし、この難題に答えるには、その直接の方途に立ち入る前に、なぜこのようなややこしい「ねじれ」た関係のもとに、日米関係はおかれるようになったのか、またこの「ねじれ」というあり方が、そもそも日本の戦後と、どのように関わるものなのか、その淵源が問われなければなりません。

Ⅱ ねじれ――『敗戦後論』再見

1 独立と「ねじれ」

†敗戦国日本の二律背反

私は、『アメリカの影』からほぼ一〇年後、『敗戦後論』を書いてその問いに答えようとしています。

『アメリカの影』から出てくるのは、日米関係にまつわる「ねじれ」です。親米の関係をこのまま維持しようとすれば、徐々にそこに内在する対米従属のフラストレーションが昂じてきて、対等の関係が欲せられてくる（自己回復ができない）。だからといって、それをめざすと――米国が好意的にこれに応じてくれるのでない限り――日米関係は緊張の度を加え、冷却化し、米国の撤退が可能になったとしても、日本は安全保障上、さらに経済上の深刻な問題にぶつかる。

なぜ戦後の日米関係は、このような二律背反をもつようになったのでしょうか。それはここに内蔵されている対米従属が、いわゆる宗主国・支配国による保護国、旧植民地国の支配と、ある面では共通の本質をもちながら、別の面ではまったく異質の本質に裏打ちされているからにほかなりません。

その国の政治はその国の住民の意思によって決定されるという民族自決権は民主原則の一つの柱です。対米従属＝米国による日本の半支配は、この民主原則に反し不当である点で、他の国々、たとえば、インド、フィリピンのばあいの支配国従属と共通の性格をもっています。

二〇〇九年、日本の政府は、沖縄の住民、広範な日本国民の願望と意思を体して、米国に危険きわまりない米軍普天間基地の国外移転を要求しました。これは国際的な基準に照らして正当な要求でした。しかし、米国に「不当にも」拒否され、そのような現状変更の政治的姿勢を示したことを理由に、政権自体が、米国政府と現状維持をめざす国内の従米勢力によって崩壊に追いこまれます。政権交代後の民主党鳩山由紀夫政権の二〇一〇年六月の瓦解がそれです。

これも国際的な基準から見て「不当なこと」といえました。国際社会にその「不当さ」をアッピールするには、鳩山政権が、しっかりと米国政府に「抗議」し、これとぶつかることが必要で、それ以前に腰砕けになった点、「不当」以前にとどまったというべきですが、ここでのあり方は、ほかの被支配国の「抵抗」「抗議」と共通の正当性に立つものでした。

しかし、この「正当性」を主張する段になると、日本は——第二次世界大戦の典型的な旧敗戦国であるドイツとともに——、ほかの国のようには、民族主義的なナショナリズムには立てないのです。民族自治原則をあげるわけにはいかない。この点が、ほかのインド、フィリピン等と違うのです。

日本の主張を国際社会に受け入れてもらい、そこからの支持を期待できるかたちで主張しようとすれば、この独立の要求が戦前につながるナショナリズムを明確に否定した戦後の民主原則に立つことを、証明しなければならない。

証明できなければ、この行為は戦後の国際秩序に反逆し、日本が戦前の立場に回帰しようとしているものであるという対抗主張を論破できず、日本は以後、国際社会での孤立を余儀なくされる。

そこがほかの国のばあいと違う点なのです。

なぜ、そのようなことになってしまうのか。

ここには、日本の敗戦国としての「ねじれ」が顔を出しており、それにしっかりと向き合わなければ、日本はこの二律背反を内蔵した戦後の最終課題を克服できないことになる。

また、その「ねじれ」は単に、敗戦したことからやってくるというより、その戦争が第二次世界大戦という初の本格的な世界戦争であることから、また、その世界戦争としての固有の問題から、もたらされているのではないか。

そう考え、私は『敗戦後論』では、こうした「ねじれ」の問題を取りあげたのでした。

その話を私は、このほぼ二〇年前の論考では、ノルマンディ上陸四〇周年の式典にNATO（北大西洋条約機構）の一員として参加を希望していた西ドイツのコール首相が、旧連合国のNATO諸国から招待されなかったため、西ドイツ国内に広がった「とまどい」を報じる記事の話から、はじめています。

Dデー（連合軍の対独ノルマンディ上陸作戦決行日）は、いずれにしろ、われわれの「いくつかの痛みにみちた見解に決着を与えるためのきっかけである」と、その記事の書き手、西ドイツ有数のジャーナリストの一人である、テオ・ゾマーは書いていました。

なぜなら、「われわれが今日、享受している自由や民主主義や繁栄は、四〇年前に連合軍がアドルフ・ヒトラーの第三帝国への突撃を試みていなかったら、ありえなかった」だろうから。われわれは、「外からトータルな崩壊を押しつけられ」、一度死んで、はじめていまのわれわれになった。だから、その西ドイツが、このことを言祝《ことほ》ごうと、Dデー祝賀の列に加わろうとすると、NATO加盟の諸国にも、またわれわれのあいだにも、「とまどい」がひろがるのだ、と。[17]

すぐにわかるのは、そこにあるのが、第二次世界大戦の旧敗戦国、日本とドイツ、また一部はイタリアに、共通する問題なのではないか、ということです。

なぜならそれは、敗戦によって、戦前と戦後のあいだに価値観、国のあり方の骨折・断絶を生じることになった国に固有の運命だからです。その骨折・断絶で、そのまま国が亡びて、なくなってしまえば、「ねじれ」はありません。ですから、自殺したアドルフ・ヒトラーに、その「ねじれ」はありません。骨折・断絶があったにもかかわらず、その本体が生き延びると、その本体のなかに、骨折・断絶が矛盾点として残り、それが「ねじれ」として生きはじめるのです。

占領後も残る旧戦勝国の「実質的支配」をはねかえそうとして、ほかの国のばあいのように、ごく自然な心の流れにそって民族的感情に寄り添おうとすると、それではけっして戦後の国際社会には受け入れられないという黄信号が心のなかに点滅する。またその感情と、いま自分のなかにある戦後の民主原則の感覚とが、――たとえばわれわれは戦前の自分を否定する、というように――敵対関係におかれなければ、この独立要求の理由の正当性は作り出せない。

しかし、このごく自然な心の流れを、取りたてて否定するには及ばない。というより、取りたてて否定してはいけない。一方に立ち、他方を否定するのではなく、両方を携えてことにあたる。

そういう立場を選ぼうとすると、この二つは、二項対立ではなく「ねじれ」の関係におかれるでしょう。

†「ねじれ」をめぐる二つの問い――戦後の日本人は考えを変えてしまった

さて、このドイツの事例が語っているのは、こうした「ねじれ」を抱え込まざるをえなかったことからくる、第二次世界大戦の旧敗戦国に特有の「敗戦後」の問題なのではないか。

こう考えて私は、日本におけるそのような「ねじれ」の問題を直視し、どうこの「ねじれ」に向かい合うかを考えなければ、私たちはもうこの先、現状の打開に向けて進めないだろうと、考えたのでした。

そこで、戦後に固有の「ねじれ」の問題をめぐり、私を動かした問いは、こうです。

一つ目。なぜ、戦後の日本人は、先の戦争の死者を、うまく弔えないようになってしまったのだろうか。

これは、いまでいえば、いわゆる首相の靖国参拝につながる問題です。

私たちはなぜ、第二次世界大戦の「戦争の死者」たち、特に戦場で死んだ人たちと、どう向き合えばよいのかが、よくわからなくなったのか。

私たちにとってありうべき戦争の死者への対し方とは、どのようなものなのか。

二つ目。なぜ、戦後の日本人は、憲法を占領軍に押しつけられたのに、その憲法を「よい憲法」だと思ったのだろうか。でも、その「よい憲法」を改めて自分のものにするために、さらにもう一手間必要だから、そのためのプロジェクトを進めよう、とはそのとき、考え進めることができなかったのか。

これは、現在の憲法改正論議、また憲法九条を護れという主張につながる問題です。

しかし、一つ目の問題についていえば、向き合い方がわからなくなったのは、私たちと戦争の死者の考え方が違う価値観に立つようになったからだとしても、それは、先の戦争の死者が、間違った、悪い戦争を戦ったからではありません。彼らの死は、当時の時点の日本でいえば、国を守るための尊い犠牲でした。

理由は別のところにあります。簡単にいえば、戦争に負けた後、敗戦国で生きはじめた日本人、死なずに生き残った（私たち）戦後の日本国民のほうが、考えを変えてしまったからというのが、その答えです。

いわば戦後の日本人は、戦前の日本人、戦争の死者たちを、その考え方において、裏切ったのでした。連合国という元の敵の価値観に転向した。寝返ってしまった。それでなくとも、自分は戦前の価値を信じたまま、連合国の新しい価値には抵抗し続けるゾとは、誰も主張しなかった。それで戦前の価値に殉じた戦争の死者たちを、うまく弔うことができない、どう弔えばよいかわからない。そうなったのでした。

二つ目の問題についても、似たような問題が浮かびあがります。

GHQの作成した憲法草案が戦後の日本国民の大半に「よい憲法」と受けとめられたのは、やはり、占領軍が利他的に、日本国民のことを考えて理想的な憲法を考えてくれたからではありませんでした。

そうではなく、彼らは、自分たちの国益のため、戦後の価値に立って理想的と思われる憲法を、日本人に与えることにしたのです。

少なくとも、それがマッカーサーの発意であり、そのマッカーサーの方針を容認ないし事後承認した米国政府の方針でした。

日本によい、理想的な憲法を与えることが、占領軍、つまり米国政府の国益に沿うことだったのです。

そしてそれが、戦後の日本人にとって「よい憲法」だったのは、ここでもやはり、戦後の日本人のほうが、戦前の価値観からはっきりと戦後の価値観へとその信奉の対象を変えたからでした。戦争で多くの愛する家族を失い、国の無責任さをつくづく思い知り、自分の無力といい加減さにも思い至り、彼らは、占領軍の促す価値観に説得されつつ、また、自発的にも、そちらに宗旨替えするようになったのです。

それで、当然にも、占領軍の与えてくれた憲法が、自分の新しい価値観にぴったりだと感じるようになったのでした。

しかし、よいことばかりではありません。

ここから、第一の問題と同様、この憲法の問題に関しても、いくつか厄介な問題が生まれてきました。

2 戦争の死者とわれわれ

†誤った侵略戦争の死者

一つ目の、戦後に生き残った人間と戦争の死者の関係でいえば、最初にやってきたのは、どのように戦争の死者を弔うのがよいかわからない、という問題で、次にやってきたのは、どのように他国の戦争の死者とその国民に謝罪を行うのがよいのか、その基本の考え方になかなか国民的合意をえられなくなるという問題でした。

どのように戦争の死者を弔えばよいのかわからないというのは、こういうことです。私たちの多くは、戦後に生まれ、戦後の価値観のうちに育っています。現在その声ばかりが大きくなっているネット右翼の人々は別ですが、多くの人間は、若い人を含め、戦前に日本が行ったことを、いまの国際社会の常識に照らして、これに反すること、恥ずべきこと、よくないことだったと思っています。

東京裁判の連合国の論理や、大国ぶりに酔ってしまっている米国、狡猾《こうかつ》な帝国主義を隠して第二次世界大戦を生き抜いた英国、戦争がはじまるやすぐにナチス・ドイツに無条件降伏して四年ものあいだ占領下にありながら戦後はちゃっかりと国連の安全保障理事会常任理事国の席に腰をすえて五大国の一国になりおおせたフランスなどに、たとえ違和感をもち、彼らに対してなら、日本にもいい分があるゾと考える人でも、日本が中国を侵略したという事実、西欧列強のまねをしたとはいえ、同じく日本が不当に朝鮮を植民地としたという事実を、否定する人はいないでしょう。韓国併合は時の国際法を破っていないという主張をする人も、欧米諸国によるアジア、アフリカでの植民地支配を正当だとまでは主張しませんし、日本の韓国併合がそれと同じものだったことを否定できる人も、ほぼいないはずだからです。

しかし、戦争の死者とは誰かといえば、これを兵士について見たばあいでも、銃後の民間の日本国民とみたばあいでも、むろん主観的にはさまざまな思いをこめて亡くなっているにせよ、これを一纏《ひとまと》めにして対するなら、時の日本政府の方針を支持し、あるいは少なくともこれに同意した人々であることを否定できません。

彼らは、現在の自分たちの価値観からいえば、明らかに誤った、「侵略」の戦争を行ったのです。英米等白人列強国との戦いについては、異論がある人も、中国に対して行ったこと、フィリピンほかのアジア諸国、諸地域で展開した日本軍の戦闘行為が、その地の住民の権利を蹂躙《じゅうりん》するものであったことまでを否定することは、できないはずです。

そして、第二次世界大戦を、二つにはっきりと分けることはできません。日本の中国侵略と米国との対立の激化のあいだには、密接な関係があり、米国が日本の「侵略」行為を非難し、正義と民主原則に立って、枢軸国との戦争へと進んでいったことは、誰にも否定できない歴史上の事実です。

とするなら、日本の戦争の死者は、やはりトータルには、誤った侵略戦争の先兵でもあったということになります。

†戦争の死者を切り捨てること、称揚すること

では、私たちは彼らにどう向き合えばよいのか。

そういう問題がここに現れます。

一番、簡単なのは、戦争の死者たちを、間違った、国の戦争にしたがった人々と見て、自分の価値観とは異なる人々だからと、心のなかで切り捨てることです。自分を、しっかりと戦前を否定した戦後の価値観のうえに立たせるのです。

戦後しばらくのあいだ、スタンダードとされたのは、このような革新派の人々のやり方でした。それを受けて、彼らは、侵略を行った東アジアの隣国の人民ならびに政府に、深甚な謝罪の意を示しました。その一方で、日本の戦争の死者に対しては、さほど関心を示さないという態度に終始しました。

しかし、このような態度には、見るからに腰の軽さが透けて見えます。なぜなら、そこには、戦前の人間が、一人一人、どんな思いでことにあたり、悩み苦しみながら戦争に赴

いたか、自分が彼らの立場にあったらどうできたか、ということへの想像力があまりにも欠けているからです。全体としての「誤り」がどのような小さな苦しみの集合からできているか、ということへの顧慮がない、人間観が浅い。また、戦前と戦後と、価値観の断絶があるにせよ、その違う考え方の人間の「誤り」が、現在の自分たちがこうして平和を享受していることの礎石としてあるのだ、という認識も、時がたつにつれて深まってきました。

事実、こうした革新派の考え方は、一部には、この人間観、歴史観の浅さゆえに、人々の支持を失い、近年いよいよやせ細る結果となってしまいました。

次に出てくるのは、やはり安易で面倒くさがり屋の対応で、どうしても戦前の死者たちを、称揚したい。否定したくない、という一心から、歴史的な現実のほうをねじまげて、日本は正しかったのだ、間違っていない、だから先の戦争で死んだ兵士も、それをささえた国民も立派だったのだと肯定する、死者との対し方でした。

当然、時間がたつにつれて、こういう人々が増えてきます。戦争が終わったあとは、反省する気持ちが強く、第一のやり方に立つ人が多いが、戦争が終わってから時間をへると、今度はその気持ちが弱まり、肯定したい気持ちが強まってきて、都合の悪いことは忘れ、易きに流れる第二のやり方に立つ人が増えてくるのです。

このやり方にしたがう人々は、戦争の死者を弔いたいばかりに歴史の現実を直視することを避けてしまいます。現実を直視することができない。自らの前身が、過ちを犯したのだ、と認め、その負荷を自分が引き受けることで、彼ら先人と自分のつながりを新たに作り出すのだと考え、侵略した相手の国の人々に、彼らに代わって、あるいは彼らのうちの一人として、謝罪する、というほどの、勇気がもてない。それで、謝罪そのものをネグレクトすることになります。

自分たちは間違っていない、といい募ることが、戦争の死者を追悼し、あるいは称揚するために、必要な条件になってくるのです。

こちらは、侵略先の国々で、どんなに人々が苦しみ、死に追いやられ、その後、多くの残された人間の嘆きが生まれたか、そうした悪をなしたものが自分たちの国の軍隊であったことへの、やはり、想像力が、決定的に欠けています。

この第一のやり方を踏襲する人々と、第二のやり方を踏襲する人々は、自分の気持ちに添わない他者については、無関心を決め込む想像力の欠如で、相似の形を示しています。

ここには、戦争で死んだ人々は、いまのわれわれと考えは違うが、彼らの「間違い」からわれわれは「生まれた」のである以上、われわれには彼らを「弔う」理由がある、ともいうべき、いわば「ねじれ」を含んだ想像力だけが欠けているのです。

ところで、ここから出てくる次の問題は、ありうべき謝罪の仕方が、それでは、生まれてこないのではないか、ということでしょう。

第一のやり方から生まれる、自国の死者に対する想像力を欠いた、腰の軽い謝罪は、当然ながら、心ある相手方の人々にとっても、さして喜ばしいものではありません。それは、自分が逆の身になってみればすぐにわかります。その謝罪が、謝罪する人の心の川の水をしっかりと櫂でとらえたものなのか、そうでないのか、自力で川の流れに抗して謝罪の舟を動かしているのか、そうでないのかは、重大な手ごたえの違いとして、受けとる側に残るからです。

また、それは、自分と反対の考えの人々への想像力をも欠いた謝罪であるため、容易に、国内にその反動の動きを惹起します。国の代表が謝罪する、すると、これを打ち消す「失言」が右派の閣僚から飛び出す、というようなことが、かつてはよく見られたものですが、それと同じ動きが、ここから生じ、このこともこの種の謝罪の弱さを作り出します。

他方、第二のやり方は、単純に、自国の死者を追悼しようとすれば、他国の死者にも他国の政府にも謝罪できないという一種神経症的なあり方を生み出します。この立場に立つと、謝罪するということが、自虐的な態度にしか、思えなくなってくるのです。そして、他国の死者たち、侵略された人々の無念の思い、非道を憤る気持ちが、まったく視野から落ちる――排除される――ことになります。一九九五年の自由主義史観にはじまり、近年の日本会議の主張にいたる九〇年代以後の右派イデオロギーが、このやり方から生まれ、保守陣営の日本政府が中国、韓国に「謝罪できない」流れを作り出すことになりました。

では、その第一でも第二でもない、第三の死者への向き合い方はどのように可能か。

私は、『敗戦後論』では、自分と価値観の異なることを前提としたうえで、それでもなお、自国の戦争の死者たちにしっかりと向き合い、弔うあり方を作り出したうえで、それを土台に、他国の死者、侵略国の人々に謝罪する、というみちすじがありうるはずだと考え、三〇〇万の自国の死者を追悼するあり方に基礎づけられて、二〇〇〇万の他国の死者に謝罪するという、弔いと謝罪のあり方を、ここにある「ねじれ」に向き合うことから出てくる答えとして、提示しました。

『敗戦後論』では、たとえば南京虐殺や慰安婦問題にふれてそれに謝罪を表明することが自分の政治的正しさ（ポリティカル・コレクトネス）を断る行為として、当時、行われていたこともあり、わざわざふれることはしませんでした。それは、ここでの論理を読んでもらえば、当然わかることだからです。しかし、そのため、ポリティカル・コレクトネスを

「踏み絵」とする米国の研究者などから、日本の自己正当化をはかる議論などといらぬ誤読をされて迷惑をこうむる結果となりました。けれどもこのことについて、改めていえば、これらの問題について、日本人が事実を自ら明らかにしたうえで、何遍も、何遍も、相手国から受け入れてもらえるまでに謝罪を行わなければならないことは、むろん、いうまでもありません。

それは「自虐的」などということとはまったく違うことです。むしろ、謝罪には、心の強さがいるのです。そのことが、この第三の死者との向き合い方が必要だと私が考えた理由の一つでもあったのです。

ドイツの謝罪といえば、すぐに一九七〇年のヴィリー・ブラント首相のワルシャワでの想定外の跪《ひざまず》いての謝罪が思いだされます。この事実が語っているのが、そのことにほかなりません。このことが示しているのは、謝罪には、それを行う人間の「声」と「顔」と「自分に発する理由」がなければならない、ということです。謝罪には、ポリティカル・コレクトネスだけでは足りない。それに抗する個に発する声がまた、必要なのです(18)。

吉本隆明は、長く私が影響を受けてきた思想家ですが、すでに一九九四年に「従軍慰安婦問題」について、こう述べていました。

これ（従軍慰安婦問題――引用者）は厚生大臣の権限ででもいいから、日本は永世無期限責任を持って、きちんと補償しますとはっきり言って、予算がなければ、少額ずつでも納得してもらえるまでやるべきですよ。親の内閣がつぶれても、次の内閣できちんと責任を引き継いで、何代かかっても補償しますよと約束して、実行すべきです。（中略）そうすると次は、一般の（自国の――引用者）戦争被害者はどうなるのか、うちの父は南方で戦死した、おじいさんは空襲で焼け死んだ、それも補償してくれということになったら、それもやった方がいいです。それぞれの国家が国民大衆を戦争に引き入れ死なせた責任は、それくらい重いと認識し、この補償がきちんとできるというのが革命ですよ。(19)

右の第一、第二の死者との向き合い方からとうてい出てこない謝罪の考え方、その提案が、ここには顔を見せていますが、私はこのような謝罪のあり方を念頭に、先の自国の死者と他国の死者をめぐる提案を行ったのでした。

3　憲法と制定権力

†「押しつけられた」憲法をめぐる分裂

二つ目の、「押しつけられた」憲法が「よい憲法」であることから生まれる問題は、それをどうすれば自分たちが主権者（憲法制定権者）である「憲法」に変えることができるか、つまりそれを「わがもの」にする方途が、よくわからなくなる、という問題です。

ここでも、事情は同じでした。

第一に現れたのは、この憲法は、よいものなのだから、押しつけられたことを重く考える必要はない、つまりとりたてて「わがもの」にする必要はないという主張です。五〇年代後半、とりわけ六〇年代以降に左派、護憲派からこうした「臭い物に蓋」的な考えが出てきました。

その内容はさまざまです。

憲法学の専門家たちから出てきたのは、この憲法は正当な手続きを踏んで制定されているのだから、押しつけではない、というある意味白昼堂々の「押しつけ」否定論、「制定手続きの正当性」論でした。法的手続きとしてこの憲法の制定は、日本人の手で行われているという主張で、法的には押しつけではない、したがって、すでに「わがもの」となっている、という論で、主に当時の憲法学者、専門家がこの立場を取りました。しかし問題のすり替えがあったことは否定できません。当時の彼らのセンスが疑われます。

この主張は、このあと、この憲法を日本国民が長年にわたって堅持してきた事実が、その正当性を裏打ちしているのだから、あとは論じなくてよいのではないか、という議論と合流しています。押しつけは押しつけかもしれないが、そのことには大した意味はない、これを数十年にわたる期間、変えることなく保持し続けた実績によって、憲法は、日本国民のもの（「わがもの」）になったとみなしうる、というのです。

ほかに、GHQの草案作成の過程で、高野岩三郎ほかの憲法研究会による草案が政府、GHQの双方に提出されたあと、GHQ部内で英訳され、詳細な検討にふされた事実などをもとに、GHQ草案にはすでに日本出自の「英知」が入っている、だからこれを単なる押しつけとはいえない、という意見も現れました。この憲法には明治以来の民衆憲法の蓄積が流れこんでいるという「自生的要因」論です。[20]

さらに、東西冷戦が終了すると、憲法が「押しつけられた」ことには、「自発性」を超える「超越的」な契機があるとして、そのことに別にマイナスの意味を見出す必要はない、

「わがもの」でないことに意味があるのだという、それ自体として興味深くもなくもない奇説も、出現しました。(21)

また、憲法九条は戦争の死者からの贈り物なのだから、どこから来たかよりも、それをどう受けとるかが問題なのだという、吉本隆明のような主張もありました。(22)

そしてこの第一のあり方は、総じて、六〇年代以降、社会が再軍備化へと悪化していく歯止めに、この憲法九条を使おう、という防衛的な「護憲論」の色彩を強め、やがて、九〇年代をすぎると、少々打算的でも、それはかまわない、という人民戦線的な「護憲論」へと落ちついていきます。

第二に現れたのは、この憲法は、押しつけられた、問題ある憲法なので、自分たちの手でよい憲法に変えることによって「わがもの」にしようという主張です。

占領が終わり、五五年に保守合同で、吉田茂一派を排除するかたちで自由民主党が結成されると、(23)この国家主義的な主張ともつながる「現行憲法の自主的改正」が、結党時の「政綱」に盛り込まれます。

それをささえるのは、一つは、保守派、国家主義者の意見で、憲法九条は、日本の武装解除の永久化をはかる日本に戦争をさせないための規定で、国家の基本的権利の侵害にあたる、よってこれを改正しなければならない、というものでした。

そのうちの一部の人々は、ひいては、終生、アメリカの保護のもとにつなぎとめようとする米国の意図に出たものだ、とする反米的な主張を、そこに加えました。

もう一つは、より現実主義者ふうの意見で、憲法自身は、悪くないが、その後、状況が変わった。自衛隊も生まれた。現実とのあいだに齟齬《そご》があるのはよくないので、憲法を絵に描いた餅のような存在にしないためにも、憲法を変えようと述べました。動かしがたい既成事実をもとに、憲法をそれに合わせて改定しようというもので、考え方は違っても、憲法九条の戦争放棄の規定に、自衛権の保有を認める抜け道を加える点で、最初の主張と重なりあうものでした。

「日本が通常の自由な主権国家となり、再び自己の運命の主人公になるということを象徴する行為」として、憲法九条二項を改定して「交戦権の回復」をめざすという、八〇年になって江藤淳が提示した抽象的な主張も、やはり憲法の戦争放棄条項を変えることで「主権の回復」をめざすこの第二の主張の一変種です。

ここでも、「押しつけ」られた憲法は悪くない。「よい」。しかしこの憲法に反する再軍備などが白昼堂々とまかり通るのは、この憲法が「わがもの」になっていないからではないか、これはいまなお未完成のプロジェクトなのだ、制定権力をどう自分たちの手に取り戻すかが憲法の今後の問題の核心なのだ、とする、それ自体のうちに「ねじれ」を含んだ憲法への対し方だけがなかったのです。

†憲法の「選び直し」？

この先にありうるのは、たぶん、二つの未知のありかたでしょう。

一つは、この憲法は、「よいもの」だが、自衛隊の存在と共存してしまっており、現実と合致していない。しかし、この不一致をしっかりと受けとめよう、そのことのうちに、憲法を一歩先に進める活路を見出そう、という考え方です。

私は、この考え方に、『敗戦後論』のあと、二〇〇六年に出会い、一部、説得されます。内田樹の「憲法がこのままで何か問題でも？」（『9条どうでしょう』所収、二〇〇六年）に展開される考えで、これについては後に（第五部で）詳しくふれます。

最後の一つが、この憲法は「よいもの」だが、その制定権者（主権者）はわれわれではなかった、したがって、このままではわれわれのものになっていない。何とか、これを「わがもの」にして、制定権力（主権）をわれわれの手に取り戻そう、という考え方です。

私は、この考え方に立って、『敗戦後論』では、この憲法をなんらかのかたちで国民の審判の「火」にかけて、リスクを冒してでも、選び直す必要がある、この選び直しをへてはじめて法の感覚、制定権力の「力」がわれわれのものになる、という「選び直し」の提案を行いました。

しかし、この考え方は、少し観念的だったかもしれません。国民投票で憲法九条の「選び直し」をして、憲法をわがものにすることによって、制定権力をわれわれの手に取り戻すより、制定権力をわれわれの手に取り戻すことによってはじめて――つまりしっかりと準備したうえで現行の憲法制定権力である米国の国益と対峙し、これを排除することではじめて――、憲法を「選び直し」、憲法をわがものにすることが可能になるという理解に、私たちは立つべきだったのかもしれません。

私の『敗戦後論』での憲法九条「選び直し」の提案は、何のために、そうするのか、ということの理由が抽象的だった嫌いがありました。憲法をわがものにするために、といいながら、なぜわがものにしなければならないかの理由として、法の感覚を回復し、政治的な主体性を確立するためだというのは、その確立された政治的な主体性で、何をするのかまでを、いいあてられなければ、十分な提言とはならなかったと思います。

この本では、その足りなかったところを考えています。何をするのか、なぜ政治的自由の獲得が必要なのか。また、しっかりと腰の据わった他国への謝罪を行い続けることがなぜ必要なのか。その内容を具体的に提示していくことまでを、考えて、書いたつもりです。

第二部 世界戦争とは何か

第二次世界大戦・ヤルタ会談。手前右からソ連のスターリン共産党書記長、ルーズヴェルト米大統領、チャーチル英首相(photo © RIA Novosti／時事通信フォト)

I　世界戦争の準備——第一次世界大戦

1　敗戦国の研究——『敗北の文化』

†なぜ日本人は、敗戦によって大きく考えを変えたのか

なぜ、そういう「ねじれ」が生まれてくるのでしょうか。

それは単に、日本が戦争に敗れたという事実からやってくるのではありません。普通の戦争なら、そういうことは起こらないからです。この「ねじれ」は、その戦争が第二次世界大戦という初の本格的な世界戦争であることから、きたものでした。

じつをいうと、私は、『敗戦後論』を書いたときには、そのことをさほど大きく考えて

いませんでした。というか、国際政治の地平をそこで問題にしようという意図をもっていませんでした。

しかし、先に述べたように、二〇〇五年以来、外国からの学生をも含む授業で日本の戦後について講義をするようになってから、自分のなかで、『アメリカの影』で考えたことと、その後『敗戦後論』に書いたことが一つにつながるのではないか、と考えるようになりました。『アメリカの影』で私は、先に述べた対米従属が日本社会のなかに消化され、内面化されていく過程と、もう一つ、原子爆弾が世界史に登場することと日本に無条件降伏政策が課されることとの連関について考えています。特にその後者の関心と、『敗戦後論』に述べた「ねじれ」の根源とが、同じ「世界戦争」という一つの出所をもっていることが、見えてきたのです。

こういうことです。

第一部で、敗戦後の日本を限定づけた二つの「ねじれ」について述べました。その検討は、それらがともに、敗戦によって、敗戦国の国民に一つの大きな価値観の転換が生じることから起こっていることを、示していました。戦後生き残った人間が、戦争で死んだ人々のことを思い浮かべ、弔いの気持ちをもとうとするが、うまくいかないのも、GHQから提示されて制定された憲法がよい憲法なので、これを喜ぼうと思うが、どこか落ち着かないのも、もとはといえば、戦後の人間が、戦前とは大きく考えを変えてしまったことが、一つの大きな理由だったのです。

では、なぜそんなことが起こるのでしょう。このことを一つの思考モデルとして受けとれば、その理由は、第二次世界大戦が、いわば本格的な、総力戦としての世界戦争だったからなのだろうということがわかります。

なぜ日本人は、戦争によって大きく考えを変えることになったのか。それまでは天皇の赤子として教育され、それに従順に応じ、ほぼ誰もが、「お国のため」、「天皇陛下の御為に」自分の生命を投げ出すことを至上命令と受けとめていたのですが、戦争の経験は、国も、天皇も、あてにならないこと、戦争は、それに敗れることではじめてどんなに悲惨なものかがつくづくわかるものであることを、国民に共同の体験として思い知らせました。それが日本でいう戦争体験ということの意味でした。

しかし、それだけではなく、敗戦は、そこに住む人間の考え方をも変えるというもう一つの側面をも持つできごとでした。戦勝国は、敗戦国の考え方を断罪し、それを自分たちの考え方に従わせる。日本でいえば、戦前の考えは、神がかりの皇国思想、選民思想、天孫民族のもとでの世界一家的な考え方（八紘一宇）[1]、非民主的な軍国主義として断罪されました。そのうえで、全国民が新しく自由と民主主義と平和思想をもとにする国際秩序に合致する考え方に、いわば宗旨替えするよう、促されたのです。

そういうことが、第二次世界大戦後、最終的な段階での敗戦国であるドイツと日本で、ニュルンベルク国際裁判、東京国際裁判をはじめとするさまざまな政策、言論統制などをも駆使して進められたことでした。戦争の総力戦化、そして世界戦争化。その結果としての敗戦国民の全体的な思考転換。これが、それまでとはまったく違う仕方で、第二次世界大戦の旧敗戦国——特に日本とドイツ——に起こったことだったのです。(2)

†敗戦国に起こること

とはいえ、ことはそれほど簡単ではありません。

そもそも、敗戦国の国民が、考えを変える、戦勝国の考えになびく。そしてそれを模倣する、ということは、敗戦現象においてそんなに珍しいことではないからです。

敗戦国のこうした問題に関し、正面から取り組んだ考察に、二〇〇一年に書かれたドイツの著述家ヴォルフガング・シヴェルブシュの『敗北の文化——敗戦トラウマ・回復・再生』という本があります。(3) そこでシヴェルブシュは、一八六一〜六五年の米国の南北戦争での南部連合《コンフェデラシー》、一八七〇〜七一年の普仏戦争でのフランス、一九一四〜一九一八年の第一次世界大戦でのドイツという三つの敗戦国の事例を取りあげています。ところで、そのいずれでも、敗戦後、敗戦国の国民は、一挙に戦勝国の文化、政治体制に惹かれて考え方を変えています。そういう傾向のあることを、敗戦国における「勝者からの模倣」として、指摘しているのです。

シヴェルブシュによれば、敗戦国には共通した敗戦後の心理的文化的な推移のパターンを指摘できます。それを、生起する順序に、夢の国、目覚め、不純な勝利、精神の勝者、復讐と報復、再生、勝者からの模倣と呼んでみることができます。(4)

その第一は、敗戦後の沈鬱が「しばしば短期間しか続かず、奇妙な陶酔感《ユーフォリア》に逆転する」、つまり「夢の国《ドリームランド》」現象です。一般には敗戦に続いて起こる国内の革命状態がその転機となります。旧体制の指導者が「贖罪の山羊《スケープ・ゴート》」に転落すると、国民にとって敗戦は、「一種独特の勝利として体験される」ようになります。新しい指導者が「カリスマ的」であればあるほど、「この体験は説得力をもつ」でしょう。

日本でいえば、敗戦後一転しての「鬼畜米英」から「アメリカさん」への反転と迎合、東京裁判の処刑後、もとのプロレタリア詩人がそのA級戦犯の処刑をうたった「七つの首」という詩などが思いおこされるところです。この詩は、「絞首刑を言渡された東条英機ら七人の戦争犯罪人に」という副題をもち、「七つの首は／やがて／絞められるであろう」とはじまります。(5)　GHQ司令官マッカーサーが神格化されますが、昭和天皇も、もし処刑対象になっていたら、一気に「スケープ・ゴート」化されていた可能性を、否定できません。

次に、しばらく経つと起こってくるのは、「目覚め」。陶酔感からの覚醒です。旧体制からの解放にやや倦《う》んで、占領軍に「そろそろ去ってくれてもいい」という感情が生まれてきます。しかし勝利者の側が「この役割では満足せず、国民を無実の犠牲者としてではなく、戦争の責任者、賠償義務のある主体として扱うとき、この雰囲気は一転」します。暫定的な和解に緩和されていた敵愾心《てきがいしん》が「欺かれたという感情」によってにわかに燃え上がるからです。これは、主に第一次世界大戦後のドイツで見られたことでした。

少し違うヴァージョンでなら、日本でも似たことが後に起こるといえなくもありません。一九五一年のマッカーサー元帥の米国への帰国直後、上院で日本人の社会文化発展上の年齢は「まだ一二歳の少年」と発言したことが伝わったとたん、一夜にして、一八〇度、彼への評価が逆転しているからです。(6)

第三として、もう一つ、同時に起こってくるのは、「不純な勝利というテーゼ」、つまり勝利国の軍事的な勝利に対する道義的な異議申し立ての動きです。これも南部連合、フランス、ドイツの事例を対象に、枚挙にいとまない例があげられます。

日本でいえば、八月九日になっての突然のソ連の参戦とその後のシベリア抑留の「卑劣」で「不法」な戦争政策への怒りなどが、そのケースにあたっているでしょう。一九一八年のシベリア出兵時に他のすべての国が撤兵するなか日本だけ二二年まで居座り続けたほか、戦時中には日本もソ連同様の約束違反の参戦を準備していたこと（「熟柿論」と呼ばれました）[7]などを考えると、これはあまり説得力のない怒りなのですが、敗戦国の陥るおきまりの悪者探しのパターンとして、日本は敗戦後、ソ連をいっせいに怨嗟《えんさ》の的としたのでした。

ただ、この点に関しては、後の問題とも関係しますが、ここで日本国民からも、日本政府からも、占領終了後すら、現在まで、さして大きな原爆投下に対する米国への怨嗟と批判と抗議が公然と表明されていないことが、このパターンに沿わない特異な点として、浮かびあがってきます。最近の核拡散防止条約（NPT、以下NPT）再検討会議でも、核兵器の非人道性を訴える動議に日本は当初加わらず、その異常な米国への拝跪《はいき》ぶりで、世界を驚かせました。米国からの「核の傘」の恩恵を受けているから、というのが表向きの理由ですが、それで十分に説明できるものか判然としません。このことは、後の考察のためにも、記憶にとどめておきましょう。

†ウッドロー・ウィルソンから日本国憲法まで

この後は、まとめていきます。すべて、私たちにはおなじみの現象です。

第四は、敗者が戦争で負けたマイナスを精神的優勢によってカバーするという傾向(「戦場の敗者と精神の勝者」)。「敗者にとって唯一、かつ最大の慰めは、新しい権力者よりも文化的・道徳的に優れているという確信である」。

これも容易に連想が働きます。昭和天皇の「私が全責任を負う」という発言がマッカーサー元帥をひどく感動させたという(信憑性低いマッカーサー回顧録に出てくるものの、外務省記録にもない)挿話が、もてはやされ、いつまでも用いられるのなどは、その好個の例です。

第五の「復讐と報復」は、後述します。

第六は、敗戦がもつことになる「再生」への転化の傾向(「再生」)。「最初の衝撃が過ぎ去り、敗戦が国家の破滅ではないことが判明すると、こんどは解放、救済として解釈されるようになる。そのときになって、敗戦はその未来志向的な、ほとんど使命的ともいえる側面を見せ始める」。憲法九条の「戦争放棄」条項が、そのよい例といえます。どこにもない戦争放棄条項が、そのような「未来志向」の日本の「再生」の象徴となり、いまなお「憲法九条を世界遺産に」、「ノーベル賞に」などといわれているのは、私たちの見て知る通りの「敗北の文化」の典型例です。

そして第七が、敗戦から生まれる勝者を学び、さらにこれを越えようという、先にふれた、敗者のやみがたい欲求とされるものです（「勝者から学ぶ」）。「勝者を模倣する例は枚挙にいとまがない」。そこには一つの定型があるといいます。「借用する社会が『貸し手』に認める唯一の優位は、物質的な進歩性と近代性」だけだというのが、それです。

ところで、この最後の例として、シヴェルブシュは、第一次世界大戦後に「一四カ条の平和原則」を掲げ、国際連盟に道をひらいた米国の大統領ウッドロー・ウィルソンを、その敗者の例としてあげています。

このプリンストン大学の学長を務めた米国でただ一人の正式な博士号をもつ学者大統領は、「南北戦争後に大統領に選出された最初の南部人」、つまり敗戦国の出身者でした。シヴェルブシュは、ウィルソンが、一〇歳の少年として南部連合の崩壊を体験したことにふれ、そのうえで、彼が「国際政治に道徳を持ち込んだ」初の米国大統領となったのは、南北戦争での勝者、北部連邦《ユニオン》のやり方を模倣した結果ではなかったかといっています。そして戦勝国の一つの国の大統領として彼がヨーロッパで行ったことは、じつは南北戦争で北部の大統領リンカーンが南部に対して行ったことの心理的な賠償作用でもある、裏返し、模倣、「再演」だったろうとまでいうのです。

さて、ここにあげた三つの敗戦現象のパターン——敗者が「文化的・道徳的優位」を強調したがること、そこでは「未来志向的な、ほとんど使命的ともいえる側面」をもつ「再生」がめざされること、そしてその際に勝者からは「物質的な進歩性と近代性」のみが学ばれる傾向があること――は、ウィルソンの「平和原則」の提唱の例とあいまって、私たちに、容易に日本のケースを思い出させます。

たぶん戦後憲法の道義性と理想主義が敗戦国の日本にもった意味あいは、私たちが想像するよりもずっと強く、敗戦国の出身者ウィルソンにとって第一次大戦後の平和理念がもっただろう意味、同じくその後、敗戦国ドイツの社会に先進的なワイマール憲法がもっただろう意味あいに、酷似しているはずです。

そこに敗戦国の反応パターンとしての、敗者の道義的優位性の保持による心理的劣位性のカバーという要素があることは、否めません。

これを整理すれば、戦後、日本人は変わった、戦勝国への迎合ぶりも半端なものではなかった、というなら、それは日本に限ったことではなかったし、今回の第二次世界大戦に限ったことでもありませんでした。むしろそれは近代戦争における敗戦国に共通するパターンだった。そういうことが、このシヴェルブシュから受けとられる一つの教訓なのです。

†第二次世界大戦の特殊性——不可逆的なイデオロギー転換

しかし、このシヴェルブシュの著作は、私たちがここにとどまるわけにいかないことも、同時に知らせます。

一つの理由は、彼が、ではなぜ、この二〇〇一年の敗戦論に、第二次世界大戦の二つの敗戦国のいずれか、日本あるいはドイツの例を、加えなかったのかということにかかわります。

二つ目は、それと一部重なりますが、敗戦後の国民の「勝者への模倣」が、日本においてもドイツにおいても、ここに述べられたような一過性のものではなかったことに、かかわるでしょう。

なぜなら、第二次世界大戦に日本とドイツの国民に起こったことは、国民ごとの戦前と戦後の価値観の断絶、そのほとんど一つの極からその対極へという移行であって、シヴェルブシュがとりあげたような、数年、ないし十数年後には旧に復するといったものとは、根本的に異なる思考の転換だったからです。

では、それはどう違うのか。

それは、一時的な熱狂、あるいは敗戦国の心理的防衛のパターンとしての「勝者の模倣」ではありません。むしろ、不可逆的、永続的なイデオロギー的転換であり、さらにいえば、それを旧に復することがあれば、戦後の国際秩序からの逸脱、それへの反逆をも意味する、国際社会との約定を意味する価値観の変換にほかなりませんでした。

第二次世界大戦の終結後、ほとんど時をおかず、その一年半後には、東西冷戦が起こっています。これは自由主義と共産主義というそれこそ自他ともに対抗イデオロギーであることを自任する二つのイデオロギー同士の戦いを動因とする戦争でした。その意味でそれは、第三の世界戦争であると同時に、世界戦争の完成態でもあったといえるでしょう。そしてそれが熱戦ではなく冷戦だったのは、偶然ではなく、そこには、戦後世界を根底から規定することになる、核兵器というもう一つの存在が分かちがたく絡んでいたからでした。

そう考えてくれば、なぜシヴェルブシュが敗戦国の研究といいながら、その研究対象を第一次世界大戦までに限ったのか、第一の問いの答えも見えてきます。

その理由は、第二次世界大戦に、それまでの戦争とは本質的に異なるものがあったからです。つまり第二次世界大戦の敗戦国に、それまでのあり方と異なるものを認め、それをスタンダードから外れた例外的なケースと考えたため、彼は、それを同列に扱うことを避けたのでした。

この点についてシヴェルブシュは、直接には答えていません。たぶん彼は、この違いを考え詰めるということをしていません。ただ、先にあげたパターンのうち、第五の「復讐と報復」のところで「報復と無条件降伏」の問題を取りあげ、そこで彼の扱う三つの事例と第二次世界大戦の二つの事例との違いを、次のように述べています。

戦争が君主戦争の「相互尊重を旨とする軍人階級と支配君主」同士の戦いから、近代の総力戦の「ナショナリズムに熱狂する国民世論」同士の戦いに移行するようになると、ルールに基づく「和解」と「報復」は、もはや何の役割も果たさなくなる。そこには妥協の余地はなくなる。その結果、相手の「悪」を最終的に壊滅させるか、少なくとも「永久的に無害化する」ほかに、選択肢がなくなるはず、とシヴェルブシュはいいます。

そしてそこに、「敗戦国を戦勝国の意志に完全に屈服させる国際法の形式」として、「無条件降伏」が新たに生まれてくる根拠があると、彼はいいます。それは「国際法的な主体としての敗戦国」の基盤までも消滅させる降伏形式であるため、じつは国際法的な手段たることを逸脱しています。つまりこの降伏政策は、近代的な国際法秩序になじまないのですが、それでも、このような近代的であらざるものが近代にいたって再出現してくるのは、新たに「相手の完全壊滅の必要」が浮上してくるためだろうというのです。

ナショナリズムというコントロールのきかないものに動かされるようになって、従来のお上品な約束事は反故《ほご》となり、近代の先端にまた、無条件降伏という非近代的なものが再浮上してくるというわけです。

その意味で、無条件降伏の近代における起源は、「大衆民主主義とマス・メディアによって遂行される総力戦」の最初の出現の例であるアメリカの南北戦争《シヴィル・ウォー》にあるというのが、シヴェルブシュの出す結論です。「一八六五年にリー将軍に言い渡された無条件降伏は、彼の軍隊だけでなく、南部連合の全体に対するものだった」。余談をさしはさめば、これは一九七八年の無条件降伏論争における江藤淳の説明とほぼ同一です。

シヴェルブシュによれば、南北戦争は「大衆」の熱狂と「マス・メディア」に動かされた最初の近代的な総力戦で、「屈服の象徴的儀礼」を必要とした、最初の戦争でもありました。彼は、その意味で、第二次世界大戦が「世界内戦《ワールド・シヴィル・ウォー》」とも呼ばれることに読者の注意を喚起しています。このもう一つの「内戦」で次の無条件降伏がドイツ、日本にい渡されるまでに——一八六五年から一九四五年まで——ほぼ一世紀が経過するが、その道をはじめに開いたのは、アメリカの「内戦《シヴィル・ウォー》」、南北戦争だったろう、というのです。

†第二次世界大戦の「全面的屈服」が敗戦国に怨嗟を残さなかったわけ

では、なぜこの全面的な「屈伏」が敗戦国側に怨嗟を残さなかったのか。そう問い、彼は、何もこの新しい定式に則り、両国が納得して無条件降伏を受け入れることで「屈服の象徴的儀礼」が果たされたからではない、と述べます。そう見るなら、事実を見誤ることになる。この二国の場合には、破壊の程度がそれまでとは比較を絶していた。「物理的・倫理的に疲弊の極みにあった」。そのためもはや「ルサンチマンを抱くだけのエネルギーさえ残っていなかった」のだ、というのです。

敗戦国が国家的な自意識を無傷のまま保持しているならば、戦勝国に対する倫理的・精神的な屈服（後悔、改悛、再教育）は断固として拒否するだろう。〔しかし〕物理的な破壊に加えて、もし敗戦国の精神的・倫理的な基盤までもが破壊されていたならば、状況は違ってくる。だが、〔これに対し〕、一八六五年、一八七一年、そして一九一八年の敗者たちは、そこまでには至っていなかった〔のである〕[8]。

とはいえ、いうまでもなく、第二次世界大戦の敗戦国の国民が、戦勝国に対して、それまでのような「ルサンチマン」を抱かなかったのは、別の理由によっています。シヴェルブシュがいうのは、具体的には、ドイツのばあいのナチス・ドイツのユダヤ人絶滅収容所の「人道に対する罪」がドイツ国民の精神的・倫理的な基盤までも破壊するていのものだったということ、また、日本のばあいの広島・長崎への原爆投下の打撃が、「物理的な破壊」に加えて天皇への絶対的帰依という「精神的・倫理的な基盤」までも破壊する衝撃力をもっていた、というようなことです。

しかし、それだけなのか。

事実は、明らかにそれとは違うことを語っているでしょう。なぜなら、ドイツ国民も、日本国民も、その根底的な敗戦を通じて、単に意気阻喪し、そのエネルギーがないために怨嗟を抱かなかっただけではなかったからです。彼らは、それだけでは許されませんでした。さらに一歩を進め、戦前の考えと価値観を否定し、戦勝国の価値観、つまりそれに基づく戦後の国際秩序に合致する考え方に宗旨替えすること、そこまでを求められ、そのことを条件に、後年、ようやく再び国際秩序に復帰を認められているのです。

日本が一九五六年に、東西両ドイツがそれぞれともに七三年に国際連合に加盟しているのは、その復帰が認められたということを意味しています。国際連合が国際連盟とは異なり、戦勝国連合を引き継ぐかたちをとっており（それで国際連合と連合国とは同じ表現のままの United Nations です。旧敵国の日本では、それだと都合が悪いので、違う邦訳を採用しているのですが）、また、そこにはっきりと旧敵国条項（国連憲章の第五三条と第一〇七条がそうです）が規定されているのも、この戦後の国際秩序が、特定の価値観に基礎づけられていることの証左にほかなりません。

ですから、もし、こうした認識に立ちつつ、シヴェルブシュがなお第二次世界大戦の敗戦国をも、この延長上に対象としていたなら、彼は、そこに想定していなかった違い、落差にぶつかったに相違ありません。

それを、ここでの文脈でいえば、たしかに第二次世界大戦は、最初の本格的な総力戦で、敗戦国の国民のアイデンティティの根幹を震撼させるものだったが、それだけではなく、世界史上初の理念・イデオロギーを動員した世界戦争でもあった、ということになります。

第二次世界大戦は、本格的な世界戦争だったという点で、それまでの戦争とは大きく違っていたのです。その違いは、シヴェルブシュがいうように量的なものだけではありませんでした。総力戦であることに加え、世界戦争であることからくる質的な違いがありました。「ねじれ」はそのことからやってきます。その根源は、深い。その起点を世界戦争という新しい質を手がかりに探そうとすれば、私たちは、第二次世界大戦だけでは足りない。第一次世界大戦まで、いったん遡行してみなければなりません。

2 国際コミュニティの成立——レーニンとウィルソン

†世界戦争とは何か

世界戦争は、どこが従来の戦争と違うのでしょうか。

まずこれを戦争の構造モデルの問題として考えてみます。すると、そこからイデオロギー、理念の果たす新しい役割が、浮かびあがってきます。

戦争の構造モデルで考える限り、世界戦争がそれまでの古典型戦争と違うのは、ただ一つで、それが、一国と一国同士の戦争ではなく、グループ間の戦争だということです。第二次世界大戦は、一国同士の戦いから発展したものではありませんでした。枢軸国と連合国というように、最初から、少なくとも戦いの一方の側において、グループ間の戦争――「世界戦争」――であることが意識されて開始された戦争でした。

一国同士の戦争の典型的なケースは、領土紛争です。それは国益と国益のぶつかりあいで、そこで戦争は一九世紀に書かれたクラウゼヴィッツがいう通りの「他の手段をもってする政治の延長」という本質をもっています。そこで「政治」を動かすのは、国益です。ですからそこでの敗戦国の戦死者と生き残った人々との関係は、――国のために死んだ人を、残された人が弔う――ねじれのない「順接」でした。

ところがグループ間の戦争は違います。それをもたらすのは、もはや国益ではありえません。国益なら、国の数だけ、みな違う。この先見る、第一次世界大戦のように、同盟戦争には発展するでしょうが、その国益同士の合従連衡が東西冷戦に見るような、たとえば自由主義陣営と共産主義陣営といった——個々の主権国の国益を超えた——一対一のグループ間の対立とはなりえません。同盟とは、その国の国益でつながる連合です。しかし、世界を二分する形で複数のグループをまとめるには、国益よりも上位の概念、大義（理念、イデオロギー）といったものがなくてはならないのです。

そして、そのばあい、その大義は、第一次世界大戦以降の国際社会を前提に考えるなら、まず、国民の一人一人の内面に、国を越える形で訴えかけるものでなければならず、しかもその力によってその国をまとめ、さらにその延長上で、いくつもの国を協同させ、味方同士にする、そういう条件を備えたものでなくてはならないことが見えてきます。

こう考えると、そう簡単でないことがわかるはずです。

また、ここにあるのはもはや君主国ではなく、民衆、労働者を主体とする国民国家です。ですから、この大義は、まず一人一人の個人の「人間としての」感性、考え方、信条に訴えるものでなければなりません。そのうえで、国家の成り立ちに関わり、国民の意思をまとめる役目をするものでもないと、いけません。しかも、さらに一国の枠を越えて、いくつかの国を一つのグループにまとめあげるだけの広がりがないと、それは、役目を果たさないのです。

　すると、宗教的な信念とよく似ていることがわかります。このような意味で中世にそれぞれの国をグループ化させた大義こそ、西欧に十字軍を作らせた「キリスト教の聖地を守れ」という大義にほかならなかったからです。でも、いまは中世ではありません。それは、宗教、文明、社会体制等の境界それ自体を越えて国々をつなぐ別個の信念体系でなければならないのです。

　ここに浮上してくるのが、理念であり、イデオロギーです。それは宗教圏を越えるというだけでなく、宗教を超える力であることを自ら証明する、まるきり別の信念体系にほかなりません。

　でも、そう考えてくると、理念とかイデオロギーがこのような浸透力として機能するうえに、そして何よりそうした機能が求められる前提として、それに先立つ基本的な環境が、そこに成立していなければならないことがわかるでしょう。つまり、宗教とか文明とかの違いを越えた、国際コミュニティがそこにあるのでないといけない。国際社会、国際秩序、そういうものが、すでに成立しているのでないといけないのです。

　理念とか、イデオロギーは、言葉でできています。映写機で投影される映像のようなものですから、それを映し出す「スクリーン」があり、その映写幕を世界の誰もが見ている。

そういう――「想像の共同体」的な(9)――信憑がないと、成立しません。そもそも、それを訴える「共通世界」というものがそこになければならないのです。

それを、ここで国際コミュニティと呼んでみましょう。それはいつ生まれているのか。第一次世界大戦の第一の達成は、この国際的な「想像の共同体」を国民ひとりひとりを基礎とするかたちに成立させたことでした。そしてそれに続く第二の、そして最大の達成といえるものは、この「スクリーン」に向かって世界史上初の理念的なメッセージが、一つの国家から爆弾のように投擲《とうてき》され、理念とイデオロギーというものが、世界を動かす最初の実例となったことではなかったかと、私は考えています。

こう見てくれれば、私たちの「ねじれ」の根源に、第一次世界大戦のおりの国際コミュニティの成立というものがあること、それをたどるには第一次世界大戦から見ていかなければならないことがわかってきます。

†第一次世界大戦

第一次世界大戦とは、どんな戦争だったでしょう。

それは、はじまったとき、誰もがそこまで発展するとは予想しない想定外のできごとでした。一九一四年六月末にサラエボでオーストリアの皇太子がセルビア人の民族主義者の青年に暗殺されます。これにオーストリアが懲罰的な対セルビア戦を目論んで、最後通牒をつきつけます。セルビアは一項目を除き要求受け入れに同意するのですが、オーストリアは納得せずに断交し、一カ月後には宣戦布告に踏み切ります。するとオーストリアと三国同盟をむすんでいたドイツが総動員令を発し、セルビア側のロシアがそれに対抗し、ロシアがドイツの戦時動員解除の要求に応じないでいると、突然ドイツがロシアに宣戦布告をします。つづけて、ドイツの対フランス宣戦布告、今度はイギリスの対ドイツ宣戦布告と、一カ月半くらいの間に、一つの暗殺事件が、ヨーロッパを揺るがす大戦争へと発展してしまうのです。

想定外のことはまだ続きます。これは起こった当初は年内には終わるだろうと思われていた戦争でした。それが、射程距離の長いライフル銃を主体とする歩兵同士の塹壕《ざんごう》戦、戦車・列車・航空機・毒ガスなど新兵器の投入される総力戦となることで、飛躍的に戦死者を生む長期の戦争になるのです。

そこからこの戦争に対する、これまでとは違うという感触を盛った、グレート・ウォー、つまり大戦争という呼称も生まれてきます。ここで総力戦という意味は、これだけ兵器が高度な工業製品となってくると、軍事力はそのまま経済力の問題となってくるからです。国の総力をかけた闘いになるのです。

たしかにこの戦争は以前の戦争とは大きく違っていました。まずヨーロッパ全体を覆う、複数の主要国が二つの陣営に分かれての戦争である。最新軍事技術が投入され、戦闘の様相も様変わりし、戦場と銃後の区別、戦闘員と非戦闘員の区別があいまいになった。その意味でも総力戦に変わりました。

それで、たとえばウィルソンが大統領二期目に参戦を決定したときには、この戦争を「戦争を終わらせる戦争」と呼ぶというようなことも起こってきます。これは英国の作家H・G・ウェルズの言葉です。これまでの戦争とは違う。これは戦争を終わらせるための最後の戦争なんだ、だから参戦しよう、というわけです。

でも、この時には、多くの参戦国がヨーロッパの君主国、帝国からなる列強国だったこともあり（ヨーロッパで勢力均衡をめざす一方で、ヨーロッパ以外の地域では植民地争奪戦を戦っていました）、同盟国（ドイツ、オーストリア、オスマン帝国など）と協商国（イギリス、フランス、ロシア）の間の対立は、当事国にオスマン帝国が入っていることからもわかるように宗教の境界を越え出てはいるものの、イデオロギーというより、まだ一国と一国間の国益の錯綜した連なりからなっていました。政治的、経済的、社会的な諸要素にわたる勢力図のなかでの秘密外交的な同盟の模索という形をとっていたため、複数国間の合衡と対立という様相こそ示したものの、作用因は一国の国益、自存自衛ということにあったのです。その他、同盟の形成過程からも、この戦争が、従来型の戦争の延長ともいうべき、過渡的な同盟戦争であることが明らかでした[10]。

それに先立つ、さほど遠くない時期に、アメリカ南北戦争（一八六一〜六五年）、日本の明治維新（一八六八年）、ドイツ統一（一八七一年）、イタリア統一（一八七一年）など、いくつかの国で国家としての統一が緊切な課題だったことも、ここに思い浮かんでくることです[11]。こういうことが前提となり、この時期、ようやく国際社会（国際コミュニティ）というものが、はっきりとした形をとりはじめる条件ができてくるのです。

†労働者階級の登場と国際政治の理念化

それは、一つには、広い意味でのナショナリズム、国民を主体とした動きが西欧を中心に起こってきて、国々の担い手とあり方の標準が君主国中心から国民中心に変わってくるということですが、また新しい動きが、別の方向からも起こってきます。

それは、社会主義党派の国際組織がその頃にははっきりとヨーロッパに存在しはじめ、労働者の国際的な連帯がこの国益中心の戦争指導に明瞭な抵抗を示すようになってくることです。つまり社会のアクターが世のいわゆる指導者層だけではなくなってきます。労働者階級、そして大衆が登場してくるのです。これまでの権謀術数、秘密外交をこととする旧外交を担う従来の勢力「体制派（オーダー）」に対し、理念を重視し、公正をモットーとする新外交を標榜する新勢力が登場してきて、こちらが「運動派（ムーブメント）」と呼ばれ、その新しい側面が国際政治をも動かすようになるのです。

リンカーンの奴隷解放令の出た翌年の一八六四年、これは日本では攘夷の下関戦争が起こっている年ですが、この年、はじめての社会主義者の国際組織である第一インターナショナルが創設されています。そしてこの組織がマルクスとバクーニンの対立などから解散すると、一八八九年には、第二インターナショナルが結成されます。

この運動を通じて出てくるこれまでにない主張が、たとえば一九〇七年のシュトゥットガルト決議での「軍備縮小と常備軍撤廃」、戦争を革命に転換しての「資本主義の廃絶」といった、具体性に乏しい一方、理念としてはこれまでの類似のアッピールとは隔絶した、明確にイデオロギー色の強い反戦的決議です。これは、このときロンドンで開かれたロシア社会民主労働党大会で顔を合わせたローザ・ルクセンブルクとレーニンが、直後の第二インターナショナルの大会で合議の上、起草したものでした。

ある意味では破天荒のイデオロギーが一つの極として実体ある政治勢力の形で出現してくるわけで、この後、陰に陽に他の従来の近代的な理念が、これを意識して自らも一定程度のイデオロギー武装というか、理念化の強化に努めなくてはならなくなってくるのです。

第一次世界大戦の両陣営を、日本では同盟国、協商国と呼んでいますが、英語ではCentral Powers（中央国ないし中央同盟国）と、Allies（連合国）ないしEntente Powers（協商国）の戦いと呼んでいます。まだイデオロギー的な意味では、双方の間に明確な対立はありません。この戦争は、従来の力学のなかで、いわば形成途上の世界戦争としてはじまっています。

大事なことは、ここに国際コミュニティの素地が、国民国家の標準化、それぞれの国家内での市民、労働者階級の勃興というかたちで整ってきていることです。この本の後半で大きく取りあげるロナルド・ドーアは、この時期、「たとえば国際的な郵政機関とか、航海規則の統一など、各国の代表が集まって特定の方面で協力を約束する」条約締結のテンポも速まり、「国際組織連盟という団体の勘定によると、一八七五年から世紀が終わるまでの間にその例が十二あって、次の二十年間においてさらに二十一あった」と述べています。「民間の国際団体も同様に増え、一八七五〜九九年の間に創立されたもの百三十一で、その数は「一九〇〇〜一九年には三百五十三」を数えると述べています。[12]

そして変化は、これらを基礎条件に、むしろこの戦争のさなか、とりわけ戦争が終わる段階になって目に見えるものになります。一九一九年、ヴェルサイユ条約として知られる講和の段階になって、ようやく、これまでにない要素、「戦争を終わらせる戦争」としての理念色が、この戦争に加わってくるのです。

戦争中に提唱されたウィルソンの「一四カ条の平和原則」(一九一八年)に続き、以後、これをもとに国際連盟が発足し(一九二〇年)、常設国際司法裁判所(一九二二年)、パリ不戦条約(一九二八年)への六三カ国の署名へといたる一連の平和志向の国際協調の動きが起こるようになります。それまでの西欧の平和思想が、はっきりと理念という国際政治のツール、アイテム、あるいは武器のかたちで登場してくるのが、この戦争以後なのです。

†レーニン「平和に関する布告」

私の考えでは、その理由として、最も重大な要因をなすのが、この戦争のさなか、一九一七年一一月に革命直後のロシアが公表する「平和に関する布告」です。

一九一七年一一月、ロシアで共産主義革命が起こり、世界にはじめて理念先行の国家、ソヴィエト連邦が出現します。一八六〇年代以来の社会主義の動きが、とうとう革命を成就させ、世界史に新しい具体的な国家の姿を示し、国際政治の地平に無視することのできない形で登場してくるのです。

この新国家は、革命成立後、後に世界各国からの内政干渉(革命妨害)に遭います。日本も、繰り返せば一九一八年八月には七万を越える兵隊をシベリアに送るのですが(13)、その出現の仕方は列強が一致してこれを潰そうと動いたくらいに衝撃的でした。早くも革命成就の翌日、一七年の一一月八日に、自らの理念的優位を誇示する「平和に関する布告」を、即時停戦の呼びかけとして全交戦国の「人民とならびにその政府に」向けて宣言していま す。それは国際コミュニティに投げつけられた、一個の未曾有の理念的爆弾に、ほかなりませんでした(14)。

数行の短いものですが、何ともめざましい。

内容は、「即時停戦」、「無賠償」・「無併合」、「民族自決」、そして「秘密外交の廃止」です。ただちに平和を、と即時講和を第一次世界大戦の全交戦国に提案するもので、かたわら、旧ロシア帝国が大戦後にイギリス、フランスとトルコ領を分割することを決めた密約(サイクス・ピコ条約)なども暴露したため、英仏などはこの布告自体を検閲で国民に知らせず、黙殺を決め込む一方、それにしっかりした対応を取れませんでした。一方、米国はこうした旧大陸の列強国の旧態依然の態度に業を煮やします。

こうして、このソ連からの挑発が、旧来の「国際的な結束の網に互いにがんじがらめにされたヨーロッパの連合国と、外交的に自由なアメリカとが、外交の場で頭から衝突した最初の機会」を作り出します。そしてここに、「歴史的に受けつがれた条件から来ていたアメリカの外交的自由さ」と「一方的な宣言によって得たソヴェト・ロシアの外交上の自由度」とが、ヨーロッパの頭越しに、はじめて互いを認め合い、対峙する場面が生みだされることとなるのです[15]。

これを偶然と見ることはできません。

レーニンはこの革命をたった六カ月間の本国での活動で実現しますが、これに先立ち、それまでの一七年間をヨーロッパで過ごしています。一九〇〇年にシベリアでの三年の流刑の刑期を終えると、スイスに亡命し、それからドイツの封印列車で一七年四月、故国に戻るまで、スイス、イギリスなどで、党機関誌「イスクラ（火花）」の編集に携わるかたわら、図書館で読書し、執筆し、著書を刊行するという知識人、活動家としての亡命生活を送っているのです。

その書いたものを読んでいくと、彼はすでに一九一七年の三月、まだスイスにあるときに、ボリシェヴィキが権力を奪取した場合の戦争終結策の骨子として、四つの原則を掲げ、ソヴェトは、一、事前のロシア帝国の結んだいかなる条約にも拘束されない、二、秘密外交の内容をすべて公表する、三、全交戦国にただちに即時停戦を提案する、に続き、四の講和条件の内容として、「いっさいの植民地の解放、いっさいの従属民族、被抑圧民族、主権を持たぬ民族の解放」をあげています（「遠方からの手紙　第四信」[16]）。それは、「この併合（暴力的合併）がいつ行われたか、関係する民族がいかに先進的であるか否か、その民族がヨーロッパに住んでいるか否かを問わない」という徹底した被抑圧者解放の考え方にたつもので、穏健なメンシェヴィキ革命政府のケレンスキーや、西欧の社会主義者たちからは出てこない、当時の欧米エリート主義とは明らかな一線を画した視線に貫かれたものでした。

このあと、英国の大蔵省首席代表としてヴェルサイユ会議に参加した経済学者のケインズが、ドイツに過大な賠償を課した会議の成行きに抗議して代表を辞任し、論文「平和の経済的帰結」を発表して、世界に大きな反響を呼びます。するとレーニンは、「われわれはケインズの本が出るすこしまえに、彼のすばらしい忠告にしたがった――いっさいの負債を棒引きした」といいます[17]。

ケインズの論文は一九一九年一二月に発表されているのですが、自分たちの「平和に関する布告」はそれよりも早かった、彼の主張を先取りするものだったというのです。「ロシア共産党の誰がそんな――気のきいた――ことをいうでしょうか。「平和に関する布告」にはそのような長年雑誌の編集に携わってきた独学者、国際的なセンスをもった亡命者のメディア感覚が光っています。一度なりと、こんなことをいわれてしまったら、あとは、すべての国が理念を戦争目的に掲げる際に、何らかの形でこれに負けない体裁をとらなくてはならなくなる。そういうものを、そういう意味あいをわかったうえで、彼は革命直後に全世界に向かって公表する。それは、彼の編集した雑誌の名前の通り、これまで誰も見たことのない「イスクラ（火花）」でした。

†ウィルソン「一四カ条の平和原則」

その結果、これに対抗するものとして、――というか当初からのウィルソンの理念的アプローチを横取りするように、突如レーニンの「平和に対する布告」が現れたという点からいえば――再び理念の「価格創出者」の地位を自分の側に取り戻す意図をもって、いまや「協商国の軍事・経済・イデオロギー上の最も重要な貯蔵庫となった」観のある新大陸米国の大統領であるウィルソンが、レーニンの「平和に関する布告」から二カ月後、一九一八年一月八日に米国議会での大統領演説で「一四カ条の平和原則」を発表することになります。

それは、「秘密外交の廃止」（第一条）、「経済障壁の撤廃」（第三条）、「軍備の縮小」（第四条）、「植民地問題の公正解決」（民族自決の原則を一部含む、第五条）のほか、関係各国領土、権利等の回復（第六〜一三条）、そして「国際平和機構の設立」（第一四条）を含む新たな協商国側からの戦争目的の再提示ともいうべきもので、明らかに自由主義陣営の側から、レーニンの「平和に関する布告」に理念として対抗すべく発表されたものでした。

新生ソ連は、「平和に関する布告」の後、一二月の同盟国との講和会議で、ヨッフェの六カ条ともいうべき追加提案をしていました。「無併合」、「民族自決」、「少数民族の権利」、「無賠償」、「植民地問題」などからなるより具体的な提案でしたが、ウィルソンの一四カ条は、これをも視野に入れた米国からの回答でした(18)。

このように、第一次世界大戦は、はじまったときはこれまでと地続きの戦争と考えられたのですが、間にロシア革命をはさみ、終わったときには、もう理念とイデオロギーなしには収まりのつかない世界戦争に近い戦争となっていました。

戦争自体としてはまだ過渡的な同盟戦争という性格を濃厚にひきずっていましたが、この戦争のさなか、確固としたリアリティをもって浮上してくる国際コミュニティというものが、次の世界戦争の基本性格を基礎づけるのです。

Ⅱ　世界戦争の完成――第二次世界大戦

1　認識上の落差

†第二次世界大戦のはじまり

第二次世界大戦と世界戦争の関係を考えるうえに大事なことは、この戦争がはじまったとき、それは必ずしもイデオロギー間の戦いではなかったということです。それは、はじまったとき、まだ世界戦争ではありませんでした。

イデオロギーでいうなら、そこには自由と民主主義の理念があり、次に共産主義の理念があり、さらにこの両者に対する対抗イデオロギーとしての国家社会主義・軍国主義的な動きがありました。でもその相互の関係は、二項対立というよりは三派鼎立に近く、厳密に言えば、三派鼎立ですらなかった可能性が大なのです。

後にその構図は、連合国対枢軸国という一大対立に整序されていきます。しかし、実態は、それとはだいぶ違っていました。

そのはじまりを画したのは、むしろイデオロギーが仮象でしかないことを人々に思い知らせる、至極現実的なできごとでした。

この戦争は、一九三九年にはじまりますが、この年の第二次世界大戦の勃発時に、じつは日本が大きく関与していました。

三九年の五月から九月にかけて、日本はソ連と局地戦争を行います。ノモンハン事件として知られる内モンゴルの一地帯での国境紛争ですが、これは戦車のほかに戦闘機も駆使された大規模な機動戦でした。ずいぶんとこっぴどい敗戦を喫したので、日清戦争を上回る多くの悲惨な戦死者をもたらしながらも[19]、国内にはほとんど知らされませんでした。

このとき、日本はじつは日独防共協定を足場に、ソ連を挟み撃ちにしようとドイツにかけあっています。でも、ソ連、さらにドイツのほうが一枚上手で、ソ連がドイツと突如、独ソ不可侵条約を締結してしまうのです（八月二三日）。これに驚愕《きょうがく》し、日本の平沼騏《き》一郎《いちろう》内閣が日独同盟の締結交渉中止を決定し、「欧州の天地は複雑怪奇」という声明を出して総辞職したことは有名な話です。

このあと、ソ連軍の反攻が強まり、日本軍は敗勢となります。他方、この不可侵条約で背後の安全を確保したドイツは、その九日後、ポーランドに突如侵攻を開始します（九月一日)。そしてこれが第二次世界大戦のはじまりとなるのです。

†戦争の理念化

ですから、第二次世界大戦においても、起点で戦争の動因となったのは、イデオロギーなどではなく、国益でした。毒を以て毒を制すとばかりに、一九三八年には英国・フランスが反共を標榜するナチス・ドイツを対ソ共産主義の防波堤にしようと宥和策に出るのですが、ヒトラーも、——ある意味で、レーニンの理想をかなぐり捨てたスターリンも——イデオロギーや理念などを信じておらず、またそれを「タテマエ」・「大義」として「利用」しようという姿勢も、さほど示さなかったのです。第二次世界大戦のはじまりは、イデオロギーとはほぼ無関係でした。

しかし、この戦争に、その後、はっきりと理念に基づく世界戦争の性格が加わってきます。そのイニシアティブをとるのは、当時、世界の中心に位置していた米英二国、後の連合国の呼びかけ国でした。

この戦争がはじまったあと、ドイツの進軍は、しばらくの間、ヨーロッパに限られ、旧敗戦国ドイツの英仏中心のヨーロッパ秩序への反逆とその転覆という動きを示します。一時の停滞をはさみ、ドイツは四〇年四月から六月初めにかけてベルギー、デンマークなどのほかフランスにも進出し、やがてムッソリーニのイタリアもドイツに合流して英仏に宣戦布告し、英国が何とか、ドーバー海峡を隔てて、ドイツの猛攻に持ちこたえる形勢となります。その間、ソ連はポーランドに侵入、さらにフィンランドを征服、バルト三国をも勢力に収める勢いを示しています（その侵略の結果、ソ連は三九年に国際連盟を除名されます）。

ところが四一年六月になると、突如、ドイツがソ連に進撃をはじめ、自由主義陣営／共産主義国ソ連／三国同盟陣営の三すくみ状況が、自由主義陣営＋共産主義国ソ連／三国同盟陣営の一対一の状況に変わるのです。

こうした状況のなか、米国はどうなっているかというと、従来からの堅固な孤立主義の伝統のなかで、ルーズヴェルト大統領は、参戦ができずに苦慮しています。イギリス、ソ連をドイツの手からどうにか守りたい、その援助をしたいというので、この年の三月に何とかしてレンドリース法（武器貸与法）を議会で成立させ、六月以降は英国のほか、ソ連にも援助物資を送りはじめます。しかし、まだ国内の反対派を説得して参戦にこぎつけることはできないままでした。英国はむろん、四〇年九月から四一年五月まで続くドイツによるロンドン大空襲にさらされながら、米国の参戦をいまかいまかと待望しています。

では、どうすれば国内の反対派を説得できるか、また、英国だけでなく、ソ連、その他、中華民国などを含む多くの国々との連携を視野に入れた戦争遂行を可能にできるか。米国からすれば、このような課題がここに生まれています。一方、どうすれば、米国を同盟国として戦争に引き込み、支援とその後の勝利をたしかなものとできるか。また戦勝後の国際秩序に向けて、主導権を米国とともに確保できるか。英国からすれば、そういう課題がここに姿を見せています。

そういう互いの思惑がからみ、米英二国が、四一年八月に大西洋のニューファンドランド島沖で会談し、世界に先がけて、大西洋憲章というものを発表する（八月一四日）。つまり、自分たちがともに戦争を遂行するとしたら、そのばあいの戦争目的とは、次のような理念に則るという声明を、国際社会、国際コミュニティに向けて発出する、ということが、ここにはじめて、企てられるのです。

なぜ、この二つの国はこんなことを思いつくのでしょうか。

その第一の要因として、先の国際コミュニティ、国際社会の成立という新しいモメントに、彼らがもっともよく通じていたということがあるでしょう。なぜなら、その国際コミュニティの基礎をなす国際秩序は、第一次世界大戦後に、彼ら、英米二国を中心に作りあげられたものといってよかったからです（この一九四一年の時点でフランスはすでにドイツに敗北し、脱落しています）。

また、第二に、米国は国内の反対で、参加しなかったものの、そこに生まれた国際社会、コミュニティ、秩序の象徴として、ウィルソンが提唱した国際連盟がありました。そしてその国際連盟から、それまでにまず日本（一九三三年、脱退）、次いでドイツ（同年、脱退）、さらにイタリア（三七年、脱退）、そしてソ連が（三九年、除名）それぞれ脱退、ないし除名となっているという事実が厳然とここに存在していたのです。

つまり、英米二国は、自分たちが現在の国際秩序の担い手でもあれば、その擁護者でもあるという立場を利用できる位置にあることを、誰よりもよく知っていました。また、そのことがいまや最大の戦争遂行力に転じうる要素であることを、たぶん他国に先んじて、例外的に、理解していたでしょう。自分たちがこの国際秩序の作り手だっただけに、そこに一日の長がありました。対してそのことに、第一次世界大戦の敗戦国であるドイツ、新参国であるソ連、またアジアからの新興国であった日本は、よく通じていませんでした。

そこに、米英二国とその他の国々を隔てる、国際コミュニティの成立と理念の意味の発生をめぐる、巨大な「認識上の落差」があったのです。

2 世界戦争の発明

†大西洋憲章

ですから、「世界戦争」とは、米英二国が戦争遂行のために発明した認識上の一大武器でもあったのです。

国際秩序を作りあげているのは、理念である。

その理念を自分たちが体現すれば、国際秩序の擁護者として国際社会を味方につけて、戦争を遂行できる。

と同時に、さまざまな国家を、この理念を大義とするかたちで、グループ形成することが可能になる。

――このとき、彼らの念頭にあった「理念」の意味と役割を、こうまとめることができます。

彼らの発表した大西洋憲章は、そのありうべき戦争目的と国際社会への誓約を、こう述べていました。

一、「合衆国と英国の領土拡大意図の否定」、
二、「領土変更における関係国の人民の意思の尊重」、
三、「政府形態を選択する人民の権利」、
四、「自由貿易の拡大」、
五、「経済協力の発展」、
六、「ナチ暴政の最終的破壊」と「恐怖と欠乏からの自由の必要性（労働基準、経済的向上及び社会保障の確保）」、
七、「航海の自由の必要性」、
八、「一般的安全保障のための仕組みの必要性」。

これを見れば、彼らの原則が、ほぼ第一次世界大戦時に発表されたウィルソンの平和一四カ条を踏襲するものであったことがわかります。[20] 第一の「領土不拡大」は一四カ条の各国の戦後処理の民主主義的で公明正大な解決の原則に則りつつ、「平和に関する布告」の「無併合」をも視野に入れた、第一次世界大戦後の国際秩序の大原則でしたし、第三の「政府形態をめぐる人民の権利」の保障は、植民地の解放、民族自決、独立の権利に関わっていました。というか、この憲章は、むしろ「秘密外交の禁止」やこの第三の植民地の問題を含め、ウィルソンの一四カ条から、だいぶ後退したものですらあったのですが、し

かし、とにかく彼らは、そのようなそぶりは見せず、自分たちが現在の国際社会の原則の擁護者であり、戦うとすれば、その秩序を守護するため、これを破ろうとするものを懲罰するためにそうするのであることを、ここに宣言していたのです。

このとき、英国はナチス・ドイツと戦争を行っていますが、米国はまだ参戦していません。真珠湾攻撃はこの年の一二月のことで、まだ四カ月も先です。しかし、それに先立ち、この憲章は、発出されます。一つの理由が、米国の参戦に反対する米国内の孤立主義者たちの説得にあったことは疑えません。国内の参戦反対者たちを説得するためにも、国益を越える大義名分としての理念が、なくてはならないのでした。

しかし、もう一つの理由として、新たに生まれた国際社会へのいち早い応対の必要がそこに感じられていただろうことも否定できません。この戦争に勝つことで、どのような新しい国際秩序を準備するのか、そもそも何のために戦争をするのか、それを世界の人々に、国際社会に、しっかりと説明できなければ、戦争がいまや持続可能なかたちで遂行できないことを、当時国際認識の最先端を走っていた両国は、よく知っていたのです。

†連合国共同宣言

この米国の参戦に先立っての布石ともいうべきものが、その後、どのように「効いて」

くるかは、四ヵ月後、明らかになります。日本が真珠湾攻撃を行い、米国が満を持して対独日伊の宣戦布告を行うと、米英両国がただちに取りかかるのが、国際社会に働きかけ、連合国共同宣言なるものを発表して、またたくまに連合国という巨大戦争遂行グループを作りあげることだったからです。

このときも、米国は周到な手続きをとっています。大西洋憲章のときと同様、ルーズヴェルトとチャーチルが今度はワシントンにあって、この日の宣言に向け、国際社会に「連合国」への参加を呼びかけるのですが、そこでは、国の大小にかかわらず、とにかく多くのさまざまな国の名前がそこに加わることが最重要事であることが、双方の側からそれぞれに確認されています。

まず英国外相のアトリーは、海外電報で首相に「連合国政府すべてがこの宣言に参加」し、「大国だけでなく小国の自由」も尊重されると明記されることが大事だと伝えてきます。またルーズヴェルトの外交の指南役ともいうべきハリー・ホプキンスは、「南米の諸共和国を含めて」参加国のリストに連なる「小国の表が長くなることに」われわれの「明確な利益がある」旨をメモに記し、大統領に伝えるのです。

一方、そもそも真珠湾攻撃によって日本が米国に宣戦布告をしたとき、日本はドイツ、イタリアにそのことを断っていませんでした。そうである以上、日独伊三国条約には、相互援助義務の明記がありませんから、ドイツ、イタリアはこのとき別に米国に宣戦布告しなくともよかったのです。しかし一二月一一日には対米宣戦布告をしています。そこにも大西洋憲章の布石は生きていたといえなくもないでしょう。憲章にははっきりと「ナチ暴政の最終的破壊」がうたわれていました。米英二国は、敵が恰好のグループにまとまることをこそ狙っていたわけですから、ドイツはある意味、まんまと英米二国の引いたレールに乗せられてしまうのです。

連合国共同宣言は、まず、冒頭、これが「大西洋憲章」を継承するものであることを明らかにしつつ、大意、こう述べています。

署名国政府は、「大西洋憲章に賛意を表し」、この戦争の遂行と勝利が「生命、自由、独立および宗教的自由の擁護」、そして「人類の権利および正義の保全」のために「不可欠であること」、また、これが「世界を征服しようと努めている野蛮で獣的な軍隊に対する共同の闘争」であることを確認して、こう宣言する。

一、「三国同盟の締結国、加盟国に対する戦争」の遂行に全力を尽くす。

一、「敵国と単独の休戦・講和を行わないことを誓約する」。

なおこの宣言は「ヒトラー主義に対する勝利」のために戦う「すべての国」に開かれている。

この宣言は、真珠湾攻撃から一ヵ月もたたない一九四二年一月一日に、連合国二六ヵ国（亡命国も含む）の連名で発表されます。そしてその数は、四五年三月には四七ヵ国にまで増え、その後、この連合国が、国際連合の母体となるのです。

3 「枢軸国」と「ファシズム」

†第二次世界大戦は本当にイデオロギー間戦争だったのか

しかし、こう見てくると、一つの疑問が浮かんできます。

ふつう、第二次世界大戦は、連合国と枢軸国の一方が自由と民主主義の原則に立ち、他方がファシズムの政治体制を押し立て、互いに二つのイデオロギーを掲げてぶつかった世界戦争と理解されています。自由主義と全体主義のぶつかりあいというのがそれです。

ほかにも、「もてる国」と「もたざる国」、「国際秩序」を体現する米英の先発列強国と「新秩序建設」をめざしてそれに挑戦した独日らの後発列強国の衝突という説明の仕方もあります。

しかし、前者についていえば、これはむしろ第二次世界大戦が終わってから、終わった時点で、この戦争がもつ一種「複雑な」性格を隠蔽するために、後付け的に考えられ、強調されるようになったいわばダミーの説明だったのではないでしょうか。

二つのイデオロギー間の戦争という説明がもっともよく該当するのは、じつは第三の世界戦争ともいうべき一九四七年にはじまる東西冷戦のほうです。これは、正真正銘、自由主義陣営と共産主義陣営のあいだのイデオロギー間の戦争といいうるものでした。

いま、私たちが第二次世界大戦をこれと同じく自由主義とファシズムとのあいだのイデオロギー戦争であるかに考えてしまうのには、一部、これを過去に投影する遠近法的倒錯が働いているというべきです。また、そのような過去の──捏造《ねつぞう》とはいわなくとも──「再定義」(再成形)のために、あのニュルンベルクと東京での二つの国際戦犯裁判が、必要だったとも考えられるのです。

また、後者の説明──「もてる国」と「もたざる国」、国際秩序とそれへの挑戦──は、それはそれで正しいのですが、よく考えてみると、前者の説明と整合的ではありません。前者の説明はどちらかというと、一対一の二つの勢力の激突、というありかたを彷彿《ほうふつ》とさせます。しかし後者の説明は、一つのまとまったグループと秩序への小さないくつかの個別的な挑戦を意味しており、後者のばあい、第一のグループには集団原理が想定できますが、第二のグループにはそれを想定できないのです。では、なぜ、こうした矛盾を含む二種類の説明が、何の疑問も呈されないで、いまも現に通用しているのでしょうか。

これらの疑問を一言でいえば、こうなります。第二次世界大戦は、最初から世界戦争だったのだろうか。それはむしろ、一方の側によって世界戦争をめざして戦われ、終結した後、一定の手続きをふんで、はじめて世界戦争になったのではないだろうか。しかしそのことで、何かが隠蔽される結果となったのではないだろうか。

というのも、これを仔細に見ていくと、この戦争が連合国と枢軸国の二つのイデオロギーの衝突する世界戦争であったという通説は、事実とはだいぶ違っていることがわかるからです。

†「連合国」対「枢軸国」?

第一に、イデオロギーの対立ということでいえば、たしかに見てきたように、連合国側（米英）にはそれがありました。彼らは当初から市民的自由と民主主義原則という「理念」を共通の価値観に掲げ、国際社会に対して訴えています。その最初の試みが一九四一年八月の大西洋憲章で、これを体現したものが四二年一月の連合国共同宣言でした。けれども、ひるがえって、枢軸国（独日伊）のほうを見てみましょう。まず、連合国（United Nations）は、合衆国（合州国 United States）の派生形ともいうべきルーズヴェルト発案の思い入れある自称でしたが、枢軸国という呼称のほうは、ローマとベルリンがそれぞれ東経一二度と一三度とほぼ同じ経度上にあったことから生まれた他称でした。両者をつなぐ線が垂直な「枢軸（axis）」、座標軸をなすことから両国の関係がローマ・ベルリン枢軸と呼ばれ、これをムッソリーニが一度演説に取りあげ、そのあたりから広まっていったので、彼ら自身はその同盟を「鋼鉄協約」と呼んでいます。しかし、そこにアジアから日本も加わった時点で、それは、そもそもが他称であるほかない呼び名となっていました。

また、この枢軸国の側には、連合国の側と違い、何ら自らの共同の立場、主張を国際社会に向けて掲げる共同宣言といった動きは見られません。なかで例外ともいえるのが、大東亜共同宣言の企てに見られる日本のばあいですが、そこでも、めざされたのは枢軸国の共同性とは無縁のアジア解放という「理念」の提示にほかなりませんでした。

たしかに、日独が一九三六年に締結した時点で、二国の防共協定は、ソ連の国際共産主義を仮想敵とする対共産主義の協定というイデオロギー色をもっていました[21]。しかし、これがイタリアを加え三国防共協定となった後、三九年にはドイツが独ソ不可侵条約を締結してしまうため、これは一挙に無意味なものになってしまいます。

また、その延長で四〇年には日独伊三国同盟が締結されるのですが、これにも、互いの地域における「新秩序建設における指導的地位」を認め合う以外、軍事的な同盟関係が記されるだけで、そこに理念、大義の提示は皆無です。米英の既得権益への挑戦――それが「新秩序建設」の意味です――以外、これに対抗する別種の「理念」を共有するという構想も意思も、まったく見られないのです[22]。

第二に、戦争遂行上の同盟関係としても、わずかにドイツ・イタリアの共同作戦があり、また日本を加えた三国間に連携があったのは事実ですが、枢軸国側の同盟は、連合国側の比ではありませんでした。これに比べれば、一〇分の一以下の、ほぼ実質のないものでした。

米英ソ三国の連合国間の戦争協力は、レンドリース法以来、大々的な武器、物資の援助にはじまり、数次のトップ首脳会談に基づく大がかりな共同の軍事作戦までの広がりをもっています。カサブランカ会議、テヘラン会議、ヤルタ会談などがその首脳会談の例です。ですが、枢軸国間にこうした首脳会談の例はありませんし、軍事参謀会議のような例もありません。逆に、枢軸国の戦争協力は、三九年の独ソ不可侵条約でのドイツの背信を筆頭に、四一年六月のドイツによる独ソ開戦、四一年一二月の日本による日米開戦がそれぞれ同盟国への事前通告なしに行われるなど、結びつきも弱く、また信頼度も低いことが特徴でした。

これらからわかることは、第二次世界大戦は、「連合国」の「世界を征服しようと努めている野蛮で獣的な軍隊に対する共同の闘争」（連合国共同宣言）といういい方で間違いではないものの、その意味は、「連合国」対「枢軸国」という二大勢力間の闘争というよりは、「連合国」対「個別的かつ散発的な秩序破壊的な国々」との戦いというべきで、一対一というよりは、一対〇・五くらいの対立だったということです。それが一対一となるのは、戦後の東西冷戦の自由主義圏と共産主義圏の対立となってからのことで、現在の私たちの第二次世界大戦観には、たぶんにこの図式が逆投影されているのです。

それは「枢軸（国）」という旧連合国たる米国の戦後の使用の仕方にもはっきりと影を落としているというべきです。ブッシュ・ジュニア米大統領が同時多発テロの翌年（二〇〇二年）、ときの「ならず者国家（Rogue state）」――イラク、イラン、北朝鮮――を総称して「悪の枢軸（Axis of evil）」と呼んだとき、それは「悪の帝国（Evil empire）」（冷戦末期に、レーガン米大統領がソ連圏を悪罵してこう呼びました）よりもはるかに第二次世界大戦時の「枢軸国」の用い方に近いものでした。

むろん軍事力からいえば、ドイツ、日本、イタリアとイラン、イラク、北朝鮮はまったく比較になりません。しかし、それでも後者が「脅威」となるのは核兵器が絡んでいるからです。規模は大いに違い、「世界征服」こそめざされてはいませんが、第二次世界大戦での「枢軸国」の位置は、戦後における東西冷戦の相手「共産主義陣営」よりは、はるかに二一世紀初頭の「野蛮で獣的な軍隊」と大量破壊兵器をもつ「ならず者国家」に近かったと考えられるのです。

†連合国・ソ連？

さらにより基本的なことをつけ加えるべきかもしれません。

一九四一年一二月、日米が開戦し、連合国共同宣言が準備されている段階で、じつは連合国対枢軸国という二項対立自体が、そもそも明確なものではない、ということから一つ問題がもちあがっていました。というのも、このとき、ソ連はドイツとの交戦国として連合国に加わりながら、なお日ソ中立条約が継続中で、日本とは中立を保ち合うという変則的な関係にあったからです。

まず、なぜこのようなことになったかといえば、その背景に、当時のイデオロギー的な相関図が、二大対立というよりは、じつは三派鼎立によほど近いという先に述べた事情が働いています。英米の市民原則と自由主義経済体制と帝国主義（植民地主義）政策が、一方で第一次世界大戦の戦後秩序として成立しており、これに対し、これらをすべて覆す新イデオロギーとして、ソ連の共産主義理念が生まれていました（しかしこれもレーニン死後、すぐにスターリンの手で、内実は特異なイデオロギー的全体主義に転化させられてしまっていたのですが）。そして、この二つに挟撃される形で、ドイツ、日本、イタリアでそれぞれに帝国主義と社会主義の合体としての国家社会主義的な軍国主義が、産声をあげ、てんでに三者三様のあり方で「新秩序建設」をめざしていました。

先に述べた、国際連盟からの脱退・除名の主要国が、第二次世界大戦勃発の三九年当時、日本、ドイツ、イタリアにソ連を加えた四国だったことを思い出して下さい。

そもそも独ソ不可侵条約、日ソ中立条約というものが、一時、日独伊三国同盟が日独ソ伊四国同盟の構想のもとに推進されたことの副産物でした。スターリン自身が四国同盟に乗り気で、ドイツ外相（リッベントロップ）も日本外相（松岡）も、それと同意見だった時期があるのです。それが四一年六月のヒトラーの独ソ開戦の独断と暴走によって、破綻したのでした。

さらに、そもそも、一九三八年のミュンヘン会議で英仏両国がドイツの明白な隣国侵略を容認したのは、ヒトラーの国家社会主義という毒をもってスターリンの共産主義という毒を制するという思惑に立ってのことでした。当時彼らが恐れていたのはヒトラーよりも共産主義のイデオロギーだったのです。理念・イデオロギー上からいえば、米英仏の民主主義、自由経済体制に対するに、日独伊ソの非民主主義、非自由経済があるという構図のほうがより整合的です。後者のユーラシア四国同盟なら、米英既成権益への挑戦という点でも、共通していました。この三つ巴の対立が、「米英ソ」対「日独伊」となるか、「米英」対「日独伊ソ」となるかは、ほとんど紙一重のところだったといってよいのです。

四二年一月の連合国共同宣言に、先に引いておいたように「ヒトラー主義（に対する勝利）」という耳慣れない言葉が出てきますが、それもこのことと関係があります。これは四一年一二月の条文検討の段階では、一時、「ナチズム、ファシズム、ジャパニズム」という表現が考えられていた個所の代替語だったからです。日ソ中立条約を締結しているソ連代表が、連合国共同宣言に「日本との戦争」への参加を暗示する表現が出てくるのを避けようと、変えるように要求したための代案でした[23]。英国首相チャーチルは生粋の反共主義者でしたから、ソ連を連合国につなぎとめていたのはルーズヴェルトの米国でした。イデオロギー的にだけいえば、連合国対枢軸国は、自由主義・資本主義経済対国家社会主義体制と区切れば、「米英」対「日独伊ソ」のほうがまだしも整合的だったと見えてくるのです（そもそもナチスが国家社会主義労働者党の略語でした）。

†ファシズムとは何か

ここから生まれてくるのは、では、なぜこれだけの違いにもかかわらず、初代「悪の枢軸」の国々はイデオロギー的にも連合国の敵方に擬されるようになったのだろうか、という問いでなければなりません。その当座の答えが、「ファシズム」という呼称です。

右の「ナチズム、ファシズム、ジャパニズム」の挿話は、一九四一年一二月の時点で、三国同盟の締結国のイデオロギーを「ファシズム」で総称するという理解が、連合国側にまだ成立していなかったことを語っています。そこでファシズムは、イタリアのファシスト党のイデオロギーをさしており、ほかのナチズム、ジャパニズムと、別のものでした。連合国のイデオロギー・理念が自由と民主原則であるように、これに対する枢軸国共通のイデオロギーがファシズムだとは、考えられていなかったのです。

けれども、第二次世界大戦も終盤にさしかかると、私たちも知るように、この戦争は、自由主義陣営とファシズム陣営の戦いと理解されるようになってきます。日々の激戦が二年も三年もつづくうちに、「ファシズム」という言葉が徐々に前景化してくるのです。

しかし、そうなるにつれて、新しい問題が浮かびあがってきます。自由主義とは何か。それはわかります。市民原則、それも基本的人権の尊重が主軸の考えです。ではファシズムとは何か。はたしてそんなものがあるのだろうか。

枢軸国のイデオロギーを名指す言葉として「ファシズム」という語が定着してくると、今度はそんな問いが浮かんでくることになりました。一九四四年、英国の小説家でジャーナリストでもあるジョージ・オーウェルが、「ファシズムとは何か」と題する鋭いエッセイを、新聞紙上に書いていています。彼はいいます、それは意味不明の否定語にすぎないのではないか。

現在、答えられることのない問いの中で最も重要な問いは、「ファシズムとは何か」である。

米国の社会調査機関が最近一〇〇人を相手にこの質問を行ったが、答えは「純粋な民主主義」から「純粋な悪魔主義」までの広がりを示した。わが国で平均的な人にファシズムの定義を問うなら、きっとドイツとイタリアの政体がそうだというだろう。しかしそれではまったく不十分である。これら主要なファシスト国家のあいだですら、政治構造、イデオロギーがことごとく違うからである。(24)

オーウェルは、ドイツと日本についても、両国を同じ枠に入れるのはそんなに簡単なことではない、といいます。ファシズムを反ユダヤ主義で括ろうとしても、日本はそうでないからです。そして結局のところ、英国で語られているファシストとは、ごろつき(bully)と意味が変わらないのではないか、といいます。そして、いまわれわれにできることはこの言葉を慎重に用い、単に汚い言葉に下落させないように心がけることだと、意味深い提言でこの文章を締めくくっています。

枢軸国のイデオロギーというものを「ファシズム」として仮構しようとした結果が、「ファシズム」という言葉の意味不明となって現れたのでした。

†枢軸国の「大義」

むろん、ドイツと日本とイタリアにも、その国なりに国民に向けた戦争目的の「大義」はありました。第一次世界大戦後の国民国家では、それが戦争目的に掲げられなければ、いまや国民を説得できないからです。ただそれは、連合国における理念のように、国際社会に向けて、自分たちこそが国際社会の代弁者なのだと、その正統性を競うというものではなかったということです。理念というものが、普遍的な価値をともなうことを考えれば、彼らは――わずかに日本のばあいを除き――そもそも理念というものに背を向けるか、無関心だという傾向にありました。

ドイツのヒトラー主導の戦争の目的は、ドイツ国内では、もっぱらアーリア人種・ドイツ民族の優越性、支配民族の生存権の拡充という非・普遍的ないい方、民族中心主義に終始しています。そのためにも、ユダヤ民族排斥が大きな意味をもちました。敵のリアリティなしに、味方のリアリティを仮構することはできないからです。そしてそれは一貫して、民族性を超えた普遍性をもつという方向を示しませんでした。逆に、そこに露わなのは、一民族による問答無用の世界征服ともいえる、理不尽さをまったく恐れない反・普遍理念的な姿勢といってよいものでした。

ここにはたぶんに第一次世界大戦の敗北による彼らのトラウマが影を落としているでしょう。ドイツは敗戦後、これまでにないこととして、国際社会と国際道義と文明の名のもとに、平和主義の風潮の高まりのなかで、戦争責任（開戦責任）を問われ、皇帝を戦争犯罪人として訴追されるといった一方的な断罪に遭いました。このような国際道義の名をかたった「大義」への反感が、最初から「国際社会」に訴える意思を放棄した彼らの姿勢となった可能性が大いにあります。いずれにせよ、第一次大戦の戦勝国の「大義」に懲りたドイツは、連合国の大西洋憲章を前にしても、これに対し、普遍的な理念としての戦争目的を対置しようという動きをまったく示しませんでした。

ムッソリーニのイタリアについても似たようなことがいえます。イタリアは、第一次世界大戦でも、当初はドイツとの同盟国でありながら、後に脱退し、協商国側についた過去をもっています。第二次世界大戦でも、国益に基づく戦争遂行の姿勢を保持したところにむしろ特徴があり、ファシズムの統治下でも、たとえばムッソリーニはナチス・ドイツの反ユダヤ主義への軽侮の気持ちを隠さず、これに応じはしたものの、積極的に加担するという姿勢は示しませんでした。

経済恐慌のもとでの不況への不満、後発帝国主義国としての領土拡大の要求という点で、ドイツと同様、既存の英米中心の国際秩序に異議申し立ての理由をもっていたことから、ローマの名誉に結びつけた国家の「団結」を掲げ――これがファシズムのイタリアでの根幹的な意味でした[25]――、ドイツに同調したものの、普遍的な理念を、国際社会に訴えるということには一貫して、無関心だったように見えます。

このあと述べる日本を含め、枢軸国に共通した姿勢をいえば、その中心にあったのは、米英二国主導の第一次世界大戦の戦後国際秩序への挑戦としての「新秩序の構築」でした。ですから、第二次世界大戦においても、それぞれの国益に基づく帝国主義国、列強国同士の覇権争いという性格は濃厚に残存していました。しかし、それがいまやイデオロギー、理念によって理論武装しないと、国際社会を、そして国民を、説得できないという時代が来ていたのです。

第一次世界大戦が、帝国主義国、列強国同士の覇権争いとしてはじまり、戦争終結後、国際社会の成立と国内における市民原則の一定の確立をみることを通じて理念による戦争目的の提示なしに――また戦争一般を違法とする戦争違法観への対処なしに――もはや戦争が行えない素地を作ったとすれば、第二次世界大戦は、そのことに最初からしっかりと対処した国と、これに十分に対処できなかった国の戦いでした。

この戦争が二国間のイデオロギー対立を基礎とする連合国と枢軸国、民主原則の国とファシズム（全体主義）の国の対立と受けとられるようになったのは、ですから、むしろ戦争が終結した後です。よく考えてみれば、当時のスターリン治世下のソ連は米英により、大粛清をくり返す、市民的自由のない全体主義国として見られていたわけですから、そのソ連を連合国に繰り入れたこの二分法には無理があるのですが、でも何となく私たちはこの説明を受け入れてきたのです。

理由はいろいろあるでしょう。

それについてはこの後、見ます。

しかし、なぜ私たちがそう思うようになってしまったかという理由のほかに、そもそもなぜ連合国が、私たちにそう思わせる必要があったのか、というもう一つの理由への問いが、あるようにも思います。

枢軸国は、日本を除くと、この戦争の新しい性格にさほど注意を払ったようには見えません。しかし、連合国側にとって、このことは、第一次世界大戦のばあいと同様、特に戦後秩序の構築にとって、必須の意味をもっていたのです。

Ⅲ　世界との距離――日本の「大義」

1　人種差別の撤廃――ヴェルサイユ会議

†有色人種国の代表

ここで、日本について見ておきましょう。

この世界戦争に、日本はどのように対したのでしょうか。枢軸国のなかにあって、日本はほぼ唯一、例外的に、理念と国際社会にたいし、意識的な対応を見せています。

後に示すように、一九四一年八月の米英二国による大西洋憲章に反応し、対応としては時機を逸しつつあるタイミングになったとはいえ、四三年一一月に東京でアジア諸国の代表を招聘して大東亜会議を開き、大西洋憲章の向こうを張る大東亜共同宣言なるものを、国際社会にむけ、発出するからです。

なぜ、日本からこのような対応が生まれるのでしょうか。

まず、そこから見ておきたいと思います。

日本は、一九世紀半ばすぎに開国し、国際社会に参入します。何しろ何もかもが初の経験で、当初はこの種の小国としては異例にも、新政府樹立四年後に総勢一〇七名からなる大使節団（岩倉使節団）を構成し、一年一〇カ月にもわたる欧米世界の視察・研究の旅に派遣するなど、異色の対応で順応に努め、世界の注目を集めますが、むろんそのような応急措置で目標を達せるわけはなく、その後しばらくのあいだ、五里霧中のなかの模索が続きます。

先にふれたようにこの時代、一九世紀最後の四半世紀は、国際社会が大きく変動する時期にあたっていました。世紀が変わるあたりから労働者階級の勃興も著しくなり、その間に日本は、日清戦争、さらに日露戦争に勝利するのですが、そのできごとには、内側にいる日本人にはよくわからなかったほどのインパクトが当時、成立しつつあった国際社会において、あったと思われます。

一つのしるしは日清戦争勝利後にはじまり、日露戦争勝利後にヨーロッパに一挙に広まる黄禍論です。これは、欧米の白人種の列強国が、はじめて有色人種の非キリスト教国家の興隆を前にして感じた脅威の表現でした。

また、日露戦争後に非欧米圏の有色人種国に見られた日本への共感が、そのもう一つのしるしでした。インドのネルーは、後に、このアジアの国の白色人種の国に対する最初の近代戦の勝利が「アジアのすべての国々に大きな影響をあたえた」と回想しています[26]。中華民国の孫文もまた、「アジアの全民族」に「大きな希望」を与えたと述べています[27]。日露戦争について書いた山室信一は、そのインパクトが、エジプト、トルコをはじめとする中東にも及んだと指摘しています[28]。

二〇世紀はじめの国際コミュニティの形成には、これまでの君主国のエリート主体の国際社会に、市民層、労働者階級が新たに参入してくる、という要素と、女性層、婦人層の声がはじめてそこに加わってくる、という要素と、従来の欧米白人国主体のコミュニティに、新たに日本、中国、インド、中東など非欧米有色人種国が参入してくる、という要素と、三つの新しい要因が作用していました。日本の勃興は、日本がある意味で奇跡的に植民地化を免れた有色人種国だったこととあいまって、このうち、当時、この第三の要素を強烈に体現するものだったのです。

第一次世界大戦後、日本が英仏伊の西欧列強三国に加え、第四の国として国際連盟常任理事国に選ばれ、新興の列強国として国際社会からの承認を得るのは、明らかにこの第三の要素の代表者としての資格からでした。当初、常任理事国の四番目の国として日本が選ばれたときには、ほかの国から羨望の声も起こり、特にスペインとブラジルは、自分にもその権利があると主張し、後にブラジルは、常任理事国になれないことを不満として、二六年、ドイツが国際連盟に加入し、常任理事国に選ばれたのを機に脱退したほどです。

逆から言うと、常任理事国に一国、非欧米系の有色人種国が加わったことで、国際連盟は新しい時代の国際コミュニティの構成を受けて創設された新組織であることの面目を保ったのですが、ほかに非欧米系の常任理事国を容認する理由は、欧米列強にはなかったのでした。[29]

さて、このとき日本の政府は、新しく成立しようとしていた国際コミュニティ(=国際世論)の意味とその画期性にまだ十分には気づいていませんでした。ヴェルサイユ条約の代表団への政府からの訓辞は、「日本の権益確保」を第一とし、「直接的関心事以外は傍観を得策とし」、その他は「大勢に従」う、という消極的なものでした。[30]

そして事実、ヴェルサイユ会議での日本代表は、「サイレント・パートナー」と揶揄《やゆ》されるようにほとんど、発言もしなければ、積極的な関与も見せず、流暢な英語で短く要を得た指摘を行う中華民国代表の顧維鈞らとの比較で、格好の嘲弄の対象となるほどでした。(31)しかし、そういうなか、唯一の例外が、次に述べる人種差別撤廃条項の国際連盟準備委員会への動議の提案だったのです。

†人種差別撤廃条項の提案

このとき日本は、西園寺公望《きんもち》元首相を全権に六四名の代表団をヴェルサイユ会議に派遣していました。そこで、一九一九年二月一三日、国際連盟委員会で日本代表の牧野伸顕《のぶあき》元外相が、連盟規約に人種差別反対の条項を盛り込んではどうかという提案を行うのです。最終的にこの提案は、大きな妥協を余儀なくされ、三月二五日の国家間の人種平等原則の前文への明記という提案にまで後退しますが、委員会での投票の結果、一一対五で賛成多数となります。しかし、ことの重大性から、議長のウィルソン米大統領が強引に「全会一致でない提案は不成立」との判断を示し、否決に終わります。

内容は、当初の提案として、外国人移民の人種、国籍による差別待遇の禁止を明記する甲案とその国の法律の許容する範囲で待遇と権利で区別のない平等をめざす乙案という硬軟二案が用意され、そのうちの妥協色の強い乙案がとりあげられたものの、これも英国の反対で抑えこまれ、最終的に、だいぶ後退して、人種にかかわらない各国の平等の前文明記の要求に落ちついたのでした[32]。

そもそも、この提案は、当時、アメリカ、カナダで日系移民排斥の動きが起こっていたことなどを念頭に発想されたもので、有色人種国の代表として国際社会に人種差別という大問題を提起する、というほどの気概、また自覚と時代認識に立ったものでもありませんでした。そのような腰の軽さもあったうえに、何より、日本自身が中国人などに民族差別を行っていたことを考えれば、かなり手前勝手で、偽善的な部分をも含む主張だったといえます。そのため、国内でも、石橋湛山《たんざん》とか吉野作造といった誠実な知識人たちが、これに批判の声をあげました[33]。

国内で、この動きを促していたものは、一つにはたぶんに民族主義的な欧米への反感です。たとえば右翼団体黒龍会を幹事とする国民外交同盟会は、一八年一二月、「列国に対し人種平等の大原則に立って人種的偏見を打破し」米英両国の日本・中国への差別的法律を撤廃させる動議を出すことを、海軍大臣宛に要求しています[34]。

しかしもう一つは、これとは逆に、こうした提案を機に日本自身が国際協調路線に転じるという狙いを含んだ考えで、外務省の一部から出てきたこの案は、「平和維持組織における人種宗教歴史国力等の別によらぬ完全平等の待遇の確保」をめざし、「平和主義」の採用に踏み切ると同時に、「対中政策の転換を図り、会議を機会に中国と融和すること」

をも視野に入れるという大胆かつ先進的なものでした[35]。

ただし、ともに、その政府部内での取り組みの浅さ、現実性の少なさから、人種平等の理念の普遍性に思いを致した徹底的な吟味というものからはほど遠い、素朴な夜郎自大、また小手先だけの対処というほかないものだったといえます。

†人種平等の理念

しかし、そのこととは別に、日本がこの時、この主張を行ったことには、それでもやはり、世界史的に大きな意義があったというべきです。

国際会議でこの種の人種差別撤廃が明確に一国の主張として示されたケースは、このときの日本の動議が、世界で最初の例でした。そしてこれに加えて、人種差別は、このとき、欧米を中心に新しく成立しつつあった国際秩序と国際理念のなかで、明らかに一つの泣き所、急所をなしていました。

ここでイデオロギーとしての「大義」の現れについて一つのチャートを作ってみると、次頁のような表が得られます。

とても簡単な表ですが、このことからわかることがいくつかあります。

一つは「自由、平等、幸福の追求、博愛」といった原理が古典的なヨーロッパの近代の

1776	**アメリカ革命**（平等、自由、幸福の追求、植民地の独立）
	↓
1789	**フランス革命**（自由、平等、博愛、人権宣言、抵抗権）
	↓
1865	**アメリカ内戦＝南北戦争**（人種差別反対、奴隷解放令）
	↓
1868	**明治維新**（身分制度廃止、平等、開国）
	↓
1917	**ロシア革命** （平等、私的所有権の廃止、平和に関する布告〔無賠償・無併合、民族自決〕）
	↓
1919	**ヴェルサイユ条約** （一四カ条の平和原則、国際連盟、日本による人種差別撤廃案の提出）

表：「理念＝大義」のイデオロギー的変遷

なかから生まれてきたこと、抵抗権もその重要な一つであること。二つは、でも革命がヨーロッパの外、つまりアメリカの地に起こるときにははじめてそこに、「植民地」という問題が加わること、三つは、宗主国に反対する抵抗権の先に、「人種差別」の問題が登場してくること。四つとして、ロシア革命によってはじめて資本主義経済体制とヨーロッパ流の近代主義への異議申し立てが現れ、非欧米圏の「植民地」に対する撤廃の要求がはじめて国際社会に対し国の名によってなされるようになるということ（「平和に関する布告」）。そして最後、五つとして、有色人種の国家が強国に列されるようになって、はじめて人種差別撤廃が、国際社会に国の名によって提起されるようになること、です。

これが、ヴェルサイユ会議での、日本政府による人種差別撤廃要求の動議の画期性で、つまり、この日本政府の提起は、その内実がかなりお粗末なものだったとはいえ、それでも文明史、世界史的な意義を失わないものでした。

人種差別の問題が、近代の世界史に浮上してくる最初は、一八六二年、南北戦争のさなか、北部連邦を率いる大統領リンカーンの口から発表される奴隷解放令です。

当時の米国には急進的な奴隷制廃絶論者と奴隷制擁護論者の間に何段階もの中間的主張があり、リンカーンもその中間に近い奴隷制反対論者だったと思われますが、とにかく、その主張を憲法に反映させる米国合衆国憲法修正第一三条を一八六五年一月に批准させ、彼が奴隷解放を実現することになります。その奴隷解放令が南北戦争においてもった意味は、――内実がそのまま「奴隷解放」につながるものではなかったことをさておいても――絶大なものだったといわなければなりません。

それは、何より、南北戦争という「内戦」における戦争目的に強大な普遍性を与えることで、国際社会において、南部連合に対し、北部連邦の近代国家としての正統性を確立するうえで大きな力となりました。

このような「近代理念」の洗礼に続いて、有色人種国家の擡頭《たいとう》を印象づけるできごとが、極東に立て続けに起こります。日清戦争、日露戦争における新アジア国家日本の登場がそれで、それに対する旧世界の反応が黄禍論でした。しかし、この間、奴隷解放令の一八六二年から日清戦争終結の九五年、日露戦争終結の一九〇五年まで、たった四〇年と少ししかたっていないのです。

一九一九年の日本政府の人種差別撤廃動議は、その日本から最初に新しく生まれようとしている、より成熟した国際社会に向けられた「理念」としての主張の萌芽形態でした。実際は穴だらけの主張であり、また日本政府がどれだけその意義を意識できていたかどうかもわからないにせよ、理念的には、非旧大陸の革命国としてのアメリカの南北戦争での新主張を受け継ぎ、ロシア革命後の「平和に関する布告」の植民地撤廃、ウィルソン大統領の一四カ条の平和原則の民族自決原則の提起によって一新されたイデオロギーの時代に符丁を合わせた、旧世界を震撼させるに十分のインパクトをもった、時宜を得た応対だったのです。

いまから考えれば、欧米列強国は、それをさりげなく受け流し、「全会一致でない提案は不成立」という理由で、葬り去ったものの、もしこれを日本政府が不服として異議申し立てしたらどうしようかと、ひやひやしていたことでしょう。もともと身近な移民排斥問題への不満から主張してみただけで、自分の行ったことの意味を十分に理解していたとも思えない日本が、思惑通り、それで引き下がったときにはほっとしたのに違いありません。

それくらい、この発議は、その主張のもつ普遍性の強度、射程の長さにおいて図抜けたものでした。国際連盟、その後の国際連合に結集してくる国々の大半が、ここにいう植民地出自の有色人種国になるだろうことを一つ考えただけでも、すぐにわかることでした。それかあらぬか、このできごとは、日本に自分の国際的な「使命」ともいうべきものを刻印させる最初のできごととなりました。

たとえば、このとき代表団に随行した二七歳の近衛文麿《ふみまろ》（後に何度か内閣を組織し、日独伊三国同盟締結などを主導）は、会議参加直前の一八年一二月、「英米本位の平和主義を排す」という論文を発表して、講和会議では「黄白人の差別的待遇」と「差別的待遇を規定せる一切の法令の改正」を「正義人道」の観点から主張すべきだと述べていました㊱。

もっとも彼の念頭にあるのは、当時の米国カナダでの日系移民制限・排斥などもっぱら「自分が差別されることへの忌避」にすぎません。この論考は、奴隷解放令から続く黒人を含む人種差別撤廃へと広がることも、日本自身が行っている朝鮮人、中国人への「差別的待遇」への反省へと立ち返ることもない、狭隘《きょうあい》な反欧米の議論を出ないものでした。しかし、こうした主張に基づく国際社会への提案とその頓挫の経験は、ここに一つの「正義人道」につながる理念のあること、日本と世界のあいだに「理念」の回路がありうることを、日本人に知らせるものでした。

2　植民地の解放——大東亜会議

†「自存と自衛」から「東亜新秩序の形成」へ

そのような前史をもとに、日本政府は一九四三年、第二次世界大戦のさなか、だいぶ遅まきながらではありますが、再びこの「人種差別撤廃」カードを対英米戦の大義の切り札として、戦争目的に掲げることになります。

それが戦争遂行の途中での提示となったのは、先にも述べたように、ドイツ、イタリアは戦争目的として普遍的な理念を国際社会にむけて掲げるということを、いっさいやらなかったのですが、当初は日本も、そうだったからです。

当初、日本を動かしていたのは、やはり国益でした。その証拠に、米英二国に対してなされた宣戦布告（一九四一年一二月八日）は、布告名も「米国及英国ニ対スル宣戦ノ詔書」と相手国を名ざしたもので、大意、次のようなものでした。

「我が国は、東アジアの安定と世界平和のために尽力してきたが、中華民国の蔣介石政権がみだりに平和を乱すため、やむなく四年以上前から武器を手に取る事態となっている。

しかもそれに加えて、米国と英国がその蔣政権を支援し、東アジアの混乱を助長し、平和の美名に隠れて東洋を征服する非道な野望を逞しくしている。さらには我が国の周辺で軍備を増強し、通商を妨害し、経済制裁を加え、我が国の生存に重大な脅威を加えるに至っている。私（昭和天皇）は政府に平和的解決を指示し、長い間辛抱してきたが、米国・英国は譲らず経済軍事上の脅威を増大し、我が国を屈服させようとするばかりである。この事態が続けば東アジアの安定だけでなく我が国の存立も危機に瀕するだろう。ことここに至っては国家の自存と自衛の為に、決然と立ち上がり、一切の障害を武力で破砕する以外にない」。

読むと、戦争目的は「自存と自衛」の防衛戦争なんだとわかります。けれども、やはりもうこれだけではすまない、そう政府も感じていることが、この後の国の「動き」から見えてきます。

まず、戦争の名称。当初この戦争は、政府部内、軍部内の文書にも「対米英蘭蔣戦争終末促進ニ関スル腹案」、「対米英蘭戦争指導大綱」とあるように「『対○○（相手国名称）戦争』という呼称が使用されて」いました。それが早くも布告から二日目の一二月一〇日には、これを「大東亜戦争」に変えることを、大本営政府連絡会議が決定しています[37]。

これは単なる名称変更ではありません。この決定で、「大東亜戦争」とは、四年以上前から続いていた「支那事変」（日中戦争）と「対米英戦争」を合わせた戦争のこととなったからです。宣戦布告による正式の戦争はいま始まるけれども、実質的にこの戦争（大東亜戦争）は一九三七年七月の盧溝橋事件から始まっていた。そのとき宣戦布告をしなかったのは、もろもろの事情による。[38] 英米に宣戦布告した以上、鎧のうえの衣をかなぐり捨て、支那事変までさかのぼってこれを戦争の本来の姿に再定義する、というのがこの新名称の命名の意味だったのです。

そのうえで、新しく戦争の目的として――このたびの「自存自衛」だけではなく――、以前から日中戦争の戦争目的とされてきた「東亜新秩序の建設」が、加わることになります。

「東亜新秩序」というのは、先に近衛内閣が一九三八年の「東亜新秩序」声明に述べた対中国の戦争の目的を示す「東亜新秩序建設」構想のことで、「東アジアにおける国際正義の確立、共産主義に対する防衛、新文化の創造、経済共同体の実現」からなっていました。

さらに、このときは、日本、満州、中国など「東アジア（東亜）」が対象でしたが、その二日後、新たに対象は、北はシベリアから南はインドネシア、ビルマまでの「拡大された東アジア地域」となり、これを「大東亜」と呼ぶことにする旨が発表されます。[39]

泥縄式に、開戦後、数日のうちに、戦争目的の改定が行われるのです。

年が明けて四二年一月に、敵方は早くも二十数カ国を擁して連合国共同宣言なるものを発表しますが、日本は、これに対し、「大東亜」の確定で答えます。二月に入ると、この「大東亜」の地域とは「日本・満州・中国のほかに東経九十から百八十度、南緯十度以北の南方諸地域」を指すとの発表が行われます。ほかは今後の情勢に応じ対応していくというのです。この「大東亜共栄圏」は四〇年に基本国策要綱に載ったときには松岡洋右《ようすけ》外相から「日本・満州・中国に加え、フランス領インドシナ、オランダ領東インドをも含めた範囲」と説明されていましたが、それがイギリスやオランダを必要以上に刺激しない、シンガポールやオランダ領インドネシアを含まない「南緯十度」以北に変わっていました[40]。

日本の戦争目的は、一九四一年一二月当時、「自存自衛」から「大東亜新秩序形成」まで、国益と大義のあいだで揺れています。しかし、いずれにせよ、その「大義」も日本国内に通用するだけの、ドイツ、イタリアのそれと違わない、支配域内での「新秩序建設」を出るものではなかったのです。

†大東亜共同宣言

しかし、戦争の遂行、拡大につれ、徐々にこれが、普遍的な大義の追求へと変わってきます。

一九四三年に入ると、重光葵《しげみつまもる》などの発意で、大西洋憲章に対抗する大東亜憲章ともいいうるものを国際社会に向けて発信しようという動きがはじまるのです。

それを受け、四三年一一月に開かれた大東亜会議で採択される「大東亜共同宣言」は、外務省におかれた「戦争目的研究会」が主に準備し、これに大東亜省の腹案を盛って成ったもので、従来の線を明らかに一歩踏み越えたものでした。

内容は、「東アジアの安定」(第一項)、「自主独立と互助」(第二項)、「文化的創造」(第三項)、「親密連携による経済発展」(第四項)など、先の「大東亜新秩序形成」に重なる全五項からなっていましたが、そのうち、新たな踏み出しは、前文に「大東亜各国は相連携して」戦争を完遂し「大東亜を米英の桎梏より解放」すると、英米の植民地からの「アジア解放」が明言されたこと、また、第五項に「人種差別の撤廃」により「世界の進運に貢献」すると、ヴェルサイユ条約以来の「人種差別の撤廃」を再主張したことでした。

しかし、この戦意昂揚のための大プロパガンダ(宣伝工作)のイベントが、急ごしらえの、内容の伴わない、看板倒れのものでしかなかったことは、たとえば言語の問題(正式言語は日本語で、非日本語使用の発言者には英語と中国語の通訳がつくだけ)、準備段階での手続きの非民主性(大会参加国は会議二週間前にようやく意見を聴取されたものの、修正意見の要求は日本側にことごとく拒絶され、結局一字一句の変更も認められなかった)、大会の運営のずさんさ（大会にあっても当初はビルマ代表のバー・モウの発言など、翌日の新聞には要約が載るだけで全文掲載もなかった）などに明らかでした。

大会の様子を報じたニュース映像をいまYouTubeなどで見ることができますが、最後に、天皇陛下万歳の唱和の大合唱で終わるなど、これでは他のアジア民族も天皇を崇拝せよというようなもので、これが各民族の「自主独立と互助」を尊重した会議だとは、いまの感覚からいうと、とても受けとられません。[41] いたるところで、日本の独りよがりと国際経験のなさ、振る舞いの幼稚さなどが目立っているのです。

しかし、だとしても、ここに「アジアの解放」――植民地からの解放、つまり植民地反対――、「人種差別の撤廃」という二つの普遍的理念が掲げられたことの意味は、けっして小さくありません。日本はまがりなりにも、国の内外に向かって、このような人類普遍の目標をわれわれはめざすと、宣言したことになるからです。

†アジア植民地の解放の意味

それがどういう意味をもっていたか、ということの答えの一つが、次のことでした。

たとえばこのとき一九歳の吉本隆明は、こう書いています。

わたしは徹底的に戦争を継続すべきだという激しい考えを抱いていた。死は、すでに勘定に入れてある。年少のまま、自分の生涯が戦火のなかに消えてしまうという考えは、当時、未熟ななりに思考、判断、感情のすべてをあげて内省し分析しつくしたと信じていた。もちろん論理づけができないでは、死を肯定することができなかったからだ。死は怖ろしくはなかった。反戦とか厭戦とかが、思想としてありうることを、想像さえしなかった。傍観とか逃避とかは、態度としては、それがゆるされる物質的特権をもとにしてあることはしっていたが、ほとんど反感と侮蔑しかかんじていなかった。戦争に敗けたら、アジアの植民地は解放されないという天皇制ファシズムのスローガンを、わたしなりに信じていた。また、戦争犠牲者の死は、無意味になるとかんがえた。[42]

大義とは、何か、ということをこれほどよく教える文章もありません。この文章の書き手は、戦時下に皇国少年として、自分は考えられる限りに考えてみたが、結論はアジアの植民地の解放のためなら、死んでもよい、というものだった、というのです。

アジアの植民地の解放という戦争目的が、理念として普遍的な射程をもつということの意味が、ここに示されています。一人の青年が、というより青少年子女が、男女を問わず、自分なりに必死に考えてみる。そして、どうしても有色人種の国が実力で白人たちの植民地支配を打倒するようなことがない限り、いつまでも植民地支配、人種差別というものはなくならないかもしれない、と思う。そこにアジアの解放のための戦争という「大義」、イデオロギーが重なる。そういうばあい、彼ないし彼女はそのため――この「正義人道」の実現のため――なら英米の白人支配に対し、「徹底的に戦争を継続すべきだ」と思うでしょう、「死は怖ろしくない」と。

問題は、これが事実に照らしてほぼまったくのウソだったことですが[43]、そうだとしても、これがお題目としては、世界の誰にも否定できない立派なものだったということ、そしてそのように普遍的なものであることではじめて、日本国内の多くの人間を動かすものとなったのだということが、ここで、重要です。

じつは、この点は、大西洋憲章の泣き所でもありました。というのは、この憲章の第三項「政府形態を選択する人民の権利」の規定は、植民地に関わっていたため、この後、この規定が「太平洋およびアジア全般にも拡大適用されるものかどうか」が「インド、ビルマ、マレー半島、インドネシアの民衆」によって問題にされていたからです。

これにチャーチルは英国下院で、この時念頭におかれていたのは「現在ナチスの軛のもとにあるヨーロッパ諸国」であり「英国国王への忠順を尽くす義務のある諸地域および民衆」の「自治」の「漸進的進化とはまったく別個の問題」であると、答えています。[44] イギリスの植民地を独立させる気はない、ということです。また、ルーズヴェルトもこの大西洋憲章については漠然と白人国家を主たる対象とするという考えでいましたから、[45] 大西洋憲章は、植民地の解放に関しては、十分に答えていないばかりか、言いのがれをするものですらあったわけで、大東亜共同宣言は、理念としては、その部分で大西洋憲章を越える「正しさ」をもつものでもあったのです。

この会議の準備を主導したのは当時駐中華民国大使の任にあった重光葵でした。戦争遂行中から敗戦後にかけ、日本政府の要路にあった政治家として、この人物が最も卓越したセンスの持ち主の一人だったことが、さまざまな事例から明らかです。彼は戦争がはじまり、一九四二年初頭、中国に大使として赴任すると軍部の中国軽視とは一線を画す誠実な対中外交をめざし、ついで東条首相に「アジア解放」の観点の重要性を説いて、その後、外相に就任すると、この大東亜会議を準備したのでした。[46]

「大戦争を闘う日本には、戦う目的について堂々たる主張がなければならぬ。自存自衛のために戦うと云うのは、戦う気分の問題で主張の問題ではない」(『昭和の動乱』)、「日本の戦争目的は、東亜の解放、アジアの復興であって、東亜民族が植民地的地位を脱して、各国平等の地位に立つことが、世界平和の基礎であり、その実現が、即ち日本の戦争目的であり、この目的を達することをもって、日本は完全に満足する」(同前)[47]。

戦後に重光はこう回想しています。たぶんこの回想に誇張はないでしょう。しかし、重光のこうした思いを絶対的な少数的意見として、これを踏みつぶすかたちで、日本政府の戦争政策は、遂行されたといわなければなりません。

†第二次世界大戦は、なぜ「世界戦争」に描き直されたのか

さて、ここからわかるのは、次のことです。

第二次世界大戦がどのような戦争として戦われたか、というと、これはいってみれば米英二国によってシナリオを書かれた戦争でした。これは彼らにとっては明らかに理念を戦争目的に掲げた「世界戦争」だったのですが、枢軸国が戦っていたのは、せいぜいが国益に「大義」としての意匠を与えた、規模だけは近代化された従来型戦争にすぎませんでした。そこにははなはだしい「認識上の落差」があったのです。その落差に、途中から、日本は気がつき、「大義」「理念」がこの戦争に果たす新しい役割にめざめるようになります。

右の重光の言葉はその覚醒を現しているといえるでしょう。日本は、戦争を開始してから徐々に、相手との宣伝戦のなかで、この戦争の「世界戦争」としての新しい性格に気づいてくるのです。

むろん、構想力のあった例外的な軍人石原莞爾《かんじ》のように、開戦の直後に、この戦争のありうべき戦争目的をいいあてている例もなくはありません。(48) しかし、重光などの場合がそうであるように、そのような観点が、実際に日本の戦争指導を動かすようになるには、戦争が後半にいたり、敗色を予測させるものになるという条件が必要でした。

ですから、第二次世界大戦の実相をいえば、これは一方から見ればイデオロギー、理念、考え方の違いによって二つに分かれる「世界戦争」でしたが、他方から見れば「もてる国」の既成の秩序に「もたざる国」が新秩序建設をめざして挑戦した帝国主義的な従来型戦争にすぎませんでした。双方が等しくイデオロギーを掲げて戦う戦争を、一対一型の「世界戦争」のモデルとすれば、第二次世界大戦の戦後の東西冷戦こそその適用例で「一対一」であるのに対し、第二次世界大戦は「一対〇・五」の半・世界戦争、第一次世界大戦は「〇・五対〇・五」の前・世界戦争だったとなりそうです。

しかし、こう見てくると、このことはさらに私たちに、この先を考えることを、促すようです。

第二次世界大戦は、連合国対枢軸国の戦い、市民的自由と全体主義、自由民主主義とファシズムのあいだの戦いと見られています。

なぜ、実際には、「一対〇・五」であったものが、いま私たちに「一対一」の世界戦争として受けとられているのでしょうか。

この戦争の勝者たちである連合国、特に英米二国、ことによれば最終的な勝者であった米国が、戦争に勝ったあと、この「一対〇・五」の半・世界戦争であったものを、「一対一」の世界戦争に、つまり正しいイデオロギーが誤ったイデオロギーを成敗したという物語に、成形し直し、仕立て直す必要を感じ、そうしたからだったかもしれません。ニュルンベルク裁判、東京裁判が、そのために必要とされました。そのことの結果が、いまの私たちのもとにある第二次世界大戦観であるというのは、大いにありそうなことです。

だとすれば、そのこともあって、この戦争の敗戦国の国民は、自分の国がやったことは「間違った・よくないこと」だったと、改めて確認させられなければならなかったのだ、ということにもなりそうです。

私の考えをいうなら、第二次世界大戦の敗戦国は、不正によその国を「侵略」し、「征服」し、自分の国の版図に入れようとしました。悪いことをしたのです。

しかし、そのことのうえに重ねて、さらに「悪いことをした」と確認させられ、反省させられた、のかもしれません。

それが、「一対〇・五」から「一対一」への再成形、仕立て直し、再定義の意味だったのではないか。

でも、そうだとしたら、なぜその再成形、仕立て直し、再定義は、必要だったのか。
それによって何が見えなくなってしまうのか。
そういう問いが、ここから浮かんできます。

Ⅳ 「戦後」の水源

1 戦争モデルの再成形

†「再成形」で何が見えなくされたのか

問いはこうです。

第二次世界大戦は、ならず者国家対国際秩序の擁護者の戦いでした。しかし、いつのまにか、枢軸国という全体主義国家グループと自由主義国家グループの戦いというように成形し直されています。

一、その再成形はどのように起こったのでしょうか。

二、また、それが、戦勝国がある必要から行ったことだったとしたら、その必要はどこから来たのでしょうか。

三、そしてその結果、何が見えなくなったのでしょうか。

この問いに、私はまず迂遠《うえん》な仕方で答えてみたいと思います。つまり、あとの二つの問いに答えることから、搦め手で、最初の問いの方に戻ることにしたいと思います。

そのほうが、問題を広くとらえられるし、何より、第二の問いは、仮説的な問いですが、第三の問いと第一の問いは、「再成形」という事実に一定の根拠が生まれれば、そこから論理的に引き出されてくる因果律的な問いだからです。

また、ここで私は、第二次世界大戦の実質的な戦勝国を、米英ソの三国と見たうえで、その最終的な一国を、米国と特定しておきます。一九四五年五月、枢軸国の主力であったドイツを破ったのは米英ソの三国の軍隊でしたが、八月、最後に残った日本を破ったのは、ほぼ米国一国の軍事力と政治力でした。そこにソ連も参入しようとして七月のポツダム会議以降、原爆投下とソ連参戦をめぐる「暗闘」のあったことは周知のとおりですが、ほぼ米国の思惑通りにことは進み、ソ連参戦の一週間後に、日本は降伏しました。また、このとき、米国は超兵器ともいうべき原爆を手にしていました。

この戦争が終わったとき、英国を含めたヨーロッパ全体は疲弊しきっていました。マーシャル・プランとその後の米国主導のもとでのＮＡＴＯ創設を思い浮かべれば、そこで復興と戦後秩序の土台を作ったのが米国一国であったことが、よくわかるはずです。

ソ連も、二〇〇〇万人の戦死者を抱え、復興を第一にしなければならないところ、戦後ほどなく、原爆の威力をもって米国に東西冷戦を仕掛けられ、大変な苦境におかれます。東西冷戦は、このあとの原爆をめぐる考察が明らかにするように、米国のソ連封じ込め政策の決定によってはじまったもので、米国起源の「戦争」でした。

米国は、手に入れた原爆を独占する気配を示し、当初共同開発を行った英国にすら、情報を提供しようとはしません。英国はその後、独自に原爆開発を続け、ようやく一九五二年に原爆実験に成功し、核保有にこぎつけます。戦争が終わってみれば、実質的な勝者は、米国一国だったのです。

そう考えたうえで、なぜ米国は、第二次世界大戦の姿を、善と悪の二元論的構図に「再成形」しようと考えたのか、と第二の仮説的な問いをより具体的に問い直してみます。

すると、仮説的に、二つの答えが、第三の問いに対して、生まれてきます。

問いは、この再成形によって何が見えにくくなっているか。

一つは、この事実、この戦争の最終的な勝者が、米国一国だったという事実が、見えにくくなりました。それが、連合国対枢軸国という図式で、勝ったのは連合国すべてというもう一つの事実にとって代えられました。

また、米国の戦後の勝利の第一の理由は、何といっても原爆の製造と、その独占にありました。ですから、見えなくなったものとは、国際社会と米国社会に対しては、原爆の被害がどのような規模のものか、ということ、国際社会に対しては、原爆の独占による一種の興奮状態、ヒステリアが、いかに戦後、米国社会を深く損なってしまったか、ということでもありました。

このあと、第三部で見るように、ほぼ米軍からなる占領軍は、南日本地区を外国人ジャーナリストの立ち入り禁止区域に指定し、広島・長崎の報道を封印しますから、この再成形と米国の浮上、そして原爆の実態の後景化は、時期的に並行して進みました。

一九四五年に発表された米国INS通信社の年間世界ニュース・ベストテンのトップは、第二次世界大戦の勝利ではなく、原子爆弾投下です。これに以下、日本降伏、ルーズヴェルト大統領死去、ドイツ敗北、ヒトラー自殺と続きます。原爆投下とは、かくも歴史を画する大きなできごと――自分たちの世界の到来を約するできごと――として、当時米国社会に受けとめられたのですが、それもその後、見えにくくなったものの一つでした。

私は、長い間、なぜ、米国には戦後、左翼政党、左翼の伝統ともいうべきものが消えてしまうのか、その理由がわかりませんでした。米国のリベラルな編集者として知られるアンドレ・シフリンの自伝を読むと、五〇年代初頭の「赤狩り」、いわゆるマッカーシズムの嵐がいかに米国の左翼およびリベラルな伝統を恢復《かいふく》不可能なまでに傷つけたかがよくわかります[49]。これを読んだとき、なぜこのような病的現象が米国社会に起こるのか、理解できなかったものですが、いまはわかります。

この現象の源流には冷戦がありますが、冷戦の起点には原爆があります。そして、原爆の根源には、一つの畏れが潜んでいます。その畏れに蓋をし、見えないものにしたことが、後に見るように、戦後の米国社会に根源的な不安定性、「もろさ」をもたらす原因となりました。

米国では、冷戦開始以来、四八年前後から下院非米活動委員会による社会主義、共産主義運動の査問が開始されますが、四九年のソ連原爆開発を受け、一種のスパイ恐怖ヒステリーが生じ、五〇年に入ると、上院議員ジョセフ・マッカーシーの反共的キャンペーンから発火し、以後、熱病のように彼の煽動による「赤狩り」旋風（マッカーシズム）が吹き荒れるようになります。米国社会にスパイ疑惑による「共産主義」恐怖が植えつけられた根源には原爆の独占と、原爆の投下からくる米国民の根源的な不安があったはずですが、それもまた、この「再成形」によって見えにくくされたものの一つだったのです。

また、その同じ見えにくさが、枢軸国最後の敗戦国となった日本についても、指摘できます。占領にあたったのは連合国軍総司令部（＝ＧＨＱ）で、その上に一応、一一ヵ国からなる極東委員会がありましたが、実権を握ったのはＧＨＱで、連合国軍の内実は、実質ほぼ米軍であり、またそれを動かしたのは、米軍を管轄する米国政府でした。その偽装の剝がれた瞬間が、サンフランシスコ講和条約の成立と日米安保条約の調印という五一年九月のできごとだったでしょう。以後、日本は、連合国軍ならぬ、米軍のみとの二国間の基地提供関係に入ります。

†戦争理念の劣化が隠蔽された

しかし、それだけではありません。こちらがより重大な答えですが、もう一つ、この再成形によって見えにくくされたものがあります。それは、第二次世界大戦を遂行させた戦争目的をめぐる理念が、じつは、戦争遂行によって大きく損なわれてしまった、という問題です。もう少しいうと、第二次世界大戦の戦争目的として掲げられた理念が、その戦争遂行によって大きく「劣化」してしまった。それを修復すべく、この再成形は、必要となったのではなかったか、ということです。

第一次世界大戦では、欧州を中心に戦闘員、非戦闘員をあわせて約三六〇〇万人の犠牲者（戦死者一六〇〇万人、戦病者二〇〇〇万人）が生まれ、第二次世界大戦では世界全体で五〇〇〇万から八〇〇〇〇万の戦死者が、記録されています。ともに世界史に例を見ない犠牲者の数です。

しかし、第一次世界大戦の戦後と第二次世界大戦の戦後は、まったくその様相が違っています。第一次世界大戦のあとには平和と国際協調への希求の念が国際社会の全体に広がったのですが、第二次世界大戦のあとには、ほぼ一年半の空白があっただけで、すぐにもう一つの戦争ともいうべき「冷戦」へと続いていきました。

なぜ第一次世界大戦の戦後は、一時的であれ、国際社会に広く平和の必要を知らせ、甚大な反省を強いて国際協調の機運を生み出したのに、第二次世界大戦の戦後は、すぐにもう一つの冷たい「戦争」へと引き継がれなければならなかったのでしょうか。

よく考えてみれば、第一次世界大戦の達成した「理念」を、第二次世界大戦は深く損なった、そのため、それは再成形を通じて、修復されなければならなかった。そうでないと、米国、ソ連といった「大国」は自ら「正義」と大義名分を掲げて戦後の国際社会を先導しにくかった。しかし、その再成形の結果、「理念」は空疎な「大義」のようなタテマエへと、さらに下落させられることになった。

そのような背景が、ここから見えてくるのです。

その劣化をもたらした第一の要因として、私が、ここにあげるのは、仮説的な答えとなりますが、三〇年前に前著『アメリカの影』の最後の論考で取りあげた原爆の登場という要因です。

一九一七年一一月に革命成就直後のレーニンは、「平和に関する布告」を発してまっさきに秘密外交の廃止を唱え、「すべての交渉」つまり全政治過程を「全国民の面前で完全に公然とおこなう」ことをロシア労農政府の原則として宣言しました。これは国家を人民に対して「開く」という宣言にほかなりません。

その重大性を受けとめたからこそ、ウィルソンは二カ月後に年頭教書のかたちで発した一四カ条の平和原則の第一に、自分もやはり、秘密外交の廃止をうたったのでした。

しかし、第二次世界大戦の戦争遂行の内奥には、大いなる「秘密」が、ある時点から居座るようになります。それが原爆の開発、製造から使用にいたる、ルーズヴェルト主導による一大極秘の「マンハッタン」プロジェクトにほかなりません。

私の考えでは、この原爆の登場が、第二次世界大戦の戦争遂行の質を、第一次世界大戦のそれから、大きく変えることになりました。再び、大いなる「秘密」を、国民に対してばかりか、政府の内部にも埋め込み、非民主主義的な「前近代的」な闇ともいうべきものを、そこにもちこませる動因となったからです。

そこから、堤防の蟻の一穴のように、第二次世界大戦の戦争目的の理念の内部崩壊がはじまったのではなかったか、というのが、私がこの「劣化」に対して抱く考えの基本形です。

すなわち、なぜ連合国、米国は、「一対〇・五」の世界戦争だった第二次世界大戦を「一対一」に再成形しなくてはならなかったのか。この第二の問いに対する私の答えは、この「秘密」の介入による戦争理念の劣化を隠蔽、修復するため、この再成形が必要となった、ということになります。

私の考えでは、ルーズヴェルトは、原爆が手に入るとわかったとき、この違法の「無差別大量殺戮兵器」の相手国からの非難・抗議を封殺した使用を可能とする方策として、無条件降伏政策を考案しています。これについては、次のセクションで詳しく紹介します。

しかし、その結果、第二次世界大戦は、第一次世界大戦が達成した国際秩序、平和理念、より開かれた国際協調の実績を大きく劣化させることになります。彼らは、大西洋憲章を掲げて「世界戦争」に向かったのですが、終わってその戦争のトンネルから出てみれば、そこは、大西洋憲章の原則を大きく裏切る、想定外の場所だったのです。

戦争での勝利がほぼ確実になった一九四五年二月に開催された連合国の主要三国、米国、英国、ソ連によるヤルタ会談が、秘密外交の禁止をうたったレーニンの平和に関する布告、ウィルソンの一四カ条の平和原則はもとより、領土変更なし、無併合という大西洋憲章の第一原則すら踏みにじる、日本の北方領土と沖縄の戦後の処遇を戦勝国間で秘密裏に取り決めるものになったこと、それにルーズヴェルトが合意したことは、彼におけるその大西洋憲章発表の時点からの「劣化」ぶりをよく示すできごとでした。

終わった戦争を連合国対枢軸国、よき国際秩序の擁護側と、それを否定し世界を征服しようとする悪のイデオロギー（ファシズム）側の対立とする再成形は、この戦争遂行上に起こった「劣化」を修復し、かつ見えにくくし、新しい「大義」を再構築するための企てだったというのが、私の答えにほかなりません。

2　劣化と修復

†理念の劣化と国際軍事裁判

ここにいう理念の劣化とは、何でしょうか。

こう考えてみましょう。

第一次大戦への参戦を決め、結局これを勝利までもっていったウィルソン大統領は、革命ソ連を指導したレーニンの出した平和に関する布告に対抗すべく、理想主義的な自由主義の立場から、「勝利なき講和」を提唱し、国際連盟の創設を提唱します。国内の反対に対して全国を遊説して国民の説得を試み、中途で病いに斃《たお》れ、結局、米国の国際連盟加盟にはこぎつけないのですが、翌一九一九年にはノーベル平和賞を受賞しています。

また、この後、この年の五月に創設された国際連盟の新しい機運のもとで、一九二八年には米国、英国、ドイツ、フランス、日本などを含む一五ヵ国が署名（その後ソ連を含む六三ヵ国が署名）してパリ不戦条約が締結されています。このばあいも、この不戦条約を締結にまで導いた一方のフランス首相アリスティード・ブリアンは、先にロカルノ条約締結の功績を理由に二六年にノーベル平和賞を受賞していましたが、米国務長官のフランク・ケロッグも、このパリ不戦条約締結の功績で二九年、この賞を受賞しています。

けれども、ルーズヴェルト大統領が戦後まで生きて、国際連合の主唱者となっていたとして、その戦争指導と戦争終結までのイニシアティブに対して同じようにノーベル平和賞が与えられたでしょうか。私にはそうは思われません。

皮肉にも、国際連合の主唱者として四五年、この賞を受賞したのはルーズヴェルトでもトルーマンでもなく、その地位にあるあいだ終始原爆投下の蚊帳の外におかれ、頑強に無条件降伏に反対し続けた元国務長官のコーデル・ハルでした。

ルーズヴェルトが直前になってそれを取りやめただろうと考えさせる材料は皆無ですか

ら、もし彼が急逝しなかったとしても、原爆は投下されたでしょう。そしてそのときは、投下決定者は彼となります。後に彼を継いだトルーマンがオクスフォード大学の名誉学位を授与された際には、強力な反対の声が内部からあがりました。第三部で取りあげるヴィトゲンシュタインの遺稿管理人の哲学者エリザベス・アンスコムが、「謀殺」者に名誉を与えるべきではないと、「トルーマン氏の学位」という強硬な反対意見を述べたのです。もし原爆投下者ルーズヴェルトにノーベル賞が与えられようとしても、事態は同様だったでしょう。

そのことは、原爆投下という行為が、どのような「人類に対する悪」であるかをよく示しています。ルーズヴェルトは、大西洋憲章で理念を高く掲げながら、その実、戦勝した時点では、国際社会がとても肯定するわけにいかない「人類に対する悪」に手を染めていたのです。

その劣化は、修復され、見えにくくされ、再成形されなければなりません。

そして、その方法の最も明らかなかたちが、ニュルンベルクと東京で企てられた国際軍事裁判だったろうというのが、私の考えです。

なぜ、こういうものが必要とされるのか。

ここでも、こう考えてみることができるでしょう。

原爆投下の直後、日本政府は、これを国際法違反の残虐行為であるとして国際社会に訴えを起こす声明を発表しています。もし、この後、無条件降伏ではなく、条件付きの降伏が成立していたら、日本政府は、当時活動を停止していたとはいえ、まだ正式に存続していた常設国際司法裁判所に米国政府を訴えたでしょう。そしてこの常設国際司法裁判所への訴えは、国際連盟の解散と国際連合の創設にともなって引き継がれた新しい組織としての国際司法裁判所に——この時全判事が公式に退任しているのですが、それでも——継受されたはずです。そしてこの案件は、国際司法裁判所で審理されたでしょう。その場合、どうなったでしょうか。

†ハンキー卿による戦犯裁判批判

無条件降伏政策の採用と戦犯裁判、さらに原子爆弾との間に何らかの連関の可能性があると考えていたと思われる例外的な先行者に、第一次世界大戦時の英国戦時内閣の官房長官で第二次世界大戦後、チャーチルに対する手厳しい批判者となった法曹界の重鎮のハンキー卿がいます。彼は、鋭敏にも、従来の戦時国際法違反という意味だけでない広義の戦争犯罪という概念が「無条件降伏政策の不可分の一環として、だんだん成長してきた」事実に注意を喚起しています。

彼によれば米英の両首脳がはじめて戦争犯罪という概念をいま遂行されている戦争に適用する考えを発表するのは、ともに一九四三年の二月、一月二四日のカサブランカでの無条件降伏政策発表の直後のことだというのです。第一は、二月一一日のチャーチルの英国下院での演説で、そこで彼は「悪い、罪ある人々に対しては法の裁きが加えられなければならぬ」と述べています。第二はその二日後の二月一三日で、ルーズヴェルト大統領が放送演説で「罪ある野蛮な指導層に刑罰を加える方針である」と述べています[50]。むろん第一次世界大戦の時にもドイツの皇帝の戦争犯罪を問おうという動きが出ていますから、これは、第二次世界大戦下で、こうした動きが出てきたのはこの時からだ、ということです。

そのうえで、彼は、連合国側のこのような戦争犯罪の適用による枢軸国指導者の弾劾の不適切性を検討するなか、連合国側の原子爆弾投下を取りあげ、「原子爆弾が未曽有の残虐致命的兵器なることも、一般市民たると軍事目標たるとを問わず、その効果は無差別に及ぶことも先刻ご承知」の上で、このような兵器を用いたとすれば、この問題はどうなるだろうかとも、一つの節（「原子爆弾」）を設けて考えています[51]。

「原子爆弾の使用が国際法に抵触しないかどうかを、これら首班たちが調査したことを示す証拠」は「まだ公表されていない」（傍点引用者）、でも「もし調査したならば、簡単に要約して、つぎのような事情だということが分った」であろう。そう述べ、彼があげているのは、次のような国際条約違反の法的事実です。

一、原子爆弾は「戦争にさいして窒息性、毒性、その他ガスならびに一切の類似の液体、材料または考案（devices）を使うこと」を禁止した一九二二年二月六日のワシントン条約第五条の規定中、「液体、材料または考案（devices）」という言葉に、その放出する放射能の存在によって該当している。

二、この規定は、その後四〇カ国が署名批准して現にこれらの国で拘束力をもっている一九二五年のジュネーブ国際条約の細菌戦禁止条項に取り入れられている。もっともこの条約には日本と米国は署名しただけで批准していないので両国に対する法的拘束力はない。

ハンキーは、事実こうした検討が原爆投下後になされ、発表もされていることを示すため、英国における当時のこの領域の「指導的な権威」としてJ・M・スペートなる著作家が、少なくとも米国は国際法違反との非難を免れうるという判断を次のように下していることを、紹介しています。[52] この著者によれば、「毒ガスの使用を禁止したワシントン条約は、ついに実施されるに至らなかった。ジュネーブ毒ガス議定書は結局、批准を受けなかった。従って法律の字句の上からいえば、アメリカは毒ガス弾を使ってもよく、あるいは原子爆弾が毒ガス弾と同種だということになれば、原子爆弾を使うことも自由だ。しかし道義的、倫理的に同じく自由であるかどうかは歴史が決定する問題である」とのことだというのです。

とはいえ、これに続け、ハンキー自身は、彼自身の結論をこう述べています。

しかし、次の二つのことだけは殆んど確実だと思う。

㈠　もし同盟国（連合国——引用者）の指導者が敵の手に捕われ戦争犯罪人として審判された場合には、軍事裁判所の条例を起草する人たちは原子爆弾の使用を国際法に対する犯罪として宣言することを任務と心得たに違いない。

㈡　もし敵が原子力の問題を解決して、さきに原子爆弾を使ったとすれば、原子爆弾の使用が同盟国（連合国——引用者）側における戦争犯罪のリストの中に掲げられ、原子爆弾の使用を決定した人たちや、原子爆弾を用意したり使用した人たちは断罪されて絞首刑に処せられたであろう。(53)

†善悪二元論的な再成形

英国の政治家が考えたこれだけのことを、米国の当事者たちが原爆投下に先立って検討しなかったとは、いかにも考えにくいことです。そして、もし、これらのことが考えられたら、やはり、これにたいする対策が講じられたに違いありません。

ニュルンベルク裁判、東京裁判は、こうした戦勝国と敗戦国の対等関係に代わる、いわば無条件降伏という政策思想に則った新しい国際的な法理関係を作りあげるための手続きだったのではないか。そこで行われたことは、ちょうど現代のならず者国家を戦争でこらしめたあと、国際秩序のなかに再組み入れするに際し、いわば禁治産者化の手続きを踏むというのに、似た手続きだったのではないか。そして、その再組み入れの結果として、この国際軍事裁判が終わってみれば、第二次世界大戦は、連合国対枢軸国のあいだの善悪のイデオロギーに基礎づけられた世界戦争へと、再成形されていたのではないか。そう思われるのです。

つまり、本章冒頭の第一の問い、第二次世界大戦の連合国対枢軸国という善悪二元論的な再成形が、どのようになされたのか、ということへの私の答えは、ニュルンベルクと東京で行われた国際軍事裁判を通じて、というものとなります。

第一次世界大戦から第二次世界大戦にかけて、激しく劣化をとげたのは、まず、英米二国ではなく、枢軸国そしてソ連のほうでした。その劣化から第二次世界大戦ははじまったといえるのですが、戦争が開始されると、今度は米国、そしてそれに同じた英国で、劣化がはじまるようになります。

ここは簡単にすませますが、ドイツは第一次世界大戦後、このうえなく開明的で民主的なワイマール憲法を制定して再出発します。けれどもやがて、ヒトラーのナチス党が国民の支持を集めるようになります。そして、再軍備、領土拡張政策へとつき進んでいきます。そこで戦争目的、理念にたしかなものをもたないナチス・ドイツは、ユダヤ人への憎悪を、国民を結束させるための手段に用いるようになります。

その大きな原因の一つに一九三〇年前後の経済恐慌が数えられます。これに加えて、ドイツのばあいは、ヴェルサイユ条約で定められた莫大で苛酷な戦後賠償が社会を押しつぶす動因となりました。

日本も、国際連盟成立後、一九二三年の関東大震災をへて、次にやってきた世界恐慌の打撃を受けます。時の憲法の瑕疵《かし》、統帥権《とうすいけん》を手がかりに、軍部の独走がはじまり、一九二五年に治安維持法が制定されると、やがて共産主義者、自由主義者の弾圧、言論統制などが強まり、戦争終結後のやはり開明的な大正期のデモクラシー、国際協調の路線から大きく逸脱し、これもドイツ同様、対外的な領土拡張の動きを強めることになります。

しかし、この時期の理念の劣化を、米国の原爆開発によるそれとともに大きく決定づけるのは、何といっても、次に述べるソ連における革命の変質です。ソ連においてもまた、第一次世界大戦が終わるとほどなく、ほとんどドイツにおける変化に匹敵する大後退が起こるからです。

つまり、レーニンが暗殺未遂の負傷がもとで五三歳という若さで死去し、二四年に退場すると、革命の主導権がレーニン、トロツキーの線からスターリンに移り、やがて、暗黒時代が到来し、大粛清がはじまります。トロツキー、カーメネフ、ジノヴィエフ、ブハーリンが次々に追放、処刑され、ソ連はいまや労働者階級の自主性と自由と平等の実現をめざしたレーニンの初心とは裏腹の、共産主義的な理想とも市民的自由とも無縁の恐怖にみちた官僚独裁の国家になってしまうのです。

その背景には、一九一七年に満身創痍《まんしんそうい》のなかで成就した革命がその後、シベリア出兵など多方面の反革命の干渉戦争を戦うなかで多くの困難に出会わなければならなかった現実があるでしょう。この窮乏からの克服にむけた動きに伴い、官僚化した階層が既得権を保守する傾向を強め、劣化に向けた動きが起こってくるのです。

こうして一九三三年、ドイツでヒトラーのナチスが全権委任法を通過させ、ワイマール憲法を有名無実化し、独裁政権への確かな一歩を踏み出したとき、ソ連でも、スターリンが完全な独裁体制をほぼ敷き、一七年のレーニンの革命は見る影もないものになっていました。

そして、枢軸国、共産主義革命を達成したソ連が、第一次世界大戦終結時に比べ、はなはだしく劣化した姿で、第二次世界大戦へと流れこんでいくと、今度は、原爆製造を機に、米英二国の側に深刻な劣化が生じてくるのです。

連合国対枢軸国という対決構図は、このうち、枢軸国側の劣化を激しく強調し、「悪」と断罪することで、米英の劣化とソ連の劣化を見えにくくする効果をもっていました。国際軍事裁判は、たとえばニュルンベルクでは、ドイツ軍の悪を強調することでカチンの森のソ連軍の犯罪を隠すのに役立ち、東京では、日本軍の残虐非道さを強調することで原爆投下の「大量殺戮」を見えにくくするのに力を発揮しました。

†「人道に対する罪」と「平和に対する罪」

しかしそれ以上に重要だったのは、この裁判が、第二次世界大戦の構図を、自由主義陣営とファシズム陣営というこの二つのイデオロギー間の世界戦争として「再定義」することで、先のならず者国家群を戦後国際秩序内に——旧敵国という名の禁治産者的国家として——回収すると同時に、戦後新たに進行していた米ソ間のイデオロギー対立が戦前にも伏流していたことを隠蔽し、戦前・戦中の両国における「劣化」を見えなくする役割を果たしたことだったでしょう。

この二つの裁判で特徴的だったことは、「人道に対する罪」と「平和に対する罪」という二つの新しい概念が用意され、それによってドイツと日本が裁かれたことですが、いまの目から見れば、そこから生まれたのが、この戦争が文明側とそれに挑戦する側とのイデオロギー的対立にねざすという、後におなじみになった善悪二元論的な構図でした。

このうち、「人道に対する罪」とは、「国家もしくは集団によって一般の国民に対してなされた謀殺、絶滅を目的とした大量殺人、奴隷化、追放その他の非人道的行為」であって、見ようによってはハンキーの指摘とも一部重なります。原爆投下自体に適用されても不思議はない内容をもつものでしたが、実際に適用の対象とされたのは、ニュルンベルク裁判での、ナチス・ドイツの犯したユダヤ人に対するいわゆる「最終解決」方針——絶滅収容所による民族ジェノサイド——でした。

東京裁判において一度、日本側被告を弁護する米国人弁護人が、真珠湾攻撃を「殺人」の罪で訴追するという連合国原告側の動きに対し、米国による原爆投下がハーグ陸軍条約第四項に違反する以上、日本には報復の権利が生じると主張して、原爆投下以降の行為を訴追対象に含めることに抗議するということがありました。そのおり、突如同時通訳が中止され、人々の注意をひきます。しかし、この罪の東京での適用はなく、したがって、この訴因に基づく連合国側の行為の検証もそこでは行われませんでした。

第二次世界大戦の構図の再成形という目的により直結していたのは、もう一つの「平和に対する罪」です。これは、枢軸国による戦争が、単なる国益追求の従来型戦争を越えて、国際社会に対する違法的挑戦の企みであることを立証するために呼び出された罪概念でした。宣戦布告のあるなしに関わらない、「侵略戦争または国際条約・協定・保障に違反する戦争」という新しい違法の戦争のカテゴリーが定立され、これがその「計画・準備・開始および遂行、もしくはこれらの行為を達成するための共同の計画や謀議」と結びつけられ、この具体的な企図に「参画した行為」によって個人の戦争犯罪を特定し、件の個人を裁くことがめざされていました。

また、この侵略戦争の判断を行うのは、新しく創設された国連の安全保障理事国とされました。また、先に一九四五年六月に定められた国連憲章には、敵国条項として、当面、旧敵国の日本、ドイツ、イタリア等には国際法上の、もしくは国連憲章に定められた権利の一部が停止されることが明記されていましたから、[54]これは連合国の戦後秩序構想とも合致するものでした。

いまの目から見てわかるのは、「人道に対する罪」こそ、第二次世界大戦後の「再成形」の必要に限らない法的な汎用性、普遍性をもっていたものの、「平和に対する罪」のほうには、それほどの法的妥当性、普遍性はなかったのではないか、ということです。

「人道に対する罪」に関しては、このあと、これに類する民族単位の迫害が頻発したこともあり、さまざまな裁判で、民族ジェノサイドなどがこの罪にあたるとして適用されています。近年のもっとも明瞭な例は、旧ユーゴスラヴィアの民族浄化政策について元ユーゴスラヴィア大統領スロボダン・ミロシェヴィッチを「人道に対する罪」に問うた九五年のスレブレニツァの虐殺ですが、同じ九五年には南アフリカ共和国のアパルトヘイトも、この同じ「人道に対する罪」のカテゴリーに組み込まれ、弾劾されています。この罪概念は、いまでは国際社会に受け入れられ、定着しているといってよいでしょう。

　しかし、「平和に対する罪」のほうは、その後、国際社会に受け入れられ、定着したとまではいいきれません。「侵略犯罪」と概念を整理されたうえで、一九九八年に設立された国際刑事裁判所での管轄権行使までは決まっていますが、二〇一五年現在、その運用はなお未定です。[55]私の考えをいえば、極端なばあいには、その認定が可能であるにせよ、一国の戦争に違法性を見出し、それを「侵略犯罪」として認定し、その「共同謀議」への「参画」を立証して個人を犯罪に問うという手続きに、すでにかなりの無理があります。そしてその無理は、そもそも一九四五年に導入された「平和に対する罪」の法概念化の強引さから、引き継がれたものといえます。

†「悪」を裁く「裁判劇」

戦争終結が近づくと米国では戦争犯罪人の処罰方法として、逮捕して即決で銃殺せよというヘンリー・モーゲンソーの主張と、「文明的な裁判」による懲罰をよしとするスティムソンの主張がぶつかり、最終的にスティムソン案が採用されるのですが、戦争が実際に終わって、行われたのは、そのいずれでもない裁判でした。即決の死刑でもなければ、後に遺恨を残さない法理を尽くした「文明的な裁判」でもない。ニュルンベルクと東京での裁判は、そこで下された判決に異議申し立てできない一審性であることに加え、判事はすべて原告側にあたる連合国からのみ選任という一方的な審理方式で行われました。それは「文明的な裁判」というよりは、「文明」の名のもとに敗者の「悪」を裁く「裁判劇」という色合いの強い、公平とはいえない裁判でした。

なかでも、その不公正さを際立たせたのは、東京の裁判における昭和天皇の免訴です。一九三一年から四五年にわたる「共同謀議」に一貫して関わり続けた唯一の人物が免訴されたので、この裁判全体が巨大な冗談めいたものになりました。

しかし、その結果、この戦争は、日本の軍部を主体とする軍国主義の政府が、一定の考えのもと、共同謀議し、他のファシズム国と連携して国際社会の秩序に挑戦し、不正に他国を侵略し、世界征服をもくろんだものとして、法的に認定されます。

何でもないように見えますが、一九四二年一月の連合国共同宣言に、「世界を征服しようと努めている野蛮で獣的な軍隊に対する共同の闘争」と記された連合国の戦争目的が、そのとおりのものとして、ここにようやく裏書きされているのです。

そのときから戦争終結までのあいだに起こった数々の「劣化」が、この連合国対枢軸国の戦争という図式の完成の影に、見えないものとなるという効果が生まれました。

第三部 原子爆弾と戦後の起源

長崎に原子爆弾が投下され、立ち上るキノコ雲（photo © dpa／時事通信フォト）

Ⅰ　理念から大義へ

1　原爆の使用と無条件降伏

†なぜ無条件降伏政策がとられたか

ここで、一度、当初の問いに戻りましょう。

問いはこうです。

戦争が終わってみたら、あるいはいまから振り返ると、第二次世界大戦は、善なる連合国側と悪なる枢軸国側という二項対立的な図式で、歴史の中に収まっています。でも、開戦前の状況を見るなら、ここまでたどってきたように、事実は必ずしもそういうものではありませんでした。では第二次世界大戦の戦争遂行の過程で、なぜ、そしていつ、どのように、この善悪二元論的な構図は形成されてくることになるのか。

この問いに対する私の答え、「なぜ」に対する答えは、この過程に原子爆弾の開発という未知の要素が加わることになったからだ、というものになります。

私の考えでは、この連合国の理念の「大義」化と、米英二国の主導で――カナダも協力する形でですが――極秘に進められる原爆開発のプロジェクトは、並行しています。原爆開発と使用の見通しが、その「正当化」の必要から、先の理念を「大義」へと押し上げ、戦争目的というより、戦争に勝利するための手段、道具へと変質させるのです。

原爆開発が、その来たるべき使用に道を開くためのいわばソフトウェアの領域での準備を必要とするのではないか、ということに私が気がついたのは、ほぼ三〇年前、先の『アメリカの影』の第三論考である「戦後再見――天皇・原爆・無条件降伏」を書いたときのことです。そのとき私はしばらく前に行われていた無条件降伏論争について考えていたのですが、論者たちが、日本は無条件降伏をした、いやしなかった、という点をめぐって論を交わしているのを見て、この論じ方では、いずれにしても「無条件降伏」自体の是非は、不問に付されてしまうのではないか、と感じました。

日本が無条件降伏をしたのであれ、そうでなかったのであれ、この無条件降伏という政策自体が、民主主義的な原則にもとるのではないか。そこを、この政策をつきつけた側に対し、批判すべきなのではないか。国が悪をなしたにせよ、その国の人民につねにその国の再建の主導権が与えられなければならないというのが、このばあいの民主原則だとすれば、一国に対して、政府と政体と国民とをまるごと、袋に包むように、民主原則の埒外に一時的に放擲《ほうてき》するというこの戦争終結政策には、何かこの近代的な原則となじまない、不穏な考え方があると、私には受けとめられたのでした。

そこから私の探索がはじまりました。

なぜ、このような民主主義になじまない降伏政策がやってきたのか、その起源に何があるのかを、調べてみようと思ったのです。

そこから、およそ次のようなことがわかりました。

ここに述べることとは、前記の論考（「戦後再見――天皇・原爆・無条件降伏」）に書いたことです。けれどもそれを読んでくれというわけにもいきませんから、ここに簡単に――その後私が新しく知った事実も加え――、概要を示してみます。

†カサブランカ会議へ

最初にわかったのは、無条件降伏政策の発想と、原爆の製造可能性のあいだに、関連があるらしいということでした。

まず無条件降伏政策ですが、これは、一九四三年一月二四日、米英首脳によるカサブランカ会議最終日の記者会見の席、それに先立つ雑談のなかで、不用意な発言という形でルーズヴェルトの口から外に出ます。センセーショナルな強い内容であるため、その記者会見のお株を奪うかたちで、報道され、その後、全世界に広まるのです。

けれどもそれは、じつは、周到に準備された声明でした。その後、一九六八年に米国政府外交文書などが公刊されて、その即興的な発言が、文案を用意し、あらかじめチャーチルとも打ち合わせた上でのものだったことが明るみにでました。文面のコピーにはそこにドイツ、日本とともに、イタリアをも加えるかどうかの加筆の痕跡もあり、この異様な政策の提唱に当惑をおぼえたチャーチルが、これに承認を与えてよいかどうかを、ロンドンの戦時内閣に問い合わせている事実も新たに確認されました。

では、なぜこんな迂遠なやり方での発表を行ったのか。カサブランカ会議は四三年一月一四日から、開かれますが、調べていくと、それに先立つ一月七日に、ホワイトハウスで開かれたこの会談のための準備会合で、ルーズヴェルトが、会談では「無条件降伏」についてもチャーチルと話すつもりだと統合参謀長たちに表明していることがわかります。このときすでにルーズヴェルトは、無条件降伏政策の採用を考えているのです。

では、その意図はいつ彼の脳裏に宿ったのでしょうか。これらの事実からルーズヴェルトのなかではこの無条件降伏とカサブランカ会議がつながっていることがわかりますが、ルーズヴェルトは、この会議の開催に、前年一二月二日のチャーチル宛海外電報で、はじめてゴーサインを出しています。

これに先立ち、この四二年の一〇月以降、チャーチルは北アフリカでの対独米英協力作戦の推進などを念頭に一層の米国との軍事協力を実現すべく、ルーズヴェルトに近い将来の首脳会談の開催を持ちかけていました。しかし、ルーズヴェルトはそれに乗り気ではなかったことが、やはり先出の米国政府外交文書からわかります。

ルーズヴェルトとチャーチル間で、この会談開催がはっきりと懸案化してくる最初は、四二年一一月二五日付の海外電報なのですが、この日、ルーズヴェルトは、チャーチルからの前日付の北アフリカ戦線での作戦、またヨーロッパ上陸作戦計画の進捗を問い合わせる来信に答え、返信しています。そこで、米英の直接の会合が「どうしても必要」というチャーチルの意見に対し、チュニジア、スペインの情勢を「安全なものにしたらすぐに」軍事上の米英ソ間の戦略会談を準備したい、それは一カ月か六週間後になるだろう、と答えているのですが、[1] 米国政府外交文書の記録にあたると、実はどう回答すべきかをこの日、返答に先立って、ホワイトハウスでの統合参謀長会議で、参謀長たちと検討しているのです。

この話し合いの記録を読むと、ルーズヴェルトは、チャーチルの「米国、英国、ソ連指導者による軍事会談を中東のどこかで開催したいという要望」に対し、「このような会談は北アフリカ情勢が安定するまでは開催されるべきではない」といったとあります。[2] つまり、このとき、書面ではあたりさわりのない回答をしているものの、本心では、北アフリカ情勢が流動化している現在、当分のあいだは、この三者会談の開催は行わなくてよいと考えていたことがわかるのです。

しかし、その態度が一週間後に変わります。じつは、このとき、並行して、チャーチルとスターリン、ルーズヴェルトとスターリンのあいだでやりとりが行われています。スターリンは当時、八月からのドイツとのスターリングラード攻防戦に必死に耐えているところでした。これらを受け、ルーズヴェルトは一転、会談を開こうというチャーチルに「同意」するという返信を出すのです。それは、一二月二日のことでした。海外電報はこうはじまっています。

この間、懸案のロシアとの三者会談について熟考してきましたが、現在の戦況に求められる必須の戦略的結論にいたる唯一の満足できる方法は、われわれが個人的にスターリンと会うことだというあなたの考えに同意します。私の考えはこうです。われわれそれぞれが、ごく少数の陸海空軍統合本部の長だけを従えて合流する。会談ではドイツ崩壊時に適用する試験的な手続きにもふれたい考えがありますが、連れていくのはほかにハリー〔・ホプキンス、私的外交顧問〕とアヴァレル〔・ハリマン、ソ連大使〕としたい。国務省の関係者は除外しようと思います[3]。（傍点引用者）

†ルーズヴェルトはなぜ態度を変えたか

では、この日、あるいは一一月二五日からこの日までのあいだに、何があったのでしょうか。

じつは、この日、一二月二日の午後五時前後に、彼は、一本の電話を受けとっていたはずです。その記録はどこにも出てきません。しかし、じつは、この日、シカゴ大学の実験所で、イタリア人科学者エンリコ・フェルミの主導のもと、核分裂連鎖反応の実験が成功し、人類史上はじめて、人類が原子力を制御できることが明らかになったのでした。これは、一年前からはじまっていた原爆開発計画であるマンハッタン計画での一大画期を意味していました。これで、初の原子爆弾の製造に青信号がともったのだったからです。

そしてこれらのことを総合すると、彼の態度変更が、この知らせを受けとったことから生じているだろうこと、またそのことが来たるべき会談での無条件降伏政策の提案とつながっていることが、ほぼたしかな事実として浮かびあがってくるのです。

この日の海外電報に記された、会談では「ドイツ崩壊時に適用する試験的な手続き(tentative procedures to be adopted in event of a German collapse)」にふれたいということばが、このあと、六週間後に開かれる会議で実際に話し合われ、記者会見に示されたことと照らし合わせて、無条件降伏政策のことを指しているだろうことは、明らかでしょう。

前記の政府外交文書は、この電報通信に先立って、ルーズヴェルトがこの日、ホワイトハウスで正式の検討の会合を開いた形跡のないことを示しています。彼は、正式には誰にも相談せず――私設外交顧問のハリー・ホプキンスにははかったかもしれません――、一週間前の言明から態度を変え、会議を開くこと、ごく少数しか連れていかないこと、そこで「ドイツ崩壊時に適用する手続き」について話すことを決めているのですが、この手紙の最後近くには、こんな言葉が出てきます。

私は、この会議によって、当初われわれが予測していたよりも早くドイツを打倒することになるのではないかと思います。[4] (傍点引用者)

なぜ「予測していたよりも早く（sooner than we anticipated）」なのか。この日、シカゴの実験責任者アーサー・コンプトンから電話連絡を受けたワシントンのヴァネバー・ブッシュが折り返し、ルーズヴェルトに電話したとすると、ブッシュは、コンプトンが彼に述べた言葉、イタリア人航海長は新大陸に「予想よりも早く（sooner than he had expected）」到着した、をルーズヴェルトにもそのまま繰り返した可能性があります。これは、このときのやりとりとして、名高い挿話の一部で、こういう表現で自分はブッシュに話したと、コンプトンがそのやりとりの記録で述べているのです。(5)

その残響が、この表現に姿をとどめているのではないか。

前記政府文書の日程記録には、会議第一日目の一月一四日、午後七時にルーズヴェルトが宿舎のヴィラ二号「ダル・エス・サアダ」に投宿とあり、数分後、補佐官のハリー・ホプキンスがヴィラ三号に着いたチャーチルを呼びにいったと記されています。その後、大統領とチャーチルは「一時間、協議」を行った後、ディナーの場に移っています。しかし、その「一時間の協議」の項には、注記があり、「このときの会合の内容の記録は発見されていない」と記されています。(6) これは、本来なら残っていてよいはずのものが、ない、という意味の注記です。

私は、この「一時間の協議」で、ルーズヴェルトは一番の懸案事項について、チャーチルと意見交換したのではないかと思っています。米国で一二月二日に実験が成功し、原子爆弾の開発のメドがついたこと、ついてはその使用と管理が今後問題になることをチャーチルに告げ、以下は私の推測ですが、最も手堅くこの新型爆弾を使用できる方法として、枢軸国に「無条件降伏」を課す、という、彼の胸にしまってきた「ドイツ崩壊時に適用する試験的な手続き」、つまり戦争終結政策を、提案したのではないでしょうか。

一〇日余りにわたる会談のあいだ、最終日二四日を待たず、すでに前日、両者のあいだでこの無条件降伏政策が話題にのぼっていたことを、ルーズヴェルトに随行し、両者の食事に同席したルーズヴェルトの子息のエリオットが証言しています。(7)

また、チャーチルは、記者会見に先立ってロンドンの戦時内閣に無条件降伏の採用について、問い合わせています。それに、英国政府はすぐには同意できないという返事をしています。無条件降伏政策の発表が、ルーズヴェルトが勝手に思いつき、その場で、これに反対できようもなくチャーチルが仕方なしに「ヒヤヒヤ」と同意を示した、というような小細工を弄さなければならなかったのは、そのためだったと考えられます。

なぜルーズヴェルトがこのとき、政策発表に際して、このような、後には誰にもわかるだろう小細工を弄したのか、またチャーチルがそれに同意し、茶番劇を手伝ったのか、ということについては、これまでどのような研究者も、疑問を呈しておらず、私としてはほ

とんど信じられない思いなのですが、私の考えはといえば、以上のようなものなのです。(8)

†道を踏み外した一歩

しかし、この事実とそれから無理なく出てくる推測は、ルーズヴェルトの無条件降伏政策が、原爆の浮上をきっかけに、これを誰にも妨げられることなく使用する「権利」を生みだすための便宜的方策として発想されただろうことを、容易に考えさせます。

自分の行うことが不正であることが十分に予測されるがゆえに、それを行っても不正として指弾の声があがり、その遂行に支障を来すことのないよう、先手を打った防止策が、あらかじめ準備されるのです。

とはいえ、その理由を明らかにするわけにはいきません。彼の手に入ろうとしている武器は、政府部内でもごく少数にしか知られない秘密事項だからです。

そのため、自分がたまたま無条件降伏政策を「口にした」のは、記者会見をしていたら、会議に参加した二人のフランス人将軍の様子から南北戦争のグラントとリーという二人の将軍のことが連想され、グラントがリーにつきつけた「無条件降伏」のことがつい口をついて出たためだ、とか、後には、第一次世界大戦時にウィルソンが敗戦国ドイツに和平を持ちかけ、宥和的に出たことが、後のナチス・ドイツの勃興につながったことの失敗を繰り返さないため、というようないわばダミー（疑似）の理由が、必要となりました。この二つは、このあと、幾度となく、ルーズヴェルトが繰り返し、研究者たちが引っかかる無条件降伏の格好の「理由」となります。

いずれにせよ、もしこの推定が間違っていないなら、無条件降伏政策は、ルーズヴェルトの戦争政策が、世界の民主原則と正義と市民的自由を枢軸国の暴力から守るという大西洋憲章に掲げられた戦争目的を実現する手段から、とにかく戦争に勝利するため——また戦後の圧倒的優位を確保するため——の手段へと変質したことを示す、最初の、そしてもっともあきらかなしるしでした。

そのばあい、先に掲げられた大西洋憲章に戦争目的として掲げられた理念は、どうなるでしょう。それは、その理念によって原爆の使用が指弾されるのでない限り、今後は、逆に、原爆の使用の不正を隠すための道具になりさがります。

大西洋憲章、それを継承して一九四二年一月に発表された連合国共同宣言の理念は、このルーズヴェルトの無条件降伏政策の発表によって、だいぶ内部を損なわれることになりました。連合国共同宣言でいえば、それは、枢軸国への無条件降伏など、けっして必要としていなかったからです。それを必要としていたのは、連合国ではなく、ひとり今後原爆を使用する予定のある米国だけでした。

連合国共同宣言への参加を多くの国に呼びかけながら、ひとり原爆という超兵器の保有可能性が見えてくると、英国以外の――というか原爆共同開発の盟友であるチャーチル以外の――どの同盟国の代表にも相談することなく、独断で無条件降伏政策を発表し、独走をはじめたルーズヴェルトは、いわばこのとき、一歩を踏み出して、「悪魔に魂を売る」に類した選択をしたといえるのかもしれません。

2 「理念」からの呼びかけ

†ボーアの覚書

しかし、事態はこのままスムーズには進みません。

原爆の開発に完成のメドが立つようになると、今度は開発に関与した科学者たちからの政治指導者たちに向けた、執拗な働きかけがはじまるからです。

それへの政治家の対応もまた、原爆を手にしたことで彼らがどこまで後退したか、その「劣化」のありようを露わにするものでした。

こうした科学者からの提言で、もっとも早い時期に熟慮のうえに行われたものが、当時、原子物理学、量子力学の第一人者であったデンマークの理論物理学研究所所長ニールス・ボーアによる米英両首脳への働きかけです。いまの目から見れば、この後の科学者たちの提言の多くがこのボーアの観点に沿ったものであることがわかります。その意味で、このボーアの覚書は、原爆開発に関係した、あるいはその事実を知らされた科学者たちの考えを、あらかじめ集約し、広い視野に立ち展開するものでした。

頭脳だけでなく、人格的にも声望高かったボーア主宰の研究所は、世界各地から優秀な若い研究者を集めました。日本の仁科芳雄もボーアのもとで五年半、研究をしています。ボーアは第二次世界大戦開始後もしばらくは故国デンマークにとどまりました。ヨーロッパの物理学界の指導的立場にあったことから、ドイツの原爆開発に関わる後輩のヴェルナー・ハイゼンベルクの訪問を受け、ソ連からも招聘を受けたりしていて、ごく早い時期から、ドイツでもソ連でも、同種の開発が進んでいることを知っていました。

その後、英国に亡命し、そこから米国に派遣された彼は、英米の原爆開発の現場を視察し、その進捗ぶりをまのあたりにし、危機感を募らせ、戦後の平和安定のため、原爆情報の開示を手がかりにいますぐ米ソ間に信頼関係を構築しなければならないと考えるようになります。その彼がとった手段が、米英の両首脳に直接問題の本質を訴えることでした。

このとき用意した一九四四年六月の日付をもつ覚書に、彼は、まずこう書いています。

核エネルギーの解放に関する理論的解明は、人類にとって画期的なものであった。これにより、地球上の全生命を維持する「強力な放射線を、何十億年にもわたり、どうして太陽が出し続けることができたかを説明できるようになった」。

これを人為的に行うことができることへと道を開いたのは一九三九年の開戦前年になされた発見である。中性子の存在が明らかになり、これをウランの原子核に衝突させると、新たな中性子を放出し、それがさらに原子核に衝突することによる核分裂連鎖反応が可能であることが示された。しかしその背景には、国際的な科学者間の「開かれた」協力態勢があったのである。

この発見にはじまる核エネルギー源の開発の努力は昔日の錬金術師の苦闘を思わせる。この試みは、「かつてこれまでに試みられた、いかなることにもまして自然の営みの流れに深く干渉するものであり」、成就すれば「人類の知力に関してまったく未経験の事態をもたらす」であろう。

こうして彼は、本題に入ります。

すると、ここでのポイントは、この核兵器の開発、製造にまつわる情報が、ほんらい「秘密」ではありえないということである。誰しもが独力でアクセスできることに、科学技術の本質がある。「秘密保持」が不可能である以上、開発の進度に関する「一時的な優位も、それがいかに大きいものであろうと、人類の安全に対する不断の脅威によって崩される」と知らなければならない。

したがって「将来、国家間の競争が始まるという戦慄すべき予想は、真の信頼に基づく全世界的な合意によってしか回避できない」。その合意は「軍事的準備を含む工業上の努力についての情報交換と開放的態度を必要とするであろうし」、またそこに求められる「譲歩は、同時にすべての直接的関係国が、譲歩の償いとして、かつてなく深刻な危険に対する共通の安全を確実に保障されないかぎり、ほとんど考えられないだろう」。そこで「大国間の調和のとれた協調」とそれに基づく「国際協力」の機関が必須となる。

これを受け、「侵略的強国」ドイツの敗北がおよそ明らかになってきたいまこそがその「真の信頼」を構築するチャンスだと、彼はいいます。

「米英共同の計画が他の国でのいかなる類似事業よりも進んだ段階に達していることはほとんど疑問の余地がない」。そういう段階で、「戦争をめぐる情勢がさらに進展し、新型兵器が究極的に完成するまで」に、米英がソ連にその情報を一方的に開示すること、そしてその「開放的態度」を基礎に、「真の信頼」関係を築くことが不可欠である。この試みを兵器の「完成するまで先延ばしするならば」、このチャンスは「失われてしまいかねない」(9)。

ボーアは、この書簡をたずさえ、四四年六月にはチャーチルを訪れ、八月にはルーズヴェルトとの会見を行い、この趣旨を訴えています。しかし、それは米英両首脳の受け入れるところとなりません。そればかりか、ルーズヴェルトとチャーチルは、九月には、このボーアの提案を「受け容れられない」、米英間で「引き続き最高機密」とし、ボーアを逆に監視する、という趣旨の覚書を交わします（ハイドパーク会談覚書）。ちなみに両首脳間で、この爆弾を「たぶん」「熟慮のうえ」事前警告を行った上で「日本に使用するだろう」ことが確認されるのも、この短いやりとりにおいてでした。(10)

†ジェフリーズ委員会の報告とフランク報告

ついで、このボーアの提言に並行して、米国政府部内の科学者委員会からも、同様の諮問報告があがってきます。米国のノーベル賞受賞の科学者でもある前記アーサー・コンプトンが一九四四年七月に原子力将来計画にむけて組織した「ジェフリーズ委員会」の報告です。

一一月に提出された報告のなかで、科学者たちは、より国家的見地に立って、「われわれの現在の強い持ち札」を生かすためにも、「平和が安定」するまでは「開発の努力を緩めるわけにいかない」と、ボーアとは異なる現実主義的な提言を行います。しかし、そのような観点に立つばあいでも、原爆が今後、小国による大国への「電撃攻撃」をも容易ならしめ、また、将来「すべての国ではないにせよ、いくつかの国」が原爆を開発するのが「不可避」である以上、米国の安全は保障されなくなる、結局、原子力の「警察力をもった国際的管理機関の設置」なしに将来の世界の安定した平和は見込めないであろう、と結論する点で、その方向性は、ボーアの考えと同じでした。

これに続くものに、四五年四月のルーズヴェルトの急死後、代わったトルーマン政権に対し、やはりコンプトンに指名され、シカゴ大学で直接原爆開発に関わった七人の科学者たちから提出された六月のフランク報告があります。そこで彼らは、原子力が特異な物理学の領域であるのは、それが平時戦時を問わず「政治的圧力」ないし「軍事的破壊力」として作用し、政治的な要素となるからだと、新しい観点を提示しています。われわれはその意味では専門家ではない。そういうわれわれがこの問題に発言するのはなぜか。「残りの世界の人々がまだ気づいていないこの国と他のすべての国に関わる深刻な危機を知った少数の市民の立場にある」者として、そのことを義務と考えるからだ、というのです。

科学者としてというより、市民として意思表示するという展開は、原子力の解放が、科学的な領域を越え、政治的、軍事的な問題にほかならないことへの彼らの覚醒の反映でもありました。

そしてまた、その彼らも、「わが国が独占的に核爆弾を『秘密兵器』として自由に使用できる期間は、どう見ても数年を超えることはありえない」。核軍備の時代が到来すれば、原爆の極大の破壊力に照らして小数の大都市に人口の集中するわが国は「不利な立場」におかれる。また、日本に事前の警告なしに原爆を投下すれば、「全世界の人々の支持を失い、軍備競争を加速し、ひいては将来、この種の兵器の管理に関する国際協定の実現の可能性を損なう」、と述べ、なにより「将来の国際管理を可能にする協定の実現」に向けた政策遂行の努力が最優先されなければならない、と以前の二つの提言に連なる主張を行いました。

†シラードの要請

しかし、こうした一連の働きかけも、いまや投下目標の選定に入った政府の決定には何ほどの影響も及ぼすにいたりません。投下直前の一九四五年七月、三三年に最初に原子爆弾の可能性にひらめいた亡命科学者であるレオ・シラードが、もう一度前面に出てきて、自分の勤務するシカゴの冶金研究所（原爆開発のための組織）で回覧のうえ、六八名の署名を得て、これを添えて、今度は彼自身がトルーマン大統領宛、自分の名義で要請書を提出します。

これは、原爆対日使用を翻意させることは不可能だと知ったシラードが、それでもこれに反対だという科学者たちの立場を公に表明すべきだと考え、企図したものでした。彼は一カ月前のフランク報告にも参加していましたが、フランク報告が「何が有利かという基盤の上で」問題を論じたのに対し、「倫理的基盤から」改めて科学者たちの意見を発表すべきと考え、同僚に働きかけ、再度政治家への説得を試みたのです。

そこにシラードは書いています。われわれはドイツの原爆開発に対抗すべく、米国での原爆開発に従事してきたが、ドイツの敗北でこの危険は消えた。現在、対日原爆使用が準備されているが、日本への事前警告と降伏への機会を与えないままでの投下は「正当化」しえないと考える。日本が降伏を拒んだとしても、なお道徳的な責任を「真剣に顧慮」しなければならないであろう。最初に原爆を投下する国は、そのことで開かれる「想像を絶する規模の破壊の時代」への責任を負わなければならない。現在の米国の優位は、そのまま米国の道徳的責任の大きさを意味しているのである、と。

こうして彼はトルーマンに二つの要請を行います。一、日本に降伏条件を詳細に示し、それを知った上でなお日本が降伏を拒否するばあい以外には原爆を使用しないことについて、大統領がイニシアティブを発揮すること、二、さらに、原子爆弾を使用すべきか否かについて、大統領は、いかなるばあいも、「あらゆる道徳的責任」に照らして熟考のうえ、決定を下すべきこと。

この要請書は、所長のコンプトンに手渡されたものの、トルーマンまでは届けられませんでした。他の研究所にも送られましたが、ロスアラモスでは、所長オッペンハイマーの指示で、やはり回覧されませんでした。(11)

このことは、このシラードの訴えが、科学者たちの良心の琴線にふれるものだったことを逆照しています。しかしこれが、科学者の側からの、最後の悲鳴になりました。

†一つの覚醒

ニールス・ボーアの一九四四年の覚書にはじまる科学者たちからの声は、結局、政治家には聞き届けられませんでした。

そのことと、ルーズヴェルトの死後、彼のあとに大統領となったハリー・トルーマンが、四五年四月の最初の大統領就任演説で、前大統領の無条件降伏政策を継承すると宣言し、満場の喝采を受けたことは、無関係ではないでしょう。

トルーマンは、ホワイトハウスで大統領に指名を受けた直後に、陸軍長官のヘンリー・スティムソンにはじめて原爆製造計画がいま最後の段階にあることを知らされています。それが二〇億ドルという巨額を極秘のうちに費やしたプロジェクトの成果で、それが使用されれば、世界が変わる規模のものであるとも告げられていました。

考えれば、彼らは一九四一年の八月以来、ずいぶんと遠くまできてしまっていたのでした。ニールス・ボーアからの提言は、ちょうど第一次世界大戦後のウィルソンが生きていれば、レーニンが生きていれば、当然、そこから寄せられるだろう提言を口移ししたものにほかなりませんでした。

なぜ、自分たちにとって、当初掲げた戦争目的との「一致」をいま確認することが必要なのか。

米国の指導層の誰もが、うすうす、そのような衝迫を内心に感じはじめていたとしても不思議ではありません。

この勝利目前の戦争は、では何のためのものなのか。彼らの多くが考えていたのは、戦後の米国の世界における圧倒的な優位と、そのできるだけ長い期間の持続だったかもしれませんが、それを確保するための前提が、大西洋憲章に照らして彼らは正しいということ、世界の民主原則と正義と自由を守護するために戦い、そして勝利したのだというお墨付きを戦後の国際社会から受けとることであるのは、このとき、誰の目にも、明らかだったからです。

ではどのようにこの「劣化」を糊塗するか。

彼らがそう考えたとしても無理はないでしょう。

しかし、投下後、つかのま、この動きに対する反転が生じる、というように私の目には見えます。

原爆を投下することで、はじめて、彼らに、またこれをまのあたりにした人々のあいだに、一つの覚醒が起こるのです。

そして、その覚醒のなかから、先に科学者たちの訴えのなかに姿を見せていた国際連合の夢と、理想と、またもう一つ、憲法九条の夢と、理想とが生まれてきます。むろん、その覚醒は、第一次世界大戦のときと同様、というかそれよりもごく短い、一年半くらいのあいだしか続きません。それは前の時よりも短命な火花――「イスクラ」――にすぎませんでした。しかし、もし、この「火花」に照らし出された夢と理想がなければ、五〇〇〇万から八〇〇〇万といわれる第二次世界大戦の死者たちが、自分の死は、何のためだったのか、と死者の場所で呟くでしょう。

原爆は、無条件降伏と東京裁判を、いわば戦勝国の原爆使用による「劣化」の補いのために必要とさせる一方、国連と憲法九条を、その投下後の「覚醒」のただなかから、もたらすのです。

Ⅱ　原爆を投下すること

1　声明について

†陸軍基地・広島?

原爆は、投下されるまで、それが何であるのか、誰にもわかりませんでした。投下者自身も、その製造にかかわった者も、その点では例外ではなかったという点が、ここで重要です。

この未知の爆弾は、一九四五年八月六日、広島に、ついで八月九日、長崎に、あいついで二回、投下されます。投下した人たちは、投下後の声明を周到に用意していました。投下の後、八月六日にかねて用意された大統領声明と陸軍長官声明が発表されます。そこには彼らが何を恐れ、懸念していたかが、よく示されています。

新聞発表用の大統領声明は、こうはじまっています。

> 一六時間前、米国航空機一機が日本陸軍の重要基地である広島に爆弾一発を投下した。その爆弾は、TNT火薬二万トン以上の威力をもつものであった。それは、戦争史上これまでに使用された爆弾のなかでもっとも大型である。[12]（傍点引用者）

しかし、そこに述べられた、広島が「日本陸軍の重要基地である」という記述は、事実ではありませんでした。「陸軍基地」であれば、非戦闘員の民間人（広島市の一般市民）がそこに含まれているとは誰も思いません。最初の声明には、この「大型爆弾」が無差別殺戮兵器だと受け取られることへの忌避の念が強く働いていました。

目標は、当初、一九四三年五月五日の軍事政策委員会政策会議ではじめて論議されたときには、「大方」の一致するところ、「トラック港に集結している日本艦隊」でした。[13]

しかし四五年の「目標検討委員会」での討議では、すでに原爆の製造も最終段階を迎え、「より広い人口集中地域」（四月二七日、初回会議覚書）[14]、ついでそれが、爆撃の効果が出やすい、あるいはその詳細を確認しやすい、「妥当な広さの都市地域」、「直径三マイルを下らないもの」(四月二八日、目標検討グループ長にあてた覚書[15])へと代わっていました。そしてその後、京都、広島、新潟、小倉が最終候補に絞られますが、このうち、第一候補の京都は、軍事的には何ら重要でない都市でした[16]。

声明は、この後、「日本は、パールハーバーにおいて空から戦争を開始した。彼らは、何倍もの報復をこうむった」と述べ、この投下が不法攻撃に対する「報復」の意味をもつことを明らかにしています。ついで、「それは原子爆弾である。宇宙に存在する基本的な力を利用したものである。太陽エネルギー源になっている力が、極東に戦争をもたらした者たちに対して放たれたのである」と、この爆弾が未曾有の新型爆弾であることを宣言していました[17]。

ちなみに、あらかじめ作成されていたこの声明の「文案」は、投下先と投下時間を空欄にしたもので、「――時間前、米国航空機一機が――に爆弾一発を投下し、敵に甚大な損害を与えた」となっており、そこに「基地」の語は入っていませんでした[18]。

投下直後にポツダム会議からの帰還途上、トルーマン大統領が乗艦オーガスタ船内から行ったラジオでの声明発表でも、「少し前、米国航空機一機が広島に爆弾一発を投下し、きわめて有効に敵に打撃を与えた」と用意されたメモ通りにそれを読み上げており、「軍事基地」の語はここにもありません(19)。

続けて出たスティムソン陸軍長官の声明のほうでも、投下地点への言及はない反面、原爆投下がそのような無差別殺戮兵器であるということがわかるような説明が避けられています。この兵器が、原子力エネルギーという画期的な威力の解放と獲得であることが強調される一方、それが無辜《むこ》の市民を無差別に殺戮するものだという側面は、注意深く隠匿されていました。

†トルーマンの嘘

その懸念と正当化への衝迫度は、八月九日の二度目の声明、ポツダム会談帰国直後になされた「ポツダム会談報告」で、さらに強まります。

先の声明が、投下前に用意されたものだったのに対し、こちらは投下後に作成された、あるいは新たに手を加えただろう声明である点が違っています。

この帰国報告は、「国民のみなさん、私は、ドイツが世界支配を企図した根拠地である都市ベルリンから帰ってきたところです」とはじまります。最初から五分の四くらいまでは、主にドイツ、ポーランドなどヨーロッパの戦後処理にまつわるポツダム会談の内容の報告ですが、最後、さりげなく、話頭が原爆投下に変わります。

そこでトルーマンは、先の色あいをより強調し――これも事実ではありませんでしたが――、日本がこのポツダム宣言の「警告」を「無視」し、提示条件を「拒否」したため、原爆を投下したとして、こう切り出しています。

世界の人びとは、最初の原爆が軍事基地の広島に投下されたことに注目するでしょう。それは、この最初の攻撃において、可能なかぎり民間人の殺戮を避けたいと思ったからであります。しかし、その攻撃は、このあとに起こる事態を警告するものにすぎません。もし日本が降伏しなければ、軍需産業施設に爆弾を投下せざるをえず、不幸なことながら、何千もの民間人の生命が失われることになるでしょう。私は、日本の民間人に、ただちに工業都市から脱出し、破壊から身を守るよう強く勧めます。(20)

（傍点引用者）

しかし、ここでもトルーマンは、嘘をついています。

一つは、広島を先の「陸軍基地 army base」から一歩進め、「軍事基地 military base」と呼んでいることで、また、その地を選んだのは「民間人の殺戮を避け」るためだと断っている点です。

トルーマンは、このとき、兵器の威力についても知らされていました。先に五月一一日に提出されたオッペンハイマーによる原爆投下作戦責任者ファレル准将あて覚書には、この爆弾が「通常の爆弾と異なる」「放射線および放射性物質を発生する」爆弾であること、「爆弾自体」に「人間一人の致死量の約一〇の九乗倍の毒性物質が含まれ」ること、爆発時の放射線により「半径約一〇分の六マイル（約九六〇メートル——引用者）以内」でその毒性は「致死的」であることが、報告されていました。[21] 当然、その報告は大統領にあがっていたでしょう。

また、もう一つの虚偽は、この声明が、引用の二番目の傍点部分に示されているように、あたかも事前警告であるかに語られていながら、じつは第二の長崎への投下発表をかねたものとして行われていたことです。

この声明はラジオを通じてワシントン時間の八月九日午後一〇時に放送されています。しかし、じつはその約二五時間前に、二発目の原子爆弾が長崎に投下されていました。長崎への投下時刻は日本時間で八月九日の午前一一時二分です。日本時間と米国ワシントン時間の時差は一四時間ですから、投下は米国ワシントン時間で八月八日午後九時二分のことでした。

したがって、二発目以降について「重要軍需施設」への投下もありうるので「日本の民間人に、ただちに工業都市から脱出し、破壊から身を守るよう強く勧め」ると警告を発したとき、トルーマンは、その警告が事後のものであることをよく知っていました。

†トルーマンの釈明

これに続き、トルーマンは、とはいえ、自分はこの爆弾が何の問題もないと思っているわけではない、というかのように、こう言明しています。

「私は、原子爆弾の悲劇的な意味を認識しています」。したがってわれわれは原子爆弾の開発および使用を「軽はずみに行ったものではありません」。

以下、展開される釈明、正当化の試みとは、こうでした。

第一、なぜわれわれはこの爆弾の開発、製造に着手したのか。それは「敵（ドイツ）が原子爆弾を造ろうとしてい」て、「もう少しで手に入れかけていた」からである。もし彼らが先んじたら「すべての平和愛好諸国民」と「文明」に「惨害」がふりかかったであろう。よってわれわれはこの爆弾の開発、製造に「着手せざるをえなかった」のである。

第二、ではなぜわれわれはそれを「使用」したのか。われわれが「使用」した相手は、「予告なしにパールハーバーでわれわれを攻撃した者たち」であり、「米国人捕虜を餓死させ、殴打し、処刑した者たち」であり、「戦争に関する国際法規に従うふりをする態度すらもかなぐりすてた者たち」であった。しかもわれわれは戦争を早く終わらせ「何千何万もの米国青年の生命を救うため」、これを使用したのである。

けれども、このうち第一の釈明についていえば、一九四四年の後半の時点で、ドイツが原爆開発に失敗していたことが米国に知られていました。その時点で、四四年一一月、もはや開発・製造に関わることを正当化できないと考えた科学者一名（ジョセフ・ロートブラット）が、離脱し、英国に帰国しています。[22]

また四五年四月一二日には、連合国が、使用可能なウランをすべてドイツから押収していました。この時点でドイツの原爆製造の可能性が「完全に取り除かれた」ことを、計画の責任者グローヴス准将は熟知していました。[23]

また、第二の釈明について、背景をいえば、原爆を用いなくとも日本は遠からず降伏するという見通しが原爆投下時には明らかでした。日本はポツダム会議の直前、四五年六月から、ソ連を仲介に連合国との講和を模索していました。そのことを米国は海軍諜報部の暗号解読によって、またスターリンの口から伝えられ、知っていました。[24] さらに、原爆実験成功の前日、スターリンはトルーマンに対日宣戦布告を約束しており、ソ連の参戦は、時間の問題でした。

ほかにも、たとえば『原爆と第二次世界大戦の終結』の著者ハーバート・ファイスが、この問題に対する最も信頼にたる答えの一つとして、米国戦略爆撃調査団が一九四五年に到達した結論をあげています。それは、「絶対確実なところ一九四五年一二月三一日以前に、そしてまず間違いなく一九四五年一一月一日以前に」、「原爆が投下されなくとも」、「ロシアが参戦しなくとも」、「上陸侵攻の計画・企画がなされなくとも」、日本は「降伏するだろう」と評価するものでした。(25)

†道義的な「空白」

さらに、もう一つ、語り方の問題があります。

トルーマンは、われわれの相手は、「パールハーバーを予告なしに奇襲し」、「米国人捕虜を餓死・殴打・処刑し」、「戦争に関する国際法規に従わない」者たちなのだ、という特徴的ないい方をしています。そしてそれは、いい切りであり、その先がいわれていません。

どういう意味なのか。そう尋ねれば、彼ら日本人はそのようにも「卑劣な者たち」、「無法な者たち」なのだ、という答えが返ってくるはずです。

でも、だから、どうなのか、とさらに尋ねれば、そういう「無法な者たち」なら、こういう爆弾を投下されても、因果応報で仕方ないではないか、すくなくともわれわれは、そう考えたのだ、という答えが、続いて、出てこざるをえないように思われます。

ですから、それを受けて、もし私たちが、ではまともな戦争相手になら、つまり通常のばあいであれば、この兵器は使われるべきではないとあなた方も考えていたということか、そうなら、この無差別大量殺戮兵器が、道義的に問題あることにあなたたちも同意するのだな、と畳みかければ、トルーマンも、渋面を作って、そうであることを認めざるをえないでしょう。

つまりさすがに、この声明でも、彼らは、原爆投下が問題のない行為だとまでは、十分には正当化できないことを告白していたのです。

続けて彼は、「原子爆弾はきわめて危険なものだ」、「したがって、無法な世界にこれを野放しにできない」、それゆえ、開発に携わった米国、英国、カナダは、全面的破滅の危険から自分と世界の諸国民を守るため「原爆管理の手段が見出されるまではその秘密を明かさない」つもりだと、当面の原爆独占の考えを展開します[26]。

しかしこれも、詭弁としかいいようのない論理です。

先に見たように、ニールス・ボーアは、原子爆弾は「きわめて危険」で「野放しにできない」というトルーマンと同じ理由から、だからこそ「優位を獲得した側が、いち早く主導権を発揮」して、情報を公開し、相手との信頼確立に努めるべきで、そうでないと、核競争の悪夢が到来するだろうと、逆の結論を導いていたからです。こちらのほうがはるかに合理的な論理展開というべきでしょう。ここでも米国政府は奇妙な理屈を使って、自国の核における優位性確保を何とか正当化しようとして、果たせていないというべきでした。

このような「声明」だけで、投下した側の、戦後の国際秩序構築に必須の道義的尊厳、威光、さらに原爆保持・新たな使用の合法性が保証されないことは、明らかです。

こうして、この道義的な「空白」を補塡し、埋めるべく、彼らの戦後政策ともいうべきものが用意される道筋が見えてきます。その主要なものが、日本についていえば、無条件降伏政策に基づく言論統制、あるいは国際軍事裁判でした。

しかし、投下が彼らに教えたものは、こうした道義的な「空白」、自己の行為の正当化の必要だけではありません。

原爆投下と、それに続く戦争の勝利のあと、やってきたのは、言葉にならない動揺と、虚脱、そして深い懐疑でした。

2　投下と「回心」

†政府を去る人々

トルーマンは、その回顧録で、一九四五年八月一五日、戦争が終わったあとの米国政府にふれた章を、こう書きはじめています。

一九四五年の秋、日本の屈伏と同時に、われわれとしてはもっとも我慢しがたいことは、戦時の政府の要職にあった人たちが、民間の生活に急ぎ帰ることであった。戦時態勢から平時態勢に移行するとき、まだまだやらなければならない緊急用件があったにもかかわらず、あらゆる階級における多数の官公吏が辞表を提出していた。（中略）戦時態勢がしだいに終わるにつれて、政府の役人たちは、自分たちに対する批判に感じやすくなっていた。(27)

一九四一年一二月から三年八ヵ月続いた戦争が五月にドイツ、八月に日本の無条件降伏というかたちで完全な勝利に終わった直後のこととして、ここでの「自分たちに対する批判」というコトバは、意外な感じを与えます。

しかし批判はありました。原爆投下が、その対象でした。『回顧録』のこの章は「権限無視の三閣僚を断固解任」と題されていて、そこでの主題は、トルーマンがなぜ、どのようにそれまで自分の後見人とまで頼りにしていた国務長官のジェームズ・バーンズを、その「権限無視」を理由に「解任」するにいたったかという話です。

一緒に語られるもう一人の解任閣僚は、ヘンリー・ウォーレス商務長官で、親ソ・リベラル派として知られ、トルーマンの前のルーズヴェルトのもとでの副大統領でした(28)。また、トルーマンに戦争終結後、最大の痛手になったのは、当時の米国政府の精神的支柱として誰からも頼りにされており、トルーマン自身が篤い信頼をおいていた最長老の陸軍長官ヘンリー・スティムソンが、原爆投下直後にやってきて辞意を表明し、慰留したにもかかわらず、やはり、九月に辞任したことでした。

ところで、その三人の辞任、解任のいずれにも関わっていたのが、原爆の国際管理をめぐる対ソ交渉でした。三人とも、それぞれに対ソ宥和策の進言、主張、提言、実行をトルーマンに働きかけ、自ら辞任を申し出たスティムソン以外の二人は、そのことでトルーマンとぶつかり、閣外に去っていたからです。

†原爆投下の重圧、そして回心

さて、私はこの間、ずいぶんと多くの原爆の開発、製造、投下にかかわる関連著作を渉猟してきました。そうしているうちに、私のなかに、それまでになかった奇妙な感想が浮かんできました。

それは、一般社会から隔絶されたかたちで、誰にも相談せずに、ことによれば全人類を破滅させかねない未曾有の兵器を開発、製造する仕事を進めるという作業が、その当事者にとって——彼がまともな政治家であるばあい——、どんなに孤独で、重圧のかかる仕事だったか、という思いです。

一九四五年四月一二日のルーズヴェルトの急死が、六三歳というまだ十分に若い年齢でのことだった事実を知ったときに、私の頭に浮かんだのも、そのことでした。

それまでは、その脳卒中による死は異例の四期目にさしかかり、長きにわたった大統領執務のストレス、激務のためだとしか思っていませんでした。一般にもそう思われています。

けれども、このとき彼は、四月一三日、トマス・ジェファーソン記念日で演説する予定でした。彼のスピーチライターであった『ルーズヴェルトとホプキンズ』の著者シャーウッドは、急逝の直前、ルーズヴェルトから、科学者でもあったジェファーソンの科学に関する文章を見つけておくように指示されています。彼は適切なくだりを見つけ、文案を用意し、ルーズヴェルトに見せて準備しました。しかしのちに、その演説草稿が、ジェファーソンの「科学の友愛精神」をめぐる文章の引用を含むものであったことを思い出します。そして、このとき、ようやく、ルーズヴェルトは、「疑う余地もなく原子時代の切迫のことを考えていたのだ」ということに思い至るのです。

科学者たちの「友愛」ということで念頭に置かれていたのは原爆をめぐるソ連との今後の関係のことでした。そこにボーアの提案の残照を見てとることも不可能ではありません。つまり、ルーズヴェルトが死の直前に考えていたことは、原爆の秘密をソ連に伝えるか否か、という問題だったと見ることができるのです。そこでシャーウッドはこう書きます。その急死の報に接したとき、頭に浮かんだのは、実に長い間ルーズヴェルトの肩にのしかかっていた「世界の人々の恐怖と希望」への責任の重圧が、「とうとう彼を圧し潰したのだ」という思いだったと。(29)

すなわち、いま、改めて、原爆の開発、製造、投下に深く関わった当事者の原爆投下後の身の処し方を見ていて、連想されるのは、突飛な連想と思われるかもしれませんが、それが、ちょうど、宇宙飛行士たちがはじめて宇宙に行くのにも似た、余人のあずかり知らない、未曾有の体験だったのではないか、ということなのです。

　宇宙飛行士たちの宇宙体験は、そのうちかなり多くの当事者に一種の「回心」に似た衝撃を与えたことで知られています。そのうちには伝道者になった飛行士もいれば、狂気にとらえられ精神病院に入院した飛行士もいます。そのことに関心をもち、宇宙飛行士にインタビューし、『宇宙からの帰還』という興味深いノンフィクション作品を書いた立花隆は、自らの関心のありかを、その本に、こう書いています。

> 宇宙体験という、人類史上最も特異な体験を持った宇宙飛行士たちは、その体験によって、内的にどんな変化をこうむったのだろうか。人類が百七十万年間もなれ親しんできた地球環境の外にはじめて出るという特異な体験は、それがどれだけ体験者自身によって意識されたかはわからないが、体験者の意識構造に深い内的衝撃を与えずにはおかなかったはずである[30]。

　その「内的な変化」について、立花は、宇宙飛行士の一人が、環境とは「私を除いて存在する全て」だが、宇宙とは「私を含んで存在する全て」だ、というコトバを人に示され、自分が宇宙で感じたことがそれだったと、その指摘に「目を開かれた思いがした」という話を手がかりに、読者に語りかけています[31]。

しかし、人類初の原爆製造と投下に関わったという「特異な体験」もまた、これに劣らず、当事者たちの「意識構造に深い内的衝撃を与えずにはおかなかった」のではないでしょうか。そして、そこでの「内的な変化」――「回心」――とは、宇宙飛行士たちのばあいとはちょうど逆に、宇宙すらがふいに「彼らを除いて存在するすべて」であると、感じられるような、圧倒的な孤絶感の訪れ、そして、他者との信頼関係の創出への渇望ではなかったのでしょうか。

原爆投下後の当事者たちのふるまいで特徴的なことは、その直後の劇的ともいえる、態度の変化です。そしてそれが、ある種の「回心」とはいわないまでも、同じ方向を示していることです。

陸軍長官のスティムソン、そして国務長官のジェイムズ・バーンズ。最終段階で原爆投下の決定に――ルーズヴェルト、トルーマン両大統領についで――深く関与した二人の米国の最高責任者が、その後、四五年の一一月と一二月に、それぞれ、ソ連に原爆の製造の情報をいわば一方的に「贈与」的に通告することを通じて、以後の国際秩序の確立に不可欠な二国間の「信頼」の関係を築くよう、トルーマンに強く進言、ないし、トルーマンの意向を離れ、独自にソ連への宥和的な行動に出ています。このことは、彼らがともに、かつてはスターリンの態度に不信感を抱く、根強い、また強硬な対ソ警戒論者だったことを考えると、驚くべき変化なのではないか。

私に、そんな感想が浮かぶようになったのです。

†スティムソンの辞任

ヘンリー・スティムソンは、これは『アメリカの影』の前記論考にも書いたことですが、広島への原爆投下の二日後、八月八日にはホワイトハウスを訪れ、トルーマンに辞任の意向をもらしています。それには個人的なきっかけがありました。その日の朝、午前五時に、軽い心臓発作に襲われます。急遽やってきた部下の軍医に過労と即刻の休暇の必要を指示され、自分でもこれが潮時だと思うのです。そのときは、一ヵ月の休暇を取ったら再び復帰してほしいと慰留されますが、ほぼ一ヵ月間の休暇後、再度、辞意を伝え、結局トルーマンも、九月二一日の七八歳の誕生日を期して、彼が辞任することを受け入れています(32)。

ところで、最初の辞任意向の伝達の翌日、八月九日の国民向けの記者会見で、声明文のかたちで、彼はこう述べています。原爆投下は偉大なできごとであった。世界は変わったが、冷静に考えるべきときである。この達成がわれわれにとってこのうえもない満足であることは当然だが、「しかしどんなに満足を感じても、そこにより深い感情からの影がさしてくるのをどうすることもできない」。「その結果が余りにすさまじいため、この爆弾をもち、それを使うことの責任がわれわれの精神と心に重くのしかかってくるのである」[33]。

さらにスティムソンは辞任に先立ち、九月一一日に、特に覚書を書いてそれをトルーマンに届けています。それは一種の彼の政治家としての遺言といってよいものでした。自分はポツダムでソ連の警察国家ぶりをまのあたりにして、自分の考えをあなたに伝えた。原爆の情報の共有にはまずソ連の民主化が先決となる、というのがその考えであった。しかし、いまは考えを変えた。原爆問題でソ連と協議して信頼関係を作ること、これが先にならなければならない。そう添付の書簡に述べ、表題に「原爆管理に向けての行動提案」と記して自分の誤りを明記する、政治の世界では「異例の内容」をもつメッセージであったと、これにふれた後述するガー・アルペロビッツが述べています[34]。

スティムソンは、スターリン独裁下のソ連がいかに市民を抑圧し、その自由を奪っているかをよく知っていました。そのため、六月六日の時点では、ソ連との戦後の連携、同盟は、民主化が条件であり、原爆については投下までは「いかなる情報も与えない」こと、投下後は民主化など「政治的譲歩を引き出す手段として与えられるべき」ことをトルーマンに助言しています[35]。しかし、原爆を投下すると、ソ連に対してはまず一方的に贈与する、そのことによって相手の信頼をかちえ、相手方の内発的な民主化の条件を整えるのがよいと「考えを変え」、三カ月後、辞職に際し、この前言訂正の提言を行うのです。

そうでないと、原爆の登場を受け、核開発競争、対ソ対立という大きすぎる代償を覚悟しなければならなくなる、というのが理由ですが、そのことは知見としては以前からも見越されていました。ですから、彼に意見を変えさせたのは、新しく判断材料が加わったことではなく、同じ判断材料のなかで、ソ連との信頼回復、信頼確立にまつわる重要性の判断が変わったこと、そのことのもつ重みへの「覚醒」が彼に生じたということでした。

スティムソンが離任する日、九月二一日に開かれたホワイトハウスの閣僚会議で、原子力管理でのソ連との信頼確立をめぐるスティムソン案が議題にあげられ、検討されています。原爆の情報を一部提供して、ソ連とのあいだに信頼関係を作ってはどうか。これがスティムソンの提案です。その内容の一部はトルーマンの回顧録にも数頁にわたって出てきますが[36]、このときの閣議は激論が交わされ、前例のない、長時間に及ぶものとなりました。最後の決定がトルーマンに委ねられ、最終的に、彼はスティムソン案を採りませんでした。

原爆開発の四年越しの秘密の旅程において、トルーマンはいわば最後の駅で急に乗り込んできた新参者です。四月から八月までのあいだ、彼は未知のプロジェクトのもとで戦争終結の大任を負わされ、多くの助言者に助けられ、補佐され、依存しつつ、ことにあたってきました。しかし、七月二一日、ポツダムで成功した原爆の投下実験の結果に接し、自分の手に入ったものがどのように「大きなもの」であるかがわかると、彼の態度は「一変」したと、何人もの目撃者が証言しています。彼は自信にみちた指導者になります。するとそれまでの後見人が、目の上のたんこぶにも似た存在に変わるのです。

†バーンズの辞職

もう一人、国務長官のジェームズ・バーンズは、トルーマンにとってそのような存在でした。彼は、スティムソンとは異なり、ソ連に対し原爆をめぐる強腰外交（「原爆外交」）を展開した現実派政治家として知られています。六月以降、政府中枢に入ってきた新参者だった点では、トルーマンと同じですが――国務長官（日本でいう外務大臣）の職は一九四四年一一月、コーデル・ハルが病気のため退任するとエドワード・ステティニアスに代わり、次にトルーマンが大統領になったのに伴い、旧知のバーンズが登用され、六月から政権に関与、七月に正式に就任して辣腕をふるいます――、トルーマンと違い、四三年五月以降、ルーズヴェルトのもとで戦時動員局長として政権を支えてきたという点でルーズヴェルトの信頼も篤く、古参政治家と目され、以前からトルーマンの師匠格をもって任じていました。ヤルタ会談に際して求められて随行したときには、スターリンとも個人的知遇をえ、ひそかにソ連との外交に自負をもっていました。

彼は、六月にトルーマンの後見役につくと、無条件降伏を主張し、早期終結のためその緩和を大統領に進言するスティムソンと対立します。そして七月に正式に国務長官に就任すると、政府内でのスティムソンの影響力を殺いで、ポツダムではスティムソンを蚊帳の外におき、日本の降伏前後の米国外交を取り仕切ります。原爆投下を見越し、スティムソンの意向を無視し、ポツダム宣言から最終段階で天皇制の存置という条件をトルーマンとともに外すよう働きかけたのも、このバーンズでした。

彼は、九月のロンドンの外相会議直前の会合でも、原爆を「これ見よがしに尻ポケットに入れ」てソ連に強腰で臨む姿勢を崩さず、休養あけで復帰したばかりのスティムソンの眉をひそめさせています。

しかしその彼にも、原爆投下後、しばらくすると、不思議な動きが現れるのです。まず投下から二カ月近く経った四五年一〇月。彼は、九月のロンドンでの米英ソ三国外相会談の決裂を受け、これを大々的に発表して国内を引き締めようというトルーマンを、いまソ連を刺激すべきではないといって押しとどめ、その意外なふるまいで、政敵の位置にあったフォレスタル海軍長官を驚かせています。さらに一一月には、中国情勢に関して同じく共産主義陣営に予想を覆す宥和的な姿勢を示し、これもリベラル派としてバーンズと対立していたウォーレス商務長官に強い印象を与えています(37)。

そして極めつきが、一二月の行動で、今度は、東欧衛星国のソ連寄り政権を承認する代わりにソ連に国連原子力委員会の設置を認めさせることを念頭に、二つを一括で協議すべく、独自にソ連外相のモロトフに働きかけ、トルーマンに事前に諮ることなく米英ソ三国外相会談を設定して、モスクワに向かうのです。

先のフォレスタル、ウォーレスの日記から意外な事実を見つけ出してきてこの間のバーンズの変貌を発掘したのは一九九五年刊のバーンズ評伝の書き手デイヴィッド・ロバートソンですが、彼は、このモスクワ訪問においても、このときバーンズが、米国の核開発の責任者であるジェームズ・コナントを帯同している事実に読者の注意を喚起しています。

コナントといえば当時ハーバード大学の総長の職にあった、マンハッタン計画の科学技術部門の責任者の一人です。そういうスタッフを、その多忙を押して帯同したのは、むろん、バーンズに交渉のカードとして原爆関連の情報を提供する用意があるというソ連への意思表示にほかなりません。このときの彼の姿勢は、原爆を「これ見よがしに尻ポケットに入れ」て交渉に臨んだ九月時点の原爆外交のあり方から、一転しているのです(38)。

バーンズはヤルタ会談でスターリンから、君は自分がこれまで会ったなかでもっとも「正直面をさげた馬泥棒」だといわれたことがあったといいます。とんでもない嘘つきだ、抜け目がないが率直だ（堂々と嘘をつく）、ということでしょう。スターリンとざっくばらんに気心を通じあわせたという感触があり、一対一で話せば、率直でタフな現実派同士で、相互信頼関係を作れるという見通しをもっていました。

そこでモスクワで二度、異例にもスターリンと個人的会見を求め、国連の原子力委員会設置その他での妥協を引き出すことに成功します。米ソ関係は一歩、信頼関係へと踏みだし、彼は意気揚々と帰国しますが、待っていたのは、もはや冷戦に向かう、様変わりした米国政府内での孤立でした。

バーンズは傲岸不遜な人柄で知られ、人のいる前でもトルーマンを、「大統領」ではなく、「ハリー」と呼び続けました。しだいにトルーマンにとっては、煙たい存在へと変わってきていたのですが、その変化に頓着しませんでした。一方、トルーマンは、ソ連封じ込め策の建言を認められ、ソ連大使館から国務省本省に呼び戻されたジョージ・ケナンなど冷戦志向の若手の提言を取り入れ、いまや自分の決断で政治を行おうと決心していました。彼は、バーンズが自分への相談なしに独自にソ連と宥和的な協議を行おうとしていることを黙視できないと考え、帰国後、職務権限の逸脱を理由に、大統領執務室に呼びだし、辞職を迫るのです。

結局バーンズは、四五年一二月末の時点で、辞任することを受け入れ、以後、後任のマーシャルが着任するまで一年間、職務をこなし、一年後、四七年一月に政権を去ります。

このときのことを、トルーマンは、バーンズが自分には無断で、「モスクワ会議で、国連のもとに原子力委員会を作る計画にソ連の同意を得て来るつもりだ」と語っていたことを出発後に知らされ、憤慨したことが理由だと、その回顧録には述べています。[39] しかし、このことは、控えめに見積もっても、バーンズのこれまでの対ソ強硬派としての言動を知るものには、驚くべき行動というほかありません。

†バーンズはなぜ対ソ宥和に転じたのか

バーンズは、先の一九四五年五月三一日の原爆投下のための「暫定委員会」の会議では、原爆の情報をソ連にも事前に知らせてはどうかというロバート・オッペンハイマーの提案に、意外にもマーシャル参謀総長が賛同の意思を表明した際に、反対意見を述べ、その対ソ宥和案を抑えこんでいます。[40] 原爆投下後の九月四日のロンドン外相会談直前のやりとりでも、その原爆をふりかざすごり押しぶりで、そのえげつなさをスティムソンに嘆かれていたのは先に示した通りです。[41]
なぜ原爆投下に決定的な役割を果したバーンズが、その後、人々の視界から姿を消すのか、と問うて、原爆投下をめぐる中心的な歴史家の一人であるガー・アルペロビッツは、その理由をバーンズの陰謀家的な身の振るまいに求めています。バーンズは誰にも読めないような暗号めいたメモを駆使し、記録を残さない非公式会合を好み、さらに正式な記録にも改竄《かいざん》を加えることをためらわなかったと彼は述べ、バーンズを「有能」ながら「狡猾」で油断のできない政治家と評しています。しかし、彼は、この四五年の一〇月から一二月にかけての奇異な「反対行動」にはさして注意を払っていません。(42)

しかし、先のロバートソンによれば、この突然のバーンズの対ソ宥和策への転換は、多くの観察者の注意を引いていました。そしてその理由は、九月のロンドンでのモロトフ外相の非妥協的姿勢を見て（強腰の「原爆外交」が効果をもたないと感じ）懐柔路線に転換したため、あるいは、ここで点数を稼いで「国内での」自分の立場を強めるためのものなどと、これまで説明されてきたとのことです。しかし、原爆の独占的優位がゆるがない状況で、強硬路線を軟化させることはあるにしても、さらに懐柔路線に転じるだけの理由は見あたりません。また帰国後、自分の孤立を思い知らされるまでは、自分の立場に危機感をおぼえていたふしは見られず、「国内での」立場を強める必要があったとも思われません。

ロバートソン自身は、その理由を、バーンズが、戦後の冷戦への転換の動きの中で、ウィルソン、ルーズヴェルト以来の合理的妥協を旨とする大国間外交の伝統につながろうとしたため、この孤立を呼んだと見ています。(43) しかしそれだと、九月のごり押しぶりと、その後、一〇月時点での方向転換が十分に説明できません。

私の考えをいえば、ロンドン外相会談での対ソ交渉を通じて、原爆投下後、スティムソンに起こったと同じことが、時をずらし、やや違う仕方で、バーンズにも、起こっているのです。

ルーズヴェルトなきあと、ルーズヴェルトの伝統につながろうとする道、その衣鉢を継ぐ路線は、大きく親ソ宥和策派と無条件降伏追求派とに分かれました。そしてそのそれぞれを、当初は、スティムソン組とバーンズ・トルーマン組が分担して受け継いだと考えることができます。

スティムソンはポツダム宣言に天皇の安全を明記し、無条件降伏を緩和することで戦争の早期終結をめざしますが、トルーマンとバーンズは、無条件降伏の原則にこだわり、これに頑強に反対することで、ルーズヴェルトの路線を守ろうとします。

また、スティムソンが原爆の戦後管理のため、ソ連との間に信頼関係を樹立することが大事と考え、原爆投下後、よりルーズヴェルトの対ソ宥和策に近づくと、トルーマンは、戦後の冷戦志向の路線を採用するようになって、ルーズヴェルトの親ソ路線から逸れ、敵視政策へと進みます。

ところで、バーンズの一〇月以降のフォレスタル、ウォーレスを驚かせた変貌、また一二月のトルーマンを激怒させたモスクワ外相会談での暴走は、両者の間にあって、彼が、それまでは無条件降伏の踏襲によってルーズヴェルトの路線を継承していた側から、ほどなく、スティムソンと同じく、原爆をめぐる対ソ宥和派の側に移ったことを意味しています。

ルーズヴェルトの二つの衣鉢の一方は、スティムソンが、他方は、トルーマンが継承するなか、バーンズは、当初こそ無条件降伏政策の堅持でトルーマンを領導するものの、途中からは、原爆との関わりのなかで、対ソ宥和を理由にスティムソンの立場に接近するよう変わっていくのです(その一方でバーンズが無条件降伏政策を保持し続けることは、後に見るように、四七年一月の退任まで彼がとった国務長官としての日本占領政策への関与の仕方から明らかです)。

†アチソン・リリエンソール報告か、バルーク案か?

バーンズは、一九四七年刊の自分の回想録では、持説の対ソ不信感を隠さず、結局一時的な変貌にとどまったとも見えるこの自分の態度変更には一切ふれていません。それはこの回想録が、冷戦開始のただなかで世に出されることになったこととも、関係があるでしょう。もはや、冷戦漬けになった米国で、自分が対ソ宥和に動いてトルーマンとぶつかったなどということを「策謀家」バーンズが述べるわけがありません。

トルーマンとぶつかった国連の原子力委員会についても、自分は、この間、ソ連に対する警戒は怠らず、米国の国益を守り、その創設の実現に尽力したと書いているだけです。(44)同委員会を設置したあと、国務次官のディーン・アチソンとTVA（テネシー峡谷開発公社）総裁のデイヴィッド・リリエンソールを米国側の責任者に就かせたのはバーンズです。このアチソン・リリエンソール報告は、実質的にオッペンハイマーの手になるもので、先に述べたボーア以来の科学者たちの理念をまだしも良心的に貫こうとした最後の企てといえるものでした。しかしむろん、バーンズはそれにもいっさいふれません。そして、この後、原子力委員会の米国側責任者となった金融界出身のバーナード・バルークによるバルーク案という文句なしの原子力国際管理の対国連提言をまとめることができたと、白々しくも、述べているだけです。(45)

白々しいというのは、これが、アチソン・リリエンソール報告を骨抜きにし、米国の原子力優位を貫こうとした、悪名高い提言だからです。むろん、これにソ連は反対し、その結果、国連の原子力委員会設置の試みは一九四七年の年末で頓挫し、葬りさられます。

ところが、先のロバートソンの評伝を見ると、この国連原子力委員会に関してもバーンズはこれとはまったく別の姿で浮かびあがってくるのです。彼は、当時国務次官、つまり自分の次官でしかもアチソン・リリエンソール報告の責任者でもあったアチソンに対し、ソ連をうまく妥協に引き込もうとしてバルークを責任者に任命したが、この人選はこれまでの政治家としてのキャリアのなかで「自分の犯した最悪の誤り」だった、と打ち明けているのだからです(46)。

ソ連の不信感を決定的にし、結局国連に原子力委員会を作り、国際管理に向け、米ソ協力を推進しようとした試みに引導を渡したのが、このバルーク案でした。バルークは実業家よりに動き、米国の企業が原子力産業に進出できる抜け道を用意する一方、米国の原爆独占をゆるがすような要素をすべて注意深くアチソン・リリエンソール報告から抜き取ります。それをさしてバーンズは、この人選は「最大の誤り」だったと語っているのです。

このことについて、バーンズ自身が何らかの意見を表明した形跡はありません。しかし彼が発言しなかったのは、誰もそのことを彼に問いただささなかったからだとも考えられます。あるいは、この一時の「回心」は彼にとっては、文字通りの気の迷いにすぎないものと、後になって彼によって片づけられたのだとも考えられます。評伝作者によって書かれた記述を追うかぎり、彼は、嘘はつかないが、聞かれなければ、何もいわないという、根っからの政治的なリアリストでした。しかし、彼が、言葉ならぬ行動で、こういう軌跡を残し、そのことがもとで、トルーマンと衝突し、国務長官職を投げ出したことは、誰にも否定できない事実なのです。

†一年半の「覚醒」――東西冷戦へ

さて、この二つの例、なかでもバーンズの例は、「回心」というには小さすぎる一時的な態度変化のエピソードにすぎないかもしれません。しかし、彼らの背後に、他の多くの当事者たちの、語られない深甚な動揺と逡巡があっただろうことが想像されます。スティムソン離任の日の閣議では、ほぼ閣僚が二手に分かれる対立が現出しています――ほぼ半数がスティムソン案に賛成したのです――。もしこれが通れば――トルーマンがこれに同じれば――、冷戦は少なくとも一九四七年三月の時点で、トルーマン・ドクトリンの発表というかたちでは起こらなかったでしょう。四五年の原爆投下直後の、投下者たちの反応には、いまの私たちからは想像できない心の動きがあったと考えたほうがよいのです。(47)

そこからいえるのは、原爆の投下が、その決定者たちにどんな「聖痕」を残したか、という問いがありうる、そしてそういう「問い」は、権利をもっている、ということでしょう。状況が許せば、私たちはもう一つの『宇宙からの帰還』というノンフィクションをもつことも、可能だったのです。

宇宙全体から、ノーといわれること。お前は人類の敵だという声を聞くこと。それがどれだけ深い経験だったかどうかはわかりません。それと国家への忠節をはかれば、なお国家への忠節のほうが強かっただろうことを、彼らのその後の軌跡は示しているように思います。しかし、彼らは、自分の決定が、果たして正しいといえるものだったか、自分の政治家としての信念に照らして清廉潔白の申し開きのできるものだったかを、投下後、自分の胸に問うように、思い返すときをもった。そしてこの思いを戦後の「平和」につなげるために、いま何が自分にできるか、そう、顧みることがあった。

これらの「回心」の物語は、その証しであるとは、最低、いえるように思います。

現在、根っからの保守派、軍人であるウィンストン・チャーチルや、レスリー・グローヴスなど、少数の例外を除くと、この企てに当初から関与してきた政治家、科学者の大多数が、原爆投下以降、いまさらながらに自分たちの行ってきたことの結果が生んだ「問題行動」の大きさに、内心、ひるむところがあったことがわかっています。

先に引いたガー・アルペロビッツは、米国の原爆投下がむしろ戦後に向けた対ソ牽制を大きな動機にしていたと述べ、米兵の生命を救うための投下だったというそれまでの米国の「公式見解」に最初に疑問をつきつけた「修正主義」の政治学者ですが[48]、その一九九五年の著作『原爆投下決断の内幕――悲劇のヒロシマ・ナガサキ』には、関係者たちが、投下後、どのようにその不安と疑心暗鬼を自分の良心にも知らせないように「管理」するようになったか、その資料、文献の操作、隠蔽、変更のさまが、驚くべき精緻さで跡づけられています。

もしルーズヴェルトが生きていたら、どうだったか。

トルーマンはスティムソンの提言にもバーンズの反対行動にも動かされずに、対ソ強硬路線に進みます。スティムソンが対ソ宥和を提言したときには、バーンズに従い、今度はそのバーンズが対ソ宥和的外交に動くと、ジョージ・ケナン、クラーク・クリフォードなど、原爆と関係していない新しい東西冷戦思考に立つ若い側近たちに鞍替えして、その助言を実行しました。(49)

こうして、原爆の投下は、四七年三月のトルーマンのソ連封じ込め政策の特別教書発表によって、世界を東西冷戦へとはっきりと向かわせ、人々を「覚醒」する役割を終了します。

その時期は、四五年八月から四七年三月までの一年半と少しでした。

3　批判から「神話」へ

†大衆の昂揚、良心の動揺

しかし、その覚醒は、投下の当事者にとどまるものではありません。原爆の投下は、当事国、米国にとっても、道義上、心ある人々の信念体系を揺るがすほどのできごとを、意味していたからです。私たちは、あまりそういうことを考えたことがないのですが、原爆の使用は、それを投下された日本国民にとってと同様、それを投下した米国の国民にとっても、未来にわたって忘れることのできないできごととなりました。

二度の原爆投下から一週間後――そしてソ連の参戦から一週間後――、あっけなく日本がポツダム宣言を受諾し、ふいの戦勝が訪れたあと、米国を襲ったのは、スティムソンが八月九日の記者会見に述べたように、「このうえない満足」であると同時に、「どんなに満足を感じても」「影がさしてくるのを」やめない、一種たとえようもない不安でした。

それは、投下決定の当事者たちを「回心」させるにたる孤絶した経験であったと同時に、投下国の国民の道義心を深く「動揺」させる未曾有のできごとでもありました。

むろん、直後にやってきたのは、大衆的な、国民的歓喜です。それで一気に、戦争の終わりが見えてきたからです。

一九四五年八月一〇日から一五日の間に行われたギャラップ世論調査では、八五パーセントが「日本の都市への原爆投下」に賛成で、反対は一〇パーセントにすぎませんでした。また、その圧倒的な「力」を手にした昂揚はその後も消えずに残り、一二月に『フォーチュン』誌に掲載された世論調査でも、「半数以上のアメリカ大衆」が依然、「二個の原爆を二つの都市に落と」したことは正しかったと答え、さらに二三パーセントが、「もっと多く」落とすべきだったと、回答しました(50)。

しかし、米国社会の道義的深部ともいうべき場所に見られたのは、これとは異なる、深刻な「良心」の動揺と懐疑でした。

先にふれたアルペロビッツの著作『原爆投下決断の内幕――悲劇のヒロシマ・ナガサキ』は、こうした米国社会における原爆投下決定後の後遺症についても、分析しています。そこで彼は、投下以来、米国社会に現れた批判が数としてはさして多いものでなかったにもかかわらず、なぜ米国政府の指導層たちがこれに過敏に反応したのかという、鋭い問いをそこから取りだしています。

そして、それらの批判が、原爆投下の当事者たちにとって、「重い」批判だったこと、それゆえ「反撃」が周到に準備されなければならなかったという背景に、光をあてています。

†キリスト教からの批判

その理由とは、第一に、原子爆弾の投下に対する批判と懐疑が、何より彼ら自身の出身母体である米国社会の保守層の深部、その信仰の基底部から起こってきていたことです。米国政府の首脳周辺で、まず最初に「懸念」を行動で示しているのは、意外なことに、ジョン・フォスター・ダレスです。ダレスといえば、反共の立場から日本の戦後の枠組みを作ったことで日本でも名高い、後に冷戦時代の国務長官として名をはせる極めつきの保守主義者です。その彼が、八月九日、米国キリスト教会連邦協議会会長の主教を先導するかたちで、トルーマン大統領を直接訪問しているのです。彼は、長老派教会の牧師の家に生まれ、当時、同派平信徒の代表的な存在でした。

続いて戦争が終わると、同じくキリスト教の他の宗派の代表からも、続々と深刻な憂慮が表明されるようになります。「我々アメリカ合衆国民はキリスト教社会として、その道徳律に対して、いまだかつてなかったほどの激しい打撃を受けた」とカトリック教の雑誌の編集長が九月号に述べ、罪に良心の呵責が伴わなければ、それは「犯罪」と呼ばれるが、

「合衆国政府がとった行動は文明社会の根幹をなす情のすべて、罪の自覚のすべてをことごとく無視するものだ」と断言します。

もう一つのカトリック教会を代表する雑誌の九月一日号も、原爆投下に先立ち日本が「降伏の準備」を進めていた事実を取りあげ、批判の声をあげます。

プロテスタント派も、例外ではありません。ある雑誌の論説が、原爆の使用により「わが国は道義上弁護の余地のない立場に立たされた」と述べ、続いて、米国キリスト教の代表的神学者として甚大な影響力をもつラインホルド・ニーバーが、こう書きます。

我が国のより冷静で思慮深い階層にとって、日本に対する勝利は奇妙な胸騒ぎと不満を残すものだ。これには多くの理由があるが、もっとも顕著なものは、この勝利が原爆の使用によって確保された、あるいは少なくとも早められたということだ。……我々は日本が我々に対して使用したものよりも恐ろしい武器を彼らに使ったのだ。
(「我々の日本との関係」『クリスチャニティ&クライシス』一九四五年九月一七日号)

考えてみましょう。マッカーサーが厚木飛行場に降り立つのが八月三〇日のことです。このとき、日本は敗戦を受け入れ、まったく茫然自失の状況にありました。ちょうどその頃、米国に起こっていたのは、このような戦争と原爆の登場に対する大衆的な昂揚と、それと裏腹の、一部の「より冷静で思慮深い階層」における、深刻な動揺だったのです。

†保守・リベラル双方からの批判

また、これが第二の理由ですが、この抗議と異議の声が、数こそ少ないものの、宗教以外の領域、保守とリベラルの双方の陣営からもあがってきて、なかなか下火になりませんでした。宗教関係ではないメディアで持続的に疑念と批判を発信したのは、雑誌のオーナー編集長で、保守派として知られるデイヴィッド・ローレンスです。われわれは今後、原爆投下は軍事的に必要だったのだと強弁し続けるだろう。しかし、文明国の一員として、毒ガス使用はためらいながらも、「歴史上もっとも破壊的な兵器」を老若男女に「無差別に使用」した。今後、この端的な事実が「我々の頭から消え去ることはない」だろう。そう彼は、八月一七日に述べています。

もう一つの保守誌も、原爆投下後、「堰を切ったように」「公的な宣伝が開始された」のは、「世論」誘導のためだろうと述べ、「全体主義的な宣伝活動でもこれほどみごとに足並みが揃った例はない」と、編集長の手になる手厳しい批判を八月二九日号に掲載しています。

また、アルペロビッツはふれていませんが、リベラル派週刊誌の『サタディ・レビュー・オブ・リテラチュア』も原爆投下直後、早くも八月一〇日号に編集長ノーマン・カズンズの社説「近代的人間は時代遅れとなった」を発表しています。そこでカズンズは、原爆の登場が新しい歴史を画し、そこから人間観をも変える新しい不安が生まれてくるだろうとの見方を早くも示しました。[51]

それからも批判は執拗に続き、やむことはありませんでした。なぜ日本に事前の警告を行わなかったのか。降伏の意思を表明していた日本に降伏のチャンスを与えなかったのか。ソ連の機先を制したかったのか。なかでももっとも、根底的な批判を続けたのが前出のデイヴィッド・ローレンスで、後には、このような条件のもと、投下したのであれば、「合衆国は何をおいても原爆を非難し、それを使用したことについて日本に謝罪すべきだ」と主張し、「アメリカでは、なかでも連邦政府の上層部では理想主義は後退しつつあるのか？」と根源的な問いを投げかけました。

年があけても、批判はやみません。一九四六年に入ると、『ニューヨーカー』誌のコラムニストでもある批評家のルイス・マンフォードが、原爆以前に無差別都市空襲を続けてきたことを念頭に、いまやわれわれはナチスと同じような存在なのではないか、と著書で問いかけ[52]、三月になると、キリスト教会連邦協議会に属する二二名の著名な聖職者、教育者による委員会の報告書が、原爆投下には「倫理的に弁護の余地はない」、「我々は神の法においても、日本国民に対しても、取り返しのつかない罪を犯した」と、言明しました。

他方、六月には再びノーマン・カズンズが、世界連邦主義者で空軍長官を歴任したトーマス・K・フィンレーターと共同執筆で、先の「フランク報告」を取りあげ、そこでなされた科学者の提言——事前の公開実験、ソ連への事前通告——が採用されるべきではなかったかと、現実的な政策的問いかけを政府に対し、行いました。(53)

そして八月になると、『ニューヨーカー』誌が全誌一冊まるごとを使い、ジョン・ハーシーの衝撃的なリポート「ヒロシマ」を掲載します。そして、広島の破壊がはじめて米国の大衆の前に人間の観点から示され、国内に大々的な反響を呼びます。

一九四五年八月の原爆投下からの一年間、原爆投下は、その当事者たちだけでなく、その投下国の国民、知識人、宗教人にとって、その心の底に深く突き刺さった棘であり続けたのでした。

†コナントの策動——「原爆神話」の形成

これに深甚な危機感を募らせたのが、当時ハーバード大学総長の地位にあった、先にも出てきたジェームズ・コナントです。コナントは、第一次世界大戦時に毒ガスの開発で名をはせた化学者で、原爆開発計画でも、ヴァネバー・ブッシュとともにその初期から指導的役割を果たした科学官僚でした。彼は、かねて心酔していた神学者ラインホルド・ニーバーの原爆投下批判に、動揺し、これに反論する手紙を出しています。

「心にやましいところのあるものの極めて個人的な反応」だと受けとめてもらってもよいが、あなたの批判は、プロテスタント派を米国民の一般的立場から浮いたものにするのではないかと危ぶむ。これに対するニーバーからの答えは、こうでした。

私には、わが国が正しいことをしたのだとしても、「罪を否認する傾向があまりにも広く受け入れられすぎているように思え」ます。私が批判の報告書に名を連ねたのは、「歴史上では正しいとされるすべての人々にも、倫理的あいまいさがあると認めることが大事だと考えたからです(54)」。

こうした根強い懐疑と批判が一掃されなければ、今後、米国が原子力行政、原爆管理を国際社会のなかで推進していくことは困難になるだろう。こうした批判を「ただちにぴたりと抑える」には思い切った策が必要だが、それには、「世間の尊敬」を一身に集める、政治的に非の打ち所のない人物の説明が不可欠だ、そういう高潔な人物が、なぜ原爆投下が行われなければならなかったかを逐一、誰にも反論できない形で説明するしかない。

こう考え、コナントは、政府関係者、知人に呼びかけ、独自に政府に働きかけて作業チームを作り、四カ月間をかけ、これらを一掃する効果的な一撃を準備します。それが、大部数の雑誌『ハーパーズ』に一九四七年二月、引退したばかりの陸軍長官スティムソンの名で掲載される、「原爆使用の決断（“The Decision to Use the Bomb”）」と題された寄稿文でした。

この寄稿文は、日本が降伏の準備をしていたことを米国の首脳部が投下前には知っていたこと、ソ連の参戦の機先を制したいという意志が米国政府に存在したこと、戦略爆撃調査報告書が原爆投下、ソ連参戦がなくとも日本はほどなく降伏しただろうという判断を示していることなどには一切ふれません。ただ、当時米国首脳陣のもっていた情勢認識のもとで、予定されていた日本上陸作戦を回避し、「百万以上」もの米国の兵士の生命を救うために、原爆の使用という「熟慮のうえの計画的な破壊」が自分たちの選択肢のなかでは「もっとも嫌悪感の少ないもの」だったと、スティムソン自らが語るという体裁で、用意されました。

「百万以上」という数字に根拠はありませんでした。原爆使用の決定の当事者として、さまざまな文書的な裏付けをもってその理由を開示し、誠実に説明するという体裁の底で、反論を避けるための深謀遠慮から、これまでの批判に直接に言及することは周到に控えられていました。

この文章は、発表されると「ニューヨーク・タイムズ」のトップニュースとなり、米国の主要紙のほとんどに抜粋ないし再掲載されます。このコナントの打った賭けは、「控え目に言っても、並はずれた大成功」で、各紙、ラジオの論調には批判的なものはほとんど現れず、その後、先に述べたような批判が、水を打ったように影をひそめていきます。自国の原爆投下に関し、誰もがそうであってほしいと心の奥底で思っている定型を、この記事は、投下から一年半後に、提供したのでした。

こうして以後、「原爆神話」ともいわれる原爆投下に関するこの公式見解が、米国社会にゆきわたります。これは、「現在わかっているところでは」、コナントの仕掛けた、「当時アメリカでもっとも重要な地位にあった指導者たちの多くを巻き込」んだ、「ある特定の見方による原爆の歴史を広め」るための、米国政府「上層部の組織的な行動」にほかなりませんでした。(55)

執筆を担当したのは、この後、スティムソンの自伝を共同執筆することになる、後のケネディ、ジョンソン両政権での大統領補佐官として名高い、当時二〇代のマクジョージ・バンディで、それをスティムソンの補佐官だった軍部高官、歴史家などが支えました。マクジョージは、スティムソンの友人で補佐官でもあった人物の息子で、当時、ハーバード出の俊秀として知られていました。

なぜ、スティムソンは、このような策動に協力したのでしょうか。

こう問うて、アルペロビッツは、論文の準備がほぼ完成段階に入った一九四六年一二月、スティムソンが友人の最高裁判事フランクファーターに、「仕上がる直前になってもこれほどまでに疑念を感じるような論文には、ほとんど関わったことがなかった」、いまのままなら「これを出さずに」おきたいと述べたという悲痛な証言を紹介しています[56]。

このとき、スティムソンは七九歳でした。老齢のせいなのか、操られたのか、計算のうえの自己演出だったのか、それとも国家への忠誠心が彼を動かしたのか。アルペロビッツはこれらの仮説の間で結論を保留していますが、このような企てに意に反して加わることになったスティムソンは、晩節を汚したともいえます。しかし、本人としては、納得したうえでの関与だったかもしれません。

政治家が職業上の行為から受けとる「回心」などというものは、この程度のものなのだ、ということもできますし、しかし、四五年八月から四七年二月まで、あるいはトルーマンの東西冷戦開始宣言たるトルーマン・ドクトリンの発せられる三月まで、この一年半あまりは、原爆の投下が、その衝撃によって第二次世界大戦の戦争終結時にもたらした「覚醒」の火花（イスクラ）を散らせた時期だったのだ、彼らの回心に酷似した行動が、米国社会を揺るがせた一年半の「動揺」の広がりと深さを、象徴している、ということもできます。

それは、多くのできごとを生みだした、つかのまの希望の時間でした。

一九四六年一月、ロンドンで初の国連総会が開かれ、第一回決議として原子力委員会の設立を決め、これと並行してやはり国連安全保障理事会が初の決議として軍事参謀委員会に国連警察軍の創設に向けての検討を指示したとき、たしかに世界の人々は、ことによれば、世界警察軍的な実力をもった国際組織が生まれ、原子力委員会のもと、米ソが信頼関係を樹立し、原爆の国際管理が夢ではないかもしれないと思う一瞬をもつことができたのです。

これらはそれぞれ、一月二四日（総会決議）、二五日（安保理の指示）のことでした。憲法九条のもとになった戦争放棄について、マッカーサーがふれるのは翌月の三日のことですから、その間、一週間程度の開きがあるだけです。

このことは、マッカーサーもまた、——彼は原爆投下には全く関与していませんでしたが——このとき、原爆投下国の責任者の一人として、ここに述べた当事者たちと、わずかながらでも、投下後のひとときの「覚醒」を共有していた可能性を私たちに示唆しています。

スティムソンも、バーンズも、マッカーサーも、この後、変わります。彼らは、このとき、一過性の熱病にうかされていただけだ、ということもできます。そもそも、彼らの政策思想の淵源に位置するルーズヴェルト自身が、対ソ宥和策（信頼への希望）と無条件降伏政策（原爆投下へのうしろめたさ）という二つの相矛盾する志向に引き裂かれていました。彼は、戦後の平和構築をめざしましたが、それは米国主導のもので、米国の国益を損なわないものでなければなりませんでした。

その二律背反を反映して、そこには、「正当化」を押し立てようとする無条件降伏政策と、対ソ宥和の「友愛」の夢が共存していました。原爆は、ルーズヴェルトにおいても二つの顔をもっていました。その二重性が、彼の死後、原爆の投下をつうじて、無条件降伏の顔と憲法九条の顔をもって、やってきます。

Ⅲ　原爆を投下されること

1　無条件降伏と抵抗

†日本政府の抗議声明

原爆を投下されたほうはどうだったか。

原爆が投下されてすぐ、トルーマンの原爆投下声明より四日遅れて、日本政府は八月一〇日、スイス政府を通じて、国際社会にむけ、原爆投下に対する抗議の声明を発表しています。

その要点は、こうでした。この新型爆弾の投下先が、「軍事目標」ではなく「普通の一地方都市」であったこと、その威力が膨大で特定の目標をめがけるようなものでないと米国も先刻「承知」のはずであること、そのうえで、戦闘員、非戦闘員、老若男女を問わず無差別の破壊を行い、その程度は「未だ見ざる惨虐なるもの」に達していること。そして、これが戦時国際法違反にあたること。それらを、こう指摘していました。

抑々《そもそも》交戦者は害敵手段の選択につき無制限の権利を有するものに非ざること及び不必要の苦痛を与うべき兵器、投射物其他の物質を使用すべからざることは戦時国際法の根本原則にして、それぞれ陸戦の法規慣例に関する条約附属書、陸戦の法規慣例に関する規則第二十二条、及び第二十三条（ホ）号に明定せらるるところなり。

米国政府はこれまでこの種の「非人道的戦争方法の使用」は「文明社会の与論」で「不法」とされていることから、相手が使用しない限り、使用しないと声明してきた。しかし今回の爆弾は、そこに含意された「毒ガスその他の兵器」をはるかに凌駕している。米国はこれまでもすでに、「国際法及び人道の根本原則」を無視して、無差別都市空襲を広範囲に実施し、多数の非戦闘員、老若男女、一般民家、病院などを破壊してきた。

而《しか》していまや新奇にして、かつ従来のいかなる兵器、投射物にも比し得ざる無差別性惨虐性を有する本件爆弾を使用せるは人類文化に対する新たなる罪悪なり帝国政府はここに自からの名において、かつまた全人類及び文明の名において米国政府を糾弾すると共に即時かかる非人道的兵器の使用を放棄すべきことを厳重に要求す。

†ポツダム宣言は「無条件降伏」ではなかった

この抗議を発した五日後に、日本政府はポツダム宣言を受諾しています（そして後述の一九五五〜六三年の原爆裁判で戦後、この「抗議」を取り下げたと考えられます）。

しかし、米国政府は、戦後の国際社会での原爆による覇権の確立にむけ、この「抗議」をどう無力化すべきかを第一に考えなくてはなりませんでした。

そのために、米国が適用しようとしたのが、――私の仮説の通り――無条件降伏だったと想定してみましょう。そのばあい、彼らのめざしたことを、あくまで投下した側から考えてみるというのがここでの観点です。

すると、これに抵抗するということが、どういうことだったのかが、見えてくるように思います。

まず、ここからわかるのは、一九七〇年代後半に江藤淳の提起した先の無条件降伏をめぐる問題には、一定程度の根拠、存在理由があっただろうということです。

江藤は、戦争終結に続く占領開始の直後に、大きな政策の変更があり、ポツダム宣言受諾はほんらい、無条件降伏ではなかったのだという指摘を行いました。

ただ、彼は、その事実を、そもそも無条件降伏でないものを、日本人は、その後の占領軍の言論検閲政策により無条件降伏であるように思いこまされた、そこには米国による一種の精神的武装解除の企てがあった、と受けとり、それへの批判に力を傾注したのですが、その政策改変のポイントは、むしろ、そもそも無条件降伏ではなかった日本の対連合国ポツダム宣言受諾を、占領開始後、すぐに、米国が、対米国単独の、無条件降伏にすり替えた、ということにあったように思います。

米国は占領を開始すると、むしろ連合国から自分を切り離し、自国単独での日本囲い込みを図るようになる。その枠組みが、ポツダム宣言による有条件降伏に代わる、無条件降伏の適用の意味だったのです。

江藤は、そこで、こう述べました。

まず、ポツダム宣言について。この宣言は、全部で一三カ条からなっている。そこで「無条件降伏」と明記されているのは「全日本国軍隊」であって「日本国」ではない。また、宣言には、第五条に「我らの条件は、左の如し」とあり、以下第六条から第一三条まで「条件（terms)」が記されている。つまり、このことが語っているのは、この宣言の受諾がふつう私たちが理解している意味での「無条件降伏」ではない、ということではないのだろうか。[57]

その証拠に、米国の国務省が、当時、ポツダム宣言と米国の立場の比較検討を行った覚書文書に、「ポツダム宣言は降伏条件を提示した文書であり、受諾されれば国際法の一般規定によって解釈されるべき国際協定となるはずである」という見解を示している。[58]

また、敗戦直後の日本の新聞を読んでも、当時の外国のジャーナリズムでの表現を見ても、ほとんど誰もが、戦争が終わった当初は、およそ日本は有条件のもとにポツダム宣言を受諾して降伏したのであって、その基礎は「対等」であり、「やがて開始されるべき連合軍の占領」を、対等な関係に立った「保障占領（国際協定の実行を保障する担保としての占領――引用者）と考えていた」。そのことは、「ほとんど議論の余地がない」。[59]

しかし、これが占領開始数週間のうちに、激変する、と江藤は指摘します。

†いつ「無条件降伏」に変わったのか――トルーマン大統領指令

では、いつポツダム条件の受諾が、「無条件降伏」に変わるのか。

当初、日本に赴任した直後のマッカーサーは、自分の権限の基礎をポツダム宣言においていました。彼の地位は連合国軍最高司令官であり、その基礎は連合国の対日占領権限にあると理解されたからです。

ですから、八月三〇日、厚木に赴任したときの彼の日本降伏の理解は、「無条件降伏」ではありません。その証拠に、九月二日の戦艦ミズーリでのポツダム宣言受諾の翌日、九月三日に重光葵外相と会談したとき、彼は、ポツダム宣言の線に沿った、日本の間接統治方式に合意しています。つまり、基本的に日本との関係を、対等を基礎とするものと理解して、折衝に応じているのです。

しかし、江藤によれば、マッカーサー・重光会談の前日、九月二日、降伏文書調印の日に、米本国で、国務長官のバーンズが、日本の占領については「物的武装解除」だけでなく「精神的武装解除」も一層重要になるという内容の声明を、異例にも発表しています。先の話に重ねていえば、発表しているのは、原爆を「これ見よがしに尻ポケットに入れ」て強腰外交をしにロンドンに行く一週間前のバーンズです。

そして四日後の九月六日には、着任一週間後のマッカーサーに、その趣旨にそって無条件降伏政策への転換を指示するトルーマン名の大統領指令が、届いています。つまり、ここで無条件降伏のメカニズムが、具体的にトルーマン・バーンズのかねての意向どおりに作動をはじめるのです。このときの両者は、むろんのことに、なぜルーズヴェルトがかねてから周到に無条件降伏を必須としていたか、その原爆投下とのかねあいの意味を、十分、遅まきながら、理解しています。理解していたはずです。

この大統領指令には、ポツダム宣言を否定する内容、つまり、「われわれと日本との関係は、契約的基礎の上に立つものではなく、無条件降伏を基礎とするものである」旨が、記されていました。[60]

この指令は、その後、二〇日間近く秘された後、九月二四日になって公表され、二六日、日本の新聞にも現れます。そしてその間に、GHQの占領政策は、劇的に、ポツダム宣言の「契約的基礎の上に立つ」あり方から、「無条件降伏を基礎とする」あり方に、変わります。

大統領指令の全文は、こうでした。

一、天皇および日本政府の権限はマックアーサー元帥の支配下におかれる。聯合国と日本との関係は契約的基礎の上にあるのではなく日本は聯合国に対して無条件降伏を行ったのである。マックアーサー元帥の権威は日本に対して至上のものであるからマックアーサー元帥の権威の範囲に対する日本人の質問を許してはならない。

二、日本の管理はマックアーサー元帥が速やかにその意図を実行し必要とあらば武力を行使する権利を傷つけずに良好なる結果を生ずる場合にのみ日本政府によって行われるであろう。

三、対日戦後処理問題に関するポツダム宣言は契約上の要求にもとづいてなされたものではなく「日本および極東の平和ならびに安全に対して誠意ある政策を実施せんとする」意図の下に発せられたものである。[61]（傍点引用者）

トルーマンと、このとき彼を後見役としてささえているバーンズが、日本の占領に関し、七月二六日のポツダム宣言発出の時点とは、明らかに違った認識の上に立っていることが、ここからわかるはずです。ほんとうは、マッカーサーは、トルーマンに服属しているのではなく、トルーマンもそのメンバーの一人である連合国軍の代表組織（これが、この後生まれる極東委員会です。このときはまだありませんでした）に服属しているのであり、トルーマンとはその意味で、対等とまではいわなくとも、独立の関係なのですが、米国は、この移行期に乗じて連合国の同盟諸国に隠して、日本を自分だけの保護国にしようとしていたことになります。

その手段が、国際社会向けの表向きの顔は有条件降伏で、その実、占領の内向きの顔は無条件降伏という、いわば公然の秘密ともいうべき、米国の政策改変だったのです。これによって、日本はポツダム宣言受諾からほぼ一カ月後、ルーズヴェルトのめざした「無条件降伏」仕様の占領政策のもとに、おかれることになります。

要点は、二つあるでしょう。

一つに、ポツダム宣言は、日本と、連合国のあいだのやりとりであって、日本は連合国に降伏したのでしたが、ここでは「天皇および日本政府の権限」は、連合国の一機関としての最高司令官総司令部ならぬ、米国の大統領の下位に位置する「マックアーサー元帥」の支配下におかれる。この指令は、日本の敗戦が、日本と連合国ではなく、日本と米国の一対一関係に入ることを、意味していました。

二つに、通達は、これを補足して、そもそもポツダム宣言が「契約」を行うためではなく「政策実施」のために発せられた便宜的なものであったと述べ、その政策の主眼が、当初から「契約的基礎の上にあるのではなく」「無条件降伏」を基礎としていることを主張するものでした。ポツダム宣言の解釈権は、戦勝国、このばあい、自分たち、米国にあるというのです。

要は、今後は、ポツダム宣言の「契約的」な基礎は顧慮せず、対等な関係を否定することからもさらに一歩踏み出し、「権威の範囲に対する日本人の質問」すら認めない問答無用の関係、「無条件降伏」関係を打ち立てよ、ということが指令の眼目でした。

これこそ、ルーズヴェルトが南北戦争の寓話などで示した、原爆を投下された側からの批判、非難をすべてシャットアウトする枠組みを、占領の基礎とするという意思の具体化だったのです。

†言論統制政策の開始――なぜ「朝日新聞」は発行停止となったか

同じく江藤によれば、この指令が伏せられた二〇日間のうちに、GHQは、マッカーサーの指示のもと、日本のメディアと政府の切り離し、占領軍のメディアへの直接介入を含む、言論統制政策を開始します。すなわち、九月一〇日、日本政府、報道機関に対し、GHQより「新聞報道取締指針」が「示唆」され、報道機関と日本政府のつながりを断つ通達が行われると、一四日には同盟通信社に業務停止を命じ、今後、GHQ担当官が海外ニュースの配信を事前に検閲する体制を敷きます（一五日）。米国の宗教界、知識層を中心に政府に対し原爆投下への批判の声があがっているなどのニュースは、このときまだ入ってきていません。この後は、そうしたニュースが、確実に入ってこないことになります。

そして、一八日、日本の代表的新聞である「朝日新聞」が四八時間の発行停止処分をうけ（一八日～二〇日）、一九日には、英字新聞「ニッポン・タイムズ」（現「Japan Times」）が二四時間の発行停止の処分を受け、二一日、「朝日新聞」が発行停止を解かれ、再刊行されたときには、もう以前の紙面とは違うものとなっていて、日本のメディアは、以後、完全に占領軍に同調、迎合、あるいは屈伏したものになるのです。

「朝日新聞」はこのとき、なぜ発行停止となったのでしょうか。

きっかけは、端的に原爆でした。

九月一八日の「朝日新聞」の発行停止命令は、占領軍兵士の非行記事をしばしば掲載したことと並び、米国の原爆投下にふれた有力政治家、鳩山一郎の談話を掲載したことが理由だったからです。

兵士の非行記事というのは、占領軍兵士が進駐してきた東京でかなり頻繁に起こしていた強奪等の事件報道のことです。九月中旬にはそれが、「拳銃で脅迫、現金強奪　街や劇場に米兵の非行」（一二日）、「都電を襲い身体検査　乗客から時計、萬年筆を強奪」（一三日）、「殖える米兵の不法行為」（一五日）とほぼ連日、といったぐあいに同紙の紙面を飾っていました。当時、「朝日新聞」はまだ果敢に占領軍に遠慮せず、報道していました。

一方、鳩山一郎談話は、新党立ち上げを準備中の有力政治家へのインタビュー企画のなかで、鳩山が述べた、九月一五日掲載の次のような趣旨の発言でした。

〝正義は力なり〟を標榜する米国である以上、原子爆弾の使用や無辜《むこ》の国民殺傷が病院船攻撃や毒ガス使用以上の国際法違反、戦争犯罪であることを否《いな》むことは出来ぬであらう。極力米人をして罹災地の惨状を視察せしめ、彼ら自身彼らの行為に対する報償の念と復興の責任とを自覚せしむること（中略）に努力の基礎を置き、あくまで彼をして日本の復興に積極的協力を行はしむるごとく力を致さねばならぬ。[62]

鳩山は、米国による「原子爆弾の使用」と「無辜の国民殺傷」つまり国内二〇〇に及ぶ都市無差別爆撃が「病院船攻撃や毒ガス使用以上の国際法違反、戦争犯罪」であると、述べています。

先に引いた八月一〇日の日本政府（旧大日本帝国政府）の対米非難声明とまったく同じ論理になっていることが、ここで注意されなくてはなりません。

さらに、この発言に続き、翌日、同紙の一面巻頭に、AP通信による東久邇《ひがしくに》首相への質問書回答が掲載されますが、そこにも、

米国民よ、どうか真珠湾を忘れて下さらないか。われわれ日本人も原子爆弾による惨害を忘れよう。

なる原爆をめぐる言葉がありました。真珠湾では日本が米国に不法を働いたが、原爆投下では日本も米国に同等の不法を働かれた、というのです。

これらの英訳に接した米本国の担当者は、とうとう来るべきものが来た、と緊張したことでしょう。この写しがバーンズ、トルーマンへと伝えられたことはほとんど疑いを容れません。

一八日、バーンズのもとでの新次官ディーン・アチソンから東久邇発言への反論があったことが「朝日新聞」に掲載されていますが[63]、それでたまらず、ということだったのでしょう、この日、GHQによる初の直接介入が生じたのでした。

†「転向」の戦後的定型

ところで、この発行停止――「無条件降伏」政策の導入――に対する「朝日新聞」の対応には、その後の日本社会、日本国民の対応の定型を先取りする、戦後型思想転換の雛形ともいうべきものが示されていました。

こういうことです。

ほぼ一カ月前、敗戦一週間目のこの新聞の八月二三日社説は、「自らを罪するの弁」と題し、やがて連合国から課せられる「苛烈な制約」のもとで、どうこれに抗して「同胞の意志」と「利益を如何に代表すべきか」、それが「言論界に課せられた新なる重大任務」であろう、と述べていました。

この先の苦境を、「同胞の意志と利益」を代弁すべくしっかりと抵抗していくことがメディアの使命だ、というのです。

その意志の現れが、たとえば、九月六日の記事中の「戦いはすんだ。（中略）国民は敗戦というきびしい現実を直視しよう。（中略）しかし正当に主張すべきはおめず、臆せず堂々と主張しよう。単なる卑屈は民族の力を去勢する」という表明ともなっていたのでしょう（「終戦議会録音　堂々の施政演説」）。

そしてこの姿勢が、マッカーサー厚木上陸後も、持続し、先の占領軍将兵の非行を取りあげた記事、鳩山一郎談話の掲載という果敢な姿勢へとつながっていたのでした。

またこの間、こちらはより国民の関心を反映してでしょうが、広島、長崎の原爆にふれた記事も、調査チームの広島派遣、日本による「原子爆弾委員会」の結成の記事など、連日のように出ていました。「原子爆弾炸裂の直後」なる遠望の写真も、掲載されていたのです（九月一六日）。

ところが、GHQの直接介入により、発行停止処分に遭うと、九月二一日、発効停止あけの社説は、やや微温的な論調に変化します。主題は「重臣責任論」で、「不誠意、不熱心、怯懦なるの余り」、対中国外交で大きな誤りをおかした近衛文麿元首相・現副総理が、さほど責任を痛感していないらしく見えることはおかしいと、名指しをさけつつも、糾弾したのですが、これは、意味ある論調ではあったものの、すでに近衛に不信の念をもつようになっていたGHQの意向とぶつかり、その忌避にふれる内容ではありませんでしたから、もはや勇気を必要とする指弾ではありませんでした。つまり、GHQの意向に、迎合とはいわないまでも、並行した論が現れたのでした。

そして翌二二日の社説「戦争の責任果して如何」になると、「軍閥を援助し、これと協力して私利を追求したる者などの罪過も、ともに国民の名において糾弾しなければならない」と、一歩、軍国主義糾弾の論調に踏み出します。

そしてそこに、一種、興味深い表現、というかこの後私たちにおなじみになる一つの考え方の型が現れるのです。

社説は、

> 日本は、聯合国に対し、軍国主義の絶滅と政治の民主主義化を誓約した。爾来《じらい》一箇月、日本は果して如何なる政治上の転換を遂げたであろうか。端的にいって、現在の政治態勢と、終戦前の政治態勢との間に、如何なる相違が発見されるであろうか。聯

合国輿論《よろん》の対日批判はすべてこの一点で完全に一致しており、我等省みて忸怩《じくじ》たるものがあるはずである。

とはじまります。日本は敗戦から一ヵ月、まだ十分には「政治上の転換」を遂げていないのではないか、というのです。

そこに、やがて、こういう自問が出てきます。曰く、

しかし、一体日本の政治的転換は、聯合国に対する誓約の手前必要とされるのか、それとも、日本自身のため、その新発足、その再建のため必要とされるのか。

答は簡単明瞭である。それは日本自体の要求だと、万人が異口同音に叫ぶであろう。もしこの叫びが、我等の心奥から発する真実の声であるならば、外国輿論の批判に左《さ》顧右眄《こうべん》し、聯合国司令部の鼻息を窺う前に、自らを恃《たの》んで、大胆、真剣、懸命に、転換への第一歩を踏切るべきではないか。

そして、社説は、この後、

すべて転換、新しい出発、新しい建設には、既往に対する峻烈な批判を必要とする。厳正な自己批判、これこそ転換への真実の踏切りたらねばならない。

と続くのです。

この社説が、示唆的なのは、これが必ずしもGHQへの迎合ではないままに、GHQへの抵抗でもないものに変わっている点です。

つまり、「朝日」の社説は、ここで、自分の考えを述べようとすると、GHQの意向とぶつかるかたちから、自分の考えを述べることが、GHQの意向とぶつからず、結果的に、GHQの意向をも代弁するものとなるというかたちへと、移行しているのです。

そもそも「朝日」は、なぜ発行停止になったか。それは、同紙に抵抗の姿勢があったからでした。

それはむろん、偶然ではありません。その姿勢は、先にあげた前史をもっていました。つまり、「同胞」の「利益」のため「正当に主張すべきはおめず、臆せず堂々と主張しよう」という姿勢が、「厳正な自己批判」でわれわれ自身が「転換」へと踏み出さなければならない、という主張に、変わったのでした。

それは、なぜわれわれは変わらなければならないか、と問うています。変われ、と外からいわれたから変わるのか、そうではなく自分の「内奥」の理由から、変わるのか、と。そして、これに、われわれは、たしかに外から「変われ」といわれたから変わるのだが、その理由はそれだけではない、むしろわれわれ自身の理由、「我々の心奥から発する」理由から、内発的に「変わる」のだ——つまりわれわれの「政治上の転換」は、二つの理由の重合からなる——、と答えていたのです。

つまり、連合国に「誓約」したからでもあるが、それだけではなく、「日本自身のため、その新発足、その再建のため」、「変わる」のだと。外からの力によるだけではない、「内奥」からの力によるものでもある。そう、答えていました。

この外からの促しと内からの発心の二つの動きが、先駆的かつ先取り的だというのは——このときはまだ未分のままですが——、この両者が、この後、次のような重合に育つからです。

われわれは、戦争に敗れ、たしかに連合国の市民原則、自由、民主主義の理念に教えられた。「教示され・説得された」。でもそれは「外から」働きかけられての「転換」だけではなかった。つまり、われわれは「敗戦」を通じて、じつははじめて戦争を経験したのだといってよい。いかに戦争が悲惨か、また、国家が国民をないがしろにすると、いかに重大な国家による国民の裏切り、背信が起こりうるかを、骨の髄から知った。そういう国民的な共通体験＝戦争体験が、同時に「内奥」からわれわれを変えたのである、と。

こうした戦後の日本の社会と日本人の「転向」の原型のかたちを、この敗戦後一カ月と少しで書かれた「転換」後の「朝日新聞」の社説は、期せずして、予告的に示していたのでした。

†「抵抗の放棄」を意識せずにすむわけ

しかし、その結果、この「転換」は、ある隠蔽を、その内部にはらむものとなります。いま自分たちを覆おうとしているものが、ルーズヴェルト出自の無条件降伏政策の実行のかたちなのだとしたら、それへの抵抗とはどのようなものであるべきか、どのようなものでありうるか、という問いが、この重合によって見えなくなっているのです。

つまり、一カ月ほど前には、「正当に主張すべきはおめず、臆せず堂々と主張しよう」といい、「苛烈な制約」のもとで、どう「同胞の意志」と「利益を如何に代表すべきか」が「言論界に課せられた新なる重大任務」だと述べていたのですから、ここで「朝日」は、あきらかに敗れているでしょう。その抵抗の姿勢が腰砕けになっています。抵抗の放棄、敗北があるのです。

では、それはどのような「敗北」なのか。

「朝日」の前日の紙面には、「社告」として「マックアーサー最高司令官の命令により、一八日午後四時より二十日午後四時まで新聞発行の停止」の処分を受けたという旨の断りが掲載されていました。そしてそれは、「本月一五、一六、一七日付掲載記事中マックアーサー司令部指示の新聞記事取締方針第一項『真実に反し又は公安を害すべき事項を掲載せざること』に違反したもの」があったための処分であるとも、述べていました。

また、この事件については、すでに一九日付の「読売報知」が、これは、朝日の記事が「公安を攪乱し聯合国に破壊的批判を加え乃至《ないし》虚偽の陳述を含む事項」の発表の禁止に違反したための処分であり、その記事の一つは、鳩山談話であったということを、報道していました。

ここにいうGHQの新聞記事取締方針とは、先の大統領指令による方針変更の結果、GHQが九月一〇日に施行を発表したプレスコードの前身です。しかし、発行停止の基礎となる法的根拠として、第一項の「真実に反し又は公安を害すべき事項」は、異なる二つを一緒くたにした、巧妙な遁辞《とんじ》でした。「真実に反する事項」の掲載禁止は正当ですが、「公安を害すべき事項」の掲載禁止は、もしこれが真実の報道とぶつかるばあいには、別に検討を要する事項となるからです。二つはまったく異なることで、ここからは、もし真実を述べることが国民の利益になるがGHQの利益に反するばあいは、どうするか、という対立がありうることが、巧妙に隠されていました。

一九日付のプレスコードに準拠すると思われる「読売報知」がいう「公安を攪乱し聯合国に破壊的批判を加え乃至虚偽の陳述を含む事項」も同様です。「公安の攪乱」と「聯合国への破壊的批判」と「虚偽」とはそれぞれ、大違いで、三つ一緒くたに禁止事項とされるべき事柄ではありませんでした。

そのような杜撰《ずさん》で狡猾な理由づけによる発行停止命令に対し、「朝日」は、国民への警戒を呼びかけるためにも占領軍兵士の不法行為についての報道は必要であること、また、原爆投下の問題についての言及も、戦後の国際社会の民主的な通念に合致する政治家の信念の表白であって、これを米国は「聯合国への破壊的批判」と見るべきではないことを、それぞれ、「おめず、臆せず堂々と主張」すべきでした。

それが、「苛烈な制約」のもとで、「同胞の意志」と「利益」を守ろうとすることだったからです。

ですから、これをやりすごし、私たちは「変えられた」のではあるけれども、それ以上に自ら内発的に「変わった」のであると主張することは、この抵抗の腰砕けにいわば内的な迷彩色をほどこすことを、意味していたのです。

なぜなら、彼らは、ここで、GHQに迎合し、心にもないことをいっているわけではなく、「変わろう」の声は、「軍国主義の絶滅と政治の民主主義化」を待望する自らの「内奥から発する真実の声」でもありました。と同時に、この主張は、ほんとうはGHQの発行停止に抗議すべきところ、その代わりに、その場所におかれた、より深い「真実」を隠す、より浅い「真実の声」だったからです。

その結果、この主張の型は、日本のメディアが、自らの無条件降伏政策への抵抗の放棄、迎合の事実を、意識せずに通り抜ける万能のバイパス路を、用意するものとなりました。そしてそれはそのまま、日本の国民がこのあと自分に用意する「転換」の回路に、一つの手本をさしだすものでもあったのです。

†米国は日本を「思想改造」したか？

このような現れのもとに日本に降り着いた「無条件降伏」は、やってきて、戦後の日本に、何をもたらしたのでしょうか。

江藤は、これを、米国による戦後日本の「思想改造」の企てと見ています。

彼によれば、このとき、GHQの政策変更の重大さに気づき、ひとり「対抗措置」をとる必要を説いて「内閣総辞職」を東久邇首相に進言したのが、九月三日にマッカーサーと会談し、ポツダム宣言に則った間接占領形式の採用で合意を見ていた外相の重光葵です。

重光は、戦時下、大東亜宣言を発出する必要を説き、前日、誰もが尻込みするなか、戦艦ミズーリの艦上でポツダム宣言受諾に日本政府全権として署名することを引き受けた、有能かつ気骨ある政治家でした。

重光の考えでは、ここで日本政府が踏ん張らなければ、日本は、ポツダム宣言のなし崩し的な無条件降伏への解釈拡大を受け入れたことになります。宣言受諾後、「対抗」するための唯一の法的な後ろ盾がポツダム宣言にしかない現在、それは保護国化を認めることを意味するでしょう。そう考え、彼は、「内閣総辞職」による「対抗」を主張するのですが、容れられず、九月一七日に更迭されます（後任としてその後を襲《おそ》うのが吉田茂です）。重光はその後、A級戦犯に問われて巣鴨プリズンに収監されますが、江藤はその彼にふれ、この言論統制政策の開始について、こう述べるのです。

まことに、重光前外相がのちに巣鴨の獄中で記した通り、「米国の態度は、米国の利益及び大方針より割り出された冷静なる計算から出た」もので、なんら「他愛的な行動」ではなかった。こうして日本人のセルフ・イメージを破壊し、国民相互のあいだの不信感を増大させ、あたう限り国内分裂を拡大しようとする占領軍の組織的な計画は、着々と整えられて行った。[64]

しかし、むろんこの占領軍の政策転換は、江藤の述べるような児戯めいた意図に立つものではありません。当然、重光のいうごとく「米国の利益及び大方針より割り出された冷静なる計算から出た」自国本位のものではありましたが、「日本人のセルフ・イメージを破壊し、国民相互のあいだの不信感を増大させ、あたう限り国内分裂を拡大しようとする」「組織的な計画」などではなかったからです。

主眼は、そのような個別的なことにはなかったのです。

米国は、このとき、直接的・個別的にいえば、原爆投下に対する道義的、法的、政治的な批判が、投下された当事国から現れ、それが国際社会に発信され、原爆をオールマイティの切り札として戦後秩序での完全な優位を確立しようとする自国の世界戦略に不利な影響を及ぼすことを警戒していました。占領開始直後に、広島、長崎を含む「南日本」地域への海外ジャーナリストの立ち入りを、厳しく禁止し、この地帯を一種のブラックボックスとしたのも、そのためです。

そしてその警戒は、もっと大きくいえば、これまで述べてきた第二次世界大戦の「世界戦争」としての中途半端さ——連合国vs枢軸国、善悪二元論的構図の数々のほころび——を、戦後、新たに隠蔽し、修復し、国際社会と国内社会の双方に対し、米国の道義的優位性を瑕疵のないかたちで示す、切迫した必要に支えられていました。

バーンズがなぜ日本の物質的武装解除だけでは足りない、精神的武装解除も必要だといったのか。日本から、米国の民主原則、自由と正義の信奉について、批判が出てきうることを知っていたから、もっとはっきりいえば原子爆弾の投下に後ろめたさを抱えていたからにほかなりません。ですから、そんなクレームが出てこないよう、精神的武器も、使い物にならないくらい、叩きのめせ、といっているのです。

江藤は、この思想改造の「組織的な計画」に向け、占領軍=米国は、東京国際裁判を準備し、日本軍の旧悪などを暴く放送番組「真相箱」の企画など対日宣伝工作を展開し、巧妙な検閲制度を敷いたというのですが、彼らは、それほど「日本改造」に熱心だったわけではありません。それほど他国いじめに執心する理由を米国はもっていないのです。その目的は、国際社会と、米国内と、占領地日本での、米国の理念的・道義的権威を保持し、その戦時下の劣化行為を「正当化」し、「修復」することを、基本としていただけです。それが、戦後の国際秩序構築を米国主導、米国優位のもとに進めるうえで、どうしても必要でした。そしてこれらの動機の底に、つねに原爆投下への配慮がありました。

私の考えでは、ルーズヴェルトのめざした無条件降伏政策は、一九四五年七月二六日のポツダム宣言発出時にというより、この九月六日の大統領指令と九月中旬のその実行のうちに、完成を見ています。その本質は、他との「契約的基礎」に立つ関係の拒否ということにとどまりません。

さらに一歩を進めて、たとえどのように日本から原爆投下に対する批判が出てきても、それが国際社会にはほとんど有効性をもたず、米国の威信を揺るがさないようにすること、つまり、日本国民を国際秩序の価値観のメンバーから排除すること、いわば、日本を一種の一時的な禁治産国とし、彼らから国際社会における倫理的なメンバーシップを一時的に奪うことが、ルーズヴェルトの念頭にある無条件降伏の最終的な狙い、本質でした。

†国益に立つ対抗の無力

ですから、私の考えでは、江藤のやり方では、どんなに頑張っても、無条件降伏に「抵抗」することなど、できない道理なのです。

江藤の占領政策、無条件降伏政策（への転換）への対抗の仕方は、重光のそれと同じ範疇《ちゅう》《はん》のものでした。つまり、ポツダム宣言の「契約的基礎」に立って、そこからの米国の逸脱は、おかしいではないか、違法ではないか、と批判、抗議、対抗することでした。

この重光の「対抗」の企ては、それ自体として貴重な、気骨のある行為で、道義的には十分評価できます。たとえば近年のものでも、孫崎享『戦後史の正体』は、この重光の対米的な凜《りん》とした「対抗」の姿勢を賞賛する立場を示しています。しかし、それでは、政治的にも理念的にも、その先に敗戦国日本の将来を展望できない。

これでは、先がない、それは、そういう後ろむきの抵抗でした。

というのも、この「日本の国益を堂々と主張する」(65)（孫崎享）抵抗は、それだけなら、GHQからの「米国の国益を堂々と主張する」対応を呼び出すだけだからです。そこに生じる国益と国益の対抗では、もはや世界戦争以後の問題は、解決できないのです。

日本も堂々と国益を主張し、米国も堂々と国益を主張し、それがぶつかったらどうなるか。戦争しかない。その戦争に負けて、いま、日本が敗戦国としてあり、米国が戦勝国としてある。そこで、戦勝国の米国が、その「力」で、日本の抵抗を圧伏し、かつ戦勝国がもつ「解釈権」にしたがったポツダム宣言解釈によって、名目的にも法的にも、「適法的」に日本を抑えこむことになるのは、火を見るよりも明らかでした。

つまり、米国も同じく自らの国益に立って対応してくれれば、敗戦国は敗戦という「力」の現実の前に引き下がらなければならない限界をもっています。ポツダム宣言を盾に、契約的基礎の毀損であると「抗議」はできるものの、大統領指令の第三項にあるように、ポツダム宣言の解釈権は戦勝国にあると、強引に応じられれば、そこで抗議の命運はつき、あとには、「臥薪嘗胆」が残るだけなのです。

国益に立つ対抗は、むしろ彼らの思うつぼです。

それだけではありません。

国益に立ってＧＨＱのポツダム宣言違反の政策に抗議することは、それだけなら、敗戦国日本の政策と国益を無前提に「肯定」することを意味してしまいます。江藤のばあいがよい例です。もし重光の祈念が江藤とは違う道に抜け出る可能性があるとすれば、それは、そこに敗戦国の戦後の「ねじれ」の自覚が加わるばあいだけだったのではないか。そう思われるのです。

それは、重光がＧＨＱへの抵抗を通じて、戦前への反省と自分の力不足の自覚へと覚醒されていく道でもあったでしょう。

戦前の政府に身を寄せて、ＧＨＱの無条件降伏政策を批判する。それはよい。しかし、それだけでは足りない。それでは、私たち戦後の日本人の、ＧＨＱの政策に対する批判——返す刀で戦前日本の政策、あり方に対する批判ともなるような二重の意味をもったありうべき批判——は、どこにもない、ということになってしまいます。

†ありうべき抗い——無条件降伏を無抵抗に受け入れることの意味

では、ここにいうありうべき批判、ありうべき無条件降伏に対する抵抗とは、どのようなものでしょうか。

それは、この政策がめざす、私たちを同じ価値観のコミュニティ（国際社会のことばの世界）から排除し、そのメンバーシップを奪おうという目的に、抵抗することにほかなりません。民主原則と正義と自由という国際秩序を基礎づける価値観に立ち、そこからこの無条件降伏政策、言論統制をはじめとする占領政策、また国際軍事裁判などへの批判、原爆投下への批判を行い、抵抗するという道が、唯一、私たちに可能で、また、私たちを国際社会から囲い込もうというこの方策の基本姿勢に抵抗するうえで有効な方法なのです。

江藤の問題は、戦前と戦後の日本の連続性に立って、いわば戦前日本の立場からのみ、戦後の米国に「対抗」しようとしていることです。孫崎の観点にも「日本の国益」からのみ、このときの「対抗」を回顧している点で若干、同様の弱点があるように思います。しかし、戦前日本の立場と価値観は、敗戦により、戦後の国際社会によって否定されたのですから、その日本の「対抗」は、「国益」に立つだけでは、米国の不当な占領政策に対する「抗議」としては、日本以外に、通用する根拠をもっていません。国際社会では誰ひとり、これに「耳を傾ける」理由をもてないのです。

「抗議」が成り立つためには、普遍的な――米国と同じ、というよりまず国際社会と同じ――土俵に立たなければならない、同じ「ことば」をもたなければならないのです。

ここに、前著『敗戦後論』にとりあげた「ねじれ」の問題が顔を出しています。私たちは、戦前と戦後のつながりを一度断つ必要がある。私たち敗戦国の人間のばあいは、フィリピン、インドとは異なって戦前を否定することなくしては、戦後の価値観に立てないからです。そして、そのうえで、私たちの考えを自分の意向に沿って「変えよう」とするものには、抗うのですが、何を足場にして抗うかといえば、その相手のもたらした価値観を、自分たちが受けとり、育てたうえで、そうしなければならない。私たちの行路は、「ねじれ」をもつのです。

無条件降伏は、あなた方が信奉する民主原則に照らして、非民主的な政策で、よくないのではないか。原爆使用は、あなた方が信奉する戦時国際法に照らして、違法なのではないか。そして、そう「おめず、臆せず堂々と主張する」こと、そのように抵抗することだけが、ここにいう「あなた方」を――あなた方とわれわれをともに含む――新しい「われわれ」に変える唯一の仕方だったのです。

「朝日」の九月二二日の社説でいえば、こうなるでしょう。

彼らは、GHQに抵抗すべきでした。けれどもそれは、八月二三日の社説の場所からではなく――それだと江藤と同じになります――、自分自身が「変わり・変えられた」九月二二日の社説の場所に足場を移し、なお、その転向した者の位置から、「軍国主義の絶滅と政治の民主主義化を誓約した」者として、米国の「発行停止」に対し、それは民主原則にもとると、米国にその不当性を「堂々と主張」すべきだったのです。

むろん、その抵抗もまた、押し潰されるかもしれません。しかし、それは、「あなた方」を「われわれ」に変え、民主原則に関し、「われわれ」と「彼ら」の位置を逆転させます。欠けていたのは、この一撃、ここでの踏みとどまりでした。

むろん、これは「朝日」だけのことではありません。「朝日」は抵抗をしたので、その腰砕けがはっきりしただけのことで、これは日本の他のメディア、日本の政府、社会、そして国民一般についても同じくいえることだったからです。

その後、戦後の私たちは、自らの「転換」の重合性の意識——私たちは「変えられた」のではない、「変わった」のだ——のうちに、その「抵抗」の足場を見失うというかたちで、無条件降伏により深く、影響を及ぼされるのですが、それが、無条件降伏を無抵抗に受け入れるということの、私たちにとっての意味だったと思います。

そのため、気がついてみれば、私たちは、どのように戦争の死者たちと向かいあえばよいのか、わからないようになっていました。

また、このあとGHQから憲法草案を示され、なるほど、これはすばらしい憲法だと思いながらも、どこか落ち着かない思いを抱かずにはいられなくなっていました。

この抵抗の欠如こそ、『敗戦後論』に述べた、「ねじれ」が「ねじれ」として露頭しないことの淵源にあるものだったのです。

2　沈黙とことば

†なぜ原爆投下への批判がないのか

占領の期間、原爆は不思議に見えないものであり続けました。

占領軍の検閲について調査した江藤淳がワシントンで発見した具体的な作業用の検閲指針「削除または掲載発行禁止の対象になるもの」三〇項目中にも、「原爆」という言葉は出てきません。しかし、むろん、「合衆国への批判」「連合国の戦前の政策に対する批判」と同列に「原爆投下への批判」が出てこないからといって、それがGHQによって許容されていたわけでないことは、先の鳩山一郎が、おそらくはその原爆投下批判発言を主な理由の一つとして、四六年五月の首相指名直前に、GHQより公職追放の指令を受け、一時政界引退に追い込まれたことからも、明らかでした。

表向き、鳩山の公職追放は、戦前のヒトラー賛美その他の言動が外国人記者に追及されたことがきっかけとされましたが、戦前の大日本帝国の原爆投下批判を戦後、くり返した政治家が、翌年、首相の座につくことを、占領軍が座視したとは、とても思われないのです。

国内の新聞からも、新聞報道取締方針とGHQの直接介入後、原爆の記事はほぼ見あたらなくなります。

しかし、それは、江藤やたとえば近年であれば櫻井よしこなどが述べるように、「日本人のセルフ・イメージを破壊し、国民相互のあいだの不信感を増大させ、あたう限り国内分裂を拡大しようとする」「組織的な計画」、宣伝工作のためだけだなどとは、とてもいえません。

新聞報道がなくなったのは、新聞報道取締方針とそれに続く日本出版法(「日本に与うる新聞遵則」)によるものですが、その手前で、原爆そのもののうちに、日本国民の「憤怒」と「批判」の根源を無力化する、ある圧倒的な「力」の発現があった、と考えるのが、適当なように思えます。あるいは、戦争開始以来四年、中国侵略の戦争から数えれば一五年ものあいだ、戦争を続け、最後には極端な程度にまでいたった疲弊と窮乏が、原爆を、このようなものとして受けとめさせたというべきかもしれません。

一九四六年六月に発表された米国戦力爆撃調査団の報告書を見れば、一九四五年一〇月から一二月までに全国で行われた調査で、「原爆投下に対し米国に憎悪を感じる」かという問いに対し、「感じる」と答えた回答は、広島・長崎で一九パーセント、日本全体でも一二パーセントにすぎません。米国主導の調査に、しっかりと答えなかったということも考えられますが、これは、それだけでは説明できない低さです[66]。

この後、現れているのは、一つには、太田洋子、栗原貞子、原民喜などといった文学者たちの被爆体験を描く作品です。また、長崎の医学者永井隆の残した被曝の記録などです。しかし、たとえば、一九四八年に刊行された太田の『屍の街』は検閲を考慮した自主削除版(五〇年に無削除版を刊行)で、その内容も、被爆の悲惨なありようを描き、何が起こったかを示すものではあっても、投下国米国への批判を口にするというものではありません。なかですぐれた文学的達成の一つは、四七年の『夏の花』を含む原の作品ですが、これも、声高に投下者を批判するといったていのものではありません。一方、永井の四九年の『長崎の鐘』になると、原爆投下を「神の御摂理」とみなし、「原子力の平和利用」に希望を託す姿勢を示すものでした。

なぜ、原爆投下への批判がないのか。

その少なさに光をあてた手塚千鶴子の論考によれば、「被爆者の治療に不可欠な医学研究成果でさえ」、医師たちの手により「敢然と出版を求め、論文を次々に検閲局に提出」

するといった動きは起こらず、こうした問題を調査した書き手（堀場清子）を「なぜ」なのかと「慨嘆」させています[67]。また、別の著者松浦総三によれば、「苛酷な報道統制がしかれるところには、必ず非合法文書が生まれる」ものなのに、「しかし、占領下の日本では、右翼から左翼にいたるまで、非合法文書や深夜叢書はついに発行されなかった」とのことです[68]。

こうしたことを見てくると、これが検閲の力だけによるものでなかったことが、見えてきます。「被爆者達が怒りをあらわにすること」少なく、とりわけ、彼らの「体験記や報告、語りに、原爆を投下した米国や米国人への怒りが出てこない」という「沈黙」の傾向は、当事者たちが「占領が終わった後も依然、同じ対応に終始し」たことからも、跡づけられます[69]。

†原爆死没者慰霊碑の論理――パール発言をめぐって

その「無力」と「沈黙」の最終的な現れと見えるものが、四九年に計画され、講和成立後、五二年に広島の平和公園に完成を見た原爆死没者慰霊碑です。

そこには、一言、

「安らかに眠って下さい　過ちは繰返しませぬから」

と刻まれています。

しかし、この碑が完成した年の一一月、東京裁判で判事を務め、欧米中心の見方に一石を投じたインドのラダビノード・パール判事は、この言葉を見て、これはおかしい、といいました。彼は、その場で、「ここにまつってあるのは原爆犠牲者の霊であり、原爆を落としたのは日本人でないことは明白である。落としたものの手はまだ清められていない」と述べ、翌日、世界連邦アジア会議で、こう発言したのです。

広島、長崎に原爆を投下したときどのような口実がなされたか。日本として投下されるなんの理由があったか。当時すでに日本はソ連を通じて降伏の用意をしていた。連合軍は日本の敗北を知っていた。それにもかかわらず、この残虐な兵器を日本に投下した。しかも実験として広島と長崎に投下したのである。この惨劇についていろいろ考えられねばならないが、しかし彼らの口からザンゲのことばを聞いたことはない。彼らは口実として、もし広島に原爆を投下せねば多数の連合軍の兵隊が死ぬことを強調した。原爆投下は日本の男女の別、戦闘員、非戦闘員の区別なく無差別に殺すことである。いったい、白人の兵隊の生命を助けるために幾十万の非戦闘員が虐殺されることはどういうことなのか、彼らがもっともらしい口実をつくるのは、このような説

明で満足する人々がいるからである。(70)

一方、同じ会議で被爆者（原爆おとめ）を代表して、佐古美智子がこう壇上から訴えました。

いまはだれもうらみません。私たちの願いはこの悲劇を起こす戦争がなくなることです。みなさん、どうか世界の人たちに呼びかけ、理想の実現、人心の改造、平和機構の確立にがんばってください。(71)

また、パール発言に対し、数日後、原爆慰霊碑の碑文を作成した広島大学教授（当時）の雑賀忠義が、次のようなパールへの抗議文を発表しました。

広島市民であるとともに世界市民であるわれわれが過ちを繰り返さないと霊前に誓う——これは全人類の過去、現在、未来に通じる広島市民の感情であり、良心の叫びである。〝広島市民が過ちを繰り返さぬといっても外国人から落とされた爆弾ではないか。だから繰り返さぬではなく繰り返させぬであり、広島市民の過ちではない〟とは世界市民に通じないことばだ。そんなせせこましい立ち場に立つときは過ちは繰り返さぬことは不可能になり霊前でものをいう資格はない。[72]

この原爆慰霊碑が生まれるには、平和公園の建設が先決で、それにはまず焦土の広島の復興が必要でした。しかし、広島の復興は、占領軍当局の顔色をうかがう日本政府から、冷淡に扱われました。[73]こうして、占領下、「原爆憎しとアメリカを非難する」姿勢では無理と考えた広島関係者がたどりついたのが、「過去よりも未来の平和創造に国家的意義を見いだすというアイデア」だったといいます。広島は「過去にこだわらず、平和実現にのみ力を尽くすべき」と考えられ、また自らもそこに活路を見出したのです。[74]

平和公園の建設、原爆慰霊碑の建立、碑文の選定は、この延長上にきます。つまり、完成と建立は講和後でしたが、そのみちすじはすべて占領体制のもとで決められていました。米国批判をしない、過去をふり返らない、ということは、ＧＨＱの求める完全鉄則でした。しかし、それに屈伏するのでも、迎合するのでもなく、もっぱら自らの体験に立って、「未来の平和創造」という一点で時の政府との合意点（「国家的意義」）を押さえ、「平和実現にのみ力を尽くす」ことに踏み出していこう――。

ここには、先に「朝日新聞」に見た転進の論理と同じ重合性が指摘できます。つまり、原爆慰霊碑の論理に消えているのは、あるいは隠されているのは、「けっしてうらまない」という言葉の陰に隠れた「米国を批判できない」という無力感、あるいは「米国を批判すべきだ」という抵抗の意思の放棄なのです。

†原爆投下責任の問い方

しかし、問題は、その後、占領終了の後、二〇年ほどをかけ、この碑文の平和理念が、さまざまな論議をくぐった果てに、結局この点まで遡及することなく、ほぼいまの形に落ちついてしまっているということでしょう。

この慰霊碑の文言をめぐる「碑文論争」について論じる石田宜子は、この間、米国批判がないのはおかしい、という指摘が何度か出たことを指摘しています。一つは、五〇年代のパール、次が、七〇年代の、民族主義的な観点からなされた「アメリカの原爆投下責任の追及」です。しかし、この主張も革新派と角逐をとげるなか、従来通りの碑文の維持へと方針が固まり、九〇年代になると、平岡敬市長の米国講演などを通じ、日本の加害責任にも言及するものになるというのです。ようやく「人類的立場から平和を誓う意見と、日本の戦争責任に対する反省が結びついた」と石田は書いています。[75]

しかし、ここにも同じ問題はなお残っているように見えます。

パールの批判は、白色人種の人間が人種偏見もあって、このような無差別大量殺戮兵器を使った、そのことに抗議すべきだという主張に要約できます。少なくともそのような「含意」があります。また、七〇年代の民族主義者からの批判は、むろんナショナリズムに立脚した議論です。

そして一方、原爆慰霊碑の論理は、人類の観点から、米国批判を「狭い立場」に立つものと見て、もっと「広い立場」から平和を祈念するというかたちになっています。一九九五年、国際司法裁判所は、原爆の違法性、適法性をめぐるWHO決議、国連総会決議に基づく勧告的意見の要請を受けた審理を開いていますが、そこに証人出廷した広島市長の平岡は、そこでも、先にふれた米国での講演と同じく、日本の加害責任に言及し、核廃絶を訴えながら、なお、原爆慰霊碑の碑文を紹介したうえで、「私は原爆投下の責任を論ずるために、この法廷に立っているのではありません」と述べています。(76)

それは、「憎しみ」や「うらみ」をもってここに来ているのではない、という意味でしょう。しかし、「憎しみ」や「うらみ」をもってではなく、自由と民主主義の原理を信じ、平和を希求するがゆえに、自国の犯した犯罪の責任とともに米国の原爆投下の責任を論じる、批判する、という立場がありえます。もしそういう立場に立つなら、この原爆投下の責任を論ずることは、現在にいたるまでその責任を問わない日本政府の責任を問うこと、その延長で現在なお米軍基地の現存を容認する日本政府の責任を問うことに、つながるし、また同時に、中国や韓国からの同様の戦時行為に対する批判にしっかりと向きあわない日本政府の姿勢を弾劾する日本の加害責任論へと、私たちを押しだすでしょう。

つまり、「原爆投下の責任を論ずる」ことが、日本の「加害責任」を着脱可能なかたちではなく、にっちもさっちもいかない、どうしてもそれから逃れられないあり方でそれを引き受けるための、じつは入り口なのです。そしてそれが、無条件降伏政策への抵抗の完成形でもあるでしょう。

逆からいえば、そうでない限り、どんなに口で加害責任をいっても、それは、言葉の綾にすぎません。相手の加害責任を問う。その立場は、たしかにさまざまにありえますが、ここで「ことばをもつ」とは、相手に通じることばをもつ、ということです。そしてそれは、価値観を共有していることを宣揚するということでもあります。そこでは、同じ価値観の共有の宣揚として、相手の非を批判することと相手から批判される非に誠実に応え、謝罪することとが、等価の行為を意味するのです。

その条件をみたすあり方は、現在の国際秩序の価値観に立つ批判のうちにしか見出せません。あなた方の価値観に照らして、あなた方の行為は、道義に反し、法に反する。そういう行為が、ここでもあなた方を「われわれ」にし、ではお前の罪はどうなるのだ、という問いを不可避的に、呼び寄せるのです。

しかし、このこと以外に、「ことばを奪う」ことに本質をもつ無条件降伏の思想に抵抗する道は、ないのではないでしょうか。

3 批判が孤立するわけ

†原爆訴訟はなぜ孤立したのか

原爆投下に関しては、日本では、長い間、「うらみ」でも「赦し」でもなく「批判」を示すことが投下した者に対する積極的なコミット（関与）を意味するという観点が、示されませんでした。示されても、それは、孤立しました。そのよい例が、一九五五年に開始された原爆訴訟、別名下田判決だったでしょう。

これは、広島と長崎の被爆者五名が国を相手に損害賠償（原爆投下による精神的損害に対する慰謝料）と米国の原爆投下を国際法違反と認定することを求めて訴えでたもので、一九六三年に東京地裁で結審しました。判決は、原告の請求は棄却、しかし、「米軍による広島・長崎への原爆投下は国際法に違反する」とし、「被爆者個人は損害賠償請求権を持たない」が、原爆被害における国の責任は大きいことを認定するものでした。

この訴訟は、その後、被爆者援護法などの制定に道を開いたとして、評価されています。しかし、ほんとうは、ここで被爆者が原爆投下を国際法違反で訴えたという点にこそ、画期性があります。というのも、原爆投下以来、はじめて、世界の法秩序の一端で、現実世界に嚙みあう形で、米国の原爆投下が、罪に問われたからです。

ほんとうは、日本政府がやるべきことを、誰も政府に求めず、政府もこれを行わないというなかで、被爆者自身が自ら立ち上がって国際社会に向けて提起した画期的なコミット、訴えでした。

原告側の論理は、米軍の原爆投下は、国際法に違反する不法行為であり、原爆の被害者は米国にたいし損害賠償請求権をもつが、それを日本政府がサンフランシスコ講和条約によって放棄している。よって、日本政府は米国政府に代わり、原爆被害者に補償・賠償を行え、というものです。これに対し、東京地裁は、賠償請求は棄却したものの、戦時国際法・国際人道法からなる国際法が原則として、非戦闘員や非軍事施設への攻撃を禁止していること、不必要な苦痛を与える兵器の使用を禁止していることを理由に、原爆投下は国際法に違反していると判決したのです。

これに対し、日本政府は、米国政府の立場を擁護し、代弁することに終始しました。原告の国際法違反の訴えに対し、「必ずしも国際法違反であるとは断定し難い」と、こう主張したのです[77]。

一、当時、「新兵器についての国際慣習法は全くなかった」、よって「原子兵器に関する実定国際法は存在しなかった」、

二、「原子爆弾の使用は日本の降伏を早め、戦争を継続することによって生ずる交戦国双方の人名殺傷を防止する結果をもたらした」、

三、日本政府が先に一九四五年八月一〇日「スイス政府を通じて米国政府に対して」行った国際法違反との抗議は、「当時交戦国として」これを「主張したのであって、交戦国という立場をはなれて客観的にみるならば、必ずしもそう断定することはできない」。

この判決もいうように、国際法違反の訴えを起こすことができる法主体は、個人ではありません。もし、米国の原爆投下が国際法に違反するという訴えを起こすことができる主体があるとすれば、それは日本政府しかありません。

そういうなか、個人が米国の原爆投下に国際法違法判決をもとめたこの企ては、これまで世界で唯一の国際法違反の判決例となりながら、国内でも、国際社会でも、孤立しています。

しかし、それにはそれなりの理由があります。

一つは、ここに述べてきた日本の側の原爆投下に対する「無力」と「沈黙」です。そこから私たちは、容易に「祈念」を汲み上げましたが、それを「批判」にまで鍛える論理のみちすじを見出しえませんでした。

そしてもう一つが、訴訟と同じ年、世界の知識人と科学者たちが発表したラッセル・アインシュタイン宣言に代表される世界連邦運動、あるいは宗教的あるいは道徳的な絶対平和主義の運動の影響です。

いまの目からふり返れば、原爆慰霊碑の論理は、先に見たように占領軍統治下で「米国批判」を禁じられたなかから歩みをはじめた、妥協的な産物にすぎませんでした。しかし、それがその後、容易に崩せない力をもつようになるのは、この五五年のラッセル・アインシュタイン宣言の平和主義の論理とそれが、「合流」する気配を見せたからでした。

パールに対する碑文作成者雑賀の批判には早くも「世界市民」ということばが現れていますが、また、パール自身がそのとき、広島で開かれた世界連邦アジア会議に出席するため、その地にありました。

そして、パールこそ、人種主義的な観点から米国の投下責任を問題にしたものの、世界連邦運動自体は、特定の国を名指しで批判するという作法になじまない、一種高踏的な――というか、人類主義的な――組織でした。

同じ理由から、ここに述べてきたような現実と理念のインターフェースに属することがらが、ラッセル・アインシュタイン宣言が出るに及んで、見えなくなってしまいます。戦後世界の平和理念それ自体が、現実から隔離した理念のかたちで、示されるようになるのです。

†ラッセル・アインシュタイン宣言

広島の平和運動と世界規模の平和宣言の両者が時を同じくしてやってくるのは、偶然ではありません。その前年にビキニ環礁で行われた米国の水爆実験が、世界に大きな衝撃を与えました。この実験では、広島級原爆の数千倍の威力をもつともいわれる巨大な水爆が想定の倍の力で爆発して、米国史上最悪といわれる放射能被害を起こしています。マーシャル群島の島民のほか、危険区域外で操業していた日本の第五福竜丸の乗組員が甚大な被曝をこうむり、放射能被曝だけによる激甚な死者が出たことで、世界中に衝撃が走りました。

たぶん、原水爆の「威力」ではなく「被害」、その「脅威」が世界に広く知られることになったのがこのときからだったでしょう。日本でも未曾有の規模の反原水爆の署名運動が展開され、翌年、原爆訴訟が起こされるのですが、同じ年、アインシュタインの遺言という意味も担って、イギリスの哲学者バートランド・ラッセルが科学者らに諮って発表したのが、この宣言でした。

そこで起草者のラッセルは、こう述べています。

「私たちが今この機会に発言しているのは、特定の国民や大陸や信条の一員としてではなく、存続が危ぶまれている人類、いわば人という種の一員としてである」。「一般の人々はいまでも都市が抹殺されるくらいにしか考えていない」。しかし、現在の水爆は「広島を破壊した爆弾の二五〇〇倍も強力」であり、「水爆による戦争は実際に人類に終末をもたらす可能性が十分にある」。

さて、私たちの前にあるのは、「私たちは人類に絶滅をもたらすか、それとも人類が戦争を放棄するか?」の二者択一である。ゴールにむかう間、東西間の「核兵器放棄の協定は、最終的な解決に結びつくわけではないけれども、一定の重要な役割を果たすだろう」。

したがって、われわれは世界中の人間にこう訴える。すなわち、

およそ将来の世界戦争においてはかならず核兵器が使用されるであろうし、そしてそのような兵器が人類の存続をおびやかしているという事実からみて、私たちは世界の諸政府に、彼らの目的が世界戦争によっては促進されないことを自覚し、このこと

を公然とみとめるよう勧告する。したがってまた、私たちは彼らに、彼らのあいだのあらゆる紛争問題の解決のための平和的な手段をみいだすよう勧告する。(78)

宣言にはノーベル賞受賞者を中心に、一一人の科学者・哲学者が署名に加わり、大きな影響を世界に及ぼしました。この宣言の特色は、一つに、ラッセルが国際社会のメンバーであるそれぞれの国の市民に対して、というよりも「存続が危ぶまれている」生命種の一つとしての人類に対して、呼びかけている点です。

また、ここには明記されていませんが、そのような「人類」の受け皿としての世界運命共同体の名のもとに、核兵器の廃絶が不可能である以上、また戦争が起これば核兵器が使われずにはいないことが明白である以上、戦争の廃絶をめざすべく世界の諸政府に訴える、としている点が重要でした。宣言は、そのための一歩として「核兵器廃絶」に向け、諸政府間の協定を勧告するとしました。

ここにはすぐにわかるように、原爆をこの世にもたらした科学者たちの後悔と、責任の念から出たやむにやまれない祈念が書き込まれています。しかしもう少しいえば、それと同時に、原水爆という未曾有の威力をはじめて知った世界の人々の衝撃の深さが示されています。一九四五年に広島と長崎を襲った未曾有の爆弾の威力が、一〇年後、ようやく世界に知れ渡り、人々にショックを与え、同種の反応を引き起こしたのです。

一九五二年に広島の慰霊碑とその後の碑文論争を彩る「世界市民」、「人類」、「核兵器廃絶」といった言葉が、そのまま、三年後の世界的な宣言にいわば強化された姿で繰り返されたのでした。

†世界連邦運動

この宣言をささえているのは、世界連邦運動と呼ばれる理想主義的な世界政府運動ですが、この運動は、特に第二次世界大戦後、原爆の衝撃と、国連への失望を契機に大きく育ちました。国際連合はなぜか創立を急ぎ、原爆が投下される二カ月前にサンフランシスコで第一回の創立の会合を開いています。国際連盟の失敗を補うという観点から、現実主義的な大国主義（安全保障理事会常任理事国と拒否権）が容認され、しかも世界警察軍の創設に不可欠の参加国の「主権制限」がなかったことが、心ある人々を失望させました。ここに原爆という未曾有の脅威が加わり、現実の中途半端な国連に見切りをつけ、その不備を補うべく、参加国の主権制限つまり「交戦権の移譲」を繰り込んだ世界連邦の構想が対抗提案として浮上してきます。その創設と並行して、原子力兵器およびエネルギーの国際管理を目標に、世界の科学者、哲学者、宗教人等を中心に運動がはじめられており、ラッセル、アインシュタインはその主要なメンバーだったのです。
ところで、四七年に決議されたその基本六原則を見ると、こうあります。
一、全世界加入（あらゆる諸民族に開放される）。
二、世界連邦への主権一部委譲（世界的に共通な問題については、各国家の主権の一部を世界連邦政府に委譲する）。
三、個人単位（世界法は「国家」に対してではなく、一人一人の「個人」を対象として適用される）。
四、軍備全廃、世界警察軍（各国の軍備は全廃し、世界警察軍を設置する）。
五、原子力管理（原子力は世界連邦政府のみが所有管理する）。
六、個人負担（世界連邦の経費は各国政府の供出ではなく、個人からの税金でまかなう）。
四番目、五番目にあがっているとはいえ、この組織の動機が、軍備全廃と原子力管理にあることは明らかです。そのために二の主権制限（たとえば交戦権の放棄）があり、それを国家に頼らず、人々の善意に訴えて、全世界に広めようというのが、残りの一、三、六を貫く原理でした。

しかし、あまりに理想主義的で、「現実」を踏まえていないというきらいはぬぐえません。「個人」を単位としていますが、現実に核兵器を製造・保持しているのは「国家」だからです。「国家」との対話、対立、また衝突、説得、強制が不可避ですが、この組織は、それへの配慮をもたず、それを回避しており、衆目の一致するところ、その現実に手を汚さない姿勢に弱点がありました（そもそも国家秩序へのコミットなしに、どのように「各国の軍備を廃止して世界警察軍を設置」することができるのでしょうか）。

それは、第二次世界大戦の戦勝国連合にすぎなくなってしまった国際連合、夢を裏切り、東西冷戦の争闘の場にしかなれなかった国際組織への失望の体現物でした。しかし、結局はその淡い補完物にすぎず、ほどなく幻滅の産物の位置にゆるやかに拡散していきます。

しかし、原爆慰霊碑、さらに平和憲法の理念につながる、同種のDNAをもった主張が、こうして突如、世界でもっとも有力な知的権威の口からなされた意味は小さくありません。以後、原爆慰霊碑の論理は、あるばあいには平和憲法の「祈念」をも巻き込むかたちでラッセル・アインシュタイン宣言流の「人類平和」と「世界市民」の流儀に合流していきます。

しかし、なぜ、ここからは「批判」が生まれないのか、と当初の問いの場所に戻って考えれば、世界連邦の構想が、現実と歯車を嚙みあわせる場面をもたないことに、その理由のあることがわかります。

先の無条件降伏政策の本質と同様、現実の国際秩序と「嚙みあう」接点がなくなると、理念は不思議な無重力空間へと漂い出てしまい、そこから、あの「にっちもさっちもいかない」――現実に「嚙まれた」そして「嚙みあった」――批判、加害責任は、出てこなくなるのです。

それらが、核兵器の全廃をめざし、戦争の廃絶をうたいながら、現実の国連安全保障理事国の核兵器保有や軍拡競争とどのようにも「ぶつからない」ことは、核保有国にしてみれば、そこからの批判が、「痛くもかゆくもない」ことを意味しています。それでは困る。これらの平和理念の大事さを考えにいれればいよいよ、私たちは、そういわなければならないはずなのです。

†アンスコムの原爆投下批判

問題の核心は、どこでしょう。原爆慰霊碑も、世界連邦運動も、現実に、政治を動かす「力」をもっていません。しかし問題はそこにあるというより、まず理念として、そのような「力」であろうとすることを最初から放棄していること。そのことが問題なのではないでしょうか。

というのも、原爆投下、核兵器の現存に対して、ラッセルがここに示したような「解」が、哲学的道義的な唯一の解だとはいえないからです。

先に少しふれましたが、ラッセルと同じ英国の、端倪《たんげい》すべからざる女性哲学者にエリザベス・アンスコムがいます。もう一人の名高い論理哲学者であるヴィトゲンシュタインの直弟子として知られ、その遺稿管理人に任ぜられている論理哲学者ですが、そのアンスコムが原爆の投下に対してラッセルとはずいぶんと異なるアプローチを示しています。そこには、原爆投下に対する哲学的な対応がほんらい、どのようなものであるかのお手本、名指しこそされていないものの、ラッセル流の絶対平和主義（Absolute Pacifism）への批判が、こめられている、と見ることができます。

彼女は「世界連邦」には立ちません。その代わりに原爆投下は「悪」であったといい、これを批判します。一九五七年、オクスフォード大学は、トルーマンに名誉博士号を授与する方針を決めるのですが、これを知り、彼女は、一人の哲学者、オクスフォード大学の哲学教師として、これに手を挙げて反対し、自分の意見をパンフレットに印刷し、世界に向けて公表するのです。(79)

タイトルは「トルーマン氏の学位」。哲学者らしい書き方ですが、ここはぐっと嚙み砕いて、祖述してみます。(80)彼女はいいます。

――一九三九年、戦争勃発時に、米国の大統領は民間人が攻撃されることのないよう交戦国に保証を求め、ついで四五年、戦争の終結まぎわになって、日本の二つの都市に二つの種類の原爆の投下を命じた。それは日本が二度講和を申し入れている状況下でのことで、二発目の投下前、最後通牒が発せられるということはなかった。

この二つは合論理的か。

——ポツダム会談ではまず連合国間で新型爆弾使用が合意された。当時、日本の講和の努力が知られ、天皇の制度保証が明言されれば日本は受理するとの観測もあった。しかしそれを不明確にした形で最後通牒が発せられ、その結果これを日本は拒否した。それを受け、原爆が投下された。投下命令者はトルーマン氏である。

この行為は正当化できるか。

さて、これらのできごとの段階的推移を確認した後、トルーマン有罪の理由として、彼女は、殺害（killing）と謀殺（murder）を区別します。「人間が自分の目的を達する手段として罪のない人々を殺すこと」（＝謀殺）は、「単に人々を殺すこと」（＝殺害）と区別されなければならないというのです。

そして謀殺が人間の行為中最悪のものであることを確認した後で、トルーマンの原爆投下命令はこのケースにあたると述べ、そういう悪を行った人間にオクスフォード大学の名誉教授号を授与するのに反対だというのです。

さらに、考察は進みます。では軍事施設を目標にした爆撃に民間人が巻き添えになるケースはどうか。たとえ統計的に確実だとしても、それは謀殺ではない。民間人への爆撃という結果自体は意図したものといえず、倫理学にいう「二重結果の原理（principle of double effects）」にあたるからである。

結局ここでの問題は「罪のない人」の定義である。定義は難しいという向きもあるが、そんなことはない。それは「戦闘しておらず・戦闘しているものにその手段を供給していないすべての人」のことである。戦闘の任務を負っている人、手段供給者はダメ。眠っている兵士も戦闘員。しかし捕虜になれば戦闘員ではなくなる。――彼女によれば、戦争においては、こうした「罪のない人々」を「自分の目的達成のために手段として殺すこと」が、「謀殺」にあたるのです。

トルーマン氏は日本が講和を求めていることを知り、天皇の地位について条件を明示すればポツダム宣言を受諾することが予想できる地位にあった。一方、米国は、自らの国がそれなしには危機に瀕するというような「極限の状況」にはなかった。それなのに、なお、軍事施設ではない都市を選び、原爆投下を命じた。それは「謀殺」にあたる。トルーマン氏は悪をなした、とこれがアンスコムの結論なのです。

この考えは、たとえばラッセルの一九五五年の宣言時の絶対平和主義とどう違っているでしょう。アンスコムは、ラッセルを名指しこそしていませんが、その延長で、絶対平和主義の批判に向かいます。それは、すべての殺人を悪だとしているが、正しくない。そうではないものと区別できてはじめて、謀殺の悪は取りだせるからである。つまり、謀殺とその他の殺人を区別しない絶対平和主義に立つと、謀殺が最大の悪だという命題の立地点は、消えてしまうというのです。

彼女はいいます。すべての殺人を悪だとはいえない。国は人民を保護するため、また恐るべき不正を正すためにならば故意の殺人を命じる根拠（authority）をもっているはずである。たとえばヒトラー政権下にユダヤ人たちのおかれたような極限の不正を正すことは、妥当な戦争目的になるだろう。

絶対平和主義は、善をなすためだとしても悪はなすな、という。彼らは絶対的に誠実だといえる。けれどもそれは何も生まない。私は嘆息と涙をそれに捧げはするだろう、しかし、先に進みたい。戦争は悪だとしても、そういう不幸な状況に人は置かれることがある。そして疑いもなく、戦争するばあい、その一方は不正だ。そこで不正に対し戦うことは間違いとはいえないし、戦うからといって謀殺を犯すことになるともいえない。そこに生じる殺害を、謀殺と区別しない絶対平和主義は、誤っているだけでなく、有害でもある。彼女はそう結論づけるのです。

†「謀殺」とその他の殺人は区別できるか

さて、この最後の点に関しては、このアンスコムの一九五七年の原爆投下批判の論を、一九九五年の米国の哲学者ジョン・ロールズの同様の論と合わせて論じている寺田俊郎が、「あらゆる殺人は不正だと認めたうえでなお、謀殺とそれ以外の殺人とをさらに区別することもできる」のではないか、と述べて、これに疑念を呈しているのですが、それに私も賛成です。

このアンスコムの主張はなかなかに強力ですが、それをそのまま肯うわけにはいきません。これまで自分を作ってきた、自分を育ててきた――敗戦国日本の――平和の考え方、生命に関する価値観が、ここに批判されている絶対平和主義とまったく同じだとは、私は思わないのですが、アンスコム流の考えともはっきりと違うことを、――断固として――私は感じるのです。それに適切な言葉と概念を与えたい。それがここで最後に、私がめざすことです。

アンスコムの謀殺とその他の殺人の区別は、きわめて重要です。右にあげた論考で寺田も指摘しているように、それがなければ、「戦場で兵士どうしが殺し合うことと無差別爆撃や原子爆弾投下によって民間人を殺すこととの間に」一線を引くことは、できなくなるでしょう。[81]けれども、ここから先は寺田の説から離れますが、私はこう思います。

こういうケースなら殺人も許される、という言葉は戦後の日本に育った私をゾッとさせます。殺人が正義としてためらいなしに行われうるということが私には受け入れられない考えなのです。けれども、こういう言明と考えが私たちをゾッとさせることには、理由があるというべきでしょう。アンスコムは、五〇年代末の論理学者らしく、元気よく――と私には見えます――人間が意図して人を殺すことがどんなばあいでも悪だとは限らないということを示すことは、大事なことだ、といいますが、私には、そういう言明を聞くとゾッとする、ということのほうが、そこに考えるべき大事な謎を抱える重要な立ち止まり個所ではないかと思えるのです。

どんな場合が殺人の許されるケースか。詳しくいうと、ヒトラー政権下にあるユダヤ人のような不正の極に置かれた人々を保護すること、それは、国が戦争目的として掲げる大義として、適切だろう、とアンスコムはいいます。これは、あるばあいには「正しい戦争」がありうる、という正戦論の立場です。彼女は、第一次世界大戦後の戦争違法論という立場には立っていません。しかし、そういうなら、アンスコムと違い、私は、戦争を違法なものと考えようと意思しています。かつ、いったん戦争が起こってしまったら、戦時国際法の適用を考えよう、とも意思しているのです。

意思するのは、それ以外に、この二つをともに採用する方法がないことを理性で知っているからです。この二つをともに信奉するということは、合理的であろうとする限り、不可能でしょう。なぜならそれは論理矛盾だからです。「不合理ゆえに吾信ず」という言葉がありますが、この論理的に不整合なものを二つながら抱えるには、論理学から足を踏み外すしかない。そう意思し、その論理的逸脱を、それ自体として自分の立場としようと思うのです。

戦争は違法だ、といったら、戦時国際法はナンセンスです。戦時国際法は、戦争におけるルールを定めるものですから、そもそも戦争自体が違法なら、その戦争の遂行の仕方に適法も違法もありようがなくなるからです。そして、原爆というのは、戦時国際法から見て、無差別殺戮兵器だというので、違法な存在だとされるのですから、その考えを成り立たせているのは戦争合法論だとなるでしょう。

こうもいえます。戦争は違法だ、といったら、論理的には戦争におけるすべての「殺人」が違法になり、「謀殺」とその他の殺人の違いが取りだせなくなります。そのため、すべての兵器使用が違法になり、通常兵器と毒ガス、化学兵器、核兵器の「違い」に一線を引けなくなります。

寺田は、「あらゆる殺人は不正だと認めたうえでなお、謀殺とそれ以外の殺人とをさらに区別することもできる」と述べています。でも、それに続け、どのように考えれば、それが可能かは、示していません。しかし、論理的に考える限り、あらゆる殺人は不正なのですから、謀殺とそれ以外を区別するとしても、それは大きな不正と小さな不正の差以外ではないでしょう。ともに究極的には不正です。しかも、その差に、正と不正の差に匹敵する重要性を認める——アンスコムのいう謀殺とその他の殺人の差はそういう差です——というのであれば、その前提から離れるということですから、寺田の見解を取るには、論理的整合性を逸脱することを引き受けるという態度に立つ以外に、ないのです。

もう少しいうと、そもそも、こうした非論理性、非論理的な考え方をどこかに組みこむ以外に、いま、原爆が存在する世界で、平和を希求する理念を追求することは、難しいのです。

ここでは、この先には進みません。少し先走りしすぎたくらいです。でも、必ずしも、ラッセルの核廃絶、世界連邦、絶対平和主義という考え方が、平和理念の最終到達地点だというわけではないことは、わかってもらえるはずです。その一番の問題点が、現状と没交渉であることで、これに理念として反対しながらも、同時に、たやすくその補完物になってしまうことにあるという点も、はっきりしたと思います。

†原爆投下批判は、戦後核体制に抵触する

ところで、話はここでは終わりません。先の問いはこうでした。

なぜ、原爆投下への批判――原爆訴訟に見られるような――は、孤立するのか。

「批判」を内蔵しない、ラッセル・アインシュタイン宣言流の絶対平和主義が、あるときから大きな影響力をもったから。これに対し、「批判」をもつアンスコムの考え方を検討しましたが、そこでも「批判」を貫こうとすると、なかなか難しい問題にぶつかることがわかりました。

しかし、ここで再度、元の質問に戻るなら、なぜ原爆投下への批判が、孤立するのか、という問いの、最後の、そして最大の理由は、次の点にあるのです。つまり、現在の戦後の国際秩序が、原爆投下を、否定しない、という合意の上に成り立っているから。

国連自体が、原爆の使用を違法とはしていないから。

これをはっきりと否定すると、現在の戦後国際秩序が、その根底から崩れてしまうから。

一九九四年、国連総会が「核兵器の威嚇と使用は国際法上許されるのか。国際司法裁判所に緊急に判断を求める」という決議案を可決しました。きっかけは、前の年、マレーシアやインドネシアが提訴決議案を提出したことでした。

総会では、賛成七八、反対四三、棄権三八での可決。これを受け、国連総会とＷＨＯから核兵器の違法性をめぐる勧告的意見を求められた国際司法裁判所が、審理の結果、九六年、「核兵器の威嚇・使用は、武力紛争に関する国際法、特に国際人道法に一般的に違反する」という決議を可決しました。賛成七反対七の同数で、最後、裁判長が賛成票を投じて可決というきわどいものでした。しかし、そのようなものでも、そこには、ただし「国際法の現状から見て、国家の存亡がかかる自衛のための極限状況では、核兵器の威嚇・使用が合法か違法か判断を下せない」という但し書きがつきました。結局、核兵器の威嚇・使用の違法性は、いまなお、国際司法裁判所でも、確定していないのです。

むろん、そこには国際人道法をめぐる議論など微妙な法理的問題が控えていますが[82]、根本理由は、右に述べた通り、もし核兵器の使用・威嚇が違法化されたら、核の国家による保有が禁じられ、核兵器の国際管理が必要となり、ただちにＮＰＴ（核拡散防止条約）体制が否定され、現在の国際秩序の基礎が、崩壊するから、というものです。

それは、誰の目にもあきらかなことで、原爆被害者は、いまなお、国際社会の戦後秩序のなかで、自分たちの遭った理不尽な行為が、不法であるとの承認を、得るにいたっていないのです。まだ、「沈黙」と「無力」が続いているといえば、それを続けさせているのは、私たちなのだ、という加害責任が、彼ら以外のすべての人間につきつけられるでしょう。

なぜ、「批判」が孤立するのか。難しいのか。

その問いは、すぐに現在の世界の問題、日本の問題にはねかえってくるのです。

4 ただの人の立場

†「あなたと原爆」

しかし、最後に、もし「批判」が可能であり、必要でもあるなら、それは、なぜなのか、ということを、簡単にみて原爆の問題を離れようと思います。

原爆は、投下されると、米国、日本以外にも、世界に広く、影響を及ぼしました。やはり、原爆投下からほどない一九四五年一〇月一九日のこと。先にも引いたジョージ・オーウェルが、「あなたと原爆」と題する、一種黙示録的な記事を新聞に寄稿しています。

いまから見て、オーウェルのこの寄稿文には、この時代に書かれた原爆に関する文章として、信じられないくらい予言的なところがあります。そして、何が彼の文とほかの人々の論評との違いなのか、と考えてみると、ここで彼が、あくまで原爆を「われわれ平均的な人間」の立場から見ることに徹し、この対比を基軸として手放していないからだとわかるのです。

彼は、まず、科学者たちが主張するあの原爆の「国際管理」という考え方を「役立たずの提言」と一言のもとに切り捨てます。それは国家に選別されたエリートたちの国家主体の見方だが、問題は国家と個人のせめぎあいのほうなのだ、というのです。

そうではなく、じつは問題は「原爆は（人民にとって）どれくらい製造するのが難しいか」ということなのだ。

彼は、そういいます。

もし製造が簡単なら、人民は国家に対し、大きな武器を手に入れることになるが、それがとても人民には手出しできないくらい大規模で難しい工程を要するなら、国家の人民支配がより決定的になるだろう。その「あなた」（われわれ）と「原爆」の関係こそが、重要だというのです。

彼によれば、「支配的兵器が容易に人民の手に入らない」ばあいには、社会は国家の支配に傾き、逆に「容易に手に入る」ばあいには、人民による革命のチャンスが大きく増大します。民主主義、民族自決の偉大な時代は同時に人民にも簡単に手に入る「マスケットとライフル」が主流の時代でもありました。それが戦車、戦艦に代わると、革命は難しくなりました。

しかし、原爆は、その傾向をさらに推し進め、決定的にしてしまったのではないか。当面、それを製造しうる二つか三つの国家をスーパー国家に押しあげたあげく、その少数のスーパー国家が「お互いの間で原爆を使わないという暗黙の協定」を結び、それを使うのは報復手段をもたない「ふつうの人々」に対してだけ、というようになるのではないか。彼はそういい、こう続けます。

原爆は、最終的にあらゆる被搾取階級と人民からことごとく反逆の力を奪ってしまうかもしれないし、それと同時に、原爆を保有する国家の軍事力の基盤を均衡させるように事態を進めるかもしれない。お互いがお互いを超克できない同士で、彼らは仲間内だけで世界を支配するようになるかもしれない。そしてそのバランスはゆるやかな予知できない人口の増減でも招来されない限り、容易に覆らないだろう。

また、

われわれは、全体的壊滅に向かっているというより、古代の奴隷帝国のような、恐るべき「安定」の時代に向かっているのかもしれない。〔少数の超国家による世界支配という〕ジェームズ・バーナムの理論はこれまでさんざん議論されてきたが、そのイデオロギー的な側面、つまりそこで世界の見方、信念、社会構造が容易にひっくり返されず、隣国との「冷戦」といったあり方で永続的に固定化されることになるだろうという側面は、まだ検討されたことがなかった。

もし原爆が自転車とか目覚まし時計のように安価で簡単に作れるなら、原爆は簡単にわれわれを野蛮状態に戻してしまうだろうが、と同時にそれは、国家主権の終わり、高度に中央集権化された警察国家の終わりを意味するかもしれない。一方、こちらのほうがありそうだが、もし原爆が戦艦くらいに高価で手に入りにくいなら、「平和ではない平和」が無限に続くという代償のもとに、以後、大規模な戦争に終止符が打たれる可能性もある。(83)

†理念と現実のせめぎあいにおいて考えること――「国」を相対化する

ここでオーウェルは、一九四五年の時点であまり他の人がいっていないことを述べています。それは、原爆が、世界の見方、信念体系、社会構造といったものまでを大きく変えてしまうということです。

原爆はとてものごとに人民が個人の力を合わせる程度では作れません。いきおい、世界の見方、考え方は、それを製造する主体としての国家単位のものになっていきます。しかし、そうだからこそ、つねにこの構造の全体を個人の立場、人民の立場から相対化することと、そうした観点を保持することが、原爆以後の世界を考えるばあいには、必須になるのではないか、と彼は考えます。原爆の本質は世界を変える力を人民から奪ってしまうところにあるからです。

しかし、同時に、現実の世界は、原爆以後、それを保有する超大国同士の原爆の保有を前提とした対立関係を基本に動いていくことになります。そしてそれは、事態がそのまま進めば、固定化の程度を強めていくでしょう。だとすれば、もう一つ、そのことを冷徹に受けとめ、考慮に繰り入れる現実的な観点を失わないことも、重大な条件となってきます。

オーウェルを同時代の、ここまで見てきた科学者たち、米国の知識人たち、ラッセル、アンスコムの議論、また日本での論調と比較してすぐにわかるのは、彼のうちに、この「理念」と「現実」をめぐる観点が二つながら手にされていること、また、彼のなかに「国」という単位に対する深い不信の念が埋め込まれていることです。

この二つを合わせもつとき、原爆のある世界の妥当な見取り図が作成できること、しかしこの二つを生き生きと、せめぎあいの形で保持し続けるには、そこに「国」を相対化する視点が不可欠であることを、このオーウェルの予言的な文章は、教えているでしょう。

†オーウェルの予言

オーウェルの観点が予言的であったことの一つとして、彼は、原爆が国によってしか使えない兵器であるばあい、超大国の間にはやがて軍事的な均衡が訪れ、ついで超大国が対立・分担しつつ世界を支配する冷戦時代が来るだろうといっています。ちなみに「冷戦」という言葉を戦後最初に用いた例が、原爆投下の一カ月余りあとに書かれたこのオーウェルの一文だというのは、間違いのないところのようです。それはその後の戦後の国際秩序の総体を予言したものとして、圧倒的に正鵠《せいこく》を射た指摘だったといえます。

しかし、私としては、このオーウェルの観点に対しても、そうであるからこそ、そこに原爆に関し、超大国間に、相互信頼関係を築き上げることが不可欠なのだという科学者ニールス・ボーアの観点を、なお対置しておきたい気持ちがあります。

たぶんオーウェルは、国が人民に対して開かれていない限り、(国民に秘密をもったままでいる限り、そういう)国同士が相互信頼関係を築くことは、そもそも無理なのだというでしょう。それは正しい。しかし、原爆の投下というようなことに関与したばあい、その副作用として、国のなかから、一方的に相手に「贈与」することで、一方的に相手が変わることを「期待」するという、一九四五年九月一一日のスティムソン的な「回心」的動きが起こることもありうることを、ここでは、ボーア的提言の可能性を留保する理由として、あげておきたいと思うのです。

オーウェルの予言が黙示録的ですらあることのもう一つとして、彼はまた、原爆が自転車のように簡単に作れるようになると、私たちに野蛮状態——一種の「自然状態」——ともいうものが再来するだろうこと、そのばあい、それは国家主権、主権国家の終わりをも意味するかもしれないとも、述べています。

一九九〇年前後の冷戦の終わりは、「原爆が自転車のように」誰の手にも入りやすい状況をこれまでよりもさらに一段と前に進めました。また、世界の最貧国の一つといってすらよい北朝鮮が原爆を製造することで自衛をはかっていることからわかるように、この間の科学技術の拡散と進展は、原爆製造の「難易度」をずいぶんと低くしました。

今後、そのことによって新たな「自然状態」つまり無法状態が作りだされるには、原爆が手に入ったとして、それをさらに無法に使用する主体が存在することが、そのための必要かつ十分な条件となります。ですが、二〇一〇年代に入り、新たに登場してきた中東・アフリカ圏におけるイスラム国、あるいはボコ・ハラムといった最過激派集団は、この無法な主体の条件をみたす、これまでにない新しい質をもった組織であろうと考えられます。

つまり、これらの組織の手に原爆が渡るようなことになれば、それこそオーウェルのもう一つの予言が、現実になるわけです。

もう世界はそこまできているということで、このことは、超大国の手になる原爆の「国際管理」の方法として、この後、多くの問題含みで不十分ながらも設定、遵守されてきたNPT体制が、オーウェルの考えた通りの理由で、根拠を失おうとしていることを語っているともいえます。しかしそのことも、この文章が教えるように、原爆が生まれたとき、それを国家と人民、個人のせめぎあいの場所からとらえる限り、十分に予測できることだったわけです。

科学は必ず進歩します。それにしたがい、最初は製造が困難で入手しがたかった希少兵器も、やがては安価で入手しやすいものへと陳腐化していかざるをえません。原爆もその点、例外ではないでしょう。ですから、私たちにできることは、その起点で軍拡競争がはじまる前に、信頼構築をすることで、その不信の構造の芽を摘むか、それに失敗したとなれば、今度はその最終地点で、過激な集団を「無法」集団にまで追いつめずにもう一度国際コミュニティの中に抱きかかえるべく、国と人民の間で再度「信頼」関係を作りだすよう、努力することでしょう。しかし、このことは、いまはこれだけにして、前に進みます。

†あわいの立場

では、この原爆をめぐるオーウェルの観点と他の人々の観点の違いは、どこにあるのでしょうか。その違いから、何がいえるでしょうか。

科学者たちは、米国とソ連の間の信頼創出が戦後の平和のためのカギになると提言しました。そのためには米国の側からの一方的な「贈与」が必要だといいました。そしてその提言は、原爆投下後、スティムソンなどの政治家をも一定程度、動かすものでした。しかし、彼らの観点には、原爆が国家を市民から隔離するもので、国から国への情報の開示だけでなく、国から人民への情報開示がない限り、この問題は解決されないということへの、オーウェルほどの本質的な洞見が欠けていました。

しかし、このマイナスを逆向きにとらえることも可能です。ボーアのなかにも、科学情報は誰に対しても公開されなければならないという直観がありましたし、とりわけフランク報告の提言者たちは、自分たちはいまや科学者としてではなく、問題の重大さを知る市民として、市民の義務として、この提言をなすのだとも、言明していました。オーウェルの洞察は、科学者たちの提言のうち、何がどのように重要なポイントであったのかを、改めて教えるものでもあるのです。国の間の相互信頼の重要性を強調することが、同時に、国を人民、市民に開くことへとつながらざるをえないことを、これらの科学者の例は示しています。

また米国の知識人、宗教人たちの一部は、これを自分の国の犯した不正として重大な試練と受けとめました。そしてそのうちの多くの人が、米国が国としてこの決定を検証し、必要なばあい自らの不正を謝罪すべきことを訴え、また一部の人は、原爆の問題解決のためにはもはや世界政府、世界連邦的な組織を構想する以外にはないとも考えました。オーウェルとの違いをいえば、国家主体に考える人は、国際主義的協調の創出をめざし、他方、国家主体ではもう問題の解決は不可能だと考える人は、個人主体の絶対平和主義をめざしたのですが、なかで、その両者の間のせめぎあいに活路を見出す人は、少なかったということです。

この後、オーウェルの書いた『一九八四年』などを読むと、その最後の立場が、オーウェルのものに近かったと思います。オーウェルは、最初の立場は超大国による競合しつつの人民支配となり、後の立場は一挙に人類に超出することで国家との対立が回避される結果になると見ていたでしょう。彼の作品の主人公ウィンストン・スミスは、そのはざまで徒手空拳の個人として超大国の強権に押しひしがれ、それに抵抗して敗れ去りますが、それは、この両者の対置をむしろシャッフルするもので、理想主義的な絶対平和主義にも、また単に現実的なだけの国際主義にも偏しない、そのあわいの立場を追求するものだったといえます。

†小田実の「絶対平和主義」批判

さて、私がここで最後に考えてみたいのは、このような場所に、日本の原爆に対する考え、さらに日本の平和、また平和憲法に対する考え方を置いてみると、どうなるか、ということです。

そのばあい、すぐにわかるのは、私たちの原爆投下をめぐる考え方、これまで原爆を投下された当事国として積み重ねてきた論議が、あまりに単調だったのではないか、ということです。

そこから抜け出ようと提出された新しい考え方が、なかったわけではありません。ただ、ここでも、それがしっかりとそのようなものとして、受けとめられず、議論の対象とならず、単に両論併記の形で併置されてきた。孤立してきた。そんなぐあいに、この単調さが存在してきたのです。

代表的な原爆についての「公式見解」ともいえる「安らかにお眠り下さい　過ちは繰返しませぬから」は、いわば原爆の廃絶をめざす、しかし内実をもたない、絶対平和主義の立場を代表していました。

そして、これに正面からぶつかる考え方は、なかなか日本人のなかからは出てきませんでした。しかし、皆無だったわけでは、ありません。次の小田実《まこと》の考えは、一九六〇年代のなかばに現れ、はっきりとそれまでの絶対平和主義の原爆論の地平を、突き抜けるものでした。小田は、こう述べています。

> 私たちには、連合国側が戦争犯罪人裁判の根拠としたのと同じ論理を用いて、原爆投下の当事者たちを告発する権利がある。いや、これは、むしろ、人類の一員としての私たちの義務なのであろう。（中略）
> （中略）そして、さらに、より重要なことは、私たち日本人の一人一人が南京虐殺事件に責任があるように、アメリカ人一人一人の「ヒロシマ」「ナガサキ」責任を、このこと（彼らの国家原理と普遍原理の一体感を断ち切らせること——引用者）によってあきらかにすることだろう。
> なぜ、日本人に告発する義務があるのか。それは日本人だけが国民的規模においてそうした被害者体験をもち、それゆえに、それと自分の加害者体験とのからみあいの上で、原子爆弾に対決する人類の普遍原理を自分の個人原理になし得る契機をもって

いるからなのだ。(中略)

けれども、ここで、要求されるのは、くり返して書くが、自己の内なる加害者体験(あるいは、その可能性)を自覚し、それを他者の加害者体験と同時に、しつように告発して行く態度だろう。あるいは、逆に、真に普遍原理をわがものとする方法は、他者の加害者体験を自分のそれと同時に告発して行くことだろう。私が、死者よ、やすらかに眠れ、もうあやまちはくり返さないから、云々の「ヒロシマ」の悪名高い墓碑銘(?)をマヤカシであると信じるのは、それが一見普遍原理によるように見せかけながら、真実のところはそうでないからなのだ。それどころか、それは、私の眼には、アメリカの罪を告発しないことによって、アメリカと日本のあいだに波風をたてまいとする現在の日本の国家原理にあまりにも密着しすぎているように見える。(84)

小田は、続けて、「それは、一見、インターナショナルな開かれた視点のように見えながら、その実は、普遍原理を内蔵しない被害者体験にもっぱらたよろうとする、もっとも低い意味でのナショナルな閉じられた視点なのだ」とも述べています。

私のこれまで述べてきたことに重ねていえば、それが戦後日本の、無条件降伏政策に抵抗しない、擬似的・絶対平和主義の特徴なのだということになります。もう少し踏み込んでいえば、その内容とは、批判がなく、現実を動かさないこと、原爆を保有する超大国の現状にとってほとんど「痛くもかゆくもない」存在、補完物になり終わっていることですが、それが、原爆が登場してからのこの擬似的・絶対平和主義の立ち位置なのです。

絶対平和主義がいつも現実とのせめぎあいを避けるというのではありません。現実が苛酷なものになれば、それとせめぎあうには、抵抗する側も身を固くすることを促されます。

じじつ、絶対平和主義は、戦時下においては国家原理と正面からぶつかる普遍原理として働きました。小田も、戦時中、国家原理に対する抵抗の原理として「私たちの被害者体験を論理的に救い、それを下から強力に支えてくれる原理」は、「いかなる理由においても人間には人間を殺す権利はない」という「普遍原理しかあり得なかっただろう」と述べています。戦時下にあって最後まで抵抗を貫いたキリスト教の一セクト灯台社の明石順三ほかのメンバーが支えにしたのは、教義が命じる絶対平和の普遍原理にほかなりませんでした。

しかし、原爆慰霊碑の論理の特徴は、これまで見てきたように、世界市民の立場から、誰を批判するというのでもなく、核廃絶の理念と理想を世界に訴えるというもので、現実のどのような国家組織とも歯車を嚙みあわせずに、そこから隔離され、かつその次元を超越していることです。

灯台社の絶対平和主義が国の命令と衝突し、国家への抵抗の原理として働いたのに比べ、原爆慰霊碑の絶対平和主義は、現実の国家原理とは「せめぎあわない」ことが特徴なのです。

†国家原理と個人体験の「くいちがい」

小田に原爆慰霊碑を批判させているのは、個人と国家の乖離の意識です。その一点で、小田の考え方は、オーウェルの原爆観を受け継ぐものとなっています。

しかし、とりわけ私たちにとり、重要なのは、その乖離の意識を、小田が、自分の戦争における被害者体験から汲みだしていることでしょう。彼はいっています。大阪で空襲に遭って、逃げ回った。そこで多く死んでいく人とともにありながら少年の自分のなかに生まれたのは国家原理と個人体験の「くいちがい」の意識だった、と。

そのときの国家原理は「大東亜共栄圏」であり「天皇陛下」でした。戦後、それは「自由」と「民主主義」に変わります。でも、戦後も、その新しい国家原理との間に、「くいちがい」の感覚は消えずに残った、そう彼は述べるのです。

説明を加えれば、こうなるでしょう。戦前の国家原理と戦後の国家原理の違いは、戦前のそれ（天皇原理）が普遍原理の代わり、に存在していたのに対して、戦後のそれ（自由、民主主義）が普遍原理と同じものとして存在するようになったことです。

日本には戦前、日本の他にもどこでも、国際社会で通用する普遍原理というものは、少なくとも一般の社会では信じられていませんでした。その代わりに、すべての真善美の源泉として、天皇が存在していました。しかし、戦後になると、その真善美の源泉が否定され、新しく私たちは自由と民主主義という普遍原理を信じるようになります。しかしこの普遍原理こそ、連合国が自分たちの戦争目的の基礎原理＝国家原理としていたものですから、それは私たちがそれまでの天皇主義から戦勝者イデオロギーに乗り換えたことを意味していました。

さて、しかし、一〇歳前後の小田にとっては、この新しい普遍原理もまた、自分の個人体験に照らして「くいちがい」を感じさせるものだったというのです。彼が空襲を逃げまどいながら知ったことは「どのような状況下にあっても、人間は日常性を保持して生きるものであるという認識」でした。ですから、人はそこでは戦死するのでも戦災死するのでもない。ただ日常のなかで異常な死を死ぬ、つまり、「難死」をするだけだというのです。その「難死」の場所から国家原理をも、そして普遍原理をも見上げる、そしてその下で逃げ回っていたときの「くいちがい」の感覚に立脚する。それが自分の個人原理となったと、彼はいいます。

そしてそこから、こう考えます。独立以来、米国は自由と民主主義を国家原理としてきた。しかし、それは一度、第二次世界大戦の戦争目的の理念となったあと、そのまま戦後に持ち続けられてヴェトナム戦争の大義になった。また戦後以降、日本は天皇信奉から平和と自由と民主主義の信奉へと国家原理を変えた。そしてそれは日本に普遍原理を国家原理としてもたらす契機となったけれども、同じく、それにもかかわらず、日本が米国のヴェトナム戦争に協力することをなんら妨げていない。この戦後の事実は、普遍原理が個人の体験をくぐらないで手にされたばあいには、容易に国家原理のうちに呑み込まれ、実質ある「理念」から名目的な題目——「大義」——に変わってしまうことを語っているのではないか、と。

それは別にいえば、同じ普遍原理、理念であっても、国家によって担われたばあいと、個人によって担われたばあいとでは、違う働きを持つ、そして違う存在になる、ということにほかならないでしょう。

第四部 戦後日本の構造

日米安全保障条約に調印する吉田茂全権。左は池田勇人全権、一人おいて中央にダレス駐日米大使、その右にアチソン米国務長官（photo © 朝日新聞社／時事通信フォト）

Ⅰ　敗戦後日本の成立

1　平和憲法と戦争体験

†憲法九条をどう受けとるか

さて、このあたりで平和憲法について話すことにします。この本は最終的に、平和憲法について一つの提言をすることを目標にしていますから、これは、いよいよ、最後の問題にとりかかるということです。

憲法九条についてどう考えればよいか。

これがここで私が用意する問いです。

憲法九条というのは、一九四六年に制定された日本国憲法のなかでもっとも大事な規定の一つだといってよいでしょう。

日本国憲法は、その前文に、

日本国民は、恒久の平和を念願し、人間相互の関係を支配する崇高な理想を深く自覚するのであって、平和を愛する諸国民の公正と信義に信頼して、われらの安全と生存を保持しようと決意した。われらは、平和を維持し、専制と隷従、圧迫と偏狭を地上から永遠に除去しようと努めている国際社会において、名誉ある地位を占めたいと思う。

と記しています。ここには、この後見るように、一部、これまで述べてきた四一年八月の大西洋憲章以来、四二年一月の連合国共同宣言、四三年一〇月のモスクワ宣言（一般安全保障に関する四国宣言）、四四年一〇月のダンバートン・オークス提案、それに四五年六月の国連憲章と続いてきた、「恒久の平和を念願し、人間相互の関係を支配する崇高な理想」の実現をめざす第一次世界大戦以来の国際社会の平和理念の流れが結晶しています。

そのうえで、憲法九条に、こう戦争の放棄がうたわれていました。

日本国民は、正義と秩序を基調とする国際平和を誠実に希求し、国権の発動たる戦争と、武力による威嚇又は武力の行使は、国際紛争を解決する手段としては、永久にこれを放棄する。

前項の目的を達するため、陸海空軍その他の戦力は、これを保持しない。国の交戦権は、これを認めない。

われわれは戦争を放棄するのだということが、軍隊の廃絶と交戦権の否定とを加えてはっきりと明記されています。

この憲法の規定をどう受けとるのがよいのか。また、いまどう考え、どうこれに対するのがよいのでしょうか。

†「戦争放棄」をめぐる日米間の認識ギャップ

まず、この憲法がどのように作られ、また日本側に迎えられたのかをざっと振り返っておきます。すぐにわかるのは、新憲法の策定を指示された一九四五年一〇月の時点でのこの「新憲法」に対する日本側、特に日本政府の側と、占領軍＝連合国軍総司令部（以下、

ＧＨＱ）の側の、相互認識の落差の大きさです。

中で、一番大きなギャップが、この戦争放棄に関する考え方に生じていたことが、このときの双方の対応からよくわかります。

まず日本側ですが、日本の政府では、まさか戦争の放棄を求められるとは夢にも思っていませんでした。

一九四五年一〇月四日にＧＨＱのダグラス・マッカーサーが日本側の当時東久邇内閣副総理兼国務相だった近衛文麿に接触し、憲法改正の意向を示し、そこから日本側の憲法改正に向けた検討と準備がはじまります。近衛主導の委員会についで、一〇月一一日には新内閣の幣原喜重郎《しではらきじゅうろう》首相もＧＨＱの指示を受けたことから、日本政府側は二本立てで並行して準備を行うことになりますが、そのいずれもが、日本の非武装、戦争放棄などへの顧慮をいささかも示していません。

四六年二月までのあいだに、近衛が憲法学者佐々木惣一らとはかって用意した案、政府が準備した国務相松本烝治《じょうじ》を長とする委員会案のほかに、日本共産党「新憲法の骨子」案、高野岩三郎《いわさぶろう》など民間有志による憲法研究会「憲法草案要綱」、自由党案、進歩党案、社会党案など、さまざまな場所から、あいついで新憲法草案が発表、提案されています。

なかには、高野らの憲法研究会案のように政府、ＧＨＱの双方に手渡され、その後、Ｇ

HQの憲法草案に「少なからず影響を与え」るものまで現れますが、[1] 自ら一方的に主権を制限して戦争を放棄するという、平和条項の考え方だけは、そのいずれからも示されませんでした。

ちなみに、政府の松本委員会案では、第一一条に「天皇は軍を統帥す、軍の編制及び常備兵額は法律を以てこれを定む」、第一二条に「天皇は帝国議会の協賛を以て戦を宣し和を講す」とあり、日本は従来通り、交戦権、自衛権を保有するという内容でした。

しかし、相手を知らなかったことでは、占領軍の側も引けをとりません。

政府松本委員会案の内容が一九四六年二月一日に毎日新聞のスクープで明らかになると、彼らは、この内容ではとうてい自分たちの目標が実現できないと見切り、急遽自分たちで草案を準備することにします。マッカーサーが三日、マッカーサー・ノートとして後に知られる三項目の指示書を出し、一転、二五名からなるGHQの将校、スタッフたちのチームが、突貫工事的に草案の準備に入るのです。

そしてそれが二月一二日に完成、二月一三日に日本政府に示されるのですが、彼らが急いだのは、ソ連を含む極東委員会の発足が二月下旬には予定されており、それ以前にGHQ主導で憲法に道をつけておく必要があったからでした。[2] つまり、それまでは、日本側から、自分たちのめざすものとさして変わらない、手を入れれば何とかなる草案が出てくるだろうと、考えていたわけで、彼らも同じく、見込み違いをしていたのです。
何が、彼我の見込みの落差の理由だったのでしょうか。

†マッカーサー・ノート

憲法草案作成の骨子として二月三日に部下に示されたマッカーサーの指示書は、三項目からなっています。一、国民と憲法のもとでの「天皇制の保持」、二、「戦争の放棄」、三、「封建制度の廃止」の三つです。

このうち、第一と第三の点、天皇の処遇、前近代的遺制の撤廃については、程度の差こそあれ、政府、各野党、民間から出された草案にも触れられていたことを考えれば、「見込み違い」の最大のポイントが、戦争放棄にあったことは明らかです。

ちなみに、提出案でもっとも過激な内容をもつ一一月一一日発表の日本共産党による新憲法骨子案でも、平和、軍事は触れられていません。一二月二六日にGHQにも提出され、その後ただちに翻訳されて「民主主義的で賛成できる」と高い評価を受け、担当部内で検討された形跡のある憲法研究会の「憲法草案要綱」でも、根本原則（統治権）、国民権利義務、議会、内閣、司法、会計及び財政、経済、補則の五八条からなるなかに、やはり軍事、平和、国防の規定は、欠けていました。

マッカーサー・ノートの「戦争の放棄」の指示の文面は、こういうものです。

国家主権の発動としての戦争は、廃止される。日本は紛争解決の手段としての戦争のみならず、自国の安全を維持する手段としての戦争をも放棄する。日本は、その防衛と保全とを、いまや世界をうごかしつつある崇高な理想に委ねる。

日本が陸空海軍を維持する機能は、将来ともに許可されることがなく、日本軍に交戦権が与えられることもない。(傍点は引用者)

この指示をもとに作られたGHQの草案には、右の傍点部分(自衛権の放棄)を除いて、この趣旨が、憲法の前文(「崇高な理想」への主権の委譲)と九条とに分離しつつ、連動する形で、そのまま盛り込まれています。(3) これに、一部変更を加えたものが、現在の憲法条文となっていることがわかります。(4)

二月一三日、GHQの憲法草案が日本政府に示されたとき、日本政府の代表に「一五分」が草案検分の時間として与えられました。外相吉田茂の顔が「驚愕と憂慮の色を示し」、その間、室外に出ていたGHQ代表のホイットニー准将が日本政府の外務大臣秘書官白洲次郎に、「原子的な日なたぼっこを楽しんでいましたよ」と意味深な威圧的言明を行ったというのが、そのときのよく知られたエピソードです。憲法がＧＨＱの意向を体した「押しつけ」憲法であることを示す好個の例として、よく語られ、私も取りあげたことのある話ですが、いま私の足は、その一つ手前のところで止まります。

なぜ、ＧＨＱ側は見込み違いをしたのでしょうか。

†マッカーサーの考えはどこから来たのか――ＧＨＱの見込み違いのわけ

こう考えるとき、新たに意味深く浮かびあがってくるのが、憲法九条のもととなったマッカーサー・ノートの戦争放棄メモの考え方と、ここまで見てきた連合国側の戦争目的の理念の流れとのつながりです。

これまでこのマッカーサー・ノートの戦争放棄の考え方については、そこに「紛争解決の手段としての戦争」とある表現が一九二八年のパリ不戦条約の規定を思わせること、またそもそもその指示が（侵略国日本の武装解除とともに）考え方としての戦争違法観に立脚していることなどから、この不戦条約に起源の一つをもつことが指摘されてきました(5)。また、マッカーサーが軍事顧問として赴任していたことに結びつけて一九三五年のフィリピン憲法の戦争放棄条項との類縁を強調する指摘もときに見られます(6)。

けれども、そういわなくとも、何よりマッカーサーはここで、単に第二次世界大戦における連合国の戦争目的の理念を表明しているのだと見ることが可能です。

それは、先入観なしに受けとれば、四一年八月にルーズヴェルトとチャーチルが提唱し（「大西洋憲章」）、四二年一月に第二次世界大戦での連合国の戦争目的として掲げられた考え方（「連合国共同宣言」）、そして、その延長にめざされた国際組織創設プロジェクト（国際連合）の四五年一〇月から四六年二月の時点での進行過程を、そのままに反映したといってよいものだったからです。

ということは、つまり、もし、この敗戦の衝撃のなかにあってなお、冷静な頭脳と判断力を失わない観察者がいれば、このとき、占領軍側がどんな新憲法をめざしているのかは、日本の側からでも十分に予測可能だったということになります。ＧＨＱの側は、日本政府のなかに、そういう観察者がいて、当然、連合国の戦争目的の理念を受け、これに沿った、あるいは必要な変更点を加えた日本側草案が出てくるだろうと思い、いわば、「安心」していたと考えられるのです。

大西洋憲章の最後の項目には、こう書かれていました。


（米英——引用者）両国は、世界のすべての国が、実際的および精神的のいずれの見地からも、武力の使用の放棄に到達しなければならないと信ずる。

これは戦争放棄ということです。続けて、

陸、海または空の軍備が、自国の国境外における侵略の脅威を与えたことのある国々において引き続き使用される限り、いかなる将来の平和も維持され得ないから、両国は、一層広範かつ恒久的な一般的安全保障制度が確立されるまでは、このような国々の武装解除は欠くことができないと信ずる。両国はまた、平和を愛好する国民のために、恐るべき軍備の負担を軽減するすべての実行可能な措置を援助し、かつ助長する。（以上、傍点は引用者）

またこれは、国連的な組織のもとでの世界警察軍のような安全保障制度が確立されるまでは、旧枢軸国は武装解除・非軍事化されるということです。

四一年一二月の日米開戦を受けて発表される四二年一月の連合国共同宣言が、冒頭に、この方針への賛同を表明しています。ですから、戦争が連合国の勝利に終わった暁には、この二点が敗戦国に突きつけられるだろうというのは、当然、日本政府の覚悟しておかなければならないことでした。

†戦争放棄条項と国連の理念

そしてマッカーサー・ノートが書かれた一九四六年二月当時、ちょうど世界では、これも繰り返しになりますが、一月一〇日を期して国際連合が二月一四日までロンドンで第一回総会を開いており、一月一七日からはやはりこれに並行して初の安全保障理事会が同地で開かれていました。マッカーサーがこの動きを横目で睨《にら》みながら、ノートに「いま世界をうごかしつつある崇高な理想（"the higher ideals which are *now* stirring the world"）」（傍点とイタリックは引用者）と書いていることは疑いないところです。それは現在進行形で、まだ実現されていない。そういう「崇高な理想」に、日本は前倒しでその防衛と保全を委ねるべし、というのです。

そしてそこには、大西洋憲章に述べられているごとく、安全保障制度が確立されるまでのあいだ、日本のような前科ある侵略国を当分、「武装解除」しておく、という懲罰の意味も籠められる、というのですから、この戦争放棄＝武装解除の方針は、単に表向きは平和の理想のため語られ、一方裏では日本の武装解除をめざす、という偽善的施策であったというほど、簡単なものではない。理想と懲罰と二つがすでに理念として書き込まれているのだ、という事情がわかるはずです。

日本では、先に見た江藤の論を含めて、マッカーサー・ノートは占領軍のホンネ（日本から戦争の能力を奪う）で、他方、平和憲法はきれいごととしてのタテマエ（平和主義）にすぎない、という受け止め方が根強くあるのですが、それは、連合国による日本の武装解除、主権制限を不当だと考えるから出てくる受けとり方です。でも日本は国際社会の秩序に挑戦し——「新秩序の構築」とはそういうことです——敗れて、その非を糾弾されているわけですから、この懲罰には、理念の裏打ちがあり、必ずしも不当とはいえないのです。

ここにあるのは次のような考え方です。

（1）すべての国は今後、武力の使用の放棄に到達しなければならない。そのために、（2）一層広範かつ恒久的な一般的安全保障制度が確立されなければならない。（3）しかし、それが実現されるまでの間は、過ちを犯した——前科ある——侵略国は主権を制限され、交戦権を剝奪され、武装解除されるものとする。

つまり、憲法九条は、（3）の日本の交戦権剝奪をめざすと同時に（1）の戦争違法観に立つ戦争放棄の理念をうたう、一見無関係な二つの要素を併せもつ条項なのですが、この二つの間に、（2）の一般的安全保障機構、つまり「国際連合」の創設、という媒介項をおくと、この（3）交戦権剝奪と（1）戦争放棄は、（2）の崇高な理想への前倒し的な主権委譲＝それが実現するまでの懲罰、というかたちで一つにつながるのです。

このことが示すように、憲法九条の戦争放棄の規定は、同時進行していた国連の理想実現への努力と、わかちがたく結びついていたのでした。ここに示された考え方を念頭に、日本は世界に先んじてモラル・リーダーシップを発揮するのだと、四六年二月二一日、マッカーサーは幣原首相に述べていたのです(7)。

一九四六年一月、国際連合は産声をあげたばかりで、すぐに最大の困難にぶつかっていました。国連にどのように国際警察軍的な機能を与えるか、また原子力の管理をどうするか、ということが、発足直後にして早くも、最大かつ急務の検討課題としてせりあがっていました。何度もここに戻りますが、つまり、一月二四日には、国連総会が第一回決議として原子力委員会の設置を決めて、核の国際管理の検討に乗り出し、翌二五日には、国連安全保障理事会（以下、安保理）が、やはり第一回決議として国連憲章第四五条を含む国連管理下の共同軍事行動の詳細をめぐり、軍事参謀委員会にその大枠の検討を指示したところだったのです。

国連が、当初の「夢」である戦争の廃絶に向けた世界警察軍的機能をもてるようになるか、また核兵器廃絶に向けた核の国際共同管理に道を開けるか、その最大の懸案事項に、正面からぶつかっていたのが、この一月の下旬のことでした。

マッカーサー・ノートは、二月三日、そのほぼ一週間後に書かれています。そして翌日から九日間で、ＧＨＱ憲法草案は作成されます。

その意味では、憲法九条と、国連原子力委員会と、国連安全保障理事会のもとでの軍事参謀委員会とは、同時期に同じ第二次世界大戦の終結時の「夢」と「理想」から生まれた、互いに他をささえあう、双生児ないし三つ子的な存在だったわけです。

しかし、このとき、日本の側から出てきた松本委員会案に、このような世界の動きの意味を洞察するだけの認識力はありませんでした。あるいは世界で進行している戦後政策に応じた対応は見られませんでした。もしそういう準備がなされるとすれば、それを行うのは外務省の務めだったでしょう。しかし日本政府は自分が敗れるばあいの戦後政策には何の用意もしていなかったし、戦後政策を離れても、これに対応するような考え方の準備は、日本の外務省にはありませんでした。

†石橋湛山の明察

しかし、このような受けとめ方のできる人間が日本に皆無だったわけではありません。

たとえば、三月六日の政府による（ＧＨＱ草案をもとにした）改正案公表に対し、当時東洋経済新報の主筆（社長）だった石橋湛山は、こう論評しました。

……今回の憲法改正草案要綱の最大の特色は（中略）第二章にある。之れは既に新聞も記せる如く、世界に未だ全く類例のない条規である。マッカーサー元帥は（中略）「此の企てと約束とに依りて、日本は日本自体の主権に付随する諸権利を放棄し、日本の将来の安全と生存権とを世界の平和を愛好する諸国民の信頼と信義とに任せるものである」と述べている。之れは真に重大の事である。（中略）併し記者は此の一条を読んで、痛快極りなく感じた。近来外国の一部の思想家の間には世界国家の建設を唱道する者があるが、我が国は憲法を以て取りも直おさず其の世界国家の建設を主張し、自ら其の範を垂れんとするものに外ならないからである。その事は草案要綱の明文にも記され、又マ元帥の前掲の言の中にも同趣旨の意味が述べられているが、いずれも蓋《けだ》し記者の前記の解釈を裏書するものと思われる。(8)

石橋は、先に見たように第一次世界大戦後のヴェルサイユ条約で日本代表が人種差別反対提案を行ったときには、日本国民自らが中国人を差別していることを思い起こすべきとこれを批判する眼力の持ち主でした（→141頁）。一九一九年一二月にケインズが「平和の経済的帰結」を発表したときも（→107頁）、三カ月後の二〇年三月には早くもこれを取りあげ、その画期的意義を論じています。また原子爆弾についても、投下から四週間足らずの九月一日に、スティムソン陸軍長官、アトリー英国首相による八月六日の原爆投下をめぐる声明を読み込んだ正確な社論「原子爆弾と将来の世界」を書いていました[9]。

彼のような人間が、敗戦直後の政府部内にあって指導的地位についていれば、GHQに提出する日本政府憲法改正案が、最低、どのようなものでなければならないかについて、基本方策の策定にイニシアティブを発揮し、戦争放棄あるいは非武装に類した回答を用意できていたかもしれません。

驚くべきことに、年譜を見れば、一九四五年八月一五日、天皇の終戦詔書放送を聞いた直後、彼は、東洋経済新報社ごと疎開した秋田県横手で、有志を集め、「大西洋憲章、ポツダム宣言に現われた連合国対日方針と日本経済の見透し」と題する講演を、その後の推移を予見するかのごとくに行っています。マッカーサーが「ノート」を作るにあたり参照したと思われる文書を、ほぼ同時期に念頭においているのです[10]。

第一次世界大戦以来、不戦条約、大西洋憲章、連合国共同宣言と続く流れを押さえていれば、一九四六年三月の時点で、GHQ草案ならびにマッカーサーの声明をつきつけられても、さほど驚くべきことではありませんでした。それに先んじて、これらを先取りする回答を用意することも不可能ではなかったのです。

ここでの明察のカギは、あきらかに、憲法九条と国連のつながりにあります。それに気づくことが、この平和条項の意味を知る上での要諦でした。具体的にいえば、ここに提示された憲法九条の交戦権の放棄（戦争放棄）という条項を、交戦権の剝奪（懲罰）であるとともに、前倒し的な交戦権の国際連合のような世界政府的存在への委譲（モラル・リーダーシップ）でもあるものとして受けとめるような視力が、ここには必要でした。

このような洞察をもった人間が、日本の選良のうちに、なお、少数ながらいたことは間違いありません。

けれども、この憲法の受けとめられ方が、まず示したのは、占領軍の側と日本政府の側の、このギャップの大きさでした。

戦争が終わったとき、戦争の放棄という考え方について、連合国の側と、敗戦国日本の側とには、これだけの認識上の落差がありました。そしてそれは、大西洋憲章以来、もっといえば第一次世界大戦以来の、連合国に代表される国際社会と、それに挑戦する後発国日本とのあいだの、数十年の前史に裏打ちされた、理由ある落差だったといえます。

2　憲法九条をささえた三つの力源

†世論による戦争放棄条項の圧倒的支持

　しかし、憲法の受けとめられ方で、これと並び、もう一つ大事なことがあります。それは、ある意味では、このこと以上に大事なことでした。

　それは、占領軍の側と日本の選民層（？）・指導層・支配層――日本共産党、社会党を含めた――とのあいだに、これだけの認識のレベルの落差があったにもかかわらず、日本の一般層（？）・ふつうの人々のほうは、この戦争放棄条項を、意外にも、平常心で受け入れ、圧倒的多数で歓迎したということです。

　憲法草案はその後、日本政府と総司令部の交渉をへて一九四六年三月六日、日本政府の「憲法改正草案要綱」として公表されます。そして、四月一七日には正式に条文化された現代かな遣いの「憲法改正草案」が、国民に対し、提示されます。これを受けて五月二七日に毎日新聞の手で戦後初、またこの時期唯一の世論調査が行われています。ところでその結果が、賛成七〇パーセント、反対二八パーセントという圧倒的な「戦争放棄」条項に対する支持だったのです。

　この結果について、戦後の世論調査等をもとに憲法意識、憲法動態の研究を行った小林直樹は、専門家として、ＧＨＱ自身がこの結果を「支配層の後向きの姿勢をはるかにこえた『改革に対する心強い反応』[11]」と受けとったことにもふれながら、このとき、憲法草案の「予想外の進歩性に驚きながら、大方の人々は民主＝平和主義を率直に歓迎し、一般に非常な好感を示した」と述べています。

この戦後初の世論調査は日本社会の各層から選ばれた二〇〇〇名を対象にしたもので、サンプル数の上からも無作為抽出ではない点からも技術上の難点があり、「一般世論を必ずしも正確に反映したものとはいい難い」面がありました。しかし、「その後の多くの調査結果と対比してみても、大体において当時の一般世論の傾向を把みとっていると推定してよ」い、というのが小林の判断で、そのうえで彼は、このことから、「一般国民の世論は、保守支配層の政治志向とは対蹠的な方向をむいて」いたことが指摘できると、結論しています。[12]

†戦争放棄条項支持の力源

すると、どういうことになるのでしょう。ここには、およそ三つの戦争放棄条項に対する支持の力源と考え方があったことになるでしょう。

第一は、連合国の戦争目的の理念から流れ出てくる考え方で、GHQ、マッカーサーがその担い手です。それは、戦争放棄条項を、戦争終結直後の連合国側の「理想」と「回心」と「希求」を体現したもので、国際連合の理想に賛同し、以前の平和理念水準からさらに一歩の〝踏みだし〟を行ったものと考えます。

この「理想」では最終的にすべての国が国家主権の一部（交戦権）を委譲することで戦争の廃絶をめざすのだが、しかし、それが実現しない現在、敗戦国日本にその理想への先陣を切ってもらう、そしてそれには理想実現までの期間の懲罰という意味もある、という、大西洋憲章、連合国共同宣言、国際連合憲章を踏まえた支持の仕方です。

第二は、敗戦国日本の選民層、指導層、支配層の考え方で、保革二様の方向を示しますが、ともに、右の一歩の〝踏みだし〟は共有していないため、これを含まない従来の国際秩序である第一次世界大戦戦後秩序の考え方に立って、そこからの一歩の〝踏みだし〟である「交戦権の放棄・剝奪・委譲」には、抵抗を試みる、という条件つき支持の立場です。

国際紛争の解決の手段としての戦争は認めないというまでは、譲歩しても、国の自衛権はそれぞれの国家の固有の権利（主権）として剝奪されえない。そう述べる第一次世界大戦時のロシア革命、国際連盟、パリ不戦条約につらなる考え方といえます。

保守派の多くの政治家が、憲法九条を前にして、せめて自衛権だけは確保しようと考え、また社会党、共産党も、それぞれ異なる考え方に立ちながら、憲法九条といえども自衛権は剝奪されえないはず、委譲までは含まないはず、と主張し、戦争放棄の原則を受け入れつつも、留保をつけました。

　しかし、第三は、右の第一とも第二とも違う背景から、この戦争放棄条項が世界で唯一、憲法としては自衛権までを放棄する先駆的な規定であることを全面的に評価し、支持するものです。それは、第一の支持のように大西洋憲章からの流れとも、国連の理想との結びつきとも、つながりをもたず、第二の支持のように、国家主義的、あるいは国際主義的な理念的な顧慮からする、自衛権の確保へのこだわりとも無縁です。それとは違う力源から、憲法九条の戦争放棄条項を支持するというのです。

　その力源とは、彼らのかけがえのない戦争体験です。そこには厭戦気分も、やみくもな国家不信も、また敗戦国特有の「敗北の文化」の一つとしての道義的優位に向かう心理的代償作用も、含まれています。けっして論理的ではない。不合理なものさえ含む。けれども、たとえば身近な家族を戦争で亡くした人間が、誰が何といおうと、戦争はよくない、国家は信じない、と考え、感じる。そういう動かしがたさに立つ憲法九条への支持を意味していました。

　憲法九条をいわば一種絶対平和主義的な——自衛権の否定までを含む——解釈のもとに支持し、このあと、護憲論と結びつき、戦後の日本の平和主義の母体に育っていくのは、GHQの理想型国際主義的な理解とも、日本の左右指導層の現実型国際主義的な理解とも異なる力源をもつ、この支持の考え方だったというのが、私の考えです。

このあり方は、憲法九条を絶対平和主義的に解釈するとはいえ、宗教的な信念、個人的な信念に立脚する世界的な絶対平和主義の流れにそのまま連なるというものでもなかった点が、重要です。それは、国民に広く共有された共通体験に基づき、戦後の生活感覚と結びついている点で一国主義的であり、各人のかけがえのない戦争体験に根ざしている点で、いわば非合理的な反戦感情に立つものでした。また、一国的で被害者体験に立つところから、他国に対する被害者意識・加害者意識に弱いという難点を抱えるものでもあったと思います。四六年五月の世論調査に「戦争放棄」への七〇パーセントの支持として現れていたものこそ、この一国主義的で、かつ、かけがえのない戦争体験にねざす第三のあり方の最初の萌芽にほかなりませんでした。

それを私は、この本では、文脈に応じて、一国的な平和主義、戦後の草の根的な平和主義、戦後の平和主義と呼んでいくことになるでしょう。なかなかに一言で論理的には定義しづらいものを含む信念ですが、それは、戦後の出発点で、平和思想として、明らかに戦争体験に基礎をおくという点で、異色を放ち、その戦争体験が内的矛盾、「ねじれ」をはらむものだったことに応じて、それ自身のうちに内的な矛盾を抱えるものでもありました。

†戦争体験にねざした平和主義

敗戦直後の日本は、先に述べたような無条件降伏政策の施行のもとで、世界から隔絶されています。国際連合の動き、原爆投下をめぐる米国社会での動揺、論議、国際社会での批判なども、GHQの検閲なしには日本には入ってこず、広島・長崎の惨状をはじめとする占領政策の実態も、日本の外には出ていきませんでした(13)。

そういうなかにあって、敗戦国日本がもつことになった憲法九条に、大西洋憲章以来の戦勝国の理念の精華が、盛り込まれ、それは同時期に進行していた国連での理想実現の動きと連動するものでもあったというのは、一つの驚きです。しかし一九四五年の米国での年間ニュースの第一が原爆投下で、次が日本降伏であったことを思いだして下さい（→163頁）。四五年の下半期から四六年の上半期にかけて、焦土となったブラックボックスの日本は、全世界の焦点の一つでした。そしてこのとき、憲法九条が日本と世界、日本と戦後の国際秩序のめざすものをつなぐ回路だったのです。

とはいえ、日本国内で、それを強固に、かつ頑迷に支持することになる力源は、国民のかけがえのない戦争体験に基づく、どちらかといえば、一国主義的な平和主義でした。

ここに憲法九条をささえる力が日本でもつことになる複雑な性格の淵源が顔をだしてい

ます。

この憲法九条への支持は、その後、特に安保闘争をへた六〇年代以降、いわゆる「護憲論」の形成母体に育っていきます。私たちには、なんとなく、その移行がスムーズに進んだような印象があるのですが、世論調査の結果をみれば、そうではないことがわかります。

この草の根型の平和主義が一筋縄にはいかないことに応じて、その過程はジグザク型の、錯綜をくり返すものでした。

つまり、草案発表の直後こそ七〇パーセントの戦争放棄への支持としてその最初の声をあげたものの、この支持の動きは、意外なことに、以後一〇年間ほどは、再軍備・軍隊保有のための憲法改正への賛否をめぐり、賛成多数と反対多数のあいだで停滞しています。

すなわち、憲法改正への賛否もしくは再軍備・米軍基地存置への賛否の割合は、その次の「平和」をめぐる世論調査となった四九年八月の読売新聞「平和日本樹立の方向」では、一転、「46・4／35・8」と米軍存置への賛成多数を示し、その後、憲法改正への賛否は、「31／32」(五二年二月・朝日、伯仲・反対やや多数)、「43・2／26・8」(同四月・毎日、賛成多数)、「27・9／45・8」(五三年一月・東京、反対多数)、「47・5／37・6」(五四年一一月・東京、賛成多数) とジグザグ運動をくり返すのです (緒方章宏・古川純「再軍備・軍隊保有のための憲法改正の賛否・要否」による)[14]。

そして、この傾向が明らかな変化を見せる契機が、一九五五年一一月の「保守合同」です。「保守合同により発足した自由民主党」が「党綱領に憲法の全面改正を掲げ」ると、ここから「九条の一点における国民意識の明瞭な分岐の形成」と「争点の明確化が生じ」、その後、「九条改憲賛成論が急激に減少し、反比例して反対論が急増」しています。五五年一二月の朝日新聞での世論調査「憲法改正に賛成か反対か」で賛否が「37／42」と逆転すると、その傾向は、「26／61」（六二年八月・朝日）、「19／64」（六九年一月・朝日）、「16・1／49・9」（七〇年五月・読売）と一貫して、改正反対多数を示すように変わりますが、以後、この傾向が数十年にわたり、定着することになるのです。[15]

ちなみに「護憲」という言葉が紙面に現れるのが、「読売新聞」では四七年二月以降、「朝日新聞」では四九年七月以降のことですが、一方、「読売新聞」では六二年一月、「朝日新聞」では六四年五月以降、新たに「護憲派」という呼称が現れてきます。[16]

ここに生まれているのが、日本の戦後の、あの平和主義、平和思想と呼ばれるものの支持母体、またこれを支える土壌なのです。

この後、戦後の政治は、大きくこの土壌を取り込むことで、ユニークな平和路線を作りだします。

†GHQの劣化と保守政党の歩み

憲法九条を支えた先の三つの力源は、以後このような推移をたどります。

まず、第一のGHQ側の考え方ですが、この支持は、早くも一年後には、本国米国の政策転換によりあっけなく冷戦思考的なものへと変質、劣化していきます。その嚆矢《こうし》は、一九四七年二月、この月の一日に予定された日本初の全官公庁のゼネストがGHQの指令によって中止されることです。軍国主義的な日本社会を変え、民主化を進めるというポツダム宣言のうたう方向が、はじめてGHQ自身の手で否定されます。そしてそれは、翌月のトルーマン大統領による、冷戦の開始を告げるソ連封じ込め政策（トルーマン・ドクトリン）の発表と軌を一にする動きでした。

日本では、以後、四九年の中華人民共和国の成立、五〇年の朝鮮戦争の勃発を受け、大きくGHQ（とそれに従属する吉田政権）が冷戦体制、再軍備の模索へと舵を切ります。以後、この動きは「逆コース」と呼ばれるようになります。そして、五二年を期して、占領軍の存在が、純軍事的な米軍基地の機能に取って代わられると、憲法九条は、もしこれを支持しようとすれば、米国にもはや期待できないものと変わっていくのです。

二つ目の日本の指導層を主体とした条件つき支持層、ないし面従腹背的支持層に生じるのは、一つに、保守陣営における第一の占領軍の動きに追従した従米・反共主義への傾斜、二つに、特に講和成立後に生じる戦前への回帰の動きです。それが自由党の吉田政権の従米主義と、これに反発する鳩山一郎、岸信介らの日本民主党の対立軸を形成していきます。そして、五四年に吉田内閣が総辞職し、鳩山内閣が成立すると、五五年、社会党の左右両派の再統一による日本社会党の成立に対抗すべく、保守合同により自由民主党を創立させ、その政綱に、鳩山・岸の意向を反映させた憲法改正の主張――「現行憲法の自主的改正をはかり、また占領諸法制を再検討し、国情に即してこれが改廃を行う」――が掲げられます。

この保守合同の勢力は、反吉田の従米路線への反発で一致しており、このときの政綱には、右の一文に続いて日米関係の枠のなかにありながらも対米独立の意向――「世界の平和と国家の独立及び国民の自由を保護するため、集団安全保障体制の下、国力と国情に相応した自衛軍備を整え、駐留外国軍隊の撤退に備える」（傍点引用者）――も明記されました。

しかし、興味深いのは、このとき、従米派として保守合同から排除された吉田茂のめざした路線が、その後、鳩山・石橋・岸と続いた自主外交・対米自立路線の破綻によって、再び吉田の後継者たちによって継承されることを通じ、先の第三のあり方――国民の戦争体験に根ざす平和主義――を組み込むことで、新しい、安定した、戦後政治の正統の経済ナショナリズム路線を作りあげるようになることです。

鳩山、岸は、政治的なイニシアティブを発揮することで、自主外交を回復し（鳩山）、あるいは自国のナショナリズムの基軸を回復し（岸）、できるだけ対米自立をめざすという点で共通しています。鳩山はこの考えに立ち、日ソ国交正常化、日本の国連復帰を実現しますが、岸の日米安保条約改定の模索も、国民の側に岸の非民主的な政策強行への反対を呼び起こし、日本の反米感情の爆発を呼び込んで、彼を退陣に追い込むものの、ほんらい、対米従属を前提としながらも、先に吉田が五一年に締結した不平等な日米安保条約をまだしも是正し、対等に近いものに変えようとする、国益の追求をめざすものでした。

しかし、彼の強引で非民主的なやり方が国民を怒らせ、戦後最大の政治的危機を呼び寄せると、その後を襲った吉田の継承者である池田勇人は、この政治的アプローチを〝凍結〟し、民心を鎮静化するとともに、吉田が基礎を作った親米・経済大国・軽武装（平和主義）を三位一体とする新しい経済ナショナリズム路線の確立をめざすようになります。

ここで重要なことは、この路線の確立にあたって、吉田、池田、またその後継者である佐藤栄作が、憲法九条に対する国民の支持、つまり先の第三の支持の力源を、うまく取り入れ、彼らの経済中心主義路線を民心安定化に資するための回路、石油タンカーにいうバラスト（重し）として繰り入れるようになることです。それは、第一の主体（GHQ）が消え、第二の主体（指導層）がいわば本性を露わにして、戦前志向、独立志向のもとで、条件つき支持から離反した後、第三のあり方（国民）が憲法九条の最大の支持基盤となると同時に、それが第二のあり方のアクターであった政治指導層にとっても無視できない力となることを示していました。

一九六〇年の安保闘争は、そこからいえば、この第三の勢力、憲法の支持層が、戦後民主主義の定着層と重なり、分厚い戦後社会の主体に育ってきたことの逆証明でもありました。岸は、いわば反面教師となって、この第三の支持層を怒らせては、安定した政局運営が難しいこと、憲法九条は、その「象徴」にまで育ってしまったことを、このあとの保守派の指導層に知らせるのです。

†社会党と共産党

ここで興味深いことは、この第三の支持のあり方の浸透先が、保守陣営にとどまらなかったことです。同じことが革新陣営にも、同時進行的に起こっていました。

社会党は、先にちょっとふれたようにGHQ作成の憲法草案における戦争放棄に対しては、この規定が同時代的な国際主義の線を「はみでた」極端な理想論になっていることを指摘し、パリ不戦条約の線で、戦争は違法とするも自衛権は保持すべきであると主張しました。

一九四六年六月、国会審議の場で、社会党の鈴木義男議員は、戦争放棄の条項に理想主義的な「意気込み」が示されていることに賛意を示しながらも、この規定が「国際法上に認められている自衛権の存在までも抹殺するものでないことは勿論」のことであること、また、「局外中立」をめざすというのは時代遅れの「アナクロニズム」で、いまは「世界各国の団結の力で安全保障の道を得る以外にないのが世界の常識」であり、「積極的平和機構への参加」をめざすべきだと主張しました。

また、戦時中、中国に亡命し、中国共産党の八路軍とともに活動した共産党の野坂参三議員も、「正しい戦争」と「不正な戦争」がある以上、戦争一般の放棄ではなく、侵略戦争の放棄とすべきと主張したのは、名高い話です。

憲法はその後「改正」を図るべしとの意見も党内に強かったことから、社会党は、GHQ草案に対し、一定の留保を示し、[17] 共産党も、四六年の八月から一〇月にかけての国会議決では、憲法改正案に反対を貫きました。

しかし、これが、その後、保守陣営に見られたと同じく、第三の支持のあり方に合流していきます。

まず社会党からいうと、四七年五月に片山哲《てつ》内閣を実現した社会党は、理論派と現実派とのあいだに、左右の対立をかかえていました。その対立がもとで、四九年一月の総選挙では議席数を一四三から四八に激減させ、大敗北を喫します。その後、現実主義的な右派が優勢を占めるようになると、合理的な憲法理解は後退し、なかば没論理的なしかたで、反米ナショナリズムと民主主義志向と戦争体験に立脚する平和主義が一種のアマルガムとなった国民感情、つまり先の混沌とした第三の憲法九条支持のあり方に、自党の軸足を重ね、党勢を伸ばしていくように変わります。

すなわち、四九年一二月に中央執行委員会でさしせまった独立問題にむけ、「講和問題に対する党の一般的態度」を決定し、憲法九条の命じる「非武装・中立」に則り、特定国家への「基地提供に反対」する「全面講和」の主張に転じるのですが、じつはこの「左派色濃厚な『三原則』」を起草したのは、右派である元外務省課長、連絡調整中央事務局長官の曾禰《そね》益《えき》でした。曾禰は、「一度なげだした政権をふたたび手に入れるためには、理想的なことを言った方が得だと」考え、「タクティクス（戦術）」としてこの第三のあり方に合流したと、後に述べています。[18]

こうして、「現実主義といわれる右派」がいまや野党の「気楽さ」も手伝って「左派とも見まごうほどの理想主義に傾いてい」き、その主導で、社会党はまがりなりにも左派的な「平和三原則」の線で一致を見ることとなり、その偶然が幸いして、その後、この理想主義的な方向で、望外の党勢拡大に成功するようになります。

五二年一〇月の「抜き打ち解散」では、右派が三〇議席から五七議席へとほぼ倍増、左派も一六議席から五四議席へと三倍強の躍進、半年後の五三年四月の「バカヤロー解散」では、右派は六〇議席から六六議席へ微増、左派は五六議席からさらに七二議席へと勢力を伸長し、わずか半年で、左右合計で四六議席から一三八議席へと三倍に迫る大躍進を遂げるのです[19]。その延長で、両派は、いわばこの草の根的な一国平和主義を党是に、五五年の左右社会党の再統一へと進み、統一社会党を結成することになります。

また、共産党は、四六年の議決では、「憲法九条のもとでも、急迫不正の侵害から国をまもる権利をもつことを明記するよう提起し」、つまり自衛権の確保が明記されていないことを理由に、憲法九条に反対します。しかし、その党史には、「その後、戦争を放棄し、戦力の不保持をさだめた憲法九条のもとでも自衛権をもっていること」が「ひろくみとめられるようにな」ったため、「憲法の改悪に反対して九条を積極的に擁護」するように変えたと記されています[20]。

共産党もまた、自らの平和主義の基盤を、この元来あいまいさをもつ第三の支持のあり方のもとに移し、この第三のあり方が憲法九条を信奉するうえで「自衛権」までを含むかどうかにはさして重要性をおいていないという解釈のもとに、五〇年代の冒険主義をへて、七〇年代以降はこれに合流していくのです。

†戦争体験にねざした平和主義が戦後体制をつくった

このことは、日本の戦後の深まりのなかで、この第三のあり方こそが、第一の支持勢力が姿を消したあと、GHQの憲法草案の「理想」を、とだえさせずにささえてきた母体であったことを示しています。しかも、それは、単に戦争放棄という理想をささえたというだけでなく、第二の領域の保守陣営、革新陣営の双方に、その政治路線の策定をめぐり、多大な影響を及ぼしました。

それは、単なる戦前への回帰にすぎない、復古型ナショナリズムと結びついた岸首相の対米自立の企てに、たぶんに反米ナショナリズムを含んだ混沌としたエネルギーで「NO」をつきつけ、日本の保守政治を未知の方向に歩ませる契機となりながら、またその新しい経済的アプローチの路線確立に必要な大きな要素となり、他方、その革新陣営の政治力学をも、大きく変容させるのです。

日本社会党は、その果実を棚からぼた餅式に享受し、勢力拡大に成功します。それは、戦後民主主義と一国平和主義を核心とする「護憲」勢力の代弁者となることで、政治的現実性をもったのです。日本社会党ほどではないにせよ、それと同じことが、ある程度まで、日本共産党についてもいえるはずです。

では、日本の従米型・ないし親米型保守派が、この第三のあり方を大いに活用し、またこれに影響も受けながら、両者の合作として作りだした非政治的アプローチによる、経済ナショナリズム路線とは、どのようなものだったのでしょうか。

それは、吉田ドクトリンと呼ばれています。吉田茂が占領期にその原型を作り、五〇年代の戦後の戦前復古型保守政治が「憲法改正」を呼号し、政治危機を呼び寄せて挫折したあと、その継承者たちが、高度経済成長政策の名のもとに、推進、確立することになったいわゆる保守本流の政治路線が、それです。

Ⅱ　戦後型の顕教・密教システム

1　吉田ドクトリンと戦後の顕教・密教システム

†親米・軽武装・経済中心主義

ＧＨＱの憲法草案をもとに憲法を制定しなければならなかった当時の政権担当者、幣原喜重郎、吉田茂の両首相は、一九四六年から四七年にかけての時期はマッカーサーの意を受けて、ＧＨＱ案の祖型ともいうべき非武装平和主義を擁護し、自らそう信じるかのごとき発言に終始しました。しかし、吉田についていえば、それは明らかに面従腹背の表現でした。

しかし、占領後期になり、憲法九条が国民に堅実な浸透を見せるようになると、吉田は、これを一部自分の政策に組み込み、経済重視・軽武装の路線を志向するうえで、米国からの再軍備要請に応えられないことの口実に用いるようになります。

つまり、講和に際して米国の特使としてやってきたジョン・フォスター・ダレスが、冷戦の激化を受け、日本に再軍備と米国の軍事負担の軽減に資する相応の分担を要求してくるようになると、吉田は、憲法九条を盾に、これを拒みます。明らかに、日本の経済を軍事主導のものにすることは、経済的に見ても、政治的に見ても国益に沿わないという判断から、米国の要求を前に狡猾な対応策に出るようになるのです。そして、憲法九条が彼の思惑通りに対米抑止力として機能し、その作戦が功を奏するように、日本の革新勢力に対しては、平和主義の主張をさかんに喧伝し、護憲派として確固とした存在感を漂わせることが期待されました。

そのために、吉田がひそかに社会党書記長の鈴木茂三郎と〝連携〟をはかったことについては、いくつかの証言があります[21]。

先に述べたように、この吉田の従米を基本とした路線は、国内の気骨ある保守政治家たちを鼻白ませ、講和終了後、占領軍という後ろ盾を失った吉田を、退陣に追い込ませます。しかし、保守合同以後、彼の対抗者たちが、「ねじれ」の自覚に乏しいまま、素朴に「自主権法」の制定を主張し、対米自立をめざし、気概ある日本国の再建を訴え、どこか古風な政策を推進しようとして、頓挫すると、その後に現れて、まったく異質の政策思想に立った政治を実行し、成功に導くのは、「ねじれ」をうまく取り込んだ親米・軽武装（＝平和主義）・経済中心主義を三位一体とする経済ナショナリズム路線なのです。

その成功のカギはどこにあったか。

†伊藤博文の顕教・密教システム

それを説明するうえで、手がかりになるのが、明治期に国家運営を安定させるために伊藤博文が設計した天皇の権威と権力をめぐる顕教・密教システムです。

ここに顕教といい、密教というのは、鶴見俊輔と久野収による「日本の超国家主義――昭和維新の思想」という論文に出てくる言葉です[22]。

その論考の設問の一つは、なぜ、戦前に天皇が現人神（現に人となって生きている神様＝生き神様）だという信仰（？）が広まりえたのか、ということでした。というのも、もしみんなが天皇を神様だなんて思っていたら、合理的な考え方を基礎とする近代国家など経営できるわけがありません。それは、このあいだまで封建時代の中に生きていた国民が、とても急激な近代化に即応できないだろうことを予想した伊藤博文が、近代化の衝撃を緩和するためにおいた、緩衝材的な装置でした。そうしたクッションのような衝撃吸収のシステムとして、伊藤は独特な天皇教システムを作ったのでした。

顕教・密教のシステムの説明に入るまえに、一言、このときの「緩衝材」の必要について述べておけば、渡辺京二は、明治維新を「国家による資本制の創出という特異な任務になった革命」だったと述べています。そして、もしこの未知の衝撃にもろにさらされれば古来続く「共同体的な生活原理のうちに生死するわが国の基層民」は、これにとても耐えられなかっただろう、と続けています。

それで「四囲の状況によって市民社会国家たることを強制された明治国家」はこの「資本制・市民社会国家」と「共同体的な生活原理」のあいだに緩衝的システムをおく必要に迫られる。それが「天皇制」であった。天皇のもとで四民が平等であるという前近代的な平等の論理を駆使することで、明治政府はかろうじて「近代国民国家の形態」との帳尻をあわせることができるようになった、というのです[23]。

しかし、その緩衝システムは、二つの顔をもたなければなりません。開国まで、封建制のムラ世界に住んでいた基層民に向けては、天皇信仰という顔、一方、明治国家の支配エリートに向けては、近代国民国家の政治システムという顔です。ではその二つの顔をもつシステムは、どのように可能か。

鶴見と久野は、それが顕教と密教のシステムによって可能になったと見て、こう述べています。

> 注目すべきは、天皇の権威と権力が、「顕教」と「密教」、通俗的と高等的の二様に解釈され、この二様の解釈の微妙な運営的調和の上に、伊藤の作った明治日本の国家がなりたっていたことである。顕教とは、天皇を無限の権威と権力を持つ絶対君主とみる解釈のシステム、密教とは、天皇の権威と権力を憲法その他によって限界づけられた制限君主とみる解釈のシステムである。はっきりいえば、国民全体には、天皇を絶対君主として信奉させ、この国民のエネルギーを国政に動員した上で、国政を運用する秘訣としては、立憲君主説、すなわち天皇国家最高機関説を採用するという仕方である。[24]

少し説明すると、ここで、顕教、密教というのは、最高の核心的な教えというのはコトバで簡単にいえる、というのが「外に顕れている」という意味で、顕教、反対に最高の核心的な教えは明かせない、寺院の奥深くで修行の末に相伝される、というのが「外に対して秘密にされる」という意味で、密教、というくらいに受けとっておいて下さい。それを著者たちは、「たてまえ」と「申しあわせ」とも言い直しています。

天皇は、国民にたいする「たてまえ」では、あくまで絶対君主、支配層間の「申しあわせ」としては、立憲君主、すなわち国政の最高機関であった。小・中学および軍隊では、「たてまえ」としての天皇が徹底的に教えこまれ、大学および高等文官試験にいたって、「申しあわせ」としての天皇がはじめて明らかにされ、「たてまえ」で教育された国民大衆が、「申しあわせ」に熟達した帝国大学卒業生たる官僚に指導されるシステムがあみ出された。(25)

著者たちによれば、日本の学制が外国の学制に比べて「初等教育と高等教育とのさけめ、国民大衆とインテリとのさけめのはげしさを特色とした」のはこのためだとされます。外国では初等教育で基本が教えられ、高等教育で個別的、専門的内容が研究されるのですが、日本では、まず初等教育で「結論が断定的に教えられ」、次に高等教育で「この結論に達する手つづきや異った解釈が教えられ」ます。手品が国民に示され、そのタネが選民層にだけ、後で打ち明けられるというのです。

当初、このシステムは設計者伊藤博文が運転して、うまくいっていました。しかし、彼の死後、彼の同僚も年老いていくなか、システムが一人歩きをはじめます。中で当初から、わからずやと烏合の衆からなる中間部分たる「軍部と衆議院」が、うまくこのシステムになじまなかったのですが、やがて軍部が指導層の「密教」主導システムのなかで「顕教」をふりかざし、初等教育を所管する文部省をしたがえて「顕教による密教征伐、すなわち国体明徴運動を開始し、伊藤の作った明治国家のシステムを最後にはメチャメチャにしてしま」うのです。

†対米従属への緩衝システム

吉田が基礎を作り、その後、池田勇人、佐藤栄作の政権担当期をつうじて作りあげられる政治システムは、この伊藤の作りあげた顕教・密教システムに酷似しています。

そのばあい、戦後の政治にあって、「緩衝材」をおかなければ、日本国民がちょっと耐えきれないだろうと吉田に思われた「衝撃」とは、対米従属の事実がもつ苛酷さです。

この本の冒頭に記したように、ポツダム宣言にも、サンフランシスコ講和条約にも、占領が所期の目的を達したら、あるいは講和条約が発効したら、「直ちに」あるいは「九〇日以内に」占領軍は日本から撤収すると記されていました。

しかし、講和は成立したのに、同じ日に日米安保条約が締結・調印され、日本はそのまま米軍基地の存置、沖縄ほかの領土の施政権割譲を認めさせられました。

東西冷戦のもと、日本はソ連と中国に対する米国の世界戦略の反共の防波堤として位置づけられ、当初の日米安保条約の規定によれば、未来永劫、米国が同意するまで、保護国のような存在に据え置かれることになったのです。

このような屈辱的な境遇に、日本国民は耐えられるのか。

そこで吉田が作りあげたのが、「米国の権威と権力」が「顕教」と「密教」、通俗的（たてまえ）と高等的（申しあわせ）の二様に解釈され、「この二様の解釈の微妙な運営的調和の上に」、戦後日本の社会が安定してなりたっていく緩衝システムでした。

そこで顕教とは、日本と米国はよきパートナーで・日本は無条件降伏によって戦前とは違う価値観の上に立ち・しかも憲法九条によって平和主義のうえに立脚しているとみる解釈のシステム、密教とは、日本は米国の従属下にあり・戦前と戦後はつながっており・しかも憲法九条のもと自衛隊と米軍基地を存置しているとみる解釈のシステムを意味しています。

はっきりいえば、国民全体には、日本は無条件降伏で敗れたがいまは憲法九条をいただく平和主義の独立国家だという認識をゆきわたらせ、「この国民のエネルギーを国政に動員した上で」、そのじつ「国政を運用する秘訣としては」、対米従属のもと――「戦前と戦後のつながり」という政治的感覚はカッコに入れて――、「自衛隊と米軍基地」によって軍事的負担を最小限にとどめながら、もっぱら経済大国化をめざす、そういう路線が、ここに思い定められ、設計され、実行に移されたのです。

そこでのポイントは、三つあります。一つは、対米従属からくる政治的焦慮を経済大国化による自尊心の醸成によって緩和することです。二つは、従属の対価である米国の「傘」を最大限に利用することで、もっぱら米国に迫ろうというほどの経済大国化をめざすことです。そして三つ目が、米国の再軍備の要求を憲法九条の平和主義を盾に最小化し、軽武装に徹することで平和主義を温存し、ここでも道義的優位性に訴えることで国民の自尊心の醸成に資するとともに、経済の健全化をはかり、社会の安定をさらにたしかなものにすることです。

池田内閣、佐藤内閣の施政は、一九六〇年七月から七二年七月まで一二年ものあいだ、続きました。この期間を私たちは、高度成長期と呼んでいますが、この期間に作りだされたものが、経済の成長とともに、日本国民の戦争体験に裏打ちされた経済繁栄と一対になった戦後日本型の平和主義でした。そしてそれを可能にした最大の要件が、憲法九条でした。

†内的矛盾

しかし、こう見てくれば、この吉田政治、保守本流の政治路線には大きな内的困難がはらまれていることがわかります。また、その根源に、彼らの政党の指針自身に根ざす内的な矛盾のあることが浮かんできます。

彼らの政党である自由民主党が、党の政綱にあげているように、その政党としての目的は、「現行憲法の自主的改正をはかり」、「国家の独立」を保全し、「集団安全保障体制の下」でではあれ、「国力と国情に相応した自衛軍備を整え」ることですが、その理由は、「集団安全保障体制」の元締めである米国への協力・従属を徹底して、わが身を護ってもらうためではなく、「駐留外国軍隊の撤退に備える」ため、独立を完全なものとするためでした。

この政綱は、彼らの政党が「戦前と戦後のつながり」を大事にしていること、それを党是の第一においていることを示しています。

そうである以上、彼らのめざすところは、はっきりいってしまえば、対米独立です。しかし、そこには、かつて江藤淳が「自己回復を実現するためには『米国』の後退を求めなければならず、安全保障のためにはその現存を求めなければならない」と記した二律背反があります。

この二律背反を解決するには、――対等関係を認めた上で日本の安全保障への関与は続けるという――米国の温情に期待するしかありません。でも、そうした「温情」は、とうてい望めそうにありません。

日本が米英関係のような対等な関係をわれわれは望んでいるといったところで、米国が望んでいないといえば、それまでですし、米国にとって、日本が従属的に何でも米国のいう通りになるほうが好都合であることは、火を見るよりも明らかだからです。

ですから、この二律背反は、彼らの党是の内奥に巣くう矛盾です。自民党は、再軍備するのは「駐留外国軍隊の撤退に備える」ためだというのですが、米国が撤退に同意しなければ、――現在は一国からの通告で、日米安保条約は終了できますから――一方的に米国の意向に逆らって同盟解消を図るしかなく、そのばあい、「自己回復を実現」できても米国との友好関係、同盟関係はなくなり、「安全保障」の面で大問題を来し、彼らは、この二律背反に陥らざるをえないのです。

吉田の経済ナショナリズムは、この内的矛盾を顕在化させないための工夫でもありました。

政治的な自己不全（フラストレーション）を、経済的な自己実現で可能なかぎり、緩和する。そして、対米従属が、見えないばかりでなく、感じられないようにする。その一方で、経済的な成長を実現し、国民に豊かな生活を保障し、可能なかぎりの軽武装で、何とか米国からの要求をかわしつつ、平和主義を貫く、というのがその矛盾の露呈回避の要諦でした。

しかし、同時に、この矛盾回避策にも、内的な矛盾、ないし困難がなお持ち越されていることが、ここから見えてきます。

たとえ、見えず、ほぼ感じられないとしても、日本が対米従属のもとにあり、政治的自由をもっていないことは明らかです。いまは、日米同盟は、日本の経済中心主義の発動にとって不可欠な存在であり、国益に適っている。でも、それが逆に、日本の政治的選択を拘束し、国益を損なうものとなったばあいには、どうするのか。

また、この顕教・密教システムを成立させるカギとして、経済成長が順調に進み続けること、そして平和主義が社会を安定させるだけの「バラスト」効果を保持し続けることの二つが条件としてあげられるが、この二つの条件のうち、いずれかが欠けたばあい、あるいは、両方が欠けたばあい、どうなるのか。

対米従属の不可視化を進めるとはいっても、その事実をないものにはできない以上、この経済中心主義は、あくまで一時的な問題の回避にすぎません。日本は米国に政治的な自由を制限され、制約されている。それを回復するという政治的課題が先送りされているのです。そしてこの後、いったん〝凍結〟されたこの政治的アプローチを、いつまでも〝寝た子〟のままにしておくことはできない。それが〝起きだした〟ばあいには、どうするのか。

いったんこの経済ナショナリズムの「魔法」が解ければ、すぐにも対米従属をどうするかという問題が、立ち現れてくるのです。

そして、この後、この戦後の顕教・密教システムに起こったこと、そして現にいま私たちの前に進行している事態は、ほぼ、この問いが現実のものとなる過程でもあったと、私の眼には見えます。

2 顕彰、批判、再評価

†吉田政治の意義

まず、この吉田政治の意義を最初に明らかにしたのは、政治学者の高坂正堯《こうさかまさたか》でした。卓抜な頭脳をもつ彼はそれを一九六八年、高度成長のさなか、吉田の後継者たちがはっきりと、その基礎のうえに新しい政治路線を樹立していく時期をとらえて、発表しました。保守本流の吉田政治の完成期に、その意義を解明したのです。

そのとき、高坂が強調したのは、吉田が、ほかの戦後の保守政治家をとらえた政治的信念なるものに対し、類い希な抵抗力をもっていること、不思議な「ねじれ」の自覚を保持していること、それが彼に経済中心主義という新しい方向を切り開かせたことでした。

彼は書いています。

だから、吉田がつねに、彼の第一の業績として、ダレスの再軍備の要求をことわったことをあげ、この行為こそ日本の経済を復興させる上で、決定的な役割を果したものであると自慢したのも無理からぬところがある。しかし、彼はその場合、憲法第九条を交渉の道具として使った。（中略）ダレスの強硬な要求に押し切られないために、憲法第九条は強い手段となったからである。

しかし、「再軍備は致しません」と言いながら、実際には少しずつ再軍備をすすめて行った彼の態度は日本の政治に大きな傷を残した。しかも、彼はこの態度を講和のあともつづけた。彼は一方では「なしくずし軍備」の批判を受け、他方では芦田均や鳩山一郎など、日本ははっきりと憲法を改正して再軍備すべきであるという立場の

人々からも激しく攻撃された。だが、彼はその態度を変えなかったのである。(26)

その意味では、一九六〇年に〝凍結〟されたのは、鳩山・岸政権が吉田の後に試みた性急な政治的課題の克服――自主外交、対米自立――という政治的アプローチ、こうした路線の大枠それ自体でした。池田・佐藤は、吉田の意図を引き継ぐかたちで、ここに「政経分離」という通商分野の手法を政治全域に拡大転用し、経済的アプローチによる政治的課題の代替的達成、つまり経済大国化によってナショナリズムの発露をめざすという新路線の確立に、いわば戦後の顕教・密教システムの導入によって、成功するのです。

高坂の著書『宰相吉田茂』が世に現れた一九六八年は、また日本が西ドイツを越えてGNP世界二位の経済大国に躍り出た年でもあります。

†「対米従属」の再顕在化

しかし、その後、この経済成長が日本と米国のあいだの通商摩擦を激化させます。六〇年代をつうじて、米国の経済はヴェトナム戦争の負担の増大もあり、国際競争力を低下させていきます。六〇年代末からの日米繊維交渉にはじまり、七〇年代に入るとニクソンのドル防衛政策、対米輸出規制要求など、米国からの経済攻勢が続き、日本は、自信をつける一方で、さまざまに米国の無理無体な要求に妥協、譲歩を余儀なくされ、その政治的不満を嵩じさせていきます。

日本の経済規模がまだ小さいときには、吉田路線は政治的な対米従属をテコにしての経済大国化路線として所与に対する最適化政策たりえたのですが、日本が経済的に米国の脅威となると、経済の分野でも、衣の下から鎧が覗くように、再び対立が顕在化するたび、「対米従属」が顔を見せるようになってくるのです。

一九七八年、江藤淳が「日本は無条件降伏などしていない」と突如、主張するのは、この意味では、時宜に適った問題提起という側面をもっていました。

興味深いことは、このとき、この吉田の基礎づけた戦後政治の体制を、江藤も、彼なりの仕方で顕教・密教システムとして批判していることです。

彼によれば、米国は日本に防衛負担の増大を要求し（A）、日本の保守党政権はこれに応じて軍備拡大につとめ（B）、これに革新野党は「非武装中立・護憲・安保破棄を叫びつづける」（C）という「見なれた構図」がここにあるように見えるのですが、「これはあくまでも〝顕教〟の構図にすぎ」ません。それは、ほんとうは日本は交戦権を剝奪されているのに、その問題を「隠蔽し、あたかも日本が現実に『固有の自衛権を行使』できるかのようによそおった、虚構の構図」です（傍点は原文）。

この偽りの構図の下で、米国は日本が実際は「固有の自衛権を行使」できないことを熟知しつつ、兵器を売りつけているのであり（A′）、日本政府は「着々自衛隊の増強をはかりつつある」ように見せて、せいぜい「対米貿易の黒字減らし」を期待しているだけで実際に「戦うことを予期して」はおらず（B′）、革新野党も安保破棄を唱えながら、日本の「戦力」が「自衛権」同様絵に描いた餅のような抽象的「戦力」にすぎず、「実はものの役に立ちかねることを百も承知」（C′）だという〝密教〟劇が進行しているというのです。

つまり、われわれは、A、B、Cのみを見て、それが実際には見掛けの構図にすぎず、A′、B′、C′こそが現実の関係であることを忘れている。A′、B′、C′の関係とは、いうまでもなく、保守改憲派、革新護憲派および米国のあいだに存在する黙契の関係、反撥力というよりはむしろ相互に不思議な親和力が作用し合っている関係である。(27)

この江藤の顕教と密教は、いわば比喩的な使い方で、ほぼ巷間でタテマエとホンネといわれるものの通俗的転用にすぎません。誰がこのシステムをなぜ構築したかという観点をまったく欠かしており、ここに私が述べている、伊藤が明治期に政治指導を安定化させるために導入した顕教・密教システムの、吉田による戦後的展開とは大きくかけ離れています。しかし、そこに隠されているものが「対米従属の事実」であることをいいあてている点、この時期、吉田路線に対してつきつけられた、先駆的かつ鋭い挑戦、そして、反問でした。

江藤は、私とは異なるモチーフに立って――それは私にいわせると旧套型のモチーフにすぎません――ここに隠されているのは、憲法九条二項に定める「交戦権の剝奪」という、日本にとって主権制限を意味する屈辱的な事実だといったのですが、それは別にいえば「対米従属」ということでした。

†「吉田ドクトリンは永遠なり」

その後、対米自動車輸出規制問題などで日米間の貿易摩擦はさらに過熱します。そうしたなか、一九八二年一一月、かつて五〇年代には若手改憲論者の先鋒とも目された中曽根康弘が首相に就任し、「戦後政治の総決算」を目標に掲げるようになります。後に中曽根は、その意味について「『調和とコンセンサス』という美名の下」の「事勿《ことなか》れ主義の政治」の悪弊を断ち切ることを意図したとさらりと述べていますが、(28)そこに含意されていた一つは、疑いなく、吉田路線の再検討、つまり六〇年の高度成長政策以来〝凍結〟されたままの政治的アプローチの〝解凍〟への意欲でした。

五六年に中曽根自身が作詞したという「憲法改正の歌」は、「嗚呼戦に打ち破れ　敵の軍隊進駐す／平和民主の名の下に　占領憲法強制し／祖国の解体計りたり　時は終戦六カ月」（第一番）とはじまっています。[29] 中曽根の政治的立場は、まだこのとき、五〇年以来の「戦前と戦後のつながり」のうちにあり、八五年に企てられる靖国神社公式参拝も、その流れのもとで実行されました。

「戦後政治の総決算」とは、別にいえば、いつまでも戦後最大の懸案である「主権の回復」つまり憲法九条の改定問題を、〝寝た子〟のままにさせておくわけにはいかない、ということだったのです。

この時期、こうした新しい動きを逃さず、江藤は、吉田政治への疑念の提示に打って出ています。八三年に発表される「吉田茂と養子政治」なる論考で、「吉田政治を戦後保守政治のいわば正統的源流として、絶対化し規範化する風潮が見られる」が、そう考えることは占領期に日本の政治がぶつかった困難を「故意に無視」することなしにはありえず、GHQの政策とのあいだに「黙契と共犯関係」を結ぶことなしには「不可能」だと、やはり先の「顕教」と「密教」の論につながるかたちで、これに異を唱えるのです。[30]

二年後の一九八五年、親米現実派の論客として高坂の盟友でもある永井陽之助が、「吉田ドクトリンは永遠なり」という副題をもつすぐれた吉田政治の「再評価」の論「安全保障と国民経済」を発表しますが、これは、こうした保守本流の親米・軽武装・経済志向の平和路線への批判の高まりに、正面から反論を加え、その逸脱の志向に対し、堅実な立場から牽制する意図に立つものでした。

永井は、吉田の政権担当時、軽武装と経済大国化という組み合わせがいかに独創的なものだったか、それが戦争体験に裏打ちされた戦後平和思想の土壌を「組み入れ」ることでどのように安定した構造を獲得しているか、その所以と背景を、こう説明しています。

戦後わが国が欧米なみに、軍事支出と武器輸出に依存する軍事ケインズ主義に汚染されそうになった危うい時期はいくどかあった。なかでも朝鮮戦争の特需ブームにわく時期ほど、その甘い誘惑のつよかったときはない。

一九五一年、アメリカのMSA（相互援助協定）の支援のもとで、日本が自前の軍需産業と武器輸出の方向へ乗りだしていたら、こんにちの日本経済の奇跡はなかったにちがいない。この甘い誘惑を水ぎわでせきとめた功績は、吉田＝池田＝宮沢の保守本流の経済合理主義であり、大蔵省および財界主流、とくに銀行、金融界の均衡予算優先主義であり、それを背後でささえていたものが、社会党はじめ野党諸勢力、そしてなによりも反軍・平和主義の国民感情であった。これらすべては、敗戦という血と

涙であがなった国民の自己体験と英知にふかく根をおろしたものであったといっていい。(31)

江藤の「虚構の構図」といういい方に対し、永井は、この米国主導に対する日本の独自の経済合理主義による抵抗と穏当な経済政策の堅持、そして革新派、ハト派を母体とする反戦・平和主義こそ、戦後の社会を安定と繁栄のもとに導いたもので、これは単なる偶然の産物などではなく、ここに戦後のたゆみない努力があったことを、改めて、強調したのです。

日本経済は繁栄し、日本社会は平和を享受できている。憲法はそのかけがえのない一基軸である。なぜそれを改正するのか、このままでよいのではないか、と、それは、中曽根の施政方針に隠された憲法改正の意図を厳しく牽制するものでもありました。

結局、中曽根首相は、中国からの強い批判を受けたこともあり、官房長官後藤田正晴の助言にしたがい、八五年に行った靖国参拝を、以後、見合わせます。このときの吉田政治の顕教・密教システムへの批判は、高坂・永井の親米現実派からの反撃が勝ちを占めるかたちで、保守本流路線優勢のうちに推移し、逆に江藤の「交戦権回復」(憲法改正)の主張を孤立させて落着します。

その理由は、あきらかです。

米国との関係こそ、通商摩擦の激化により以前から大きく変わり、対立・衝突をはらむものに変化していたとはいえ、経済的繁栄はいまだ揺るがず、国内になお「敗戦という血と涙であがなった国民の自己体験の英知」が広範に受け継がれていました。まだ当時は残っていた社会の繁栄と勢いと、そして戦争体験の平和主義が、いわば「金持ち喧嘩せず」の余裕で、江藤、あるいは岡崎久彦『戦略的思考とは何か』(一九八三年)など、政治中心主義派の感情値の高い焦慮を抑えこんだのです。

3　システムの崩壊と政治の〝解凍〟

†二重の「ねじれ」

このことは、この戦後型の顕教・密教システムが、最終的にどのように機能することで戦後政治を安定化させてきたのか、その理由を私たちに教えます。そのカギは、政治の総体における「政経分離」にあります。吉田政治は経済の発展によってナショナリズムを追求するという新しい手法を見つけだすことで、いわば戦後の懸案である「主権回復」という政治的課題への政治的なアプローチを〝凍結〟し、先送りすることを通じ、高度成長期の安定と繁栄を実現したのでした。

それを支えたのが、永井のいう時の政治指導層・経済行政担当者・財界指導者たちの堅実で沈着な考え方、いわゆる保革の五五年体制、また、その土台をなした、あの憲法九条の第三の支持基盤である戦争体験に裏打ちされた平和主義の「英知」でした。

そしてそれを可能にさせたものが、日米安保条約を前提とした、対米従属を基調としながらも、なお双方に余裕のある日米関係であり、経済成長であり、また「敗戦という血と涙であがなった国民の自己体験」としての戦争体験・平和主義だったのです。

しかし、同時にこのことは、これらの条件が失われれば、早晩、この顕教・密教システムが先のような内側からの批判にさらされ、解体に向かうだろうことを予見させます。

それは、江藤の指摘する、日本の戦後の保守政治の二律背反を、次のような「ねじれ」として自身のシステム内部に隠しもっていました。すなわち、「自己回復を実現するためには『米国』の後退を求めなければならず、安全保障のためにはその現存を求めなければならない」、独立するためには「対米従属」をはねのけなければならないが、はねのければ、その後の「安全保障」が危うくなる、というのがそれで、先の吉田ドクトリンとは、いわば経済的ナショナリズムという新手法によって「対米従属」のままの「自己回復」

（自尊心の回復）の実現をめざす、この二律背反を越えようという企てにほかなりませんでした。

しかし、この二律背反の底には、もう一つの二律背反、「ねじれ」が埋め込まれていま
す。それは、「保守合同」という二つの流れの合流によって生まれた日本の保守政党の出
自に起因する内的矛盾で、一方で、日本の政治主体を「戦前と戦後のつながり」の上に回
復しようとしながら、他方で政治構造を「日米同盟」を自明の前提としてつくりあげよう
という政治指導層の内なる心情と現実的対応のあいだにある矛盾、二律背反でした。
「戦前と戦後のつながり」の上に「日米同盟」をおくことが矛盾だというのは、「戦前と
戦後のつながり」に政治主体を基礎づけようとすれば、素朴にことを進める限り、戦前の
政治を肯定することとなり、戦前の誤りを認めることに後ろ向きにならざるをえず、「敗
北」を進んで認めるという姿勢を放棄することにつながりますが、その結果、どうしても
第二次世界大戦の戦後秩序とぶつかり、それは、その代表者を自任する米国との対立に帰
着せざるをえないからです。

このことは、ほんとうであれば、永井のいう保守本流の政治は、顕教のみならず、密教
（政治指導層の基本了解）の領域でも、戦後の日本の政治が、「戦前と戦後のつながり」を
断った、まったく異質の市民原理と民主原則に立脚するところまで踏み出るのでなければ、

完成されないことを語っていました。

ある意味では、当時のいわゆる自民党ハト派（主流派）が、自民党タカ派（反主流派）と袂を分かち、分党し、しっかりと戦前の価値の否定と戦後の価値の揚言へと踏み出ることが、ありうべき戦後の政治を担う政党となるための必須の要件だったのです。

そうでない以上、吉田ドクトリンは、いずれその内的矛盾を抑えきれなくなり、内側から食い破られる宿命のもとにありました。明治期の伊藤の顕教・密教システムとは動態こそ異なるものの、同じ深刻な内的矛盾を、戦後のそれも抱えていたのです。

†顕教・密教システムの崩壊

そして、この後、起こったことは、ここに指摘したことが一歩、一歩、現実化していく過程にほかなりません。

まず、これをささえる下部構造的な条件が後退し、あるいは枯渇に向かうようになると、このシステムの構成要件に大きな変化が生まれるようになります。

最初に起こったのは、永井のいう、「反軍・平和主義の国民感情」の後退にともなう、激甚な「社会党はじめ野党諸勢力」の退潮でした。

かつて社会党は、五〇年代前半の半年間で衆議院の議席を四六議席から一三八議席へと伸ばし、五五年二月の保守合同前の総選挙では、系列三党（左右社会党と労農党）を合わせて一六〇議席を保有し、憲法改正を阻止する三分の一以上を確保して画然たる力を誇示したものでした。しかし九〇年代前半から中葉にかけての数年間で、今度はフィルムを逆回しするように、東西冷戦の終わり、戦争世代の退場にともない、政権再編の余波も受けるかたちで――深夜一二時をすぎたシンデレラの馬車のごとく――、衆院の議席でいえば、一三六議席（一九九〇年）から七〇議席（九三年）、さらに一五議席（九六年）へと溶解してしまうのです。

そして、その延長で、野党となった保守政党のなかで、折からの九〇年代初頭のバブル崩壊以後の「失われた一〇年（二〇年）」の進行のもと、経済成長の持続という順風の切り札を失い、これまで吉田流の顕教・密教システムを担ってきたいわゆる自民党内の穏健親米派、良識派、ハト派の溶解・解体がはじまります。

自民党の政権回復後、二〇〇〇年に起こったハト派・保守本流につらなる加藤紘一が山崎拓らと起こした一連の森喜朗内閣倒閣運動、いわゆる「加藤の乱」の挫折は、それを象徴するできごとだったといってよいでしょう。その後、自民党の首班は、小泉純一郎、安倍晋三、福田康夫、麻生太郎といずれもが自民党のタカ派ないし非ハト派から選ばれるようになり、二〇〇九年の民主党への政権交代、二〇一二年の第二次安倍政権成立にいたって、自民党ハト派は、ほぼ壊滅状態となります。

このシステムの基盤がことごとく掘り崩されたとき、では、何が起こるか。

私の目に、二〇〇九年の政権交代後の民主党鳩山政権が試み、その失敗を受けて、二〇一二年の政権回復後の自民党安倍政権がほぼ正反対のありかたで再度進めている政治的アプローチは、この問いの答えであるように見えます。

しかし、このいずれのアプローチも、いまだ吉田ドクトリンに代わる、いわば政治中心主義に立った新・吉田ドクトリン（ないし反・吉田ドクトリン）を構築するにはいたっていません。

†対米独立の政治的アプローチは可能か？

では、どうすべきか。

もはや吉田ドクトリンが案出した戦後型の顕教・密教システムに期待はできません。その基礎条件は、このあと述べるように、三つ（日米関係、経済大国、平和主義の土壌）とも、ことごとく消えているといってよいからです。そして、その結果、いま私たちのまえに否定しがたいリアリティをもって現れてきているものが、一九六〇年以来の眠りを破って露頭を見せる対米従属のありのままの姿なのです。

二〇〇九年以来、沖縄の米軍基地移転、オスプレイ配備、集団的自衛権、日中国境紛争など、さまざまなかたちでいま、日本社会の問題になっているものの根源に控えているのが、この対米従属の問題、日本がいまなお米国から独立を果たしていないという問題にほかなりません。

結論を先にいえば、私は、この問題を解決する方法は、基本的には、二〇〇九年に民主党鳩山政権が――すぐに米国と国内の従米勢力に叩きつぶされたとはいえ――めざした方向にしか、ないと思っています。

ただ、この民主党の最初の政権は、あまりに準備も覚悟も気概もないままに、いかにもうかうかと、この重大な事業にあたろうとしました。

自主外交をめざすなら、その骨格となる政治思想、その外交がどのような価値観をもってなされるのかが示されなければなりません。とりわけ、それが戦後の国際社会と共有した価値観に立つものなのか、そうでないのかを明らかにすることは、出発点においてきわめて重要です。たとえば、従軍慰安婦問題、南京虐殺問題というような国際社会が注視することがらに対し、国内、党内の不満派をしっかりと黙らせ、きっちりと謝罪を行うことは、この政権がはっきりと戦前の日本とは断絶した価値観に立つことを不退転のかたちで示す上で有効、不可欠な方法だったでしょう。

東アジア外交を掲げるのであれば、米国からの妨害がくることは容易に予想されるのですから、それを牽制する意味でも、それくらいの準備がぜひとも必要でした。

国連中心主義もそうです。これを掲げるなら、それがなぜ、日本にとって不可欠の外交政策なのか、それが米国依存からの脱却を意味しうることまでの説明の準備が必要だったでしょう。小沢一郎の「普通の国」になるという主張は、彼がこのことについて深く考えただろうことが窺われるだけに、いかにもご都合主義な、中途半端で覚悟不足のいい方でした。

また、もし沖縄の軍事基地の移転を米国に要請するというのであれば、たとえこの要請が受け入れられないばあいには、米軍基地全体の撤去の要請までを視野に入れている、というほどの覚悟と政策的な準備が、必要だったはずです。

そして、そこまでを考えるとなれば、当然、対米従属からの独立という遠大な政治目標までを含んだ、政治的アプローチが、どのようなものとしてなら、可能か、までが考えられなければなりません。

そうであれば、そこには、核の傘もからんできます。

日本の核政策、NPTとの関係も問題になってきます。

基地撤廃を実現するのにはたしてどのような可能性、先例があるかも検討課題にあがってきます。

そのようなことを米国に要請し、その交渉自体が、米国の受け入れ可能な、あるいは受け入れざるをえないものとなるために、どういう条件があるのか。さらに国際社会からの理解と賛同、支援を受けるために、どのような枠組みを用いるのがよいか。

そうしたすべてのことが、考えられる必要があるのです。

この企てには、戦後の日本のすべての願いがかかっています。

また、これまでの日本社会のさまざまな陣営による、血と汗の滲んだ努力、主張、営為も関わっています。心して、なぜ、対米自立はこのような方法でめざされなければならないのか、それ以外に方法がないのは、どのような理由からか、また、そのために必要なことは、何か、一つ、一つ、問題を押さえていかなければなりません。

というわけで、この先は、では何が必要なのか、いまも必要なのかの議論に入ります。

以下に記すものが、これまでの考察を受けて、ではどうするか、という問いを受けた、私の提案です。

一言でいえば、憲法九条を手がかりに、これを「使って」対米従属からの独立をはかる、これがその要諦だということになるでしょう。

第五部　ではどうすればよいのか
——私の九条強化案

沖縄・普天間飛行場上空を飛ぶ米軍ヘリ（photo © AFP=時事）

Ⅰ　憲法九条と国連中心主義

1　占領の終わりと基地撤廃の主張

†占領はなぜ長引いたか

対米従属からの自立は、戦後の当初から、少なくとも六〇年の安保闘争までの期間、誰の目にも当然視された課題でした。

占領が不可避のものだとしても、それから、いつ、どのように脱するか。それは当初、ポツダム宣言の受諾時にすでに、徹底抗戦派と講和停戦派のあいだで対立の争点の一つとなっていました。一九四五年八月九日に最高戦争指導会議が開かれ、宣言受諾に際してどういう条件をつけるかが議論されますが、そこで、第七項に異例にも「平和、安全及び正義の新秩序」が建設され、「戦争遂行能力」の「破砕」が確認されるまでは「聯合国の指定すべき日本国領域内の諸地点」は「占領せらるべし」と明記のある点について、メンバー六人中半数にあたる陸相、陸軍参謀総長、海軍軍令総長の三人から（ほかは首相、外相、海相）、条件としてそこに明記のある「保障占領（占領）」について回避あるいは短期間で少数の兵力による占領との要請をなすべしという主張が行われるのです。

このときは、同日深夜の枢密院議長を加えた御前会議で天皇の聖断により、「皇室の安泰」だけを条件にすることに決まり、さらにこの点に関する「バーンズ回答」を得たあと、一四日の御前会議で天皇の二度目の「聖断」によってポツダム宣言受諾が決まり、日本の降伏が実現します。

占領については、この第七項のほか、第一二項に「前記諸目的が達成」され、「日本国民の自由な意思」に従い「平和的」で「責任ある」政府が「樹立せらるるに於ては、聯合国の占領軍は、直に日本国より撤収せらるべし」とある規定が、その法的な基礎をなすものと理解され、その施行が受け入れられます。

当初、その期間は、数年間という見方が優勢でした。というのも、「外国を支配して植民地化することを当初から意図した戦争の場合は別として、近代の大国間の戦争の後始末」としての占領は、それまでは長く続かないのが一般的だったからです。いずれそれが終了し、再び日本が完全な独立国家に戻ることは誰の目にも当然と考えられていました。(1)外国軍基地の存置がなかば常態化し、それが七〇年も続くとは、このとき、まだ誰一人考えていませんでした。

占領の期間が、想定以上に長くなったのには二つの理由があります。

一つは、一般的ないい方からいえば、「戦後改革の遂行」のため。ここまで述べてきた、米国が「連合国側の指導国家として」掲げてきた「民主主義、自由、経済的諸制度の改革などの理念的戦争目的」の実現のため、実際には「改革を阻害する勢力を排除し、制度変更を強制」するということが行われたのですが、その帰趨を見届けるのに「対日占領はある期間が必要」だとされました。(2)

しかし、私たちの見方からいえば、これはそもそもこれまでの「戦争の後始末」とは異質な、戦争目的の「修復」と戦争の構図の「再成形」をめざす戦略的な占領でしたから、原爆投下に対する批判の禁圧、二年半という異例の長さになった東京裁判の開廷など、その作業に、「後始末」とは比べものにならない期間が必要となるのは当然でした。

これに「冷戦」というもう一つの理由が加わります。それは、米国の占領目的を日本の民主化・非軍事化から「対共産主義戦略に重点をおいた日本再建へとシフト」させます。

これでその目的が大きく転換し、「日本自身の共産主義化の防止」と、「アメリカ軍が、日本を極東における対共産圏戦略の拠点としてひきつづき利用しうる状態にしておくこと」の「二点」に新たな目標が「しぼられる」ようになります。[3] 戦争目的の補修・再成形の延長で、いわば戦争目的の破綻した破れ目から「冷戦」がもたらされ、新しい理由がつけ加わる。それがまず、占領期間をずるずると長引かせたのでした。

†全面講和か、片面講和か――南原繁と平和問題談話会

そのため、一九四九年以降、連合国側との講和が問題に上ってきたときには、その独立のあり方――完全な独立か、半分の独立か――をめぐる指標として、ポツダム宣言に規定された「占領軍の撤収」がどのように実現されるかが、争点として浮かびあがりました。

そこでの対立は全面講和か、片面講和かという形をとります。主に革新勢力からなる全面講和派は、現下の東西冷戦のもとで、日本は「非武装・中立」を掲げて両陣営を架橋する存在となるべきで、そのためには国連に加入し、また、経済自立を果たすためにも、全交戦国との全面講和をめざすのがよいと訴えました。ついては、「再軍備」および外国の軍隊への「基地提供」には、断乎反対するというのが、彼らの主張となりました。

一方、片面講和派は、東西冷戦のもとで、「非武装・中立」路線は非現実的であり、日

本としてはいち早く講和にこぎつけ、まず自由主義圏の国々と国交を回復した後においおい他の国とも講和するのがよいと訴えました。その方針で進む吉田茂を首班とする日本政府は、そのころまでには、「ソ連を除く片面講和の実現と平和条約締結後のアメリカ軍の駐留継続という方向」に意見を固めつつありました(4)。

首相の吉田は、四九年の五月には講和後の日米安全保障条約方式による米軍駐留の希望を公然と表明します。また、一一月になると、とりあえず単独講和で主権を回復し、その後、残された国々と国交回復していくというやり方を、国会で示唆するようになります。しかし、四九年一〇月に中華人民共和国が成立したことから、対立が激化します。当初、片面講和の構想では、中国も講和の相手に入っていたのですが、中国の政体転覆により、その中国が除外されることになり、片面講和は、もっとも長い間侵略戦争を行使した相手を排除するかたちになってしまったからです。

この問題に全面講和の観点から、一石を投じることになったのは、一二月に入り、東大総長の南原繁が、米国での教育者会議で行った発言でした。彼は、「日本は厳正な中立を守り、いかなる戦争にも参加すべきでない。これこそ日本国憲法の精神に合致し、連合軍も要望した。これに対し国際的保障が与えられるよう切望する」という全面講和論に立った主張を海外に向けて発信しました(5)。そのうえ、帰国後の五〇年一月の帰朝講演で、これが訪米に先だって行われたマッカーサーとの懇談をふまえた発言であることを明らかにしたことから、この主張には無視できない重みが加わることになったのです。

さて、この発言に踵を接する形で、同じく一月、雑誌『世界』を中心に先に作られていた「平和問題談話会」が、講和問題に向けての声明を出します。これは、安部能成《よししげ》、和辻哲郎、高木八尺《やさか》、矢内原忠雄といったオールド・リベラリストから都留《つる》重人《しげと》、桑原武夫、丸山眞男、久野収といった戦後登場した新顔のリベラリスト、学者まで、当時の第一級の三五人の知識人を擁した思想集団で、声明は大略、こう述べていました。

連合軍による占領は日本の民主化に重要な役割を果たした。しかし今後の民主化の発展は、日本国民が担うほかない。その前提は日本国民が講和を通じて全面的に世界の諸国民と自由で誠実な関係を結ぶことである。「更に日本がポツダム宣言を受諾して全連合国に降服した所以を思えば、われわれが全連合国との間に平和的関係の回復を願うは、蓋《けだ》し当然の要求と見るべきものである」。そのことがさらに、いま世界を分かつ「二つの世界」をつなぐゆえんともなるだろう。これは憲法の平和的精神がわれわれに指示することでもあれば、われわれの独立後の経済的自立のうえに必要なことでもある。

そう述べ、声明は、結語をこう記しました。

「一、講和問題について、われわれ日本人が希望を述べるとすれば、全面講和以外にない。

二、日本の経済的自立は単独講和によっては達成されない。三、講和後の保障については、中立不可侵を希い、併せて国際連合への加入を欲する」。ついで、

四、理由の如何によらず、如何なる国に対しても軍事基地を与えることには、絶対に反対する。(6)

しかし、五一年九月八日、政府の方針通り、片面講和方式でサンフランシスコ講和条約は調印され、同日、日米安保条約が締結され、五二年二月二八日、それに基づく日米行政協定が調印されます。そしてこのときから、現在に続く日本の米国への「軍事基地の提供」がこの条約、協定により法的に担保されることとなるのです。

†対米独立への展開――ナショナリズムかインターナショナリズムか

こうした吉田内閣の方針は、ポツダム宣言受諾のときの日本側の理解と了解を大きく裏切るものでした。そのため、これへの反対は、二つの方向から起こることとなります。

一つは、全面講和の主張の延長に現れる革新側からの反対です。

その後、六〇年代初頭まで、反基地闘争が全国各地で展開されますが、それは、――後

に反米ナショナリズムとまじりあう傾向が強まるにせよ——基本は、ここに示された全面講和の主張を基本に据えたものでした。

一九五二年から六〇年までのあいだに、たとえば内灘闘争（石川県、五二年〜）、伊丹基地拡張反対運動（兵庫県、五二年〜）、板付基地内私有地返還訴訟（福岡県、五四年〜）、北富士演習地反対運動（山梨県、五五年〜）、砂川闘争（東京、立川基地拡張への反対運動、五五年〜）、横田基地拡張反対運動（東京、五五年〜）、新島ミサイル基地設置反対運動（東京、五九年〜）というような反基地闘争が全国各地で起こります。そしてその流れが、六〇年の日米安保条約廃棄の主張——これが「アンポ・ハンタイ」というシュプレヒコールに集約されました——へと続いていきます。

もう一つは、保守陣営のなかに、吉田の従米姿勢への反発から起こってくる反対です。五五年に吉田を除外するかたちで保守合同が成立し、自民党が生まれると、自主外交、憲法改正が党是に掲げられ、自民党内部の鳩山・岸による政治的アプローチが試みられます。それはともに政治的な対米自立をめざすもので、鳩山は自主外交による日ソ国交回復によって、岸は日米安保条約を平等で双務的な条約に近づけることで、それぞれ、目的の達成をめざしました。

しかし、それは「戦前と戦後のつながり」に足場をおいたナショナリズムに立脚する反対の動きである点、先の全面講和の主張の流れを汲む反基地闘争とは異なっています。吉田の対米協調・従属路線に対し、基地反対闘争が、「日本国民が講和を通じて全面的に世界の諸国民と自由で誠実な関係を結ぶ」国際主義、国連中心主義につながる平和主義を理論的支柱としたのとは異なり、自民党内部の反吉田派は——石橋湛山などを数少ない例外として——、吉田の姿勢を軟弱で対米従属の度がすぎると、ほぼ国家主義、ナショナリズムに立って、これに反対したのです。

私の考えでは、ここに対米従属路線への反対における最大の分岐点がありました。ナショナリズムか、インターナショナリズムか。これが、じつは大きな意味をもっていたのです。

大事なことは、当時、全面講和派の主張が、きわめて困難ではあるにしても、必ずしも不可能でないと受けとめられていたことです。

最近の研究によれば、マッカーサー自身が、かなり遅くまで、日本の非武装、戦争放棄の路線にこだわっていたことがわかっています。四九年三月には、自ら「太平洋のスイス」としての日本という私的構想を口にしています[7]。また、前年、日本に視察に来て、対日政策の変更をマッカーサーに迫った米国国務省政策企画室長ジョージ・ケナンも、四九年には一転、全面講和による日本「中立化」案を提案し、これが、米国務省内で一時検討に付されています。[8] これは、当時の米国政府の方針と合わないことから、採用にいたりませんが、たとえば、五五年には、ドイツ同様米英仏ソの四カ国に分割占領されていたオーストリアが、これら四カ国の合意のもと「中立国」となることを条件に、オーストリア国家条約を締結し、主権回復に成功するなど、当時、「中立化」構想は、いま考えるほど空想的なものではなかったのです。

先の平和問題談話会の声明には、そのような国際主義に立脚した対米独立の考え方の基礎が、よく示されています。その根本は、自らを「全面的に世界の諸国民との自由で誠実な関係」のもとに位置づけることで、対米独立を果たすという点にあります。このときはまだ国連加入がなっていなかったために、「国際連合への加入」が一緒に目標に掲げられていましたが、日米条約に換えるに国連中心主義をめざすというのが、そこでの中心的方向をなしていました。

2 憲法九条と国連

†憲法九条と国連をめぐる三つの考え方

ここまで述べてきたことから、ほぼわかってもらえるように、私の考えは、この平和問題談話会の考え方の示唆する方向が、今後の日本の指針に一つの基礎を提供している、というものです。

そのカギは、対米独立に際しては、ナショナリズムに立脚するのでは脈がないこと——それは反米に結びつき、戦後国際秩序からの離反をもたらし、国際社会での孤立を結果し、現状変更のために第三次世界大戦による日本の挑戦と、再度の国家破滅にしか私たちを導きません——、インターナショナリズム（国際主義）に徹すること、そして、そのための方途として、米国に代わる国際社会との主要窓口＝連携先として国連を選ぶ、国連中心主義を採用するという点にあります。

いわずもがなのことをつけ加えれば、この方向設定の一つの力点は、これが、米国と敵対関係に入ることなしに米国から独立し、互いに平等な友好関係に移行する唯一無二の方法だということにあります。けっして、反米に陥らないこと、米国との友好関係を堅持しながら、中国、韓国、ロシアとも健全な友好、信頼関係を築き、長く将来にわたって持続可能な経済的な安定と安全保障をめざすこと、最終的に北朝鮮とも安定的な国交関係に入り、第二次世界大戦後の「全面講和」を達成することが、念頭におかれています。

そう考えるとき、私たちの手にあるカードとして、憲法九条が、このインターナショナリズムの最重要の存在であることが見えてきます。

それは、一九四五年八月の第二次世界大戦の終結が開いたひとときの未来への窓として、国連の理想と連動しながら、戦後の国際秩序の「夢」と結びついた、日本が現在も有する唯一の戦後国際秩序の核心とのあいだの紐帯だからです。

しかし、それはゆえなきことではありません。

そもそも、先の全面講和論が、この憲法九条と国連の理想の結びつきに当初から気づいていた、日本で数少ない論者の発意になる主張だったからです。

五〇年五月、マッカーサーとの会見をふまえて米国で「全面講和」の主張を行った南原繁の発言に脅威を感じた吉田茂が、「永世中立とか、全面講和などというのは、言うべくして到底行われないことだ。それを南原繁東大総長などが、政治家の領域に立ち入ってかれこれ言うことは曲学阿世の徒で、学者の空論に過ぎない」と切り捨て、これに、南原は、記者会見を開いて、「学問の冒瀆、学者に対する権力的強圧以外のものではない。全面講和は国民が欲するところで、それを理論づけ、国民の覚悟を論ずるのは、政治学者としての責務だ」と反論するのですが、ほんの四年前、四六年の憲法審議の場で、憲法九条は自衛権を含んだ交戦権の放棄という意味だと述べたのは、当時のGHQの意見を代弁した吉田のほうで、これに憲法九条と国連の関係に言及しつつ、異論を述べたのが、後に全面講和を主張する南原でした。

自衛権をも含む戦争の放棄という憲法九条案は、当初、四六年二月、マッカーサー・ノートという形で産み落とされ、——昭和天皇の生命と引き替えという脅しのもと——日本政府に受け入れられるものの、一年後には天皇の安泰を確保した日本政府からも見放され、さらに五〇年六月にはマッカーサー自身からも遺棄されます。生後すぐ、明瞭な支え手をもたない孤児として、国際社会に置き去りにされたというのが事実に近いでしょう。しかし、身寄りのない「落とし子」となったとはいえ、それは第二次世界大戦の終結直後の「回心」の火花（イスクラ）が世界を照らす奇跡の「一年半」に産み落とされた産物である点で、国連の理想と結びついていました。それは当初から、もしその理念を「実行」しようとすれば国連と一対となるほかにない双生児的な構想だったのです。

一九四六年夏に国会で憲法九条が国連との関連で論議された際に示されたのは、後述するロナルド・ドーアによれば、日本の「戦争放棄」を前提に、一、国連には頼るな、スイス流の「永世局外中立」の一国平和主義をめざせ（北昤吉）、二、国連よりも「アメリカ」の保護国になったほうが無難（山崎岩男）、三、国連に加入して徹底した平和主義という「此の憲法の趣旨を全世界に伝播しよう」と試みるべき、という三つの案でした。[9] このうち、第三案は、政府にそのようなつもりでもあるのか、という質問の形で示されました。

このうち、第一案がその後、国連の枠内で中立をめざす――その実、社会主義圏との接近をも志向する――日本の革新派の主張に、第二案が国連に籍をおきつつその実、米国にどこまでも追従していく保守派の対米従属路線に結実していったことを見れば、第三に示された国連の機能拡大に憲法九条の実現の活路を見出そうという国連中心主義の考え方が、政治党派のうちに受け皿をもたず、日本には当初から弱かったことがわかります。

†国連中心主義に、憲法九条の実現の道筋を見る

とはいえ、その志向が皆無ということではありませんでした。本当に憲法九条が「自衛権を含む」全面的な戦争放棄の条項だとするなら、それを「実行」する方途としてどのような路線が選ばれるべきか、そのとき国連との関係に、どのような可能性があるかを、指摘する発言者が、少数ながら、存在したのです。

歴史家でありながら当時外交官として日本にいたE・H・ノーマンは本国のカナダ政府への報告書のなかで、憲法を審議した討論中、「最も注目に値した」議論として、南原繁、高柳賢三の発言をあげていますが、[10]奇しくも前記ドーアも同じ意見で、両者の発言は、当時の国会での審議にあって、例外的に同時進行中の国連の安保理事会のもとでの軍事参謀委員会の検討の進捗を視野に入れたものでした。[11]

まず南原は、国連憲章が、自衛権を廃止すべきとは述べておらず、「他国の侵略を受けた国は、安全保障理事会が効果的に状況を処理するまでに、自衛権を発揮して何ら差しつかえないとハッキリ明示している」ことを押さえたうえで、さらに、ある国が侵略を受けたばあいに加盟国が平和回復のために行う「軍事的制裁に貢献する義務」にまで踏み込み、それと憲法九条の戦争放棄の関連にふれて、こう述べました。

政府は、将来日本が国際連合に加盟するというばあい、どうするつもりか。憲法九条を理由に、これらの国連への「権利と義務をも拋棄」するつもりだろうか。そうだとするなら、

日本は永久に唯他国の好意と信義に委ねて生き延びむとする所の東洋的な諦め、諦念主義に陥る危険はないのか。寧ろ進んで人類の自由と正義を擁護するが為に、互に血

と汗の犠牲を払うことに依って相共に携えて世界恒久平和を確立すると云う積極的理想は、却って其の意義を失われるのではないか（後略）[12]

さらに、これを一歩進め、両者の違いにふれて「するど」く論じたのが、法学者の高柳賢三で、彼はこう述べました。「日本の憲法の完全非武装規定は、世界連邦が成立して、『武力は世界警察力として、人類理性の僕としてのみ存在が許される』ような世の中にピッタリ合った構想だ。ところが国連はそういう構想ではない」。「あくまで武装した主権国が、合議して侵略者を集団的に制するという別の構想だ」。そうであるなら、政府はどうするつもりだろうか。「スイスのように永世中立国として国連加盟を断るのか」、あるいは自ら「此の中に〔つまり国連の中に〕入り込んで行って、此の憲法の趣旨を全世界に伝播しようと」いう意向なのか。

つまり、自ら国連の理念との整合性をはかりつつ、同時に、憲法九条の「実行」の方向としては国連に働きかけ、「武力」は「武装した主権国」から委譲された世界警察力を「人類理性の僕としてのみ」行使する方向へと機能強化する、積極的な「国連中心主義」外交をめざすのか、とそう問うたのです。[13]

四六年の時点で、憲法九条の「戦争放棄」の規定に対し、これを絶対平和主義的な理想と見るだけでなく——それに徹するならスイス流の「永世局外」中立国として国連の「局外」に立つ以外にない——、実行可能なみちすじとして「国連の中に入っていく」入り口と見たのは、ともにまともにこの「戦争放棄」の理念を国際社会のもとで「実行」することをめざせば国連との連携が前提となると考える、論理的に一貫した立場でした。

私が、いま考えるのは、この四六年の憲法審議のうちに現れた第三の道——国連中心主義のうちに憲法九条の理念の実現の回路を見出す——を手がかりに、国際秩序から孤立するのとは逆に、国際秩序の構築に積極的に関与することで、対米自立を成し遂げるという提案にほかなりません。

そして、そのような提案が、これまでになかったわけではないことを受け、その先行する提案を叩き台にさせてもらって、この先、この提案の可能性を、吟味してみたいと思うのです。

†憲法九条と国連の同時進行性

3　国連中心外交——R・ドーアの贈り物（1）

この本を準備するなかで、こうした観点から読んで、深い示唆をうける著作が三つありました。

そのうちの最初の二つは、英国の社会学者で古くからの知日家でもあるロナルド・ドーアが、日本の進むべき政治的方向をめぐり、憲法と国連、そして日本とNPTにふれて書いた二冊の本です。

その最初の本『「こうしよう」と言える日本』は、一九九三年、東西冷戦が終わった後の一連の混乱のなかで、日本のとるべき世界政策を試みに提言するものとして書かれました。いまこそ日本は国連の平和構築の理想を実現すべく、半世紀近いその頓挫の歴史を受け、国連改革の中心的存在になって世界に貢献すべきではないか、というのです。

ドーアが、その「貢献」の重要な足場の一つとみなすのも、ここまでに述べた憲法九条の成立と国際連合の初期理想の追求の営為との同時進行性です。

まず一九四六年二月。日本では、これまで何度か述べてきた通り、この月の三日にマッカーサーが自衛権を含む徹底的な戦争放棄を盛った指令のノート（マッカーサー・ノート）を部下に示し、ケーディス以下のスタッフに憲法草案作成を命じ、一〇日後の一三日には、完成された草案が吉田茂（外相）ら日本政府の代表に手交されています。憲法草案作りを急いだのは、ソ連の参加する極東委員会の第一回会合が二六日にワシントンで予定されていたからでした。

一方このとき、国連では、安全保障上最も重大な意味をもつ憲章第七章「平和に対する脅威、平和の破壊及び侵略行為に関する行動」のうちの中核的議題である国連常備軍の態様を規定する第四三条をめぐる検討が、安全保障理事会（以下、安保理とも表記）内ではじまっていました。安保理は先に一月二五日の第一回決議でその小委員会の一つとして軍事参謀委員会を発足させています。そして「憲章第四三条を実行に移す際の軍事的観点から見た基本原理」の検討を指示するのが二月一六日なのです。

ですから、マッカーサーがノートに、日本はその防衛と保全とを「いま世界をうごかしつつある」崇高な理想に委ねると述べたのは、まさしくこうした同時進行の国連の動きを横に見てのことでした。

ところで国連憲章第四三条とは、国際平和維持のための活動を規定した第七章の一三ある箇条のうちの中核をなす条項で、国連加盟国が安保理の要求に対し、協定に従い、国際平和維持に必要な「兵力、援助、便益」を供すること等の詳細を定めたものでした。

ここにいう「兵力」の使用にまつわる詳細とは、そもそも複数国の軍隊が共同作戦を行うには、「相当期間の訓練を通じて、通信コード、用語統一、統制組織などを構築」するとともに、「有事の前にあらかじめ中核部隊を構成し、訓練」しておかなければならず、事前に基幹国からの部隊派遣を視野に入れなければ、具体的な国連による軍事制裁の態勢は作れないことを念頭においた対策でした。そのための詳細にわたる事前準備の基本原理が策定されなければなりませんが、その策定に向けた検討を軍事参謀委員会は指示されたのです。

ですから、このとき、国連は、自分自身が常設軍をもつことの可能性の検討に入ったところでした。この考えの源流は四四年八月から一〇月にかけ、米英を中心に、ソ連、中国と継続して行われたダンバートン・オークス会議にあります。常設軍構想には、孤立主義的な伝統の強い米国から、国家主権を侵蝕する危険があるとの理由で難色が示されましたが、それでもダンバートン・オークス提案には、常設軍構想に近い軍事制裁のための規定がかなり踏み込んで書き込まれていたのです(14)。

日本では四六年三月に憲法草案要綱が発表され、この後、総選挙をへて、半年にわたる枢密院、衆議院、貴族院での審議、質疑をへて、憲法案が一〇月に国会を通過するのですが、その間、国連では、米ソ対立が深まり、軍事参謀委員会におけるこの憲章四三条をめぐる検討も、原子力委員会における六月のバルーク案の検討も、ほぼ暗礁に乗り上げ、四六年末には、だいぶ内実のとぼしいものとなっていきます。

そして四七年も後半に入ると、国連では原子力委員会、軍事参謀委員会が米ソ対立の激化によりともに機能不全に陥るようになり、他方、米国の対日占領政策も大きく非軍事・民主化から経済安定化、対共産主義戦略の拠点化へと冷戦向きに変更され、四八年には国内では逆コースがささやかれるなど、国連の理想、憲法九条の理想はともに、戦後の孤児的な存在として遺棄されるようになっていくのです。

†『「こうしよう」と言える日本』

しかし、ドーアは、このような憲法九条と国連の理想主義の同時並行性に注目し、東西冷戦が終結したあと再び、やってくるかにみえた冷戦終結直後の「国際主義的な雰囲気」のなかで、一九九三年、日本は新たに国連中心主義外交によって、国連の当初の方向性を継承し、理想の実現に向かうべきではないか、といいます。

一九八九年の石原慎太郎による『「NO」と言える日本』の後ろ向きぶりにあきれ、それへの対案がいっこうにリベラルな陣営から現れないことに危惧をおぼえて、その逆に、いまこそ、日本は世界にむけて新たに価値設定型の貢献をめざすべきではないか、と『「こうしよう」と言える日本』を、提案するのです。

国連の誕生と憲法の制定は無関係ではなかった。冷戦時代に入って、国連の軍事参謀委員会がお手あげになって、当分国連による安全保障体制は望みえないということが明らかになってから憲法の審議が行われたとすれば、そう簡単に軍備の放棄は決定されなかったと言えよう。そういう意味で平和憲法は、日本の名誉回復・講和条約を早める手段ばかりでなく、冷戦以前のあの国際的な楽観主義の産物でもあった。

したがって、（中略）冷戦が終わって、前ほどでなくても、新しい楽観の時代になった現在は、その平和憲法を、それこそ見直し、再評価する時が来たと思う。――当時に較べてはるかに豊かな国際社会に対する理解を発揮して、再評価する時が来た。(15)

ドーアは、国連憲章第四八条（国際の平和及び安全の維持のために必要な行動を定める）は現在、「実態を失っ」ているが、それでもその示す方向性は「理念」として生きている。まだ実態をもっていた四五～四六年当時ですら、その実態はヨレヨレしたものだったが、「理念」として人を動かしていた。そのことを受けとめ、南原が四六年当時、暗示した方向、つまり「平和憲法の平和的修正――すなわち、『進んで人類の自由と正義を擁護するが為に、互に血と汗の犠牲を払うことに依って相共に携えて世界恒久平和を確立する』ための努力に日本も参加できるような修正」を、いま行い、国連中心外交へと足を踏み入れるべきではないか、と提案するのです。(16)

4 「誇り」について

†日本の「誇り」は何か――「天皇」から「平和憲法」へ

ドーアの提案と私のそれの違いは、二つあります。一つは、ドーアが日米同盟からこの国連中心外交への踏み出しの提案を日本人の「プライド欲」をみたすための提案としているのに対し、私が、日米同盟からこの国連中心主義への転換の提案を、対米自立をかちとるための起死回生の唯一の方途として提案していること、もう一つは、後に詳しくふれますが、ドーアが、国連中心主義への踏み出しに際して、自衛権を認め、軍隊保有と、その戦力の発動を国連の直接指揮下の平和回復活動への参加に限るとしている点を、国家の自衛権と国民の自衛権を区別し、もう少し厳密に、憲法九条の理念を生かす方向に手を加えようと考えている点です。

しかし、この「プライド欲」についても、ここでふれておいて損はないように思います。大事な点でもあるので、私の提案にも、これを加えたいと思います。

ドーアは現在のように「ボーダーレス状態に近づいた世界」における主権国の外交の目

的は、一、国の安全保障、二、国民の経済的福祉の増進、三、国民に誇りをもたせること
の三つに大別できるといっています。そしてそのうち、第三の「誇り」の内実として、

外国人に接したり、あるいは新聞で外国人の自国に対する評価を読んだりする時に、「何々国に生まれてよかった」という感じが湧いてくるような状態を確保すること。(17)

と述べています。そのうえで、この三つを安全欲、利益欲、プライド欲と呼び、「日本人の日本外交に対する不満」は昭和初期以降、現在にいたるまで、「第三のプライド欲に集中している」と指摘するのです。

ドーアによれば、これはそれなりに理由のあることです。というのも日本は、戦前は国際連盟常任理事国、戦後はG7というように長年国際社会の檜舞台のなかでの唯一の非欧米国でしたから、どうしても「顔形も、肉体言語もマナーも違う人間」として、「日本人」ということを意識せざるをえない機会が多く、国のプライドが個人のプライドと重なる比率が高いのでした。また、近代においてもそうでしたが、敗戦の焦土から再出発した戦後においても、特に六〇年代以降は経済大国化によって周囲の風当たりが強くなり、「国の地位」の変化に敏感にならざるをえない状況がありました。七〇年代以降はもっとも関係

の深い米国が国力的に地位低下を来しはじめたため、さらに両国間で緊張が強まったこともこの傾向に拍車をかけました。

このドーアの指摘が憲法九条をめぐる議論をこの先進めるうえで有効なのは、一つに、憲法前文に「われらは、平和を維持し（中略）ようと努めている国際社会において、名誉ある地位を占めたいと思う」とあるように、戦後の日本社会の「誇り」をめぐる問題が、そもそも、憲法の生みだした平和への取組みを核に再結晶を遂げてきたという歴史があるからです。

戦前の日本にとって国際社会に向けた「誇り」の結晶核は「万世一系の天皇」でした。どこの国も、このように長く続いた皇統をもつ国主を戴いていはしない。これは有り難いことだ、と誇らしい気持ちが湧いたのです。

むろんこの「天皇」という権威は明治政府の作りだした制作物といってよいものでしたし、「平和憲法」といえども、戦後日本の「敗北の文化」（シヴェルブシュ）が国家と国民がらみで作りだした、敗戦国に道義的優位性を付与するための代償作用の産物にほかなりません。でも、シヴェルブシュがなんといおうと、この「敗北の文化」には、日本人の国民的な共通体験としての戦争体験の裏打ちがあります。日本国民は、もう戦争はイヤだ、人命は地球よりも重い、という感慨を敗戦の体験から受けとり、その戦争体験に、そのまま形を与えたものとして、憲法九条を受けとめ、これを戦後の「誇り」の核にしてきたのです。

むろん憲法九条の実態は平和主義としては、だいぶお粗末です。その実、一九五四年以降は自衛隊と共存させられ、内実はいよいよ惨憺たるものになりました。しかし、それでも憲法九条は、自衛隊の軍事行動に対する厳格な歯止めの役割をこれまでのところ、果たしてきましたし、自衛隊自体が、国家の専守防衛に誇りをもつかたちで、平和国家に沿う独自のモラルを育ててきました。傷だらけになりながらも、戦後日本の国際社会を前にした内なる「誇り」は、経済大国化とあいまって、かろうじて保たれてきた。そしてその精華があの吉田ドクトリンという名の戦後型顕教・密教システムだったのです。

†こういう国に生まれてよかった？

さて、私は、これは私の本としては異例のことですが、この戦後にまつわる本を現在の日本の政治状況への自分なりの直接的なコミットメント（働きかけ）として書こうとしています。二〇一一年の三月の東日本大震災、大津波、原発事故以降の日本社会と日本政治の劣化のぐあい、とりわけ二〇一二年一二月以降の自民党政権の徹底した対米従属主義の外装のもとでの復古型国家主義的な政策の追求に、何としてでも歯止めをかけたいと考えています。

しかし、なぜこのような流れが生まれてきたのか。これらの社会変化をもたらしている最大の要因の一つ、この政権が支持を集めている要因の一つに、この「誇り」への欠乏感、飢餓感があることは間違いないのではないかと考えています。

吉田ドクトリンの戦後型顕教・密教システムの破綻が、そこに供給されていた「誇り」の感覚――「こういう国に生まれてよかった」――を毀損し、ドーアの指摘した時点からさらに一歩、この「プライド欲」への飢餓感を枯渇感の程度にまで強め、これがこの新しい動きをささえる力となっているのです。

先のドーアの指摘は一九九三年当時のものですが、それ以後の期間は、日本にとって「失われた二〇年」と呼ばれる、さんざんな時期でした。経済は停滞、国の債務は増加の一途をたどり、少子高齢化が進みました。生産拠点の海外移転による産業空洞化も深刻化し、もう五〇年前の六〇年代の日本からも、バブル崩壊がようやくはっきりしてきた九三年当時の日本からも、すっかり様変わりしています。

一方、米国も、イスラエルへの極端な肩入れによる無理な中東政策とリーマン・ショックなど金融偏重経済の破綻がたたってさらに一段と国力が衰退しました。貧富の差が極端に拡大し、かつての繁栄を誇った五〇年代とはやはり大きく様変わりしています。

その結果、貧すれば鈍すで、TPP交渉、沖縄軍事基地撤廃への対応など、日本への要求にも貪欲さと苛烈さが加わってきています。これにここ数年におけるアジアの隣国、中国の予想を上回る規模での経済発展、国際社会での政治的擡頭を重ねてみましょう。そうすれば、ここに述べる日本人の「誇り」に対する渇望に、これまでにない切実さと深刻さが加わって、現在があることの背景が、よくわかるのではないかと思います。

現在の安倍政権の支持率が、なぜ二〇一二年一二月の発足以来、長期にわたり、二〇一五年七月まで不支持率を上回ってきたのか。そのわかりやすい理由の一つが、異例の金融緩和策の強行による積極的経済政策による経済立て直し策にあるのは明らかですが、もう一つ、その背後で、より堅固にこの政権を支えてきたのが、多様な国民の「誇り」に対する渇望、飢餓感に、一貫して一つのモデルを提示することで応えようとしてきたその政策姿勢でした。

その姿勢は、二〇〇六年に安倍首相が初の政権の座についたときに、「美しい国」としての日本の再興をかかげ、時代に逆行して第一義的に憲法改正をめざし、教育基本法の改正や国民投票法の制定などに情熱を燃やしたときから、はっきりしています。そこに掲げられた指針と実際の施策とからわかるのは、この政権が表向きは対米協調、従属を基調としながらも、その実、復古的で（伝統、歴史）、国家主義的な方向（「美しい国」、〝自主憲法〟への改正）での「誇り」づくりを、第一義的にはめざしてきたということです。

そのことは、いま安倍政権をささえる日本最大の民間保守派団体として知られる日本会議の姿勢に明瞭な現れを見せています。

これは、一九九七年にそれまでの複数の保守派団体を継承するかたちで結成され、二〇〇〇年代、自民党の野党時代に急進化をとげ、現在会員三万五〇〇〇人を数える、現在「日本最大の右派組織」とも称される民間政治団体です。[18] 民間とはいえ、役員に現首相、現副総理を擁し、これを支える国会議員懇談会に超党派で二八九名が参加し、二〇一四年九月成立の第二次安倍改造内閣では閣僚一九名中一五名までがそのメンバーだというので、世界の耳目をそばだてました。ところでこの団体が第一の目標として掲げているのが、この「誇りある国づくり」なのです。

なぜ「誇り」なのでしょうか。それは、憲法九条が親米・経済大国化・軽武装（＝平和主義）の三位一体のもとで、日本人のひそかな「誇り」として生きているあいだは、声高に語られることのない言葉でした。しかし、その内実が消えると、言葉として現れるようになってきます。その嚆矢が一九九八年に東京裁判結審五〇周年をうたって制作された東条英機を主人公にした映画のタイトルの「プライド」だったでしょう（『プライド・運命の瞬間』）。その主演俳優はいま、安倍首相にごく近い芸能人として知られています。[19] 九七年に発足した日本会議の「誇り」も、ほぼ同じ流れの中から生まれてきた「プライド欲」の発現にほかなりません。

†「誇りある国づくり」の二つの方向

しかし国としての「誇り」は他者との関係のなかでしか生きません。その内実は、ドーアがいうように、「外国人に接したり、あるいは新聞で外国人の自国に対する評価を読んだりする時に」やってくる「日本に生まれてよかった」という「感じ」なのです。ある意味気恥ずかしい「感じ」の湧出でありながら、日本のような少数者的出自をもつ国では、なかなかどのような人間もそこから自由になれない「愛郷心」につながる、ごく素朴な感情でもあります。それでいてなお、それは他者との関係のなかからでないと、作りだされない。ドーアが、日本における「外交」の主軸にすえた所以も、ここにあります。

しかし、そうだとすれば、ここには、二つの「誇りある国づくり」の方向があるというべきでしょう。

一つは、他国との関係を必要としない、あるいは他国からは尊敬と称賛という一方向的な関係をしか必要としない、「誇り」の作り方で、先の映画『プライド・運命の瞬間』は、その一例です。

そしてもう一つは、他国との関係を深めるなかから、謝罪すべき点はしっかりと謝罪し、信頼を培い、謙虚に国際社会の一メンバーとして行動することを通じて、他国からの敬意と尊敬をかちうる双方向的な「誇り」の作り方です。

相手からの敬意、尊敬は、自分が相手に、あるいは国際社会に対し、「悪」と見なされる行為をなしたばあいには、それをしっかりと謝罪し、その謝罪の意思を受けとめてもらうことからしか、生まれません。

そして、『プライド・運命の瞬間』の主人公の東条英機についていえば、たとえ東京裁判が連合国の善悪二元論の「物語」を作るための茶番劇だったとしても、それで、日本の犯した「不正」が消えるものではないということが、ここでの議論の前提です。日本が中国を侵略したということは、誰にも否定できません。なにしろ、中国の兵隊は、一度も日本の国土を侵していないのです。さすがに東条の映画の『プライド』も、中国が日本を侵略したとはいわないでしょう。では、日本と中国の戦争は、なぜ起こったのか。日本が中国の主権を侵害したからです。そのことは、日本会議のメンバーも、否定しないでしょう。東京裁判は茶番でしたが、それでも東条が侵略の責任を負うべき有責者であることは動かないのです。

そうだとしたら、少なくとも、その「悪」を認めることからしか、「誇り」ということを考えるばあいの、一歩ははじまらないのではないでしょうか。

「誇りある国づくり」は、その「悪」＝侵略を認めることのうえに、「誇り」を作りあげるか、その「悪」＝侵略には目を瞑って、それをないことにして、「誇り」を捏造するか、二つに一つしかないのです。

そのため、この二つの「誇りある国づくり」の方向は激しくぶつかりあいます。一方は、他方が行うことを忌み嫌います。たとえば、日本会議がリベラル派の「謝罪」を自虐的、弱腰だと痛罵するのもそのためです。彼らは「誇り」は「自讃」によって生まれるのだと思っています。他方リベラル派が保守派の「仲間褒め」と自讃主義を歴史修正主義と非難するのも、そのためです。

†「自讃」方式には活路がない——安倍政権と日本会議

しかし、この対立を「誇りある国づくり」の問題としてみれば、どちらに脈があるか、答えははっきりしているでしょう。結論を先にいえば、日本会議流の自讃方式には、脈がありません。

日本会議の綱領には「悠久の歴史に育まれた伝統と文化」と「健全なる国民精神」、「国の栄光と自主独立」、「相互の文化を尊重する共生共栄の世界の実現」の三点が掲げられています。この団体の目標が「歴史と伝統」、「国の栄光と自主独立」を指針に「誇りある国づくり」をめざすことであることがわかります。そして、そのために、いまこの団体が保守政権と連携しつつ全力で取り組んでいるのが「憲法改正を求める」国民運動です。

しかし、問題は、果たしてその方向で、ドーアが先に示した明治期以来連綿と続く日本社会の「誇りある国づくり」は、達成できるのだろうか、ということです。

私はダメだと思います。

理由は二つあります。一つは、この方向で実現される「誇りある国づくり」がどうしても戦前に続く復古型の国家主義をめざすこととなるため、戦後の国際秩序とはげしくぶつかることとです。それは、日本は間違っていなかった、正しかった、という方向での「誇り」づくりをめざすしかありませんが、これは事実ではありません。結局、国際社会から受けいれられず、日本の孤立を結果します。そのまま、進めば、第三次世界大戦しかありません。

もう一つは、この「誇りある国づくり」のプロジェクトを日本会議は、安倍政権の採用する路線によって実現しようとしていますが、両者のあいだには矛盾があって、これによって目標が達成される見込みが立たないことです。

どういうことでしょうか。いま、安倍政権は、米国とのあいだに、新奇な関係を作り出し、日本会議とのあいだにも一定の緊張をはらみつつ、一応良好な関係を維持していますが、そのいずれにも矛盾を抱えています。

まず米国との関係ですが、現在、安倍政権が米国とのあいだに作ることに成功したと見えるのは、タイプとしていえば、これまで米国がフィリピンのマルコス大統領など後発国型独裁政権とのあいだに作りあげてきたのと同質の関係です。

そのポイントは、国内の独裁ないし反国際社会的国家主義と極端な対米協力・従属政策のセットに対しては、米国は一貫して、自国の利益のために、自国の理念は二の次にして、これを支持、保護してきたということです。

たとえ——非民主主義的な施政、独裁、人権抑圧など——米国が理念的に認めがたい価値観を国内的に貫く独裁政権でも、——米軍のための基地の提供、米軍への肩代わりなど——徹底的な従米路線を実行し、自分にとって明らかな国益となるばあい、米国は、どんな悪辣な政権であっても、これをサポートしてきました。フィリピンのマルコス大統領が、よい例です。

一方、現在の安倍政権が行っているのも、国内的には米国が理念的に認めがたい「戦前と戦後のつながり」に立脚した復古型国家主義の追求です。そのよい例が、二〇一三年一二月のA級戦犯を合祀した靖国神社への参拝であり、また、中国、韓国への謝罪拒否の言動でした。これに対し、当初、米国は、対日批判を強めました。しかし、二〇一四年七月、安倍政権が集団的自衛権行使容認の閣議決定を行い、TPPでも譲歩基調で行くなど露骨な従米路線に踏み出すと、態度を変えます。これまでの対日批判を抑え、今度は、逆に何の非もない韓国をたしなめて日本と協力態勢を回復するよう働きかける方向に政策を転換するのです。

このことは、ある時点から、安倍政権と米国政府の関係が、通常の友好国間の協力関係から、後発国独裁政権と米国政府との関係モデルをも包含するタイプの関係に、移行したことを語っています。

まったく理念的には認めがたい相手でも、自国にとって有利であれば、その国家主義には目をつぶって、つきあうというのです。

しかし、この徹底従米路線は、他方で、日本会議の復古型国家主義とぶつかります。安倍内閣が集団的自衛権行使を認める閣議決定に踏み切ったとき、日本会議の機関誌『日本の息吹』は、「集団的自衛権の行使容認に関する見解」と題する声明を発表し、「安倍政権が、戦後の防衛法制の抜本解決に向け意欲的に取り組んでいることは、率直に評価したい」と述べましたが、[20] この「率直に評価したい」には、手放しで全面的に評価するのではないが、という留保がいやおうなく滲み出ていました。

この留保の念は、声明の最後の「今後はこうした（中略）個別法改正を経て、窮極の目標である憲法改正を行い」、「積年の宿疾に終止符を打つことが肝要であろう」という言葉にも現れています。なぜ全面的な支持ができないかといえば、憲法改正までいかなければ、日本の対米自主性が担保されず、対米従属の実質だけが先行するからです。安倍政権の「徹底従米路線」が、この部分で、日本会議の「自主独立」のナショナリズム路線とぶつかっているのです。

安倍政権の政策は、米国から見ても、日本会議から見ても、それぞれに矛盾を抱えたあやういものとなっており、この点からも、もし、ほんとうに「プライド欲」をみたす政策を構想するとしたら、まったく発想を変えるほかにないのです。

†「誇り」としての平和主義

ではどうすればよいか。

方法は一つしかありません。

憲法の前文に書かれた「平和主義」に立ち戻ること。しかし、もはや経済大国化とのセットで自尊心を満足させるという経済的なアプローチは、道を断たれています。そこで、政治的なアプローチで、「誇りある国づくり」を再度めざす。改めて、戦後の初心に戻り、

「平和を愛する諸国民の公正と信義に信頼する」平和主義を貫くことによって、「専制と隷従、圧迫と偏狭を地上から永遠に除去しようと努めている国際社会において、名誉ある地位を占め」る。これしかありません。

そのための唯一実現可能な方途が、四六年の時点で提示された第一の道（局外永世中立の一国型平和主義）、第二の道（米国の保護国となる道）に代わる、第三の道、つまり、――南原、高柳が示唆した――憲法九条を国連の理念とコンパチブルな形に整合化しつつ、ともに憲法制定時・国連設立時の理想を実現すべく国連に積極的に介入していく「国連中心外交」にほかなりません。

そのためには、対米従属を脱し、国民本位の政治的自由を回復しなければなりません。つまり完全な独立国家となることが必要です。しかし、それは一国的なナショナリズムのためではない。インターナショナリズム、国際主義を通じての「誇りづくり」が、ここでの理念的基軸なのです。

5 自衛権の問題

†ドーアの九条改正案

ドーアは先の彼の「国連中心外交」を日本が採用するとして、そこに軍事制裁への参加も含むと決めたばあい、日本社会に生じる反応、批判には次のようなものがあるだろう、と列挙しています[21]。

まずリベラル派からの反応。四つ考えられますが、すべて、これに反対です。

理由は、その一、憲法九条の絶対平和の理念があることは人類にとって最重要なので自衛隊は「根こそぎ解体」、誇りをもって九条堅持を世界に示すべき。よって反対。

その二、日本の戦争体験に立脚すれば、国家のいうことは信用ならない、国連中心外交も結局国家主義に絡めとられるだろう。よって反対。

その三、日本はまだ市民社会文化が弱く、軍隊を統御できるだけの文民的威力を備えていない。軍隊を認めれば軍国主義化する恐れが大。よって反対。

その四、PKOなどでの軍隊派遣のためにも憲法改正が必要だが、いったん憲法改正を許せば歯止めが消えてまたファッショ日本に戻る。よって反対。

これについて、ドーアは、第一の意見こそ、「筋が通って」いるが、「本気で自衛隊解体を主張する声はあまり聞かない」、よってこの意見はいまや少ないと判断します。またほかの三つの見解については、「日本社会の進化」を無視した後ろ向きの見方で「いずれも説得力を欠いている」と述べています。

次に保守派からの反応。こちらは、中間的な部分的賛否を浮遊しています。

その一、米国からの圧力があるなら、国連の軍事行動に参加すべき。しかしあくまで米国との協力体制が至上命令であって、国連はその次と考えるべき。よって条件付きでのみ賛成。

その二、国連を介しての国際貢献は理想論。軍事大国をめざすべきで、核武装も視野に入れるべき。ただし憲法改正が無理な現状では、国連参加は、自衛隊に経験を積ませる意味でプラス。よって一部のみ賛成。

その三、対米政策の枠内だけではなく、国連での活動参加は日本の国際社会の地位を強める上で有効。しかし日本には軍事大国論者もいるので、憲法改正などまでして誤解されない慎重さが必要。したがって憲法は解釈拡大でいくのが賢明。よって是々非々で賛成。

これに対しては、ドーアは「その三」くらいは対話可能だが、ほかの二つは、反対と述べています。しかし、ドーアがこの検討を行うのは、これらすべてに共通する前提を取りだすためです。それは二つあると彼はいいます。

一つは、いずれもが、外交を、自分から国際秩序を構築しようという高い意識で考えていないこと。すべて、外圧への対応、利用、あるいは受け流し、としての消極姿勢を出ていないこと。

そしてもう一つが、いずれのばあいも、憲法九条の改正・改変を平和憲法の放棄を意味するものと解していること、憲法九条の改正による平和憲法の強化、という発想が見られないこと、です。

しかし、自分から国際秩序の構築に向け、国連の機能を当初の設立意図の実現に向けて強化しようと働きかけること、憲法九条をその平和理念の「実行」に向け、改正するということ、そういうことがあってもよいのではないか。いや、あるべきではないか。これが九三年時点でのドーアの提言の趣旨でした。

彼は、その九条改正案を、こう示しています。まず、第一項、これは動きません。第二項以下が、こうなります[22]。

二、以上の決意を明確にするために、日本国民はここに宣言する。日本が保持する陸海空軍その他の戦力は以下の目的以外には、これを発動しない。

1、日本の国際的に認められている国境に悪意をもって侵入するものに対する防衛。

2、国内外の災害救援。

3、国連の平和維持活動や、国連憲章第四七条による、国連の直接指揮下における平和回復運動への参加。

とてもよくできていると思います。改定の趣旨について、ドーア案に賛成というより、むしろこれに教えられてここまできた観のある私ですが、前述の敗戦国民としての観点から、一つ変更を加えたいと考えるのは、「自衛権」をめぐる個所です。

†国連待機軍と国土防衛隊──九条改定私案①

私が、国の交戦権および自衛権の放棄をこれまでなぜ高く評価してきたかというと、そこには二つの意味があります。

あらかじめいっておけば、この戦争放棄条項が、連合国側にとっては、敗戦国への懲罰の意味もこめた武装解除、非武装規定ともなっていることは先刻承知です。しかし、それは先に連合国側の戦争目的に掲げられていたことで、何ら不当だとは考えません（↓347頁）。戦争に負けるとは、そういうことなのです。

しかし、私たちは、戦争に負けることで、新しい価値観に立って、戦後を生きることにしました。そして、その価値観に立って、この戦争放棄の条項に、意味を認めるわけです。

その意味の第一は、他の国にさきがけて戦争放棄を宣言することで、国連の初期理念に示された国連常備軍制度の確立に先駆的なコミットを行っていること、その優位性です。この平和条項を手がかりに、私たちは、国連の初期理想の実現にむけた機能拡大の改革の担い手になる権利を与えられていることになるでしょう。

しかし、その第二は、国が軍隊をもたないことで、国民に対し開かれた存在になったという側面です。国民が自分たちの意思で、国家の政体を変え、また決定しようとするとき、既存の国家政体が、これを阻もうとして、用いる暴力組織が、軍事組織です。軍隊にはつねにそのような国家を守るために国民に銃を向けるという役割が入っています。これが国家の自衛権の一部に含まれるというばあい、この自衛権は国家の国民に対する自衛権を意味します。これに対し、憲法九条は、軍隊をもたないことで、国民の政治行動を国の暴力組織で抑止しないということをも宣言していると考えられます。そして私は、それが、自衛権の行使としても軍隊をもたない、ということの意味のうちの大いなるものとしてあると、考えるのです。

自衛権があろうと、なかろうと、他の国が軍隊で攻めてくれれば、私たちは、それに抵抗するでしょう。私は、他国の軍隊の侵略に対しても丸腰で対するという完全無抵抗主義、あるいは、絶対非暴力主義の立場はとっていません。

また、他国が攻めてきたら怖い、という一般の人々の「不安」には、つねに権利が認められるべきだと思っています。

しかし、といって、現有の軍事組織である自衛隊をそのまま防衛任務にあてるとはしたくない。自衛隊のなかでしばしば起こる陰湿ないじめによる自殺の報道などに接すると、旧陸海軍の内務班的体質が、自衛隊になって抜本的に根絶されたのかどうかに疑問をおぼえるのです。したがって、いったん国連待機軍、国際災害救助隊的な外国軍隊との協同作業による解体の契機をへた、組織改編を考えます。

しかし、現在の軍事技術・組織の高度な専門性に鑑み、これをボランティア的な民兵組織で代替するということは現実的とは考えられません。

以上の理由から、現在の自衛隊を組織改編のうえ、国連の指揮下におかれ、他国の軍事・非軍事組織との連携作戦活動を基本とする軍事組織（国連待機軍）と、国の防衛と国際災害救助にあたる軍事組織（国土防衛隊）とに再編し、国の自衛権と国民の自衛権（人民起源の自衛権）とを区別したうえで、これに国民の自衛権を与える代わり、「国民に銃を向けること」つまり治安出動を禁止するという項目をここに加え、国土防衛用に高度な専門性をもった必要最小限の軍事組織だけを、国内用には認めようと思うのです。

そのうえで、国連待機軍を固定化するのではなく、それを足場に国連常設軍の創設を提唱し、それが成就したのちは、はれて憲法九条の交戦権の委譲がそれをささえるものであることを宣揚します。

それで、私の案は、こうなります。

二、以上の決意を明確にするため、以下のごとく宣言する。日本が保持する陸海空軍その他の戦力は、その一部を後項に定める別組織として分離し、残りの全戦力は、これを国際連合待機軍として、国連の平和維持活動及び国連憲章第四七条による国連の直接指揮下における平和回復運動への参加以外には、発動しない。国の交戦権は、これを国連に移譲する。

三、前項で分離した軍隊組織を、国土防衛隊に編成し直し、日本の国際的に認められている国境に悪意をもって侵入するものに対する防衛の用にあてる。ただしこの国土防衛隊は、国民の自衛権の発動であることから、治安出動を禁じられる。平時は高度な専門性を備えた災害救助隊として、広く国内外の災害救援にあたるものとする。

†カント『永遠平和のために』の自衛論——国土防衛隊を真剣に考える

このばあいの治安出動を行わない国の軍事組織(国土防衛隊、災害救助隊)の定義は、カントの『永遠平和のために』から貰い受けています。ここでの問題は、第三項の一節、「国境に悪意をもって侵入するものに対する防衛」をどうするのかです。これには国連の規定で安保理が必要な措置をとることになっています。「国連憲章第四七条による、国連の直接指揮下における平和回復運動」です。しかし、国境侵入後、ただちにこの必要措置が取られるとは限らない。その暫定的な期間をどう「防衛」するのか、がここでの問題になります。

その防衛の用にあてる「国土防衛隊」の性格決定に、カントの『永遠平和のために』の自衛論を援用したいのです（ここで、電撃的に大軍が攻めてきたらどうするのだと心配する向きがあるかもしれません。でも、そのような本格的攻撃への抑止策を、一国ないし集団的な安全保障協定によってではなく国連警察軍をめざす国連中心主義によって構築するのがこの政策の要諦です）。

カントは『永遠平和のために』に、永遠平和確立のための六つの予備的条項と三つの確定条項をあげています。ここに取りあげるのは、予備的条項に含まれる「常備軍は、時とともに全廃されなければならない」という項目です。

常備軍の廃絶は、国家による軍隊保有は、それが刺激となって軍拡競争を促し、軍事費拡大などから先制攻撃の原因になるということ、人間を「人を殺し殺される」戦争という国家目的の道具に使うことは、人間性の権利にそむくということを理由に、ここに項目として挙げられています。

しかしカントは「国民が自発的に一定期間にわたって武器使用を練習し、自分や祖国を外からの攻撃に対して防備すること」はこれと「まったく別の事柄」であるとも述べます。(23)「自分」と「祖国」を「外からの攻撃」から防備するとは、国家による暴圧にたいしても、外国による攻撃に対しても、ともに、備えるという意味なのです。

憲法九条との関連で、この問題にふれて、山室信一はここに国民の「国家に対する武装の権利」が含まれていると指摘していますが、(24)これは、ルソーを引き継ぎ、カントの構えから当然のことに出てくる重大な点だろうと思います。

この国土防衛隊は、国の軍事組織ではあるが、それが行使する自衛権は、人民に固有の自衛権に基づいています。それゆえ、それは、人民に対し、銃を向けてはならない。憲法に、治安出動を禁じる、という規定が入るのは、こうした国の自衛権と人民の自衛権を二分するカントの理解に基づくわけです。

また、国連憲章第四七条による、国連の直接指揮下における平和回復運動（軍事行動）は第四七条を含む憲章第七章全体の構想としては将来的には高柳賢三のいう「世界警察軍」的なあり方をめざしていると理解されますから、それに近い体制が完成すれば、この平和回復運動は参加国の交戦権の行使の集成から国連軍の交戦権の行使に移行することになります。各国の交戦権は、すべて国連に「移譲」され、以後、国家の権利としては、行使されなくなります。

このばあい、国土防衛隊はどこが現在の自衛隊と異なることになるでしょうか。それはその活動が国権の発動としての軍事行動ではなく、国民の固有な自衛権の発動としての軍事行動である点です。

この軍事組織は国の軍事組織ですが、自衛隊、あるいは軍隊と異なり、その法的源泉を、内外の攻撃に対して国民が自衛するための組織であることにもっています。もし、よその国が攻めてきたばあいには、それに敵対し、軍事力を発動しますが、国家が国民の抵抗権を実力で抑圧しようというときには、自ら国に対して自衛行動を取り、治安出動は行わないのです。ふつう、軍隊、自衛隊が、よその国に対する自衛とともに、自国内の人民による治安紊乱《びんらん》に対し治安出動する任務を与えられていることを考えてもらえば、その違いがわかるでしょう。一般の市民の安全、国家の安寧、社会の治安のためには、警察があるという考えです。ですから軍隊=国土防衛隊はけっして国民に対して銃を向けない。また他国には赴かない。そういう徹底した専守防衛の高度な専門性と最小限の最新軍備を備えた軍事組織なのだということになります。カントは、先の小冊子で、常備軍は廃絶されても、自衛のための訓練を行う権利は、なお国民に認められなければならない、と述べていました。

†小沢一郎『日本改造計画』の国連中心主義

むろん、これはGHQ憲法草案と同様、ドーア案を叩き台に私が考えてみた案にすぎません。細部は、今後大いに多くの人の手で検討し、訂正を加えてより目的に合致するものにしてもらわないといけません。ちなみにこれまで日本の政治家によってもこれに似た案が提出されています。周到な検討をへて提示されたと思われる小沢一郎『日本改造計画』における案がそうです。ドーアの『「こうしよう」と言える日本』と同年に出たこの本には、ドーアとだいぶ重なる観点から、やはり国連中心外交が提案され、憲法九条の改正案として、現行の二項に続け、

第三項　ただし、前二項の規定は、平和創出のために活動する自衛隊を保有すること、また、要請をうけて国連の指揮下で活動するための国際連合待機軍を保有すること、さらに国連の指揮下においてこの国際連合待機軍が活動することを妨げない。

を付加する案が提案されていました[25]。

ただ、惜しむらくは、小沢は、この一歩の踏みだしによって、国連中心主義を掲げ、ほかに例を見ない「平和立憲国家」の実現をではなく、単に軍事力と交戦権をもつ「普通の国」になることを訴えたのにすぎませんでした。

その国連中心主義も、その底に米国依存を脱するための施策という意向を秘めたものであった可能性はありますが、彼は、それを前面に押し出すということをしませんでした。そのため、そこでの国連は、米国が自分の都合で使い回しする国際組織のままにとどまり、その主張も、「日米を基軸に平和維持」を行うという提案にとどまっていました。そのため、彼の主張は、国連中心主義といいつつ、日本が自衛隊を保持し、交戦権をもつことに国連への軍事的関与を媒介にして道をつける――そしてそれが「普通の国」になるということ――という逆向きの意味も包含しうるものでした。そうした理念的な中途半端さと現実への妥協ぶりが、この論を不徹底な国連主義にとどめてしまったのは、残念なことでした[26]。

しかし、彼の主張は、国連、日本双方の法制、政治上の現実可能性に裏打ちされた、プロの政治家の提案である点、大いに参考になります。国連待機軍というカテゴリーも、魅力的です。いずれにしても、多くの知恵が結集可能です。

†九条改定私案のポイント

私の考えでは、ここまで述べてきたことからわかってもらえるように、私の改定案のポイントは、二つです。

一つは、これが憲法九条を国連の創設の時点までさかのぼったうえで、国連の機能をより設立目的に合致したものに強化する「実行」のための改定なのだということ。

そしてもう一つが、そのための改定ではあるけれども、憲法九条の大原則——国の自衛権を含め、交戦権を放棄する——は、理念上、崩していないことです。

これに関連して、一つだけ追加の提案も付しておきましょう。

現在、日本の国連分担金は、世界で米国に次いで第二位です。年間の負担額が米国の六億二〇〇〇万ドル（負担率約二二パーセント）に対し、二億七〇〇〇万ドル（同一一パーセント）で、これに、ドイツの一億八〇〇〇万ドル（同七パーセント）、フランス、英国、中国の一億四〇〇〇万〜三〇〇〇万ドル（同五パーセント）が続きます（二〇一四年度実績）。

私は、この国連中心外交の宣言でもある九条改定に合わせ、常設軍設立を最終目標とする国連の機能強化のため、今後、日本が基金を拠出する用意のあることを宣言するのがよいだろうと思っています。

右の額は、たとえば現在の為替レート換算（一ドル一二三円）で年間約三三〇億円です。次に述べる核の問題に出てくる核燃料サイクル政策の「もんじゅ」の運転維持に、年間約二〇〇億円、六ヶ所村の再処理工場の維持に、年間約一一〇〇億円かかっていることを考えれば、それらに代えて行うこれだけの出費は、新しい価値創出のため、受けいれられると思うのですが、どうでしょうか。

Ⅱ　核の廃絶と非核条項

1　核管理、国連、NPT

†核兵器の国際管理をめぐる理想と現実

次は、核の問題です。

核の問題というのは、具体的には核兵器の国際管理の問題です。国連という形で結実したこの戦後の国際組織設立の構想の淵源は、これまで見てきたように大きくいうと、三つありました。

一つは、前身の国際連盟の失敗を教訓に、今度こそしっかりと平和維持、回復の仕組みと機能をもった国際組織を作りだすこと。

二つは、第二次世界大戦の戦争遂行を通じて作られた戦勝国連合を、解散することなく、これをもとに戦後の平和維持のための国際組織に発展させること。

そして三つが、この原爆の国際管理という目標からやってきた国際組織設立の構想です。一九四六年一月二四日の第一回国連総会は、はじめに、この原爆の国際管理をめざす国連原子力委員会の設置を決議しています。しかし、これを領導するのは、米英ソの安保理のうちの三大国、とりわけ米ソ二国で、冷戦の開始とともに、この委員会も四七年末には実質的な機能停止、無期限休会に追い込まれます。

核管理についていえば、この夢の崩れ去ったことを受け、科学者、知識人たちの側から対抗運動として生まれてくるのが、世界連邦運動にほかなりません。これは、しかし同時に、幻滅の産物でもありました。

この運動を代表する一人、アインシュタインは、四五年のある文章で、「原子爆弾の秘密」は「直ちに一つの世界政府に委譲されるべき」で、その現在その秘密を握る米英二国はソ連を招待したうえで、三国共同で「世界政府の憲法」の策定作業に入るべきだと主張しています。[27] また別の文章では、知識労働者にむけ、「新しい侵略戦争をふせぐために世界政府の警察軍を建設するために闘う」よう訴えています。[28]

しかし、二年後の国連にあてた公開状のなかでは、戦勝後二年の間に、「戦争防止」についても「原子力管理」についても「なんら見るべき進歩がなされなかった」と述べ、国連は「平和を維持するために充分な立法的、行政的権限を付与された、国家を超越した権威」確立のための「過渡的な組織にすぎない」という認識が、広く加盟国、世界の市民に共有されなければならない、と述べるにいたります[29]。

ではどうすればよいか。結局、その運動は、現実と歯車の嚙み合う形をとらず、「首尾一貫」しながらも「空想的」な絶対平和主義の方向に歩みを進め、その後、核競争の激化のもとで、原水爆と戦争の廃絶にむけた五五年のラッセル・アインシュタイン宣言に一つの結実を見ることとなります。

そしてこの動きがさらに科学者たちのパグウォッシュ会議の取り組みに受け継がれますが[30]、しかし、現実の核の国際管理のほうは、東西冷戦の力学に組み込まれ、理念とも理想とも、また原爆の開発、製造、投下にかかわった当事者たち、科学者たちの希望、意向とも、さらに国連原子力委員会の頓挫した試みとも、まったく切り離された形で、国際原子力機関（International Atomic Energy Agency　以下、ＩＡＥＡ）の設立、次に核拡散防止条約（Treaty on the Non-Proliferation of Nuclear Weapons　以下、ＮＰＴ）の締結という形で、まず米国主導のもと、現実化してくるようになるのです。

ここでも、国連と世界連邦運動の分岐をなぞるように、ＩＡＥＡとパグウォッシュ会議は、それぞれ、核管理の問題に対する相対立するアプローチを体現するものとして、奇しくも五七年七月、同じ時期に発足しています[31]。

†核拡散防止条約

ＩＡＥＡは、ソ連の核実験成功と東欧圏での核技術戦略に脅威を感じた米国の核技術援助政策「アトムズ・フォー・ピース（平和のための核）」（一九五三年）を基礎に、五七年、国連傘下機関として原子力平和的利用の促進とともに原子力の軍用への転用を防止することを目的に、米国主導ながらソ連、東欧圏諸国も参加して設立されました。現在でも、ＩＡＥＡの公式サイトには大きく“Atoms For Peace”の標語が掲げられていますが、これは、よく知られているように、五三年の米国アイゼンハワー大統領の国連総会演説からきた米国核「平和利用」戦略出自の標語にほかなりません。

その活動の延長上で、六三年に国連で採択、その後六八年に安保理国（核保有国）主導のもとに六二カ国によって署名、七〇年に発効するのがＮＰＴ、正式名を「核兵器の不拡散に関する条約」という、現在に続く、核拡散防止条約です。

これは、現状以上の核拡散を防止することと、核兵器の廃絶を加盟国全体の最終的目標に掲げた初の国際条約でしたが、一九六七年一月一日現在で核を保有している核兵器国と非核国とを固定し、第六条で核兵器国には核兵器の譲渡禁止と核軍縮交渉の「誠実な履行」を義務づける一方、非核国には核兵器の製造、取得の禁止とＩＡＥＡによる保障措置を受け入れることを条件に核の平和利用を国際的に認めるという、国連の安保理制度に匹敵する不平等を内部に埋め込んだ国際条約でした。一九六七年という年限が恣意的であり、ここから核保有を合法化される核兵器国が米ソ英に続き、この年まで核実験に成功した仏中を加えた安保理の五カ国に重なることから、最初から問題含みの条約と目されました(32)。

二五年の期限つきで締結され、九五年に期限を迎えた後は、五年に一度再検討をしつつ無期限に延長することが決められ、現在にいたっていますが、二〇〇五年の再検討会議以降、核保有国の核軍縮に向けた履行努力の「不誠実さ」に対し、多くの加盟国から不満の声があがり、強い姿勢が示されるようになってきています。二〇一五年の再検討会議では、二〇〇五年に続き、二度目の最終文書不採決のままの閉会となったことは、新聞紙上に報じられたとおりです。

さて、この条約の締結に関しては、日本は、だいぶ真剣な検討を迫られました。敗戦後の外交で最も枢要な決定の一つを強いられたのが、このときだったかもしれません。

当時、日本がこの条約に参加するかどうかが、国際的に注目の的となっていました。この条約の成立の可否如何が、日本の対応如何にかかっていたといっても過言ではなかったのです。

理由の一つとして、このとき、ドイツと日本が核拡散防止の主要なターゲットとなっていたということがあります。当時、核兵器開発、製造の能力をもちながら、核兵器国になることを安保理五カ国から望ましくないと考えられていたのが、この経済大国化した旧敗戦国の二国だったのです。(33)

またもう一つとして、世界唯一の被爆国である日本が、この不平等な条約の枠組みを受けいれるかどうかが、この条約の道義性を保障するうえでの試金石ともなっていました。唯一の被爆国として原爆保有を他国から、とりわけ投下国の米国から否定されにくい日本が、どうするかが、重大な意味をもったのです。

では日本ではどう考えたかといえば、六四年に中国が核実験を成功させ、NPTが国際政治の俎上にあがってきたことから、六〇年代後半になると、日本でも核戦略の可能性が政府部内で検討されるようになってきます。六七年に佐藤首相が核を「製造せず、保有せず、持ち込まない」非核三原則を明言しますが、それは、内閣調査室の外郭団体に核武装の可能性について検討させ、否定的な報告を受けたあとでのことでした。(34)

日本は、他の国に遅れて七〇年、この条約に署名し、七六年に批准を行います。米国の核による「核の傘」が有効であることを条件に、NPTに加盟する、というのがこのとき日本政府が明らかにした最終的な態度でした。

NPTは国家の存亡にかかわるような危機に際しては、一方的に脱退できることを記しています。[35] そのことを受けて、七〇年の署名直前の時期の外務省での極秘の会議では、「核兵器については、NPT(=核拡散防止条約)に参加すると否とにかかわらず、当面核兵器は保有しない政策をとるが、核兵器製造の経済的・技術的ポテンシャルは常に保持するとともにこれに対する掣肘《せいちゅう》をうけないよう配慮する」ことが決められています。[36]

要は、いったんことが起これば脱退し、可及的すみやかに核兵器を製造することができることを内外に示すことをもって核抑止に変える。しかもそのことが国際社会で疑惑を呼び「掣肘をうけない」ための防波堤として、非核三原則を活用する。こうした非核三原則と一対になった巧妙な「核技術抑止策」が、佐藤内閣のもとで、核保有に次ぐ次善の核抑止策として案出され、以後、日本の(非)核政策として採用されることになるのです。[37]

二〇一三年八月の原爆式典で、田上富久長崎市長がNPT再検討会議準備委員会提出の八〇カ国署名の「核兵器の非人道性を訴える共同声明」に日本政府が署名しなかったことを「被爆国の原点」に反するものと批判しました。そのことにより、NPT内での日本の立場が核保有による核抑止策の側に立つものであることがいまさらながらに国内的に明らかにされ、非核三原則を国是とみなしてきた日本社会に衝撃を与えましたが、実は当初から日本政府の立場は、核廃絶をめざす以上に米国の「核の傘」に安全保障を委託する、核抑止論寄りのもので、ある意味では「非核三原則」も、その核技術抑止政策の一環だったのです。

では、先の平和主義に基づく国連中心主義による「誇りある国づくり」と、この核技術抑止政策の関係は、どうなるでしょうか。先の平和主義的な憲法九条の改定の考え方に立つなら、この現行のＮＰＴ枠準拠の日本の（非）核政策は、どの方向に、またどのように改められるべきでしょうか。

そう考えるとき、有効な示唆を与えてくれるのが、先のドーアが前著『「こうしよう」と言える日本』から約二〇年をへて、二〇一二年、もう一つの著書である『日本の転機』で新たに提起している新核国際管理案の提案なのです。

2 「核のない世界」とは何か

†核のない世界

核の問題は、究極的に核廃絶、つまり「核のない世界」をめざすという定型のもとに考えられています。最近の例でいえば、オバマ米国大統領が二〇〇九年四月五日のプラハ演説で、

二〇世紀において自由のために戦って団結したように、二一世紀には恐怖から解放される権利を全人類が享受するために、我々は団結しなければなりません。我がアメリカ合衆国は核保有国として、原子爆弾を使った唯一の国として、行動に移す道義的責任を負っている。(中略)

したがってはっきりと、そして誠実なコミットメントを以て今日誓います。核兵器の存在しない社会の実現のために、努力いたします。

と述べ、二一世紀の目標が、核の廃絶にあることを明らかにしています。

ところで、ここに想定されている「核兵器の存在しない社会」とはどのようなものでしょうか。オバマがそのためのロードマップを提示していないので、よくわかりませんが、東西冷戦時、NPTのいう核兵器国の「全面的かつ完全な」核軍縮にむけての「誠実な交渉」の「約束」(undertake)が想定していたモデルは、反核活動家のジョナサン・シェル

の著書『核廃絶』によれば、米ソ間で戦略兵器削減条約（ＳＴＡＲＴ）など核軍縮交渉が進んでいた八〇年代、次のようなものでした。

二大核大国である米ソは、軍縮交渉において、種別、レベルに応じて、段階的に、その保有核兵器の数を減らしていく。するとそれは最終的にゼロになる。ゼロとは何か。それは、二大核超大国が、いったんことがあれば、すぐにも核兵器を再製造、再武装する態勢を完備しながら、しかも現有核兵器をすべて解体し、（いったん核をなくした状態での）「核再軍備・待機状態」(readiness for nuclear rearmament) にいたるという状況です。[38]

このばあい、二国が率先して核兵器をなくし、これを掛け金として、ＮＰＴの協定下、他の核兵器国にもそれに倣うことを要請するという行程表が、想定されていたはずです。

そのうえで、核ゼロの状態を作りだし、以後はＩＡＥＡの監視体制やＮＳＧ（原子力供給国グループ）の規制の強化をはかり、このゼロ状態を維持していく。いったん他の国に核兵器製造への動きが起これば、すぐにも再び核保有し、制裁、抑止する。そういう「核再軍備」(nuclear rearmament) のための「待機即応性」(readiness) を、抑止力に変えるという考え方が、「核ゼロ」策の内実でした。

皮肉なことに、ことあらばすぐにも核兵器を製造できるポテンシャルを保持するという、ＮＰＴ加盟に際して日本政府が案出した核「技術」抑止策にとてもよく似ています。

†核廃絶のためのロードマップ

さて、核抑止策は、第一の米国の圧倒的優位のもとでの大量報復戦略（相手の攻撃に即座に反撃）、第二のソ連急追期の柔軟反応戦略（硬軟自在対応）、そして第三の米ソ拮抗期の相互確証破壊戦略（Mutual Assured Destruction 戦略、以下、MAD）へと推移します。MADというのは、反撃能力の相互確証を指し、典型的には、核兵器を搭載した潜水艦を世界のさまざまな海域に航行させて、自国が攻撃されたばあいの反撃能力を確保し、相互にこれを監視しあう態勢のもとで、核抑止の安定状況を作るという考え方です[39]。

この段階にいたり、東西冷戦下、一定の安定状況が生まれました。八〇年代、それを前提に、さらにMADを核廃絶につなげようというばあいのロードマップの一つとして反核論者に考えられたのが、シェルの核ゼロ＝「核再軍備への待機即応」という究極の核抑止策だったのです。

しかし、この第四の抑止策ともいうべき「核ゼロ」をめざす核抑止策は、二大核兵器国による「冷戦」構造がなくなり、核兵器国が当初の五大国からいまや九カ国（インド、パキスタン、北朝鮮、イスラエル）までに広がり、イランもそこに加わろうという状況を迎えている現在、もはや有効とはいえません。シェル案はいわば核兵器国五大国の枠を厳守し、圧力釜の圧力を最高度にまであげて、核ゼロにいたるプログラムですが、いまやその圧力釜はほうぼうに亀裂を走らせ、内部の圧力が高まらず、圧力釜の用をなさなくなってきているからです。

たぶん、オバマは漠然と、この圧力釜を修繕し、再び釜の中の圧力を最高度にまで高めれば、この方式の最後に「核兵器のない世界」が実現すると考えているのかもしれません。しかし、後に述べるように、彼が真剣に、この圧力釜の修繕をめざしている徴候は、どこにも見られません。

他方、非核国がめざしている核廃絶のためのロードマップも、核兵器国のものとさほど変わりません。その意欲と発信者の立場が逆だということがその違いです。すなわち、核兵器国の核軍縮交渉における怠慢に対し、非核有志国が新アジェンダ連合というものを作り、現在NPT再検討委員会で活動を続けているのですが、たとえば参加国の一つスウェーデンによる活動趣旨の説明を読めば、それは、一、核兵器国に対しては、核軍縮、最終的に核廃絶の義務の履行を迫る、二、非公認核保有国にはCTBT（包括的核実験禁止条約）への早期加盟を要求する、また、三、核兵器態勢の解除と不活性化、四、戦略核兵器の除去、五、兵器用核物質の生産禁止とカットオフ条約（兵器用核分裂性物質生産禁止条約）の早期締結をめざす、というようなものだからです。(40)

そこでめざされているだろう「核廃絶」も、現在の核兵器国には、その核軍縮交渉を「誠実」に進め、最終的に核兵器の数をゼロに近づけることを要求し、同時に、新たな核兵器国の現れることを阻止することなのだろうと思われます。

ラッセル・アインシュタイン宣言をもとに生まれた東西科学者たちの組織、パグウォッシュ会議やほかの同種の賢人会議などのめざすロードマップも、考え方としては、同じです。パグウォッシュ会議代表だったジョセフ・ロートブラットが高く評価するという九六年のキャンベル会議の提案は、一、「核戦力の警戒態勢解除」、二、「発射装置からの核弾頭除去」から、三、「非戦略核兵器配備の停止」、四、「核実験の停止」、五、「米ロ核戦力削減交渉の促進」とつづき、最後の六は「核の先制不使用および核の原則不使用に関する合意の成立」となっています。そしてロートブラットによれば、この最後の合意は、「核の全廃に向けたステップのなかで最も重要なもの」で、これによって――核兵器国の、なのでしょう――『非核兵器国からの攻撃を抑止するためには核兵器が必要だ』と説く今日の核政策に、根本的変化をもたらし、一つの大きな壁を破ることになる」とされています。(41)

では、反核市民団体、NGOの考える核廃絶のロードマップはどうでしょうか。たとえばある反核法律家協会の活動家は、反核運動がこれまで米国など核大国の核使用の可能性に対し、ベルリンの壁崩壊後だけでいっても、九一年の湾岸戦争、九四年の朝鮮半島危機、九八年のイラク危機と三度まで抑止力として働いてきた事実を踏まえながら、その先に、核兵器の使用禁止、廃絶にむけた国際法の確立を目標の一つに掲げています。同時にNPT内の新アジェンダ連合、非同盟諸国、平和市長会議、非核運動のNGOなど各種団体との共同行動によって核廃絶をめざすというのが、彼らの考える行程表の大枠です。違法化により核兵器禁止にもちこもうという考えです。(42)

†「核のない世界」に戻ることはできない

いずれ、これらからわかることが一つあります。それは、「核のない世界」としていま私たちにめざされているものが、けっして一九四五年以前の「核のなかった世界」に戻ること、ないし、そのような「核のない世界」を再び作り出すことではないということです。

というのも、それは不可能だからです。

ここで前提となっているのは、一度存在してしまった核兵器を、もうなかったことにすることはできない、ということです。いまでは、オバマのいう通り、「核爆弾を作る技術が広く普及し」ています。しかもそれは核開発の科学者たちが当初から警告していたように、核の科学技術がそもそも「機密」化できない「科学的真理」であることに基づいています。また、いまでは「保有国の数が増え」、「核燃料や核に関する秘密」も「闇貿易で横行して」いて簡単に入手できます。一九四五年一〇月に、ジョージ・オーウェルが指摘していた通りに、事態は推移してきたのです。

「核のない世界」というと、私たちは、何となく人類の叡智が結集されればそれが実現するのでは、と思いがちなのですが、事実をいえば、たとえそれが実現したとしても、もはや私たちがかつての四五年以前の「核のない世界」に戻ることは不可能なのです。

ではどうすればよいか。

多くの科学者たちが署名に参加したラッセル・アインシュタイン宣言では、次のように述べられました。彼らはこういいます。まず、「軍備の全面的削減の一環としての核兵器放棄に関する協定」は、「一定の重要な役割を果たすだろう」。しかし「最終的な解決には結びつかない」。

あげられるポジティブな理由は、第一に、東西間の緊張緩和に有益だから、第二に、「熱核兵器の廃棄」は「奇襲攻撃の恐怖」を減らすから。でもネガティブな理由、核廃絶の協定は——熱核兵器の廃棄が実現しても——「最終的な解決」にはならない、というほうの理由は、核兵器は「廃棄」してもなくならず、核は「廃絶」しても、なかったことにはできないから、です。

したがって、彼らの決議は、「将来の世界戦争においてはかならず核兵器が使用されるであろう」という恐ろしい真実をつきつけたうえで、「そのような兵器が人類の存続をおびやかしているという事実からみて」、われわれは世界の諸政府に「紛争解決のため」の戦争という手段を放棄すること、「あらゆる紛争問題の解決のための平和的な手段をみいだすよう勧告する」というものになっています。

核がなくならないのであれば、戦争を廃絶するしかない、これが、ラッセル・アインシュタイン宣言の「決議」の考え方なのです。

そして戦争の廃絶をどのようにして実現するか。この課題への答えとして、世界政府の樹立がアインシュタイン、ラッセルらによってめざされました(43)。そのめざす方向が、世界連邦運動という市民本位のものと、国連という国家本位のものと、二つに分かれることになったというのは、これまで見てきたとおりです。

しかし、戦後の絶対平和主義の源流と目されるラッセル・アインシュタイン宣言においてすら、「核のない世界」に戻ることはできないと自明視されていることは、ここでもう一度確認しておいて損はないでしょう。

ここでの要点は、核廃絶のゴールは、どう考えられるべきか、ということです。つまり、「核のない世界」に戻ることはできない。では、次善の策として、「核兵器のない世界」を実現して、以後、核兵器が再び現れないように、その数をゼロにまで減少させる。そして、その後は監視、査察を徹底することで、その再出現を阻止していく、とするのでよいのか。

あるいは、戦争放棄のばあいの国連警察軍への交戦権の委譲と同じく、核戦力の使用権を委譲し、これを国連に全面的に集中することで、結果的に核兵器国・核兵器保有グループを世界からなくし、「核兵器行使のない世界」を実現するのか。そして、その体制を監視、査察の徹底で維持していくのか。

そのいずれをとるのか、ということです。

ドーアのいう新核国際管理案の提案は、このうち、後者、「核兵器行使のない世界」の実現を、核保有国と非核国の差別をなくする方向で、核拡散防止ならぬ核拡散の平等化によってめざす、一種奇手めいた考え方、ということができます。

3 「核抑止」と「核廃絶」

†「核抑止」と「核廃絶」は本当に対立するか？

そして「核兵器のない世界」と「核兵器行使のない世界」のいずれをとるか、その背景にあるのが、核抑止という考え方を認めるか認めないかという最終的な問題です。

右の二つの選択肢は、これだけを取ると、「核廃絶」をめざすか、「核とともに生きる」か、つまり、核「廃絶」か、核「抑止」か、というこれまでよく語られてきた核の国際管理をめぐるの二つの選択肢を代表しているように見えます。「抑止」というのは英語だとdeterrenceで、「怖がらせ、その恐怖で相手に行動を思いとどまらせる」という意味です。

核物理学者の豊田利幸によれば、「核抑止力」という言葉がこのような意味で登場したのは一九五八年ころのことだということです。ラッセル・アインシュタイン宣言に続いてはじまったパグウォッシュ会議は、この年に第二回会議を開くのですが、そこで「核兵器は絶対悪であり、これはどうしても廃絶しなければならない」というラッセルの廃絶論と、「巨額の国費を投入して開発した核兵器をその国が廃棄するはずがない。それゆえ核兵器を保有したままで戦争が起こらないような方策を探求すべきだ」というシラードに代表される意見が対立し、後者が大勢を占めたというのです。そして当時の言葉で「原子爆弾と共に生きよう」と語られたこの後者の意見がその後、核抑止論として「パグウォッシュ会議の中に根をおろし、以後の核戦略の理論的支柱となってしまった」と豊田は書いています。(44)

しかし、豊田も書いているように、この初期のラッセルとシラードの対立は、後の廃絶論と抑止論の対立そのままではありませんでした[45]。後に核抑止論は、米ソにおける国家核戦略の「理論的支柱」となって先の大量報復戦略、柔軟対応戦略からMADにいたる核戦略を生みだし、その目標においてラッセル流の核廃絶論と激しく敵対するのですが、初期には、核抑止（怖がらせ、思いとどまらせる）は、それ自体が、核戦争をなくすための方法論として、その目標を核廃絶論と共有していたのです。

それを豊田は、シラードらと直接話した経験に立って、「戦争をなくすためには、できるだけ残虐無道でかつ大量殺戮が可能な兵器を作ることが最も実際的である、というものであった」と、要約しています。もしそういう兵器がある国によって作られたら、科学的原理、技術は独占できないゆえに必ず他の国も作る、そうなればもう戦争などは馬鹿馬鹿しくて誰もしなくなるだろう。当初、彼らはそう考えていた、というのです[46]。

豊田はこれを浅薄な認識として紹介しており、さすがに私も原爆被投下国の人間の一人として、このシラードの言葉は軽薄きわまりないと思うのですが、初期抑止論の目標が核戦争の廃絶という点で廃絶論と同方向を指していたことは、ここに抑止という考えが初期と、その後と、二種類あることを示しており、議論の大枠を考えるうえで、大事だろうと考えます。

というのも、このことは、先にあげた二つの選択肢、最終的に核兵器をゼロにするか、それとも国連などの機関に委譲させ、集中管理して、核兵器国をゼロにするか、が、永遠の対立軸ではなくて、ほんらい、一本化できるものであることを示唆しているからです。つまり、初期の考え方に戻って、抑止を方法論として核戦争廃絶のために用いる考え方に対して、必ずしもそれが抑止論だからよくないと考えるのではなく、核廃絶のための方法論に繰り入れるということも、あってよいことを、このことは教えるのです。

そういうなら、核廃絶論者として名高いジョナサン・シェルの先ほど紹介した『核廃絶』の考え方も、明らかに核抑止論をもとにしたものでした。現在ある核体制をどう「縮減」していくか、と考えようとすれば、たとえ、核違法観の確立をめざすという方法をとるばあいでも、縮減過程においては、核抑止論との接点を探るかたちをとるほかにないと考えるのが適切なのです。

じじつ、パグウォッシュ叢書の一つとして九三年に刊行された『核兵器のない世界へ』のなかで、マックスウェル・ブルースほかの著者たちが、「核兵器全廃条約」締結の展望をロードマップとして示しながら、「削減期間」の最終的なステップにおいて「核保有国が核兵器をゼロに近づける」あいだ、「安全保障理事会の管理か、または新しい国連機関を設置して管理する方法」のいずれかを取るべきであることを、提案しています。

ゼロ化の最終段階で、核保有国は核兵器を国連に委ねる。国連はそのことが核保有国にとって有利であるようなインセンティブ（報償因）を与える。そして、核兵器が、保有国の行使から国連の行使をへて国連の管理下におさまる。そして、ようやくこうしたプロセスをたどって「核兵器全廃条約」の締結が可能になる、とするのです。

そして、このばあい、この移行期間における国連機関の管理を、「非常に長期にわたって続くと考えても、「ほとんど恒久的な制度」と考えても、よいだろう、あるいはこれに「不快感を示し、受け入れられないとする」人もいるかもしれないが、それでも、現状よりはよいのではないか。こういう意見に対する自分たちの答えは、「現状のように決定権を個別国家にゆだねておくよりは少なくともましだということである」と、彼らは述べています。(47)

†超国家的な機関——核廃絶への唯一の道？

私は、核廃絶にいたる問題は、このような考え方をとらないと、先には進まないと考えます。

こうした「廃絶」か「抑止」か、「完全ゼロ」か「国連管理」か、「核兵器」ゼロか「核戦争」ゼロか、といった二者択一の相互のレベル間の混乱が、これまでの核廃絶の議論の進展を停滞させてきたのではないか、と私がいうのは、たとえば「核は絶対的な悪だ」という湯川秀樹の命題を固く遵守して抑止論を論理矛盾として否定する豊田や、豊田よりは抑止論に融和的ながら同様に核廃絶をめざすロートブラットが、他方で、アインシュタイン、ラッセル、湯川の世界政府論、世界連邦論にも、同調的なことを知っているからです。

核と戦争の廃絶を実現するためには世界政府が必要だと彼らはいうのですが、それは、「何らかの世界組織の管轄下にある警察軍のみに平和維持のために一定の強制執行力を認める」ことによってはじめて「国家軍隊の消滅」が可能になるという考え方です。アインシュタインは、先にふれたように四七年の「国連総会への公開状」のなかで、この持論を述べていますし、ラッセルは六一年の『人類に未来はあるか？』でやはり世界政府の必要性とその詳細について述べています。[48] 湯川秀樹にもたとえば六三年に書かれた「戦争のない一つの世界――世界連邦世界大会を迎えて」のような文章がありますが、そこで彼は、核兵器禁止の条約だけで話は終わらないことを指摘して、

（全面完全――引用者）軍縮後も国際紛争は起るであろう。再軍備をしようとする国が出てこないとも限らない。軍縮後の世界において各国民の安全が保障されるためには、すべての国の政府が守らなければならない「世界法」と、各国にそれを守らせるだけの権威と力を持った超国家的な機関とを創りだす必要がある。（傍点引用者）

と述べ、その方途として、「国連自身を」「世界的組織へと発展的に改変すること」、そこでの「最も重要なポイントの一つは、各国が主権の一部を超国家的権威に委譲すること」であると述べているのです(49)。

この超国家的な機関というアイディアの一つの核心は、傍点の部分、それが全面完全軍縮なら全面完全軍縮をすべての国に「守らせるだけの権威と力を持っ」ていることでしょう。湯川は、同時に書かれたもう一つの文章で、日本の憲法九条をとりあげ、憲法九条の戦争放棄が彼のいう「世界連邦」の実現と一対の構想であり、またそのために「現在の国連を世界連邦にまで発展させる」必要があるともいっています(50)。ここでは当然、国連警察軍も視野に入っています。そのことは核兵器を「絶対悪」だと考える湯川が「核兵器全廃」の過渡的段階としての——核抑止の考えも含む——「国連機関の核兵器管理」というアイディアを、必ずしも拒むものではないことを、示唆していますが、ドーアの新核国際管理案もまた、核抑止の考えに立ち、核保有国の独占体制を揺るがすことで国連の核兵器管理に道を開く、逆説的な核兵器管理案と目されるのです。

4 新「核兵器管理」体制――R・ドーアの贈り物（2）

†ツリーからリゾームへ

だいぶ長い事前検討をおきましたが、それというのも、これから述べるドーアの「現在の核不拡散体制に代わる新しい核兵器管理体制」について、少しでも広い気持ちで、話を聞いてもらいたいからです。ドーアは、ここまで紹介したさまざまな例でいえば、初期抑止論を彼なりに発展させ、これまであまり私たちの目にしたことのない反NPT論を展開しています。でも、それは先の国連中心外交をそのまま核管理の問題に拡大発展させた論でもあります。先のばあいと同様、それに示唆され、少々手直ししたものを、最後に私の非核条項の論として、提示することにします。

さて、ラッセル・アインシュタイン宣言が、核のない時代に戻ることがもうできないとすれば、戦争を廃絶するしかない、と述べた。各政府よ、理性的になれ、と。

そこから先を、ドーアはこう考えます。

でも、戦争もただ世界の諸政府に理性的になることを説くだけではなくならないだろう。

だとすれば、国がもつ戦争の権利をすべて国連に委譲し、やはり国連を見棄てず、世界政府の常設軍的なものの実現をあくまで国連の枠内でめざすほかない、と。

先には国連中心外交を説いて、そう考えすすめたように、核の問題でも、彼は、――いまや東西冷戦と核軍拡競争をへたうえは――ボーアの冷戦を防止するための「核の国際管理」ならぬ、冷戦後の平和を構築するための「核兵器の国際管理」が、考えられなければならないのではないか、といわばシラードのほうから、考えます。

抑止論に立つのです。

ところで、抑止論は、なぜ困るのだったか。

抑止論否定の立場をとる豊田は、抑止論のもつ自己矛盾を、こう指摘しています。抑止論は、核を「相手に使わせないようにこちらも持つ」という考え方です。だとすればその結果、「核兵器をなくすためには皆でもたねばならない」という〝論理〟が導かれるのではないか。[51] 六四年、中国が核保有国の仲間入りをしたとき、「中国は世界から核兵器をなくすことを強く念願するがゆえに自ら核兵器をもつことに踏み切った。あなた方も核兵器を世界からなくそうと思うなら、一国も多くの国が核兵器をもつようにしたらよい」と世界に述べた。これは「明らかに矛盾している」。でも抑止論に立てば、必然的にこうなる。そう述べて、豊田は、「核の傘」をそれぞれの同盟国に押しつける一方で、米ソがNPTの創設に意を注いだのは、あきらかに「核抑止論が内部矛盾をもっていることを露呈したものである」と指摘し、こう述べるのです。

もし核抑止論が理論として客観的な妥当性をもっているならば、いかなる国との関係にも適用可能でなければならない。すなわち中国がいったように、できるだけ多くの国が核兵器をもった方が抑止によって戦争の勃発を防げるはずである。(52)

相手の核使用を抑止するために核保有するのだというなら、他国にもその権利を認めるべきだというのです。その逆に、核拡散を防止しようというのでは、自分たちで自分たちの考えを信じていないことになってしまう。自己矛盾ではないかというのです。

この豊田の推論は、明敏な物理学者のものらしく、首尾一貫していますが、ドーアの「新しい核兵器管理体制」の創設というアイディアは、この豊田の考え方に沿って抑止論を展開したものにほかなりません。通常の「抑止論」的な枠組みになじんできた目には、意表をつくものですが、豊田のいうとおり、「できるだけ多くの国」を「核抑止」のゲームに引き入れることで――ツリー状の核保有国の優位性を消し――より安定した、リゾーム状の抑止の網の目のもとで「戦争の勃発を防」ごうという提案なのです。

というのも、先に見てきたように、「核のない世界」をめざすとする人々の用意する核廃絶へのロードマップは、豊田のような徹底した反抑止論者の核廃絶論を除くと、パグウォッシュ会議のそれを含め、ことごとく現行のNPTの存在を、多かれ少なかれ、前提としています。オバマの米国に代表される核兵器国は、NPTをより徹底的に宣布することで自分たちの核独占のもとに平和を構築しようとするものですし、非核国の連合は核兵器国にNPT第六条の核廃絶努力規定を徹底させることでできるだけ公平な条件での無核的状況を作りだそうとして、核保有国の拒否にあっています。また、NGOなど反核市民団体も、核兵器を国際法上の違法存在と明記させることを手がかりに、先に見たようにNPT内外のさまざまな核廃絶の勢力を結集することで、目標を実現しようとしています。

しかし、ドーアは、NPTにはもう「脈がない」といいます。彼は、いったん出発点に戻り、豊田のいう初期抑止論の論理を「普遍化」することで、核廃絶をめざそうというのです。

彼によれば、NPTは、加盟国の努力にもかかわらず、いまやマイナスのほうが多い国際条約となっています。つまり、「戦争をなくして人類の生存・発展に貢献するよりも、戦争が起こる確率を高」めています。それだけでなく、「もう修理できる段階を通り過ぎ」ており、「廃止して新しい体制を考えなければならない」段階に達しています。[53]

†究極の抑止論――核兵器は事実上使えない兵器？

ドーアの提案には、核抑止に関する究極の発想の転換が働いていますが、彼にこうした逆転の発想を教えた米国の学者、ケネス・ウォルツは、中東の安全を確実にするためには、イスラエル一国だけが核を保有している状況が変わることが必要で、「イランに核兵器をもたせる」ことこそが、事態を好転させるためのカギだと長年主張してきました。その論は、文字通り、先の豊田の核抑止矛盾の論を逆方向に展開したものにほかなりません。

彼はいいます。イスラエルの中東での核独占は四〇年も続いたが、むしろ奇とすべきは勢力均衡の候補者が現れるまでかくも長い期間が必要だったことである。その間、イスラエルはこの核独占によって「中東における不安定状況の火種」だった。ウォルツによれば、「世界のどの地域を見ても、一ヵ国だけが核保有国で」、ライヴァル国がないままに安定しているような地域はありません。中東の目下の危機は、「イランの核兵器を持とうとする動き」よりも、「イスラエルの核保有」からより大きくもたらされているのです。

彼によれば、危機の結末は三つ考えられます。第一は、「外交力や制裁の圧力でイランが核開発を断念する」ことです。しかし「この可能性はほとんど」ありません。[54] 北朝鮮も結局、曲折をへて、核兵器製造をやりとげました。

第二は、「イランが核兵器実験はしないが、暴走能力（breakout capacity）まで到達すること」です。「つまり、専門家が日本はすでにもっていると考えるような、短期間で核兵器製造・実験ができる知識やインフラをもつこと」です。しかし、このような段階に甘んじてみせることで、米欧諸国は納得させられるかもしれないが、イスラエルは黙っていないだろう。これに対して、なお破壊工作をつづけ、結局イランに、これだけでは十分でないと思わせるだろう。その結果、イランは再び、核開発に向かう。つまり、これで落着する可能性も、ほぼないと彼はいいます。

第三は、「イランが計画通り、核実験を行って、核保有国となること」です。これを、米国もイスラエルも許しえないことだというだろう。歴史的に、これまで隣国が核開発をはじめるときに大国がつねに発してきたレトリックだからだ。「ところが、今まで、もう一国が核保有クラブに割り込むのに成功すると、そのメンバーが頭を冷やして、共存やむを得ずという姿勢に変わる」。北朝鮮のばあいも、世界はその核保有をいまでは「ほとんど消化してしま」ったと、ウォルツはいいます。まして、イランのばあいは、権力の不均衡状態を是正する働きをもつ新核保有国の出現ですから、「地域や世界の不安定要素」となるより「安定状態に貢献する」可能性が大きい。

この第三のケースがもっとも可能性ある、しかも妥当な結末の可能性だろうと、ウォルツは結論するのです[55]。

ウォルツが立脚するのは、一つの仮説です。「広島、長崎以来、核兵器を使う戦争が起こらないのは、核兵器は事実上使えない兵器だからだ」というのがそれで、先に見た典型的な核抑止論です。「どんなにならず者の政府であろうが、報復の可能性を恐れない政府はないはずだ」というのがその仮説の根拠です。分類すれば、相互確証破壊戦略（MAD）の段階を前提として現れた究極の核抑止論者といってよいでしょう。

†ドーアの新「核兵器管理」体制案

さて、ドーアは、この核廃絶論の対極に位置する「MADの普遍化」ともいうべき核抑止論から出発して、しかし、世界政府による核兵器の国際管理を最終ゴールとする、もう一つの核廃絶にいたるロードマップの採用を日本に対し、提案します。

結局、冷戦時代を通じて、（中略）米ソが戦争せずに共存してきた理由は、お互いが同じ戦略ドクトリンを分かち合っていたからである。すなわち「相互確証破壊」（MAD）であった。ソ連も米国も、「抜き打ちの先制攻撃で、相手のミサイルを全部一遍に破壊して、自国だけがつつがなく生存できることはあり得ない。つまり、核戦争には勝利者がいない」という共通理解をもっていた。
現在、核保有P5の国のほかにも、その同盟国や衛星国も、米国の核の傘、ロシアの核の傘、中国の核の傘のおかげで、核兵器による攻撃に関しては安心できる（中略）。なぜ安心できるかというと、「報復の確実性」の恩恵をこうむっているからである。
（中略）私が提案する新案「核兵器管理」体制の中核的な目的は、外国からの攻撃を抑止してくれる「報復の確実性」を、現在の核保有国および核保有国の同盟国ばかりでなく、世界のあらゆる国に与えることにある。[56]（傍点引用者）

こうしてドーアが差しだすのは、「核不拡散」による核国際管理ならぬ「核拡散」による核国際管理という提案です。いわば、現行の大国中心の「核の傘」システムと核兵器管理「NPT」システムに代えて、これを一本化し、一定の条件のもとで、どの国もが核兵器国になれるが、求められればいずれの国にも「核の傘」をさしのべなければならず、他方、どの国もが非核保有国になっても、いずれの国にも「核の傘」の提供を要請できる、各国平等の双方向システムを創設しようというのです。

その骨子は次のように説明されます。

一、NPTでは核保有国、非核保有国が固定されているが、新システムでは署名国は自由に二つの資格、核保有国(Nuclear Powers〔NP〕)と被保護国(Protected Powers〔PP〕)のいずれかを選ぶことができる。

二、NP(核保有国)は核兵器を所有するとともに、少なくともPP(被保護国)三カ国に対し「核の傘」をさしのべる、つまり「報復の確実性」を提供する用意があり、その実行能力がなければならない。

三、PP(被保護国)は、後に述べるようなさまざまな理由からPPたることを選ぶ国からなるが、あらゆるPPが少なくとも三カ国のNP(核保有国)と「代行確証復讐条約」を結ぶ。三カ国のうち、一国は従来、軍事的な同盟関係のないNPから選ばなければならない。

PP(非保有国)のなかには、信念として非核国を選ぶ国があっても、核武装などにお金を使いたくないためそうする国があっても、核がないと一流国になれないというような「小人国」たることを軽蔑するためにそうする国があっても、核能力はあっても報復能力に自信のないため、NPになりたいが三カ国以上に「核の傘」をさしのべる実行能力がないため、そうする国があってもよいだろう、とドーアはいいます。PPが選ぶ三カ国のうち、たぶん二カ国は、米ソとなるでしょう。三カ国目は、アジアでは中国が選ばれ、ヨーロッパとアフリカでは英仏が選ばれ、南米では、ブラジルがNP(核保有国)となることを選ぶかもしれません。イスラエルがNPとして、チュニジア、タンザニア、ソマリアの「代替報復者」役を演じるということも、何か六〇年代のキューバ危機のような悪夢に似た危機がこのような新機運のきっかけになるばあいを想定すれば、まったくありえないことではないだろう、と彼はいいます。また、

四、もし、「代行確証報復関係」のパートナーを見つけられない国があれば、IAEAか国連安保理が斡旋する。

この結果、どのような国もNPにもPPにも開かれ、その条約締結関係がリゾーム状になるため、従来の二国同盟関係が中和される効果があります。他方、制裁措置として次のことが定められます。

五、条約加盟を断る国にはNSG(原子力供給国グループ)を強化して、民間用でも

核物資を得られない貿易統制システムをつくる。それに違反すれば、安保理が「より厳しい制裁」を制定し、加盟国はそれを実行する義務を負う。
六、ＩＡＥＡの検査権を強化する。現在のいわゆる「model additional protocol（模範的追加プロトコル、一九九七年）程度の権限を強化し、検査権を普遍化する。ＮＰのばあいは、ミサイル・ターゲット・システムまで透明にし、ＰＰについては核関係の年次報告の正確性をチェックする抜き取り調査を行うなど、従来は主権の侵害と考えられていた査察権をＩＡＥＡに与えることに加盟国は同意しなければならない。

そして、ここからはじめて、監視・査察のシステム進化がめざされます。つまり、ＩＡＥＡの権限を漸次強化し、査察の普遍化、高度化のためにＩＡＥＡ自前の衛星システムなどももつようにします。重要なのは、この進化が最終的には「ＮＰ／ＰＰ二国間の協定の代わりに、ＮＰが保有するミサイルのうち、ある一定の数をＩＡＥＡのコントロール下におき、常時配備ミサイルが可能な平和部隊が形成される可能性」までを視野におくとされていることです。するとこれは、国連憲章第四五条の「国連管理下の空軍力」の構想に合流することになるでしょう。第四五条とはこういうものです。

国際連合が緊急の軍事措置をとることができるようにするために、加盟国は、合同の国際的強制行動のため国内空軍割当部隊を直ちに利用に供することができるように保持しなければならない。これらの割当部隊の数量及び出動準備程度並びにその合同行動の計画は、第四三条に掲げる一又は二以上の特別協定の定める範囲内で、軍事参謀委員会の援助を得て安全保障理事会が決定する。

†非核条項——憲法九条改定私案②

こうして、ドーアの新「核兵器管理」体制案の提案は、最終的に核兵器の国連管理をめざす、先にあげたブルースらの「核兵器全廃条約」案と同列の核廃絶に向けたロードマップの異種ヴァージョンたる意味をもつことが明らかになります。これはいわば第二回パグウォッシュ会議でラッセルの核廃絶の考え方とシラードの初期核抑止の考え方に分裂する時点に位置する、「抑止」による「核全廃」案ともいうべきものだともいえるでしょう。

この提案の画期的な点は、すべての国に、核保有国たることと非核国たることの選択が自由に行えるようになることです。また従来型の核保有国の戦略的優位性が際だって減衰してしまうことです。核保有国たることにどのようなメリットとデメリットがあるか、非核国たることにどのようなメリットとデメリットがあるかという問いに、安全保障の問題を離れて、はじめて世界は向きあうことになります。

これは原子力の平和利用というものが、ほんとうに技術的に可能なのかどうかを、もう一度、抜本的に考えさせる機会にもなるでしょう。というのも、核をめぐる科学技術体系の進展をこれまで秘密主義のもとに閉塞させてきたのは、その宿命的と思われた軍事的目的とのつながりだったからです。

私は、これまで、この軍事的目的とのつながりが断てないこと、その秘密主義ゆえに、科学技術として安全第一主義に立てないことから、原子力の平和利用は「脈がない」と考えてきました。ほかにも理由はあり、その第一は「使用済核燃料の処理」ができないこと、その第二は、「日常的な原料供給・管理」労働が非人間的なものになること、その第三は、軍事との関わりが消えるとしてもやはり、根本的に技術体系としての核技術には過度に大規模なリスクがつきまとうこと、です。私自身の判断は、変わりませんが、この核兵器管理の問題を解決できてはじめて、「核技術の選択」が人類にひらかれることになるということを、ここに指摘しておきたいと思います。

ですから、もし日本がこれをNPTの脱退とともに国際社会に提案するとすれば、それは、第一に、唯一の被爆国として日本がこれまで国際社会に向けて発してきた——原爆慰霊碑に代表される——脱歴史的な被爆観からの脱却、第二に、米国の「核の傘」依存からの自立、第三に、非核三原則（持たず、作らず、持ち込まさず）の延長で、日本が世界に向けて働きかける非核外交の定立、第四に、非核三原則と米国の「核の傘」への依存というこれまで日本の核政策がはらんできた内的矛盾の解消、第五に、はじめて核技術の問題を開かれた場所での検討に移行できる条件の確立、という五つの意味をもちうることがわかります。

ここで、この国連憲章第四五条を含む国連管理下の共同軍事行動の詳細をめぐって、四五年一月二五日、安保理が第一回決議として軍事参謀委員会にその大枠の検討を指示したこと、その前日一月二四日には、国連総会が第一回決議として原子力委員会の設置を決め、核の国際管理に乗り出していたこと、また一〇日後の二月四日には、日本でGHQが憲法九条を含む草案の起案に着手していたことを、もう一度、思い出しましょう。そうすれば、このことはまた、ここまで見てきた四五年後半から四六年初頭にかけての第二次世界大戦終結直後のつかの間の「理想の輝き」——その火花（イスクラ）——をもう一度受け継ぎ、世界に発信する、憲法九条の「実行」行為の意味をもっていることがわかるはずです。

そこで、私の憲法九条改定案は、先の三つの条項に加え、第四項として、次の非核の宣言を加えることになります。すなわち、

四、今後、われわれ日本国民は、どのような様態のものであっても、核兵器を作らず、持たず、持ち込ませず、使用しない。

というのがそれです。この宣言は当然ながら、現行のNPT下の核技術抑止政策の放棄、具体的には核燃料サイクル政策を停止し、現有のプルトニウムをすべてIAEAの国際管理に移管するという行動を伴います。日本政府は、この宣言に先立ち、IAEAと事前交渉を行い、宣言後ただちに、IAEAへのプルトニウム移管、再処理工場、高速炉の閉鎖・廃炉の作業に入るとともに、国際社会にむけ、「唯一の被爆国として」、NPTを脱退し、これに代わる先の新しい「国際核管理条約」を提唱することになります。

さらに、国連中心外交と連動しつつ、IAEAのコントロール下で、「常時配備ミサイルが可能な平和部隊が形成される可能性」までを視野に、ここでも、IAEAの機能強化に率先して邁進したい、と宣言するのです。ドーアがその提案に述べているように、そのための具体案として、先の国連への負担増大の提言の一環として、国連に世界中の専門家、識者を集めて専門委員会を設置し、その新体制を作る条約の準備にあたるべきこと、「そのための予算を日本が寄付すること」[57]を、ここでもやはり、提案してもよいでしょう。

†「非核条項」の射程

さて、ここで最後に一言つけ加えておきたいのは、この憲法九条の「非核条項」のもつ意味の射程についてです。

それは日本の被爆体験をはじめて戦後の国際社会の秩序のなかに組み込む意味をもっています。そこで日本は、これらの積極的な国際社会への関与を背景に、米国に対して、戦後はじめてとなる原爆投下に対する抗議と、謝罪要求を行うのがよいというのが、私の考えです。このことは、「謝罪」を要求し、要求されること、またこれに誠実に応じ、あるいはそれから逃れようとすることが、国際関係のなかでどういう意味をもつことであるかを、私たちに教えるでしょう。

この謝罪要求には、当然ながら、これまで他国からなされている日本への謝罪要求に誠実に応じるという行為が先立たなければなりません。すなわち、中国からの南京虐殺事件等をめぐる謝罪要求、韓国からの従軍慰安婦問題等をめぐる謝罪要求に、正当な謝罪を含む誠実な対応と、侵略の事実をしっかりと認めたうえでの二度と同じ過ちをくり返さないための施策の提示を行う必要があります。

そして、その実績と、新しい非核外交のコミットメントを背景に、米国に対し、国際法ではまだ不確定ながら、道義的に「人道に対する罪」に比しうる民間人無差別大量殺戮兵器の事前警告なしでの一方的使用に対する抗議と謝罪要求を行うのです。

それは日本政府が付託を受ける被爆者の名誉のために、必要なことでもあるでしょう。

そうすれば、これまで中国、韓国等の謝罪要求に誠実に応えようとしてきた日本国内のリベラル派の対応を「自虐史観」であるなどと批判してきた復古的保守派の主張が、いかに中途半端なものであるかが、日本国内でも、明らかになります。

また、謝罪の要求に応えるということが、やるのが望ましいというような恣意的なことがらではなく、やらなければならない国際的な義務なのだということが、誰の目にもはっきりします。

なぜ、かつての自由主義史観論者たち、あるいは日本会議の論者たちの、「自虐史観」という謝罪反対の姿勢の対案が、「自讃史観」に立った日本国内でしか通用しない「誇りある国づくり」となるほかないか。それが、しっかりと相手国に向きあうことからの撤退をしか生みださないのか、その理由もまた、同時に見えてくるはずです。そこにあるのは、相手に必要な謝罪要求を行うことができない自らのふがいなさ、屈辱感を、別の相手からの謝罪要求に誠実に応えることへの否定によって埋め直そうという、後ろ向きの、ひよわな心理的代償作用にすぎないのです。

なぜ、日本政府は自分のかつて行った過ちについて、アジアの隣国にしっかりと謝罪できないのか。このことは、なぜ、日本政府は原爆投下という誰の目から見ても非人道的な行為について米国に対し、抗議できず、謝罪要求を行えないできたか、という問いと一対です。「自虐史観」批判と「自讃史観」肯定は謝罪および謝罪要求の回避という一枚のコインの、表と裏なのです。

しかし、私の提言は、これに終わりません。この抗議と謝罪要求に対し、米国が誠実に応えるばあいにはむろん歓迎し、高くこれを評価するでしょう。しかし、応えないばあいでも、日本は、いわば一方的に贈与を申し出て、自らの「報復の潜在的権利」を放棄し、今後日本は、未来永劫、どの国に対しても徹底した非核の態度を貫く、と宣言するのです。憲法九条の第四項の非核条項には、こうした意味も含まれます。

「報復の潜在的権利」とは物騒なことをいうと思われるかもしれませんが、ドーアの採用している抑止論を含め、広く現在の核抑止論がその根底においているのが「核兵器使用」に対する「報復の権利」であることに注意する必要があります。それが国際的に暗黙裏に認められているという前提が、核抑止論の「報復の確実性」の理論の基礎づけなのです。

私は、このことの意味は重大だと思っています。東京裁判が採用した「人道に対する罪」に原爆投下が該当しうるかどうかについては異論があるかもしれません。でも、これが検討に付されるに値する事例であることを否定することは、誰にもできないでしょう。しかし、この原爆投下について、日本政府から戦後、七〇年にわたって米国の責任が一言も問われてこなかったこと、謝罪要求どころか抗議一つ、なされないことが、どれくらい米国の対日政策の基底部分を不安定にさせてきたか、わかりません。

もし、遠い将来でも、いったん日本が米国に敵対するようになったら、そのとき、この問題が再浮上してくることは明らかだからです。

私は、むろん、このことを、ほんとうに安定した日米関係の信頼関係構築のために提案しています。基本にあるのは、日本の社会と米国の社会の友好信頼関係です。それに合致した日米両政府の成熟と賢明さを育むことが大事です。謝罪要求と、それへの対応。こうした深いやりとりを交わして、ようやく日本は東アジア諸国とも、米国とも、堅固な友好関係、信頼関係を作りあげることができるのだと思うのです。

Ⅲ　対米独立と基地撤廃条項

1　なぜ基地撤去が必要か

†日本の基地問題

ようやく最後です。残されているのが基地撤去の問題です。

これは、一九五〇年の講和問題以来、六五年間、棚上げされてきた戦後の日本にとって最大の政治的課題でした。

ほんらいは、現在のようなかたちでここまで続くはずのなかった事態ですが、日米安保条約、日米地位協定によって、日米両政府の合意のもと、国内、とくに沖縄に多くの米軍基地（全体の約七四パーセント）がおかれるかたちで、現在にいたっています。

ここで問題になるのは、なぜ基地撤去が問題になるのか、そしてなぜそれが、いま、なのか、ということだと思うので、これまで述べてきたことと重ならない限りで、簡単に述べてみます。

まず、なぜ基地撤去が問題になるのか、といえば、それが日本の国家主権を損なう、いわば一九四五年から五二年までの占領の延長として行われている外国軍隊の駐留だからです。

東西冷戦時には、米ソがそれぞれに海外のさまざまな要衝に自国の軍事基地をもち、その世界戦略を展開しましたから、自国内に外国軍の基地を貸与するということはそれほど珍しいことではなく、目くじらをたてるほどのことではないのではないかと考える向きもあるかもしれません。しかし、じつは東西冷戦後、なおも残る海外の米軍基地についていえば、現在、作戦展開のため一時駐留しているアフガニスタン、イラク、シリア、クウェートなどの中東諸国を除いて、三〇〇〇人以上の米軍兵士の常時駐留する国は、日本（約五万人）、ドイツ（約五万人）、韓国（約三万人）、イタリア（約二万人）、英国（約九〇〇〇人）の五カ国だけで、それ以外では、ほぼ二〇〇〇人以下、そのうちの大多数が一〇〇〇人以下、数百名程度なのです。

米国は約一五〇カ国に軍隊を駐留させていますが、そのうち、約一二〇カ国での駐留兵士数は五〇名以下で、基地といえるほどのものではありません。

また、ここにあげた五カ国のうち、米国の最大の同盟国で旧宗主国でもある英国を除けば、ほかの四国が、第二次世界大戦の旧敗戦国（日本、ドイツ、イタリア）および旧敗戦国のもと植民地（韓国）です。このことは、これらの国における米軍基地の存置が、英国のばあいを除いて、第二次世界大戦の敗戦とその後の連合軍による占領に起源をもち、それが、その後の東西冷戦の激化のもとで、ドイツ、イタリアのばあいは、NATO（北大西洋条約機構）の枠内で、日本、韓国のばあいは、それぞれに米国との二国間条約のかたちで、引き継がれ、東西冷戦が終わったあとも、解消されずに、現在にいたっていることを語っています。

そのうち、大きな分岐点は一九九〇年前後の東西冷戦の終焉で、これを契機に、たとえばドイツにおける駐留米兵数は、九〇年の約二三万人から二〇〇九年の約五万五〇〇〇人に大きく減少しています。この間、日本の駐留米兵は約一万数千人、約四分の一の減少にとどまっています。

これらの国には、駐留米軍向けの国内での特別な法的待遇を定める地位協定が設けられていますが、日米間の規定にも、治外法権から「横田空域」など多くの空域での管制権まで、多様な日本の主権制限事項が含まれています。

沖縄の基地周辺でたびたび問題になるのは、こうした治外法権や米軍特権をもとにした犯罪と事故です。

ところで、これらの基地問題の特徴は、基地周辺の住民の安全上の不安などからその改善をめざしても、米国の法的な権利の壁にぶつかって、ほとんど事態が動かないことです。

現在、沖縄で問題になっている普天間基地の移転に伴う辺野古での新しい飛行場建設をめぐる問題などは、その好個の例でしょう。一つでも譲歩すると、もう歯止めがきかなくなることを知っていて、米国政府はいま、頑なにこうした譲歩可能な要求すらはねつけようとしているのです。

日本の基地問題とは、こう見てくればわかるように、占領の永続という文脈から自由ではない、日本の主権に直接関わる厄介な問題なのです。

†基地の撤去など、いまの日本に可能なのか?

ドーアの二冊の本に続いて、これらの問題が、そのまま憲法九条の問題に直結することについて私に目を開かせてくれたもう一冊の本が矢部宏治の『日本はなぜ、「基地」と「原発」を止められないのか』です。矢部は、この沖縄の基地移転問題のほかにも、さまざまに、日米安保条約と日米地位協定とによって、日本の主権が制限されている事例をその著作にあげています。日米安保条約と地位協定の運用のための日米合同の協議機関があり、そのことからどのくらい広範囲に、また深く、日本の主権が損なわれているかについて光を当てており、かなり衝撃的な内容が含まれています。

日本の主要官庁の高位官僚と米軍、米国防省の高官との合同の意思決定機関――「日米合同委員会」――が長年機能してきたため、日本に見えない法体系のようなものが生まれてしまい、日本の官僚自身がそのより高次な「法」に従う形で、日本の政治と法体系を根幹から機能不全に陥らせているというのが、そのうちの一つです。

また、占領終了直後の米軍基地の存在を憲法違反とした東京地裁判決（「砂川判決」）を最高裁が覆した砂川裁判最高裁判決が、時の最高裁判所長官田中耕太郎が米国と秘密裏に協議し、その意向に従うかたちで下されたという近年米国の開示政府史料から発掘された事実も、十分に衝撃的です(58)。

これらから見えてくる一つのことがあります。

それは、では、主要官庁の高官ばかりでなく、このような最高裁の長官までがその権力のもとに拝跪してしまうような現状の法体系のもとで、基地を撤去し、日本の主権を回復することなどできるのか、いまの日本に、そのようなことが、可能なのか、ということです。

日本は、ほぼ八方ふさがりなのではないか。

ところで、矢部のこの本をまたとないものにしているのが、この問題に、少なくとも私には盲点だったとしかいいようのない意表を衝くめざましい解が提示されていることでした。

この米国による日本の主権制限をどうすればはねのけ、日本から米軍基地を撤去できるかの具体的な方策が、フィリピンの一九八七年の憲法改正による米軍基地撤廃の事例に、先行モデルとして示されているというのです。

それによれば、フィリピンは、マルコス政権を打倒した後の憲法改正で、米軍基地の撤廃を定める条項を盛り込み、憲法をよりどころにして、主権回復を成就し、米軍基地を撤廃させたということです(59)。

近年、フィリピンは、対中国の領土紛争を視野に米国と再び防衛条約を締結しています。ですから、それはまったく無駄だったのではないかと思う人がいるかもしれません。しかし、その判断は間違っています。新しい協定は従来の米比関係とはまったく異なる主権国家同士の、対等の条約で、このことにより、フィリピンは、むしろ基地撤去後も自国本位の良好な米国との関係を保てることを内外に示しているのだからです。それは、基地撤去が無駄だったことを示しているのではなく、それによっても、米国との堅実な友好関係を保つことは、自分が欲し、相手が必要と感じる限り、あいかわらず可能だということを教えているのです。

私にとって、この矢部の著作は、この最後の提言において、またとない重要性をもつものとなっています。それはちょうど、私の行ってきた憲法の「選び直し」の提言の、最後のミッシングリンクの部分を補ってくれるものだからです。

このあと、この本では、この矢部の提示する解決策を、敬意を込めて、「矢部方式」と呼ばせてもらうことにします。

矢部方式とは、一言でいえば、基地撤去を憲法九条に書き込む、そのことによって日米安保条約、日米地位協定の法的拘束を乗り越え、米国との交渉に臨み、基地撤去を実現するという、フィリピンのやり方に手本をとる方法です。

†基地問題は先送りできない——安倍政権の密教による顕教征伐

さて、基地撤去が主権回復につながる一九五〇年から持ち越しの大問題だということを再確認したところで、なぜ、いま、このことを取りあげなければならないか、という問題についても述べておきます。

その理由は、日本が、もうこの問題を先送りできないところまできている、ということにあります。

なぜこんなことがいえるのか。

現在の安倍政権の現状が、そのことのまたとない証左だといってよいでしょう。

こう考えてみます。

なぜ急に、このたびの安倍政権のような、国民の声をきかない、憲法も無視する強権的な内閣が生まれてきたのでしょうか。

先の吉田ドクトリンをめぐる戦後政治の検討を受けていえば、近年のこの安倍政権の暴走は、戦前の顕教・密教システムの崩壊に見あう、顕教（タテマエ）による密教（申しあわせ）征伐ならぬ、密教（申しあわせ）の露頭による顕教（たてまえ）の放伐ともいうべき動態をもっていることが、明らかになります。

戦前は、いわば天皇は神（現人神）だという顕教（たてまえ）の教えが、天皇は国家の一機関であるという政治指導層、政治エリートのもとでの密教的申しあわせを外から内側に攻め込んできて、駆逐しました。顕教の解釈システムに立った国体明徴運動（国体を明らかにすべしという国民運動）が起こり、一九三五年にはそれまで国家公認のものだった憲法学者、美濃部達吉の天皇機関説（天皇を法によって限界づけられた制限君主とみる説）が、

「国体に背く学説」として批判・糾弾されました。その結果、美濃部の著書は発禁、美濃部自身は貴族院議員を辞職、翌年には右翼の暴漢に銃撃され、重傷を負っています。

いや、天皇は生き神様だといってきたじゃないか。その偉いお方を、国家の一機関だなどといってよいのか、と通俗的解釈が「高等的」申し合わせの前に立ちはだかり、大衆代表を僭称する扇動家たちがエリートたちもしっかりと生き神様を拝め、と「高等的」な階層を恫喝するようになったのです。

しかし、いま、保守政権のもとで起こっているのは、ちょうどその逆の事態です。かつての「日本と米国はよきパートナーで・日本は無条件降伏によって戦前とは違う価値観の上に立ち・しかも憲法九条によって平和主義のうえに立脚している」という顕教（たてまえ）的解釈のシステムが、「日本は米国の従属下にあり・戦前と戦後はつながっており・しかも憲法九条のもと自衛隊と米軍基地を存置している」とみる密教（申しあわせ）的解釈のシステムによって、以前とは逆に、内側から食い破られ、国民大衆の手によってではなく、新しい政権担当の当事者自身の手で、征伐されようとしているからです。

これまでの内閣法制局長官を完全なイエスマンに交代し、憲法学者がこぞって憲法違反だという安全保障法制をその新しい法制局の解釈を根拠に国会に上程し、これに対し、これまでの歴代の法制局長官が野党側証人に立って、これは憲法違反であると証言している図が語っているのは、これが歴代の自民党内閣＝国家に対する現内閣のクーデタだというのではなくて何でしょうか。

オレたちは、国民に向けてきたよそ行きの顔とは別に、しっかりと「戦前と戦後のつながり」を大事にしてきたではないか、また、米国には徹底して従属してやっていくのがよいというのを行動原理にしてきたではないか。これまでは国民の支持をとりつけるために、いろいろと玉虫色のことをいってきたが、これからは、それを前面に押し出してやっていく。そのことによって活路を見出すつもりだ。

現在の安倍政権が、自民党内部に向けて発しているメッセージとは、およそこのようなものでしょう。これが、国家、国民に対するクーデタである以前に、かつての保守本流（自民党ハト派）の論理を仮想敵とした党内クーデタであることが、よくわかります。

吉田ドクトリンの基盤が崩れ、政権交代をへて、完全に政策決定の基調が経済的アプローチから政治的アプローチに変わり、そこに現れたのがこの密教による顕教征伐ともいうべき、新しい動きでした。

†民主党の失敗、自民党の暴走

日本がいまや米国のよきパートナーといった冷戦下の安定した関係のもとにあるのでな

いことは誰の目にも明らかです。日本政府は一度——政権交代後——、沖縄の危険きわまりない米軍基地を、住民の願いをかなえるべく国外に移転するよう米国に要望し、働きかけました。このとき、民主党政権が無言のうちに前提としていたのは、吉田ドクトリンの顕教的解釈に立った日米観・戦後観といってよく、それは、「日本と米国はよきパートナーで・日本は無条件降伏によって戦前とは違う価値観の上に立ち・しかも憲法九条によって平和主義のうえに立脚している」というものでした。

しかし、この前提に立って、善意にあふれ、東アジア重視の自主外交と国連中心主義を提案したところ、対米従属の現状からの離脱の姿勢を見とがめられ、その対抗的な姿勢を理由に、この政権は既成従米勢力と米国の一部日本対応者たちの手で一挙にたたきつぶされました。その政権（鳩山民主党政権）の自主外交、東アジア共同体の志向は、それをめざしていたわけではなかったにもかかわらず、——あるいはその無心ぶりが災いし、そこをつけこまれ——あっというまに、従来の日米従属体制に逆らうものとして、排除されたのです。

ではどうするか。再び政権を奪取した自民党政権は、その逆に出た、と私には見えます。

第一に、これまで密教的な申し合わせだった「日本が米国の従属下にあること」を、もはやそのことを国民の前に隠すことなく、なりふり構わず、米国の世界戦略に積極的に加担、協力し、迎合することすら躊躇《ためら》わない姿勢を、国内外に示しました。集団的自衛権行使容認の閣議決定の強行はその第一弾で、それに続く安全保障法制の整備には、自衛隊を人質として米国の作戦に参加させ、そこで万が一死者が生まれれば、そのことを掛け金に、米国からのより確かな安全保障の履行を求めようとしているというおぞましい思惑さえかいま見えます。そしてそのことを韜晦《とうかい》しようとさえしていません。これが、二〇一四年七月からの一年余りの動きでした。

第二に、これまでは、日米安保条約の前提であるポツダム宣言（と憲法九条）にうたわれた戦後の国際秩序への参加と貢献の意思表明とのかねあいから、政府部内、政党内部での「申しあわせ」にとどめていた「戦前と戦後のつながり」を、やはり隠すことをやめ、むしろ露骨に前景化することで、平和主義の枯渇ののちに現れた排外的ナショナリズム勢力の支持に訴える手に出ました。先の靖国参拝強行、中国、韓国に対する強硬姿勢、――それも、これらの国々に絶対に謝罪しないという逆噴射的な政治姿勢が、ここから出てきます。その政策遂行には、メディアの統制、報道を規制する特定秘密保護法などの法制の整備も不可欠なことから、これらも並行して進められました。政権成立後、一年目を期して、米国の警告をも無視するかたちで挙行された特定秘密保護法の施行と首相靖国参拝がその第一弾で、二〇一三年一二月にその第一歩が印されました。

そして、第三に、「憲法九条のもと、自衛隊と米軍基地を存置する」こと、つまり憲法九条のもと、憲法九条にまったく反することが並行して存在してきた矛盾を、これまでのように法的に糊塗し、いいつくろうのではなく、その逆に出ること、それを露骨に示すことによって憲法九条を有名無実化すること、これを白昼堂々、「なきもの」にすることが、めざされるようになりました。安全保障法制には、自衛隊の事実上の国軍化、集団的自衛権の行使による米軍の軍事作戦への参加、米軍基地の存置を前提とした自衛隊と在日米軍の連携強化がうたわれていますが、これらが、憲法違反にあたるとの憲法学者たちの指摘を無視し、国会審議と決議を強行する姿勢が、この密教による顕教征伐の意欲を強く印象づけました。これが二〇一五年の七月のことです。

この最後の企ては、ほんとうは、憲法改正をめざすところ、たぶん米国から思いとどまるよう強い要請があって、解釈改憲の限度なしの拡大という方向に転進したのでしょう。そのために、現在、政府が明白な憲法違反を犯すというあり方を生んでいますが、そのことが期せずして、この政権の密教的申し合わせに立った顕教征伐ぶりをよく示す事例となっています。

†パンドラの箱――戦後国際秩序との衝突

しかし、ここからわかるのは、繰り返せば、この政治的アプローチの〝解凍〟の試みもまた、結局「パンドラの箱」を開けることにしかならず、そこに潜んでいた内的矛盾は、より拡大されてその解決を施政者に迫るしかない、ということです。

彼らは、いまや「対米従属」でどこが悪いと居直りますから、どうしてもその一方で、そのことの屈辱感を拭うべく「復古的国家主義的政策」をも連発せざるをえなくなります。しかし、それは、先に見たように、彼らが自分の地位の安泰の後ろ盾としたい米国にとっても、自分の支持母体としてあてにする日本会議にとっても、とても全面的に支持できる政策の一対ではありません。

安倍首相が、A級戦犯を合祀した靖国神社への参拝を強行し、日本会議に自らの復古型国家主義を強くアッピールしたときには、ただちに米国政府が強く懸念を示し、警告を発しました。このとき、日本会議は直後、少なくとも公式には静観の後、翌一四年八月に、「安倍首相がしばらく中断されていた靖国神社の首相参拝を」「復活したことを高く評価したい」と手放しで賞賛し、その姿勢を持続するよう公然と強く働きかけました(60)。

しかし安倍首相が、この年の七月、露骨に米国にすり寄り、集団的自衛権行使容認を決めたときには、米国はすぐに歓迎の声明を発表した一方、今度は日本会議が「率直に、歓迎したい」とは述べたものの、ありありと一部留保の態度で対しました。

靖国参拝の強行と集団的自衛権行使の容認は、東京裁判に割り切れない思いをもつ一方で、米国に依存するのが一番確かな生活保全の道であると感じているほどほどに保守的な一般的な安倍支持の市民にとっては、妥当な一対の政策選択と見えます。しかし、一歩踏み込み、安倍政権の二つの支持基盤として米国と日本会議を並べてみれば、その内的矛盾が露わになるのです。

それを解消するために、安倍首相が行っているのは、その双方を、より過激化する、ということのように見受けられます。いわばアクセルとブレーキを同時に踏みながら、いよいよターボをかけ、そのスピードを増して前方に逃亡していく、というのが現在の安倍政権の姿なのです。

その過激ぶりを示す一例に、安倍首相における靖国参拝があります。これまで、周囲の反対にもかかわらず、靖国参拝を強行した首相に、中曽根首相、小泉首相がいます。しかし、安倍首相の靖国参拝には、前二者のそれにはない新しい性格があります。

たとえば、中曽根首相は、靖国参拝をめざす一方で、靖国にA級戦犯分祀を働きかけていたことが、現在知られています。というのも、もしA級戦犯の分祀が実現すれば、サンフランシスコ講和条約で約束した東京裁判の判決の尊重という国際社会に対するコミットメントを遵守しつつ、戦争で死んだ兵士を「英霊」として追悼することが可能になるからです。たとえば中国政府は靖国がA級戦犯を合祀していることを反対の理由にあげていますから、そうなると靖国参拝の問題が解決できます。

しかし、安倍首相の靖国参拝は、中曽根首相のばあいとは意味あいがまったく違っています。彼にあっては、靖国参拝は、（彼の祖父につながる）A級戦犯への追悼であることこそが大きな意味を占めるからです。そしてその意味の一つは、その行為が「戦前と戦後のつながり」を国内外に宣揚することを意味することで、彼の復古型国家主義への忠誠が、いよいよはっきりとアッピールされるということにあります。これは、国際社会への挑戦であるA級戦犯への追悼を含むことで、日本会議との紐帯を確認する、彼にとって重大なコミットメントなのです。彼が、中曽根のようにA級戦犯分祀の道を探そうとしないのは、そのためです。

つまり彼においては、靖国参拝とは文字通り、「敗北」を否認する行為にほかならないのです。

†過激化路線はどこへ行き着くか

ここでちょっと、確認しておくと、日本の戦後の政治は、現今いわれ、信じられているように、何も最初から「敗北」(「敗戦」)を否認することで成り立ってきたというわけではありません。[61] 主張としては、復古型国家主義的言動として、古くから散見されますが、中曽根政権まで、「敗北」と戦後国際秩序の受け入れは、前提で、それは、国外に対しても、国民に対しても、同様でした。そのため、確信的なナショナリストを自任する中曽根もまた、吉田ドクトリンの顕教・密教システムの枠内で政治を行わなければならなかったのです。

そのことは、二〇〇〇年代初頭の小泉首相においても指摘できます。小泉参拝においては、彼が分祀を特に画策したかどうかはわかりませんが、小泉内閣の福田康夫官房長官を中心に無宗教の国立追悼祈念施設の構想が検討されました。このあとの福田康夫首相にいたっては、官房長官時代の持論を現在も堅持しています。したがって、「敗北」の「否認」がはっきりと新しい政治的な企てのなかに不可欠の要素として入ってくるのは、日本会議との密接な連携のもとに出発することになる安倍政権以降のことなのです。

しかし、そのような、アクセルとブレーキを同時に踏むような過激化路線をどこまで続けても、対米従属の徹底と戦前復帰型の国家主義の矛盾が、消えてなくなるわけではありません。この反対療法の先にくるのは、これを施される身体の疲弊、そして崩壊以外にはないでしょう。

具体的にいえば、現在の安倍政権の対米従属政策の徹底に、やがて支持母体の日本会議から、「戦前と戦後のつながり」に立って、しっかりと対米自立をめざせ、という〝正論〟が対抗的に現れてくることは、避けられません。対米自立して北朝鮮のように国際社会から孤立してまでも「核武装」につき進むか、それとも、日本会議の路線から離脱して、徹底した対米従属を貫き、自国の安全保障を確保するか。二律背反は、いずれ、このような二者択一を、ほかの政治家同様、安倍首相にも、つきつけるでしょう。

それに、前者はむろん、さりとて後者の答えも用意できないだろうことがほぼ明らかである以上――もはや平和主義と経済繁栄という「誇り」の緩衝力を失ったいま、徹底対米従属という屈辱に耐えることは日本国民にはできない相談です――、安倍政権の現在とっている密教による顕教征伐の路線も、この先、どう考えても、破綻以外の行く先にたどり着くことは難しい、と考えられるのです。

†もう一つのオプション

では、どうするのがよいのか。

日本に開かれたオプションが、この二つに尽きるというわけではありません。戦前と戦後の「断絶」を足場にそこから新しく出発すると決めれば、そこにもう一つ、第三の選択肢が見えてきます。

戦後の価値に立った自己をはっきりと国際社会に宣明することからはじめて、「対米自立」して、「誇りある国づくり」をめざし、平和主義を基調に新たに国際社会に参入する、というのがその選択肢です。

それが——もしそういいたいなら——私たちの「プライド欲」をもみたす、いま私たちの手にある唯一の可能な選択肢なのではないか、と私は考えています。

2 なぜ護憲では不十分なのか

†吉田ドクトリンの基礎条件の消失

ここまでたびたび言及してきましたが、私にとって、二〇〇九年の政権交代と、その最初の民主党政権が見せた無惨な崩壊劇は、かなりお粗末な内実をもつものだったとはいえ、これまで考えてきた戦後の問題をさらに先に進めるうえで、大きな転回点となりました。

出発点は、対米従属を基本としたこれまでの日米関係が、日本にとってもはや自明のありうべき「使える」選択肢ではなくなったということです。

それは、戦後のある時期までは、日本にとって、「使える」ものでした。というか、日本には米国の従属下におかれるという以外に現実的に可能な選択肢がありませんでしたから——ないしはそれ以外に選択肢はないと、当時の保守党政府には受けとられましたから——、彼らは、それを前提に、それを基軸として日本が国益を追求できるあり方、方法、構造を案出することにしたのです。

そして吉田ドクトリンに立つ保守本流の路線は、そうした戦後日本の巧みな発明物にほかなりませんでした。

しかし、これまで述べてきたように、それをささえていた諸条件は、冷戦の終結以降、国の内外で消えていきます。

国の外、国際情勢のほうからいえば、その第一は、東西冷戦の終結です。第二は、米国の国力の衰退です。そして、第三は、二〇〇〇年代に入るといよいよ鮮明となってくる中国の擡頭でした。

一方、国内では、平和主義の土壌をなした戦争世代がしだいに社会から消えていき、また六〇年代の経済繁栄をささえた国内的な基礎的条件が失われていきました。

一九五〇年に全人口の約七五パーセントだった戦争経験者は、二〇〇〇年には約二三パーセントとなり、二〇一三年、約一五パーセントにまで減少しています。少子高齢化も予想外の激しさで進み、それは当然、労働力不足、社会保険の負担構成など、長期的な経済的・社会的問題を引き起こしましたし、一方、八〇年代後半からは企業の国外移転などによる産業の空洞化が進行し、国債残高の膨張など財政悪化にも深刻さが加わりました。

日米同盟は、いまや日本の国益本位に考えたばあい、ほんとうに有用なのかどうかわからないのではないか。

二〇〇九年の政権交代は、右にあげた三つの要因を含む国際情勢の変化と吉田ドクトリンをささえた国内的な基礎条件がことごとく消えたことをきっかけに、抜本的に、この問いに向きあわなければならないと国民の大多数が感じたことから起こったと、私は考えています。

いわば日本は、一九四五年の敗戦以来、はじめて、ゼロから日米関係を見直してみようという地点に立ったのです。

†なぜ、九条改正による基地の撤去なのか

そこにあったのは、

日本にとって、何が今後、国民の幸福と利益と安全を保全するうえで、必要なことか。

そのことを考え、実行するための政治的な自由を、どのように確保するか、という課題であったはずです。

そして民主党政権が、そこに掲げたのは、日米関係に拘束されずにもう少し自由に東アジア圏の諸国とのあいだに新たな信頼関係を樹立して、経済協力を含め、多角的な自主外交を展開することが、日本にとって、経済的、政治的な安定につながる（東アジア共同体構想）、国連との関係を強化して、国連中心外交へと転じることが、対米自立への一歩となる（国連中心主義）、国内、特に沖縄の米軍基地負担が、もはや限界にきており、国としてそれに責任をもつ必要がある（沖縄の基地問題への取り組み）というものでした。

しかし、その企ては、見るも無惨に砕かれます。

このことによって、最初の民主党鳩山政権は、もし私たちが、このあと、現状の変更に向けて考えるとしたら、本格的に、すべてを考え尽くすようにして、ことにあたらなければ、必ずたたきつぶされると、教えてくれたのだと、私は思っています。

しかし、ここまできて、こう問う人がいるでしょう。

なぜ基地の撤去なのか。

そして、なぜ憲法九条の改定なのか。

これまで通りの護憲の立場で、この平和主義の追求と、対米自立の実現は、達成できないのか。

最後、この問いに答え、ここまでを前段として本題に入ることにします。

†「戦後から遠く離れて」

じつは私は、一九九七年の『敗戦後論』のあと、一〇年後にあたる二〇〇七年に現在の安倍首相が第一回目の政権を担当し、憲法改正に意欲を示したとき、憲法九条の問題について、考えを発表しています。

「戦後から遠く離れて――わたしの憲法九条論」というのがそのときの論考です(62)。そこでは、『敗戦後論』におけるときと、一〇年後のいまと、憲法九条についての考え方にどのような違いが生じているかに力点をおいて、およそ次のようなことを述べました。

これまで自分は考えてみると、ものごとを考える価値の基準を戦争で死んだ人々の場所に置いてきたように思う。ある問題を考えるとき、自分の考えでものごとの善し悪しを考えるのは当然のことだが、それだけで判断がつかないときには、どう考えることが戦争で死んだ人たちの思いにより応えることになるか、というように、戦争で死んだ人々の思い――と自分が考えるもの――を一つの手がかりに、考えてきた。いや、単に自分がそう感じる、というより、それが日本の戦後の価値観の基本なのだと、思いみなしてきた。

つまり、戦前の日本の価値の源泉が天皇だったとすれば、戦後、「天皇」に取って代わったのが「戦争の死者」だ、というように考えればよい、そう私は思ってきたのでした。しかし、もう「戦争の死者」という錘を外して、いまの世の中を生きていて感じる、「普通の人」の考え方、価値観を基本に考えないと、しっかりとこの現実に立脚した考え方ができなくなるのではないだろうか。戦争を経験した人々が、戦争体験をもとにものごとを考えるのはよい。しかし戦争を経験していない自分がものごとを考える基準を、こうした年長の人々と同じところにいつまでもおくわけにもいかないのではないだろうか。もうこのあたりで、「戦争がなくとももものごとをしっかりと考えられる」仕方に、シフトチェンジしてみることが必要なのではないか。そんなことを、その一〇年後の論考では、考えたのでした。

そこで、憲法九条については、私の考えは、こんないい方になりました。

一つに、自分は憲法九条の「高邁な理念」、理想主義的な側面は、たとえどんなに非現実的だといわれても、やはり捨てられないと感じる。それはどんなに非現実的であろうと、そこに「理念」としてあることに、私たちにとってのかけがえのない意味がある。

しかし、もう一つに、その憲法九条の「理念」については、それを「戦争」と切り離して、これはよいものだ、といえるようでないと、その理念は、強くささえられることにはならないのではないだろうか。つまり、「憲法九条の『理念』としてのかけがえのなさを、戦争と切り離して語るのでなければ、それは『理念』としてもはや広範な人々に働きかけないし、普遍的ではない」。

そう書いて、鶴見俊輔、吉本隆明という尊敬する先行者たちと自分の立地点の違いを、あえて際立たせ、彼らとの分岐点を設定してみたのでした[63]。

そのとき、このような立場から考えられた憲法九条論として私に新鮮に思われ、そこで吟味の対象としたのが、内田樹の書いた「憲法がこのままで何か問題でも？」という論考です[64]。内田は、そこにこう記していました。

憲法九条の戦争放棄の規定と自衛隊の存在は矛盾しているが、これを一致させようと考える必要はないのではないだろうか。つまり、憲法九条に合わせて自衛隊を解体しろというのも、自衛隊の存在を認めて、憲法九条をこの現実に合致するように変えるというのも、違うのではないか。

というのも、内田によれば、二つが矛盾しているのは、その矛盾が「両者に託された政治的機能」だからで、両者は、その関係において「相互に排除し合っているのではなく、相補的に支え合っている」のだというのです。

「憲法九条のリアリティは自衛隊に支えられており、自衛隊の正統性は憲法九条の『封印』によって担保されている」。ですから、このリアルな拮抗がある限り、日本は世界でも例外的に安全な国でい続ける。「おおかたの日本国民は口には出さないけれど、私と同じように考えている」のではないか。つまり、いまのままで、日本はうまくいっている、だからこのままでいいんじゃないのか、というのが、そこでの内田の考えでした。

日本の戦後が作りだした、憲法九条をめぐる現実と理念の落差には、たしかにマイナスの効果もあります（そのために「法の感覚」が身体に入らない、というのが私が『敗戦後論』であげた理由の一つでした）。でもそのことを考慮してなお、戦後の日本には、まがりなりにも、永年の「平和」を実現し、それなりに納得のできる社会像、国家像を国民に提示したという〝実績〟があります。そこには、机上の論理としてはたしかに不整合があるとしても、その不整合さのうちに、戦後日本の肯定的な像を認めることができるのではないか。私は、この内田の「おじさん的思考」ともいうべき考えに、なるほどと思い、説得されたのでした。

矛盾した二つの要請のあいだでふらふらしているのは気分が悪いから、どちらかに片づけてすっきりしたい、話を単純にしてくれないとわからないと彼らは言う。
それは「子ども」の主張である。（中略）ものごとが単純でないと気持が悪いというのは「子ども」の生理である。
「大人」はそういうことを言わない。(65)

それで、自分の「戦後から遠く離れた」ばあいの九条論の着地点を、憲法九条の「高邁な理念」性の堅持、そしてこの理念と現実の矛盾（論理的不整合＝ねじれ）を生きることとの二点に求めたいと、その二つの間に距離のあることを知ったうえで、そこには述べたのです。

†憲法九条と自衛隊の相補的関係

いまから考えると、この内田の憲法九条の理解は、これまで述べてきた戦後の経済ナショナリズムの論理、あの吉田ドクトリンの考え方、特に高坂正堯の評価の力点とよく似ています。二〇〇六年時点での、そのみごとな展開例として、これを受けとることも不可能ではありません。

高坂正堯は吉田について、「論理的にあいまいな立場を断乎として貫く」ことで「経済中心主義というユニークな生き方」を根づかせた、と書いたのですが、考えてみれば、内田のいう「大人」の考え方、「おじさん的思考」の真骨頂が、高坂のいう「論理的にあいまいな立場を断乎として貫く」ことなのでした。

吉田は憲法九条を盾に米国のダレスの再軍備の要求を専守防衛の「自衛隊」の軽武装にとどめました。そして憲法九条の平和主義の道義的優位性と経済大国化の現実的自足感のうちに、日本人の「平和と幸福と繁栄」を実質とする経済ナショナリズムの要請に応える実質を用意しました。その政治路線の礎石を作ったのが吉田で、これを継承、完成させたのが、それぞれ六〇年代前半を治めた池田、その後七二年まで首相を務めた佐藤なのですが、ところで、内田は、それが内蔵していた戦後型顕教・密教システムの秘密を、「憲法九条（平和主義）と自衛隊（軽武装）」の単なる共存ならぬ「相補性」――「相互に排除し合っているのではなく、相補的に支え合っている」こと――が憲法九条問題のカギなのだというういい方で、その「おじさん的思考」のもとに、あっさりいいあてていたのです。

彼はいいます。

「日本は戦争に負けた。そして、そのときの日本にはアメリカの従属国となる以外に生き延びる選択肢がなかった」。だが、そのことの

> 耐え難い心理的負荷を逃れるために、日本人は日米間のすでに解決済みの葛藤を憲法九条と自衛隊の両立不能性という解決不能の内的葛藤に書き換えたのである。

米国は日本の武装解除をめざし、日本はそれに屈伏するしかありませんでした。しかし日本は、その外から見れば「解決済みの葛藤」を、憲法九条対自衛隊という「解決不能の内的葛藤」に代置した、というのです。しかし、

　憲法九条と自衛隊は矛盾していない。だから、それを「矛盾している」とする前提を採用する限り、この問題には解がない。日本人は「解のない問題を考え続ける」という仕方で、現実に直面するという気の重い仕事を無限に先送りすることにしたのである。(66)（以上、すべて傍点は原文）

つまりは内田の見るところ、経済ナショナリズムという代替物を作りだすことによって、日本人は政治的なアプローチという「気の重い仕事」を、「無限に先送りすることにした」のでした。そのポイントは、「相補性」です。なぜ憲法九条と自衛隊（軍備最小化）は「矛盾」していないのか。「相補性」をなすことで、両者の関わりが経済大国化という世俗的満足と平和主義という道義的優位性の双方をともに生み出す一個の「マシーン」と化すからです。このマシーンの働くメカニズムには、ほかに、安定した日米関係、良好な経済成

長、そして戦争体験に裏打ちされた平和主義の存在という動因が必要でしたが、それらの総体があいまってなす機構が、戦後型の顕教・密教システムにほかなりませんでした。

†耐用期限は過ぎた

しかし、その後、状況は大きく変わった。

そういうべきではないのでしょうか。

この「保守本流」の制作物が日本社会に与えてきたポジティブな所産を、内田は戦後六〇年にわたる戦争へのノン・コミット、そして「戦後日本のみごとな経済成長、効果的な法治、民生の安定」と要約しています。これも、先に見た高坂の『宰相吉田茂』の吉田評価、永井陽之助の吉田ドクトリン再評価と、ほぼ同じ系列の指摘です。

しかし、内田がそう書いたとき、その安定構造を支えてきた諸要素が、耐用期限を過ぎつつある――あるいは過ぎてしまった――ことを示す兆候が、次から次へと現れようとしていました。そして二〇〇九年の政権交代とそのチャレンジの失敗劇は、憲法九条をめぐる自衛隊（軍備最小化）との「相補」メカニズムがいまや耐用期限を過ぎたことを教える、最終的なダメ押し指標にほかなりませんでした。

その変化をもたらした要因の第一が、先にふれた国際社会における九〇年代の東西冷戦

の終結を受けた、二〇〇〇年ゼロ年代中葉以降の中国の擡頭と米国の衰退であったことは、間違いないところでしょう。(67)

その第二は、日本社会における経済の長期的な不振です。その結果、経済大国化によって支えられていた日本国民のナショナルな意識の余裕——「金持ち喧嘩せず」の余裕——が、足場を失い、中国の急追と米国の要求の苛烈さにさらされて、不安に転じるということが起こりました。その結果、とうとう、経済的ならぬ政治的なアプローチによる新たな「誇りある国づくり」を必要とするような事態が現れた、というのが、この間に生じた基軸的な変化でした。

その意味で、二〇〇九年の政権交代とその失敗は、一つの真実開示の機会ともなっています。それは、日本政府が政治的自由を発揮し、いま日本に必要なことを行おうとすると、どこからどのような妨害と禁止の「力」が現れてきて、それを阻止するのかを、はっきりと全国民の目に明らかにしたからです。

それまでは、そういうことは「自明」でした。それで日本の政府と国民は「現実に直面するという気の重い仕事を無限に先送りすることにし」てここまでやってきたのです。しかし、とうとう錘（バラスト）のないタンカーのようになって漂流をはじめた日本社会は、政治的なアプローチを必要とするところまで追い込まれました。そして、政権交代を決め、その新政権が及び腰ながら「現実に直面」するということをやってみた。そして「現実」が、じつはどのようなものであるかを、国民に身をもって示したのです。

ところでそれは、内田の述べる「自衛隊と憲法九条の相補的な関係」が、じつは「日米間のすでに解決済みの葛藤」を日本人の目に見えにくくするために用意した国内版の「解決不能の内的葛藤」にすぎないことをも、明らかにしたのではなかったでしょうか。自衛隊とは、この相補関係においては、野砲用掩蔽幕のような存在にすぎませんでした。その向こうで、憲法九条と相補的だったのは、じつは米軍基地だったからです。

なぜ、基地の撤去なのか。

そして、なぜ憲法九条なのか。

さらに、なぜ護憲では不十分なのか。

その答えが、ここにあります。

†憲法制定権力は米国にあり

考えてみれば、この憲法を制定したのは、GHQでした。日本国憲法の制定権力は、そもそも米国のもとにありました。しかもその米国は、講和条約をへても撤退しませんでした。ポツダム宣言はそれを命じていましたし、国際社会の常識もそれを当然と考えていたにもかかわらず、東西冷戦のせいもあり、形式上は日本政府が米国に要請し、米国がこれに応じるかたちで、制定権力の撤退は起こらず、米軍基地の存置——米国の居座り——がきまったのです。

形式的にだけではなく、このことはまた、時の吉田政権が、望んだことでもありました。ただ、そのときから、状況は変わらず、このときの制定権力は、現在も、日本から撤退せず、居続けて、力を行使しています。

そして最大の問題は、これが彼らにとっては他国の憲法であったため、この制定権力が、自分の制定した（日本の）憲法に対し、これをみずから遵守する義務をもたなかったことでしょう。むしろ、自国の国益にしたがってその権力を行使することを、義務と考えたことでした。

憲法制定権力が、自ら制定した憲法に拘束されない。するとどういうことが起こるか。

戦後の日本に起こった不都合なことがらの起源は、このことに尽きます。

彼らは、一九四六年二月、戦争放棄の憲法草案を作りました。それが彼らの国益に合致したからです。

そのばあいの国益は、広義に考えられるべきものです。これまで述べてきたことから明らかなように、日本を武装解除するなどという小さな直接的国益よりもはるかに大きな国益が、日本に理想的な憲法を与え、彼ら自身の戦争目的を正当化することのほうに、存していました。

日本によい憲法を与える、そして自らも、よい占領軍であることをめざす。そのことが、秘密裏の原爆開発、道義に反する原爆投下を行い、しかも戦後、覇権確立のため原爆の使用可能性を確保する必要のあった米国にとっては、長期的に国益に合致することだったのです。

ところが、四七年になると、本国の方針が変わります。そして五〇年になると、この憲法制定権力は、憲法の規定に違反する再軍備を指示することになりますが、それも、そのことが、今度は彼らの国益に合致することだったからでした。

さらに五二年には、占領終了と同時に、日米安保条約を締結し、自国の軍隊を日本国内に展開し、駐留させます。それも同じく制定権力である米国の国益のためです。

しかし、五九年に、日本の司法が、日本の憲法に照らして、日米安保条約による米軍基地の駐留は憲法違反であるという司法判断を下します（砂川事件東京地裁伊達判決）。すると彼らは日本の最高裁判所長官を使って、これを数ヵ月後には破棄させます。これも、彼らの国益にそった行動で、かつ、これらのことが可能だったのは、彼らこそが、そのときもなおこの憲法制定権力の座に君臨していたからなのですが、これが、日本が、自国の憲法を行使しようとすると、憲法制定権力が、これをはばむ、最初の歴然とした例となりました。

むろん、そのことを、彼らは、日本政府とともに、国民の目にふれないようにしました。そして、この条件は、このときから、現在まで少しも変わっていません。

ですから、二〇〇九年に、新たに政権交代した民主党政権が、このあり方にくさびを打ち込もうと沖縄の米軍基地の移転を米国に要請したときにも、この制定権力が、それに従う日本政府の本体である官僚組織とともに、これを阻止して政権を退陣に追いやりました。また、二〇一三年、二〇一四年には、五九年の伊達判決の破棄に日本の最高裁長官が米国大使、日本政府高官と相談しながら暗躍した証拠が二〇〇八年に米国公文書館で発見されたことを受けて、この事実を暴露して詳細に示した著作が発表されましたが、これに対して日本の大手メディアが、ほぼ黙殺に近い対応を示したことは、この憲法制定権力のまえに、日本国民の側もまた、自発的隷従めいた動きしか示せなくなっていることを、ありありと示すものでした。

そうだとしたら、もはや護憲のままでは、この憲法制定権力を覆すことができないのは、明らかです。「選び直し」をして、憲法をわがものにすることを、私は『敗戦後論』で主張しましたが、そうしようとすれば、またこの制定権力が私たちのまえに立ちはだかるでしょう。

ですから、憲法を「使って」この憲法制定権力を日本の外に撤退させる、そのことによって、憲法を「わがもの」にするしか、方法はないのです。そしてそのばあいのカギが、この制定権力の交代を国際社会との連帯のもとで行う憲法九条の遵守の意思表明と、国連中心主義の追求なのです。

†矢部宏治の提案

さて、私の考えでは、矢部の『日本はなぜ、「基地」と「原発」を止められないのか』は、直接にこの認識上の変化を受けとめて書かれた最初の本の一つです。

矢部の著作は、ここでの私たちの考察とは逆の方向から、その明察に到達しています。そして彼は、ではどうすればこの問題を解決できるか、という問いに、この憲法九条と米軍基地の「相補性」を踏まえ、それを逆手に取ることで、答えています。

彼の前段の議論は、ここでは詳しく取りあげませんが、簡単に要約すると、こうなるでしょう。[68]

一、現在の沖縄基地問題など米国の理不尽ともいえる日本支配（と日本の対米従属）の根底にあるのは日米安保条約という糖衣にくるまれた日米地位協定（旧日米行政協定）に基づく米軍基地体制にある。

二、国連憲章に違反するこうした占領後も続く対日支配が国際的に許されている根拠は、国連憲章一〇七条にある敵国条項である。それは責任国(このばあい米国)が旧敵国(このばあい日本)に対して行う必要な措置に、この憲章は適用されないと規定している。

三、この国連憲章の理想主義と現実の基地体制の矛盾を凝集させているのが、憲法九条一項の不戦条項と二項の武装解除条項の矛盾である。一項は平和条項だが、二項は日米安保条約、米軍基地存置とコンパチブル(両立可能)である。

四、したがって現在の米軍基地体制を脱するために必要なのは、国連憲章の敵国条項の削除をめざし、九条二項を「必要最小限の防衛力はもつが、集団的自衛権は放棄する」と改め、同時に、「今後は国内に外国軍基地をおかない」と憲法に明記することである。(69)

なぜ日本は沖縄の危険きわまりない米軍基地の撤去一つをしっかり行えない「自発的隷従」のもとにあるのか、原発の廃炉方針一つ、自国で決定できないのか。矢部はこうした日本の現状から発して、逆方向から、正確には同じでないにしても、ほぼこの本と重なる見方に達し、そのうえで、現状を打開するにはどうすればよいか、ということにまで踏み込んでいます。

それが、ここで私が「矢部方式」と呼んでおきたい、憲法九条への基地撤廃条項の書き込みという提案なのです。

†憲法九条が米軍基地の永続化を補完してしまう

内田は、憲法九条は自衛隊と相補的であり、この「相支え」の構造が戦後の日本を安定させ、平和を実現してきたと述べていました。そして、そうであるなら、これをそのまま尊重しよう、このままでよい、結果的には護憲でよいではないか、と二〇〇六年に主張しました。そしてそれは、一九八五年の永井陽之助の「吉田ドクトリンは永遠なり」という卓抜な戦後の保守本流の政治路線の再評価――中曽根的「戦後政治の総決算」への牽制――を、ゼロ年代に、内田のいう「『おじさん』的思考」によって深化・展開させたものにほかならず、それが、二〇〇六年には私を深く説得したのです。

しかし、憲法九条は、じつは自衛隊と相補的であると同時に、米軍基地とも相補的なのです。憲法九条と自衛隊の相補性とは、憲法九条と米軍基地の相補性の、いわば「お楽しみはこの先」の無料アプリ版のようなものにすぎませんでした。

一九五九年三月、東京地裁が、日本政府による米軍駐留の「許容」は、憲法九条二項の「前段によって禁止される戦力の保持にあたり、違憲」だとの判決を出します（伊達判決）。これは、当然のことながら、憲法九条が米軍基地と相反的であることを露わにした瞬間でした。しかし、先に示したように、これで戦後日本がひっくり返ってしまうことに気づいた米国政府が時の日本の最高裁長官田中、さらに日本政府とはかって、九カ月後、これを破棄、差し戻しを命じます[70]。

日米安保条約のような「高度な政治性をもつ条約」のばあいは「一見してきわめて明白に違憲無効と認められない限り」「法的判断を下すことはできない」といういわゆる統治行為論の考え方に立ち、原判決を破棄することによって、米軍基地は憲法九条と共存できない、を単に否定したばかりではなく、憲法九条は米軍基地の違憲無効性を「判断できない」といういい方で、米軍基地と憲法九条は相補的ともなりうる、その基礎を作ったのです。

その意味では、二〇〇九年の新政権による「普天間基地」移転の方針決定と、それが国内外の従米勢力によって粉砕された事実は、この五〇年前の挑戦と粉砕が今度は政権大で再現されたということでした。そしてそれは、憲法九条が現状通りにあるままでは、米軍基地の永続化を補完してしまうという相補性に、新しい意味を加えました。その相補性を打破するには、憲法九条を変えるほかない、というのが、その新しい意味にほかなりません。

3 フィリピン・モデルとその教訓

†フィリピン一九八七年憲法

矢部の本の白眉は、憲法を改正することで、米軍基地を撤去させる、というアイディアの先行モデルを、フィリピンの一九八七年憲法に見出し、このフィリピン方式に倣うことで、憲法改正による米軍基地の撤去が不可能ではないことを示している点にあります。

フィリピンの事例とは、次のようなものです(71)。

フィリピンは、一九八六年の反マルコスの民衆革命の後、八七年に新憲法を制定します。基地撤廃の動きの原点は、この反マルコス運動にあるといってよいでしょう。八三年、七二年に投獄され、死刑判決の後、病気療養を口実に国外追放されていたベニグノ・アキノが、死を覚悟のうえ、帰国して、その直後、彼の予見したとおりにマニラ空港で衆人環視のもと、暗殺されます。

そこから民衆の怒りに火がつき、反マルコスの機運が高まるのですが、マルコス以後の新政権を見越して八四年に結成される「招集者グループ」の統一宣言に、はじめて、

「フィリピン領域のすべての外国軍基地は撤去されねばならず、その後はいかなる外国の軍事基地も許されない」

という脱基地宣言が、東南アジアの「中立・自由・平和・非核地帯」化をめざすという方針とともに、掲げられるのです。

そして新憲法には、先の憲法から受け継いだ「国家政策としての戦争放棄」条項（第二条第二項）、フィリピンの非核化を定める「領土内の完全非核兵器化」条項（第二条第八項）のほか、次のような米軍基地を撤廃するための時限条項ともいうべき規定が、書き込まれます（第一八条二五項）。それは、こういうものでした。

一九九一年のフィリピン共和国とアメリカ合衆国の間の軍事基地に関する協定の満了以後、上院によって正当に合意され、議会の要求がある場合には、それを目的とした国民投票に於いて民衆によって投ぜられた多数票によって批准され、かつ相手方によって条約として承認された条約によらない限り、フィリピン国土内においては外国軍事基地、軍隊あるいは施設は許可されない。

一見すると何のことかわからない規定ですが、これは、一九九一年に米比軍事基地協定が満了したあと、所定の条件を満たさなければ、以後、フィリピン国内に外国軍事基地は許可されないことを語る規定でした。それが憲法に明記されているので、以後、軍事基地を存置するには、新しい条約の締結が必要とされることとなります。そして、それが通るには、上院で三分の二の賛成が必要とされました。この基地撤廃条項の書き込みによって、フィリピンは米軍基地撤廃に決定的な一歩を踏み出すのです。

†米軍基地返還へ

九〇年に入ると、この憲法の規定を根拠に、比米基地条約の終了をめぐる対米交渉が行われます。そして、その後、新比米基地条約締結の動きが起こり、さらにその批准をめぐる審議がはじまります。その結果、九一年九月一六日、上院が一二対一一で批准反対を決議し、新条約は作られないこととなり、基地撤廃が決まるのです。このときには、さすがにフィリピンは国中、歓喜の声で揺れたといいます。

しかしむろん、このますんなりと基地返還となるはずもなく、この後、米国からのさまざまな形での恫喝が続きます。曰く、「これでわれわれの関係はおしまいだ」、「ワシントンとその同盟国は激怒している」、「投資は停止する」、「フィリピン人基地労働者は解雇手当ももらえないだろう」、「もし望まれないなら、いつでもフィリピンから出ていく」、等々。
興味深いのは、このとき、米国の交渉団団長として乗り込んできて、こうした恫喝をくり返したのが、当時元国防次官補の立場にあった、日本ではジャパン・ハンドラー（日本操作者）の代表格としておなじみのリチャード・アーミテージだったことです。彼は以後、二〇〇一年の同時多発テロのあと、ブッシュ政権の国務副長官として「ショー・ザ・フラッグ（旗幟をはっきりさせろ）」といって駐米日本大使をどやし、アフガニスタン空爆に際しては、米国に協力しなければパキスタンを爆撃して「石器時代に戻すぞ」といって恫喝したことをムシャラフ同国大統領に後に証言されたことでも有名な戯画的なまでの大国威嚇主義者ですが、苛酷な民族的経験とベニグノ・アキノの「殉死」をくぐったフィリピンの政治家たちの何人かには、そのおためごかしの脅迫は、――日本、パキスタンでのようには――通用しませんでした。[72]
当時、交渉の代表の一人だったフィリピンの政治家は、「マングラプス（外相）は、驚くほどの冷静さでアーミテージの怒りに対応し、冷静に反論し、フィリピンの立場を守った」。「アーミテージはしまいには冷静になった。しかし、このとき以降、私は、自分の立場を押し通すことに慣れすぎた人物とわれわれは交渉しているのだ、と思い知らされた」とおだやかに回想しています。[73]

ここにいわれるマングラプス外相がどちらかというと親米派であり、また、最後の上院決議で議長ながら反対投票を行うサロンガ上院議長も、日本軍の軍政下、マルコス独裁下と二度まで投獄された経験をもつ、しかし保守派の民族主義者であることからわかるように、この反基地の動きは、永年の植民地支配に苦しめられたフィリピンの歴史の厚みと広範な政治主張にささえられていました。

最後には、ベニグノ・アキノの未亡人であるコラソン・アキノ大統領が、米国の意を受け、その代弁者となって、基地撤退派に対し、現状維持を訴え、反撃を開始します。これに対して反対派からは妥協を含んだ今後三年以内での基地撤退案が浮上するなど、紛糾が続き、この三年撤退案をめぐる比米両国の交渉が決裂することで、ようやく一二月、一九九二年末までの米軍基地撤去が確定するのです。

これに基づき、フィリピン政府は、四七年に結ばれた米軍基地貸与協定の一年後の終了を米国に通告、その結果、翌九二年一一月、米軍は最大の基地であるスビック海軍基地から完全撤退し、姿を消します。こうしてフィリピンは、いわば「およそ五〇〇年にわたた」る「入れ替わり立ち替わり」の「外国勢力」の占領からの完全な「独立」を達成するのです。

†フィリピンの教訓

さて、このフィリピンの事例は、どんなことを私たちに教えてくれるでしょうか。

私事にわたることを許してもらえば、私は、先に矢部が編集者時代に編集に関与した鈴木昭典の『日本国憲法を生んだ密室の九日間』という著作に示唆を受けて、フィリピン憲法について書いたことがあります。[74]「与えられた不戦憲法」の先行例が独立前のフィリピンにあったという事実に強い印象を受け、こうした事実は、「むしろわたし達を鼓舞する」、「わたし達に必要なのはむしろ『与えられた』ものをどのように自分のものにできるかという、植民地的経験のほうなのだ」などとそのときは書いたのですが、[75]それが一九九六年のことだったと思うと、自分の迂《う》闊《かつ》さに赤面をおぼえます。

というのも、そのとき、フィリピンは、その「与えられた」憲法を自力で改正し、そこに基地撤廃条項を書き込むことで、すでに米軍基地を撤去させたところだったからです。そのことでも再度、日本に先んじ、日本に一つの先例を与えていたからです。右のように書きながら、私はそのことも知らないのでした。

このフィリピンの米軍基地撤廃の話を、日本人ジャーナリストとして記録しているのが当時の「赤旗」特派員の松宮敏樹以外にいないという事実も、その点、重い意味をもっています。それは、ほかの主要紙の特派員たちのいずれもが、このできごとの日本にとってもつきわめて重大な意味に、無頓着だったことを語っているからです。私自身が、このことの重大さに矢部の本によって気づかされるまで知らなかったので、偉そうなことはいえないのですが、以下、松宮の記した『こうして米軍基地は撤去された！　フィリピンの選択』によって、このときどんなことが起こったか、そこから得られる教訓のいくつかを、簡単に列挙してみます。

まず、第一は安全保障の問題です。当時フィリピンに反米の気運が高まっていたのは、一九世紀末以来の植民地支配ということのほかに、フィリピンの米軍基地がフィリピンを守るためにあるのではないことが、露骨な仕方で明らかになっていたからです。

フィリピンは米国とのあいだに一九四七年三月、軍事基地協定に調印し、五一年には、米比相互防衛条約に調印していました。この米比相互防衛条約は日本のサンフランシスコ条約締結に連動した条約で、その九日後に調印された日米安保条約と同列の同じカテゴリーに属する「相互防衛」の取り決めです。しかし、六六年、サバの領有権をめぐりマレーシアとのあいだに衝突が生じ、両国の国交断絶にまで発展したとき、マレーシアの同盟国の英国は艦船を派遣しましたが、米国は一向に動きませんでした。より重大な同盟国である英国と敵対してまでフィリピンのために動くつもりのないことが、誰の目にも明らかなかたちで示された瞬間でした。

第二は、憲法への取り決めの意味です。これは松宮著にはさほどふれられていませんが、なぜ五一年のものは相互防衛条約で、四七年のものは軍事基地協定なのか。これは日本のばあいの五二年の日米行政協定（agreement）とそのもとになる五一年の日米安保条約（treaty）との関係とほぼ相似形です。ドイツのばあいでも、四九年の北大西洋条約機構（Treaty Organization）と五一年のNATO地位協定（Agreement）、その一環としての五九年のボン補足協定というように、両者のあいだにこれとほぼ同じ形が維持されています。

地位協定の専門家である政治学者の本間浩によると、「少なくとも第一次大戦後から第二次大戦の前までは」欧米の安全保障構想のなかに、他の主権国に「自国の軍隊の基地」を「設置して」「駐留させるという発想」、つまり在外軍事基地という発想は、「ほとんどなかった」ということです(76)。それはソ連封じ込め策など核のもとでの世界戦略の必要上、東西冷戦下に米国によって発明された新奇な安全保障形態なのです。米国は、この新しい形態を運用するうえに、基地の具体的な取り決めは、条約（treaty）には規定せず、それとは別に行政協定（地位協定 agreement）として定めるという形を原則化するという発明を行っています。

なぜかというと、条約だと、議会で審議し、批准しなければなりません。しかし基地の取り決めは、駐留自国軍の特権を一方的に認めたものとしないわけにいかず、非民主的な規定を多く含むので、軍事的観点からいって、文民的な規制を受けることは好ましくないからです。そのため、自国民の目にふれない、こうした姑息《こそく》な逃げ道を用意してきたのです。[77] しかし、基地について憲法に書き込まれてしまえば、これへの対抗策は、新しい条約（treaty）しかありません。フィリピンの対応は、このような米国の地位協定（agreement）政策への対抗という意味ももっていました。

第三は、経済問題です。基地撤廃の動きが本格化してきたとき、米国と国内の基地撤退反対派からもっとも強く主張された反論が、「米軍基地を撤去したら」、「フィリピンは米国に仕返しされて経済的に破綻する」というものでした。これは、よく考えてみれば理屈に合わない主張です。なぜなら、米国は、フィリピンを植民地として経済的にも厳しく搾取する政策を戦前からとってきていて、戦後もすぐにフィリピン通商法を議会で制定し（一九四六年）、圧倒的に不利な条件をフィリピンに押しつけて経済支配の体制を敷いてきたからです。

この不平等な優位性のもとで、多くの米国人がフィリピンで財をなしてきました。GHQで憲法草案を指揮したホイットニー准将もその一人です。彼は、二七年、マニラに法律事務所を開くと、「九年後」には、「鉱山の試掘や株の投資など、さまざまな事業で巨大な財を成し」、日本との戦争がはじまる直前の四〇年に本国に帰国しています。[78] その後、軍務につき、今度はマッカーサーの部下として、フィリピンをへて日本に赴任し、日本の憲法を手がけるのです。ですから、米軍基地撤廃は、フィリピン人にとっては経済発展のためにも不可欠で、けっしてマイナスではなかったのですが、それでも短期的にみれば、基地経済の労働者雇用の問題など、多くの困難が予想されましたから、当時は、「まるでこの世の終わりがくるようなさまざまな『不安』がかき立てられた」のでした。

しかし、基地撤去後、それが「まったく杞憂だったことが事実で立証され」ます。「GDPの実質成長率」も「いちじるしく伸び」ます。九一年こそマイナス〇・六パーセントでしたが、以後上昇に転じ、九四年は四・三パーセントで、この趨勢は二〇一〇年代の現在まで維持され、ちなみに二〇一三年の成長率は七・二パーセントでした。[79]「対米輸出額も九五年で撤退時より約四割ものび」、最大の基地であるスビック基地の跡地は「民間転用されて、企業誘致の目玉となり」、「かつての弾薬庫は縫製工場になっ」ています。松宮著には、九五年現在、「今や約二百社が操業」していると報告されていました。

†フィリピンは基地撤廃から後退したか？

第四に、さらに、次のことが重要です。先にもふれましたが、九〇年前後、東西冷戦が終わり、フィリピンでも、ソ連が攻めてくるわけでなし、中国は自国の経済成長策に専念しているということで、米軍基地があることはフィリピンが新しく制定した非核兵器法に照らし、むしろ安全保障上、不安定要因を増すものと考えられました。しかし、皮肉なことに、米軍が撤退する九二年に、中国は領海法を設定し、その後、南シナ海海域への進出姿勢を示すようになります。

九五年には中比両国間に領有権問題が発生し、国内にイスラム系反体制派の反政府活動からくる情勢不安定を抱え、さらに九七年、アジア通貨危機で対処困難に陥ったフィリピン政府は、九八年、再度、米国とのあいだに米軍のフィリピンへの寄港と一時滞在を認める「訪問米軍に関する地位協定」（ＶＦＡ）を結びます。さらに二〇〇〇年代に入り、南沙／スプラトリー諸島をめぐる国境紛争が激化すると、一四年には、とうとう米軍によるフィリピン基地の使用、構造物の建設、事前集積を認める米比防衛協力強化協定の調印すら行われるのです。

これをどう評価すべきか。

日本では、一部に「米軍がフィリピンに回帰した」という報道も見られたのですが[80]、たとえば、これを詳細に分析した沖縄県の知事公室地域安全政策課調査・研究班の波照間陽は、一時的な巡回派遣を基本とするこの協力強化協定を、二〇一二年のオーストラリアのダーウィン基地への「巡回派遣」と同じタイプの軍事協定と見ています。そのうえで、「既存の同盟条約の上に」「積み重ね」られた「限定的」「軍事協力」と見るのがよく、「米軍の回帰ではなく、アクセスの拡大と理解する方が適当であろう」と分析しています[81]。

これを評して、一九九一年のフィリピンの米軍基地撤廃はほとんど無意味だったとか、また元の木阿弥に戻ったと見るのは、繰り返しになりますが、ことの本質を見誤った受けとり方といわなければなりません。これは、基地撤退時の米国の恫喝にもかかわらず、また、フィリピン保守派の懸念とも違い、いったん険悪化したあとでも、両国間に共通の利害が存在する限り、米国はフィリピンとのあいだに再度、友好的な親善関係、あるいは軍事的な協力関係を樹立することに躊躇いをみせないこと、というよりほんらい、国と国の関係とは、そのようにして成熟していくものであることを、示しているからです。

たしかにフィリピンは再び米軍を一定の条件内で受け入れることにしました。この決定に対し、憲法違反との声、九二年の「独立」からの後退とこれに否定的な声が国内にあることは事実です。しかし、それを決めたのはフィリピン政府であり、その決定は、それへの反対がそうであるのと同じく、自国の利益のためを思ってのものです。また、これが一番重要ですが、ここにはもはや各国の地位協定のなかでもっとも「植民地的」で屈辱的な規定だとフィリピン国民を憤らせた四七年の軍事基地協定の不平等性は、どこにもありません。非核兵器法も原則的に守られています。このたびの米軍の基地使用許可は、完全にフィリピンの法に則った決定であり、施行なのです。

反米的になることが目標だったのではなく、従属的な比米関係でない、自主独立を保った上での米国との親善友好関係こそがめざされていたのですから、この新しい事態は、進展でこそあれ、けっして九二年の基地撤退決定からの後退ではないことがわかります。

日本のばあいも、基地撤去が「反米」で行われる限り、それは「国家主義」に結びつき、「戦前と戦後のつながり」を呼び込み、戦後の国際秩序に反する結果となり、孤立へといたり、必ず失敗すること。

憲法九条と国連中心主義を手がかりに、平和主義の「実行」として政治的独立の回復をめざし、これを行うことが最重要だということが、ここから得られる最大の教訓なのです。

4 基地撤廃条項と矢部方式

†九条二項をめぐる評価

最後の最後になりました。

残された仕事は、このフィリピンの人々の経験に教えられ、いま私たちが米軍基地の撤退を憲法への書き込みによってめざすとすれば、そこでの問題とはどのようなものだろうかということの検討です。

ここまでに述べたように、矢部と私のあいだには、一つだけ考えの違いがあります。ですが、それは私が彼の基地撤廃方式を借用するうえでの障害にはなりません。そのことをまず確認しておきたいと思います。

矢部と私の違いは、九条二項の評価です。

矢部も指摘するように、九条二項の「戦力と交戦権の放棄」は、ほんらい、「国連が世界政府として機能すること」を念頭に、これとセットで構想されたものでした。つまり「正規の国連軍が編成される」。それに向け、加盟国は自分の「戦争する権利」を国連に委譲する。その結果、加盟国は、「戦力と交戦権」を放棄(＝委譲)し、一方、国連は委譲された「戦力と交戦権」を「独占」し、「正規の国連軍」の力で加盟国の「安全保障」を請け負う、という「各国交戦権の委譲と国連軍の成立」が実現するはずでした。

しかし、冷戦の開始によって、この後段、「国連が世界政府として機能すること」は現実の基盤を失ってしまった。後段の実現を見越し、前倒しのかたちで一主権国として率先して「戦力と交戦権」を放棄した日本国はハシゴを外されるかたちになりました。そしてほんらい国連安保理の平和回復活動の発動までの一時的な期間について国連憲章第五一条に規定された「集団的自衛権」が、猛威をふるうことになります。

第五一条というのは、加盟国は、安保理が「必要な措置をとるまでの間」、国連憲章のほかの規定によって「個別的又は集団的自衛の固有の権利を」行使することを妨げられない、というものです[82]。その結果、ほんらいまもなく解消されるべき「戦力と交戦権の放棄」と「集団的自衛権の行使」（＝日米安保条約）というつかのまの「絶対的な矛盾」が、恒常化してしまった、九条二項は現実的基盤を失い、意味をかえてしまった、というのです[83]。

この国連憲章第五一条の「集団的自衛権」の権利に基づいて「日米安保条約」が作られます。以後、日本は「国連」に対してではなく「米国」に対して「戦力と交戦権」を放棄するかたちになってしまう。その結果、最終的に九条二項に残ったのは、「戦力と交戦権の放棄」という理想主義のコインの裏側をなす「連合国による武装解除」＝「米国へ戦力と交戦権の委譲」という現実主義の意味あいだけとなった。矢部は、これをもって「憲法九条と米軍基地」のあいだに「相補性」が成立しているとみなし、だからこれは捨てて、別のものに変えるのがよいだろう、と考えるのです。

矢部と私を分かつのは、「国連軍の成立」を矢部が「見果てぬ夢」で終わったと見るところ、私が、日本の対米独立を理念的に戦後の国際秩序につなぎとめるカギと見て、これはなお「未完のプロジェクト」で、追求可能なのだ、再度目標に掲げよう、と考える点です。

そのため、九条二項は、矢部にとっていまや「米軍基地」と相補的な存在として捨ててかまわないものとなるのに対し、私にとってはいわば同盟先を「国連」に代えるための切り札として、なくてはならないものとなります。それは、この姿勢転換によって、「米軍基地撤廃」とこそ、相補的な規定に変わるのです。

しかしそのためにも、「戦力と交戦権の放棄」は理念として徹底化されなければなりません。矢部は、その必要がないため、九条二項の代替案として、「自衛のための必要最小限の防衛力はもつが、集団的自衛権は放棄する」でもかまわないと、従来通りの国家の自衛権保有の立場をとるのですが、私は、その必要からも、改定された憲法九条のもつ自衛権は従来型の国の自衛権ではないことが、示されなくてはならないと考え、あくまで国家の自衛権の否定を先の九条改定案に書き込んでいます。遠くカントを援用し、改定九条の国土防衛隊の自衛権が国の自衛権ではなく、人民の自衛権に法源をもつことの指標として、治安出動は禁じられる、という規定を加えるのは、その理念的徹底の歯止めの意味なのです。

しかし、矢部は、「必要最小限の防衛力」はもつが、「国連中心主義をあきらかにすること」がこの九条二項の代替案にとっては肝要になるといっています。この一点、詳しくはふたつを除いては、私たちは同方向を向いているので、私が矢部方式を借用するうえの障害にはならないというのが、私の判断です。

†基地撤廃条項――九条改定私案③

さて、矢部は、こうした考えから、九条二項は、フィリピン、イタリアの憲法の例に学び、

前項の目的を達するため、日本国民は広く認められた国際法の原則を自国の法の一部として取り入れ、すべての国との平和および友好関係を堅持する。

としようというのですが、ポイントは、これに続け、次のように述べている部分です。

すなわち、日本にはこれまで表に出ていない「過去の米軍関係の密約」がいくつかある。日米合同委員会による有事の際の「統一指揮権密約」[84]などがその例である。それらの根を断つためにも、憲法九条改定で、

なにより重要なのは、そのとき同時に、今後は国内に外国軍基地をおかないこと、つまり米軍を撤退させることを必ず憲法に明記し、過去の米軍関係の密約をすべて無効にするということです。[85]

彼は、そういうのです。

したがって、これらを受けた、私の憲法九条改定における基地撤廃条項は、次のようになるでしょう。先の非核条項に続け、最後、基地撤廃条項までを加えたかたちで示せば、私の新憲法九条案は、以上をまとめて、こうなります。

九条　日本国民は、正義と秩序を基調とする国際平和を誠実に希求し、国権の発動たる戦争と、武力による威嚇又は武力の行使は、国際紛争を解決する手段としては、永久にこれを放棄する。

二、以上の決意を明確にするため、以下のごとく宣言する。日本が保持する陸海空軍その他の戦力は、その一部を後項に定める別組織として分離し、残りの全戦力は、これを国際連合待機軍として、国連の平和維持活動及び国連憲章第四七条による国連の直接指揮下における平和回復運動への参加以外には、発動しない。国の交戦権は、これを国連に移譲する。

三、前項で分離した軍隊組織を、国土防衛隊に編成し直し、日本の国際的に認められている国境に悪意をもって侵入するものに対する防衛の用にあてる。ただしこの国土防衛隊は、国民の自衛権の発動であることから、治安出動を禁じられる。平時は高度な専門性を備えた災害救助隊として、広く国内外の災害救援にあたるものとする。

四、今後、われわれ日本国民は、どのような様態のものであっても、核兵器を作らず、持たず、持ち込ませず、使用しない。

五、前四項の目的を達するため、今後、外国の軍事基地、軍隊、施設は、国内のいかなる場所においても許可しない。

おわりに――新しい戦後へ

†なぜ安倍路線ではダメなのか――九条改定私案との比較

この九条改定案が日の目を見る可能性は、あるでしょうか。

私には、現在日本のどのような政治勢力がこのような変革を担いうるのか、またそこにどれだけの現実性があるのかは、わかりません。しかし、現在の安倍政権流の「誇りある国づくり」を阻み、このような復古型国家主義と徹底的な対米従属路線の合体が日本の将来にもたらす災禍を避けようとすれば、それに代わる新しいヴィジョンを提示することが、どうしても必要です。代案がなければそれに対抗できないところまで事態は来ているからです。

そのことには誰も異論はないでしょう。

この本を書いている途中で、同じく矢部の『日本はなぜ、「基地」と「原発」を止められないのか』を読み、刺激を受けたと述べる池澤夏樹が、このように書いているのを読みました。

曰く、憲法の問題とは、①「占領軍が作った（私たちが「受け入れ」を「強要」された）」憲法が、にもかかわらず②「日本人にはとても書けない良いものだった」というねじれにある。

> これまで（ぼくも含めて）いわゆる護憲派は②が大事なために①をないことにしてきた。言ってみれば右折の改憲を止めるために直進と言い張ってきた。
> しかし、いまはもう左折の改憲を考えるべき時かもしれない。
> この本の真価は改憲の提案にある。[1]（傍点引用者）

傍点部分が光っています。

では、そのばあいの新しいヴィジョンとはどのようなものか。

私がここに提出したのは、そのばあいの、これしかないと思われる考え方のみちすじです。なぜいまの安倍路線ではダメなのか。また、私のいう方向しかないのか。以下、これまで述べてきたことのまとめの意味もこめて、二つの路線、方向を、比較対照してみます。

†価値観

まず、価値観。あるいは「誇りある国づくり」の方向性。

安倍路線の問題点は、彼らの「誇りある国づくり」を支える価値観が、日本中心主義であって、戦後の国際秩序に合致していないことです。それだけでなく、それに反するものだということです。

その一例が、東京裁判のA級戦犯を合祀した靖国への首相参拝であり、従軍慰安婦問題、南京虐殺問題に対する謝罪の忌避であり、また第二次世界大戦の日本のたとえば中国侵略を「侵略」と認められないこと、というより認めないことに意味を見るという態度です。

それでは、この価値観に立った「国づくり」を進めれば進めるだけ、国際社会のなかで孤立し、隣国からの批判に対してもヴァルネラブル(攻撃誘因的)になるほかありません。

ですから、そうではなく、日本会議ふうにいえば「誇りある国づくり」を国連中心主義と国際主義と平和主義の価値観に立って進めることこそが、戦後の国際秩序のなかで、「名誉ある地位」を占め、国民のプライド欲を充足させる、もっとも健全な方法、唯一の方途なのです。そこでの価値観が、国際秩序と合致していることが必要条件であり、国際社会の尊敬を勝ちとることのできるようなものであることが、十分条件なのです。

しかしこうもいえるでしょう。そこでの価値観が戦後の日本人としての「誇り」のもととなり、批判を内在させつつ、なお戦前とつながりうるものとなることが、もう一つの必要十分な条件なのだと。いまや、戦前のあり方を敵視する必要はない。批判を内在させつつ、否定すべきは否定し、しかし新しい関係を模索すべき時期なのかもしれません。そしてこの国際主義の方向に将来の日本人としての「誇り」を作りあげていくことは、十分に可能だと私は考えています。

†日米関係

次に、日米関係。

安倍路線の問題点は、そこでの徹底した対米協調路線の追求が、先の「誇りある国づくり」の日本中心の「自主独立」の価値観とぶつかってしまうことです。その対米協調（従属）路線の底に、反米的な「ノー」のフラストレーションが隠されていることを、だんだん国内外の誰もが感じるようになるでしょう。それは本質的にフラジャイルな不確定性をはらんでいます。

これに対し、私が提示するのは、国際主義と一国主義の対比でいえば、国際主義を一国主義に変えるものではありません。つまり、「日米同盟」路線を、自主独立路線、非武装永世中立路線に変えるというのではありません。そうではなく、あくまで国際主義に立ちながら、過渡的なものとして当初やってきた「日米同盟」路線を、当初から構想としてめざされていた「国連中心主義」路線に代えるという提案です。

それは当初こそ、基地撤去による「日米同盟」解消によって緊張した関係をかもすでしょうが、日本が「国連中心主義」を手放さない限り、フィリピンの事例が示すように、再び新しい日米関係に接続されるでしょう。そして、その新しい日米関係は、自立した友好関係であることで、以前よりも遥かに安定し、さらに深まる可能性をもつ二国関係になるはずです。

†国防と安全保障

第三に、国防と安全保障。

安倍路線の問題点は、それが国民の安全と、これまでの日本の平和構築の路線との連続性をもっていないことです。また、今後も擡頭を続け、米中二大国体制を担うことが確実視される対中敵視策を基本としているため、国際緊張をつねに高めざるをえないことです。また信頼関係をもつ連携の相手国として、米国以外にはもっていないことです。

そのことが、安倍政権に、集団的自衛権行使、安全保障法制等で対米協調路線を強化して、米国が「日本を見捨てられない」ようにする、一種見苦しい努力にかりたてているように見えます。リチャード・アーミテージが、フィリピンのマルコス、パナマのノリエガについて、「小国の独裁者と超大国」の関係は、小国が「戦略上地政上の重要性ゆえに」「超大国と互角に取引きする材料をもっている」ばあい、「はるかに複雑」となる、マルコスのばあいの米軍基地、ノリエガのばあいの運河がそうであって、「普通の小国の指導者には想像もつかないほど、米国は彼らに気を使った」と述べていることが、ここで思い出されるゆえんです。(2) そういう方向で、安倍政権は、対米従属一辺倒の政策を進めています。しかし、それは彼の政権の安泰にはつながっても、国と国民の安全保障の不安定性をいちじるしく高めるものです。

これに対し、私が提案しているのは、ここでも「国連中心主義」であり、その基本は、近隣アジア諸国との友好関係と信頼関係の構築です。むろん米国との友好関係が最優先の二国関係であることは変わりません。しかし中国とのあいだに新しい互恵関係を作ることもそれに劣らず大事です。韓国との関係、東アジア圏の安定も重大です。そのための新しい立地条件を得ることも、「国連中心外交」の目標の一つとなります。

国防と安全保障の方策は、その同盟先を「米国」から「国連」に代えるというのが基本です。国連は多くの国を含みますから、それは多くの連携先、友好関係のオプションの確保を意味します。困難ではありますが、ここまで述べてきたように、現在の従属基調の日米関係の堅持が、近年の国際情勢の変化のもとで、もはや最適解ではないというだけでなく、日本の手を縛り、必ずしも国益と一致しないというのであれば、ほかに提携先は、「国連」しかない。そういう見方が、可能でしょう。

†経済・産業問題

そして最後が、経済・産業問題。

これについてこの本ではあまりふれてきていませんが、中国など近隣アジア諸国との関係、現在の安倍政権の積極的金融緩和の経済戦略、少子高齢化など産業社会構造の問題、エネルギー問題、TPPなど米国との経済関係などは、ここまで述べてきたことからも、自ずから方向が見えています。

中国、韓国との関係。安倍政権は中国とは政治的・軍事的に敵対しながらも戦略的互恵関係をめざすということですが、もしここに政治的、軍事的敵対という要素を外せば、そして逆の友好善隣関係を中国、韓国とのあいだに作り出せれば、経済的に遥かに大きな可能性が開けることは誰の目にも明らかです。安倍政権が「誇りある国づくり」の方向性を復古型国家主義に定めたために、国内に右翼的傾向が高まり、おりから嫌中、嫌韓なる排外主義の風潮が蔓延し、それに安倍政権自体が足を取られ、政策選択の幅を狭めています。その代償は、経済的に膨大なものといわざるをえません。この排外主義の強まりによる社会的な損傷、民主主義の後退、国際的な声価の下落も、無視できません。

経済戦略。また安倍政権は、アベノミクスという異次元の金融緩和策で円安株高による大企業中心の輸出産業振興の経済積極策を打っていますが、少子高齢化、産業空洞化、財政問題などの構造的な問題を受けとめ、消化したうえでの経済政策とはなっていないため、基本的な国民の「将来への不安」に応えきれず、それが国内消費の停滞を持続させています。かつてと同じ経済成長を見込むのは不可能だということをしっかりと受けとめた上で、これらの構造変化に対応した、新しい経済定常化の安定成長政策のもとで「将来への安心」を作りだす必要があります。

エネルギー・産業問題。安倍政権は、原発の再稼働、軍需産業、ギャンブル産業への進出など少しでも経済効果のあるものには何でも手を出すなりふり構わぬ姿勢を示していますが、むしろここは、一九五〇年時点での吉田政治の非軍事的な経済合理主義に立ち返り、長期的な観点から、人口構成の変化を繰り込んだ新しい産業政策、新経済政策の策定をはかるべきです。定常化と有限性を受け入れた新しい考え方を取り入れることが重要です。

社会の非核化に踏みだし、核燃料サイクル政策を中止し、保有プルトニウムをＩＡＥＡに移管したうえで、再度、純粋に産業的観点から、エネルギー政策を再検討することが必要です。

米国との経済関係。たとえばTPPは現在の米国主導の世界経済戦略の一環で日本がそれへの関与のあり方を問われている問題です。またAIIBへの参加など、中国主導の世界経済戦略への関わり方でも、米国との関係を問われるようになってきています。今後、このような選択を問われる機会は、増える一方でしょう。これに対し、現在の安倍政権は、米国への協調を至上命令としているため、純粋に国益に立った政策決定が難しい状況にあります。対米自立がはかられれば、政治的自由が得られ、より自主的な検討と決定が可能となります。そのことは、今後、いよいよ死活的に重要な問題になってきます。だいたいこんなところでしょう。

†平和理念の遺産を継承して

ところで、この私の論と、現在の安倍政権のあり方の対位とは、ここまで私の述べてきた日本の戦後の歴史において、どのような意味をもっているでしょう。じつは私は、この自分の提案を、急に天からふってきた突飛なものだというふうには、考えていません。それは、敗戦後、すぐの時期から、逆コース、講和問題、安保闘争前後、そしてその後の

「保守本流」と経済成長・経済大国化の時期、東西冷戦終結以後と、それぞれの時期に、その時々に声を上げてきた平和理念に立つ主張の、現在の姿にほかならないのだと考えています。

また、さらに大風呂敷を広げさせてもらえば、一九四五年の戦争終結後の「一年半」の火花（イスクラ）に照らされた時期の「回心」、さらに一九一七年のレーニンとウィルソンの「理想」に、日本の戦後の「初心」がつながるものであることを、そのままに受けた構想なのだという自負があります。

これを日本の文脈で見てみましょう。

たとえば、日本が防衛構想上、憲法九条を基軸に国連軍創設と一対で対米自立をはかるという考え方は、先に安保闘争の一年前、五九年八月に坂本義和が「中立日本の防衛構想――日米安保体制に代るもの」で提案したものの派生形です。そこに坂本は、こう述べていました。

> 以上において、日米安保体制も防衛計画も結局は国民を護るものでないばかりか、国民を脅やかしさえするものであることを述べた。それでは安保条約も米軍基地も自衛隊もすべて廃棄するとして、一体それでわれわれの安全は保障されるだろうか。日

> 米同盟論と非武装中立論以外に、われわれには果してどんな代案があるのだろうか。
> これに対して社会党は米ソ中日を含む集団安全保障という、ロカルノ方式の保障体制による日本の中立化を提唱している。しかしこのような条約上の保障になお一抹の不安を禁じえない人々は必ずしも少なくないであろう。（中略）それではどうすればよいのだろうか。この問いに対して、私は中立的な諸国の部隊から成る国連警察軍の日本駐留を提案したいと思う。もとよりこれは米ソ中日による中立保障方式と矛盾するものではなく、それを補完するものである。[3]（傍点は原文）

私と坂本の考えは、日米安保体制に代わるものとして、国連警察軍をもってきているところが同じです。違いは、坂本が国連軍に「駐留」を要請して日本の「中立」を護ってもらうという受恵者的な立場から国連中心主義を考えているところ、私が、国連軍活動の恒常化にむけ中軸的な役割を担うことで「対米従属からの脱却」をはかるという贈与者的な立場に立っている点です。坂本が一国的な国連中心主義であるのに対し、私が国際的な国連中心主義だという点です。でも、その違いは、そのまま一九五九年と二〇一五年の国際情勢、国内状況の違いから来ているでしょう。大事な点は、基本的に、「米国との同盟」を、憲法九条の初期設定のかたちである「国連との同盟」に戻すという、私たちのあいだの共通認識です。

このような、時期的変遷を通じて変わらない、戦後の未来構想の座標軸を想定してみることができます。すると、戦後の政治的立場、路線というものの相関図が、四つの象限の関係で示されます。

†戦後構想の座標軸——永井陽之助の分析（一九八五年）

そのばあい、この相関図は、一九五九年に坂本のいた象限に、二〇一五年のいま、私の提案が位置し、その同じ象限に、八五年には、吉田ドクトリンをめぐる永井陽之助の主張が位置しており、またそこは、六八年に吉田政治を評価した高坂正堯が位置を占めた象限であって、二〇〇六年にはそこを内田樹の「おじさん的思考」が占めていることなどを、私たちに教えてよこします。じつにさまざまな考えが、そのときどきの「国際主義＋平和志向」の象限に位置を占めてきましたが、私の提案はその二〇一五年現在の派生形でもあるのです。

じつは、そのような原型的な座標軸を、永井が、吉田の「保守本流」路線再評価の論に、「日本の防衛論争の配置図」（座標軸）として掲載しています。

八〇年代前半、彼がハーバード大学に研究滞在した際、共同研究用に用意したとされる

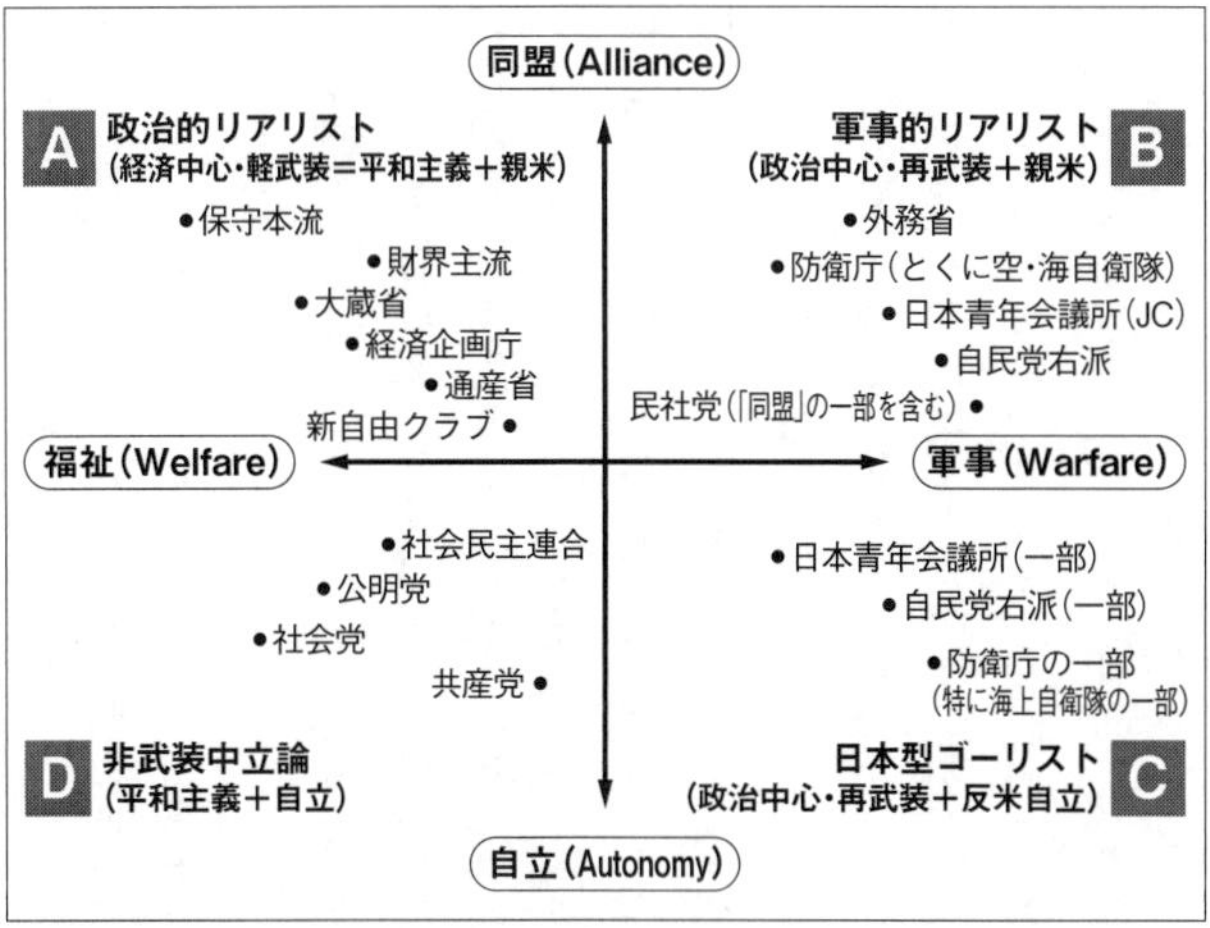

図1：日本の防衛論争の配置図（1985年）　©永井陽之助1985（一部修正）

ものですが、一九六〇年から九〇年の東西冷戦終了までの日本をささえた「保守本流」の思想的な位置が、的確に示されています。しかし、それだけでなく、これに「それ以前」、「それ以後」のヴァージョンを用意し、透明シートに書き込んで重ねると、この座標軸の「配置図」をもとに、四五年から現在まで——四五〜六〇年、六〇〜九〇年、九〇年以降——の政治的立場、路線の相関図が取りだせそうです。ここにはその永井作成の図を少し説明を加えて再録しています（図1）。

図1の縦軸は「同盟か自立か」で、横軸は「軍事か福祉か」です。「軍事」と「福祉」はWarfareとWelfareの語呂合

わせですから、ここは「軍事」と「平和」と置きかえてもよいでしょう。そして変則的ですが、四つの象限の左上から、時計回りに、A　政治的リアリスト、B　軍事的リアリスト、C　日本型ゴーリスト（自立国家主義派）、D　非武装中立論（一国平和主義派）と割りふられています。

縦軸の「同盟‐自立」は別にいうと「親米‐反米」で、Aは、「日米同盟＋平和志向」で、ここが保守本流の領域です。ほかに財界主流、大蔵省、経済企画庁、通産省、当時の新自由クラブが入ります。いまから見れば、自民党ハト派の領分です。

Bは、「日米同盟＋軍事志向」で、八〇年代前半、「戦後政治の総決算」が打ち出された中曽根政権時は、外務省、防衛庁（とくに空・海自衛隊）、日本青年会議所、自民党右派、民社党（「同盟」の一部を含む）がここに分類されていました。自民党タカ派1の領分です。

これに対し、Cは、「自主独立＋軍事志向」で、日本青年会議所、自民党右派、防衛庁の一部（とくに陸上自衛隊の一部）がここに配置されます。反米志向を蔵した戦前復古型国家主義を含む、自民党タカ派2の領分です。

そしてDが「自主独立＋平和志向」。社会党、共産党、公明党、社会民主連合が、ここに位置していました。非武装中立、護憲派の場所です。

さて、この図をこの本の観点から見直すと何がわかるでしょう。一つには八五年当時、すでに自民党ハト派、保守本流の場所であるAが四象限のうち一つを占めるだけになって、BCの二象限が、自民党タカ派、右派に占められるようになっていることです。また、そのため早くも、自民党タカ派が、タカ派1とタカ派2とで示されるように、分化の兆しを見せていることです。Bは上半身で、Cは下半身です。そして上半身と下半身の違いは、同盟か、自立かということであると同時に、潜在的に、従米（対米協調）か、反米か、ということでもあります。永井の観察によれば、当時、自衛隊は、空自、海自が対米協調、陸自は反米とはいわないまでも自主独立志向でした。

永井は、八五年、この図によって、Aの政治的リアリストとBの軍事的リアリストの間の対位が当時、もっとも大事だと訴えました。その意味は、中曽根政権の方向が、日米同盟基調のなかで、軍事志向にいくか、平和志向にいくかの瀬戸際にあったからです。当時のB（軍事的リアリスト）の代表は外務省の岡崎久彦（『戦略的思考とは何か』の著者）で、中曽根政権にも影響力をもっていました。吉田政治を「養子政治」と批判した江藤淳は、八〇年前後の占領研究以降、ABの領域からBCの領域へと軸足を移したところだったでしょう。そこで、永井はこの論では、江藤の吉田批判（C）を牽制しながら、A（政治的リアリスト）の保守本流の立場を代表して岡崎（B）とのあいだに「政治的リアリストvs軍事的リアリスト」という対立軸を設定し、中曽根政権は保守本流路線を継承すべきであると訴えたのでした。

結果は、このときは、経済が好調だったため、「金持ち喧嘩せず」で、中曽根首相は、靖国参拝を自制し、永井の政治的リアリズムが岡崎の軍事的リアリズムを制します。「喧嘩せずに金持ちになろう」という吉田路線が、日本の経済大国化を実現し、「金持ち喧嘩せず」の吉田ドクトリンとして、配当金を還付したのです。

†憲法九条論争の配置図（二〇一五年）

でも、この座標軸は、この時期から三〇年後、二〇一五年から見た「憲法九条をめぐる立場の配置図」としても使えます（図2）。すると、この間の三〇年間の変化が浮かびあがってきます。

縦軸は、より広義に「国際主義か一国主義か」とし、横軸は変わらず「軍事志向か平和志向か」としておきます。

すると、Aは「平和主義＋国際主義」で、八五年当時の「平和主義＋日米同盟」（吉田ドクトリン）の位置に、いまは「平和主義＋国連中心主義」が重なってきます。そしてこれが私の提案の場所です。ここまでこの本で述べてきたことを受けていえば、自衛隊を改組する方向での九条堅持から、九条強化改定案までの広がりをもっています。それでこの

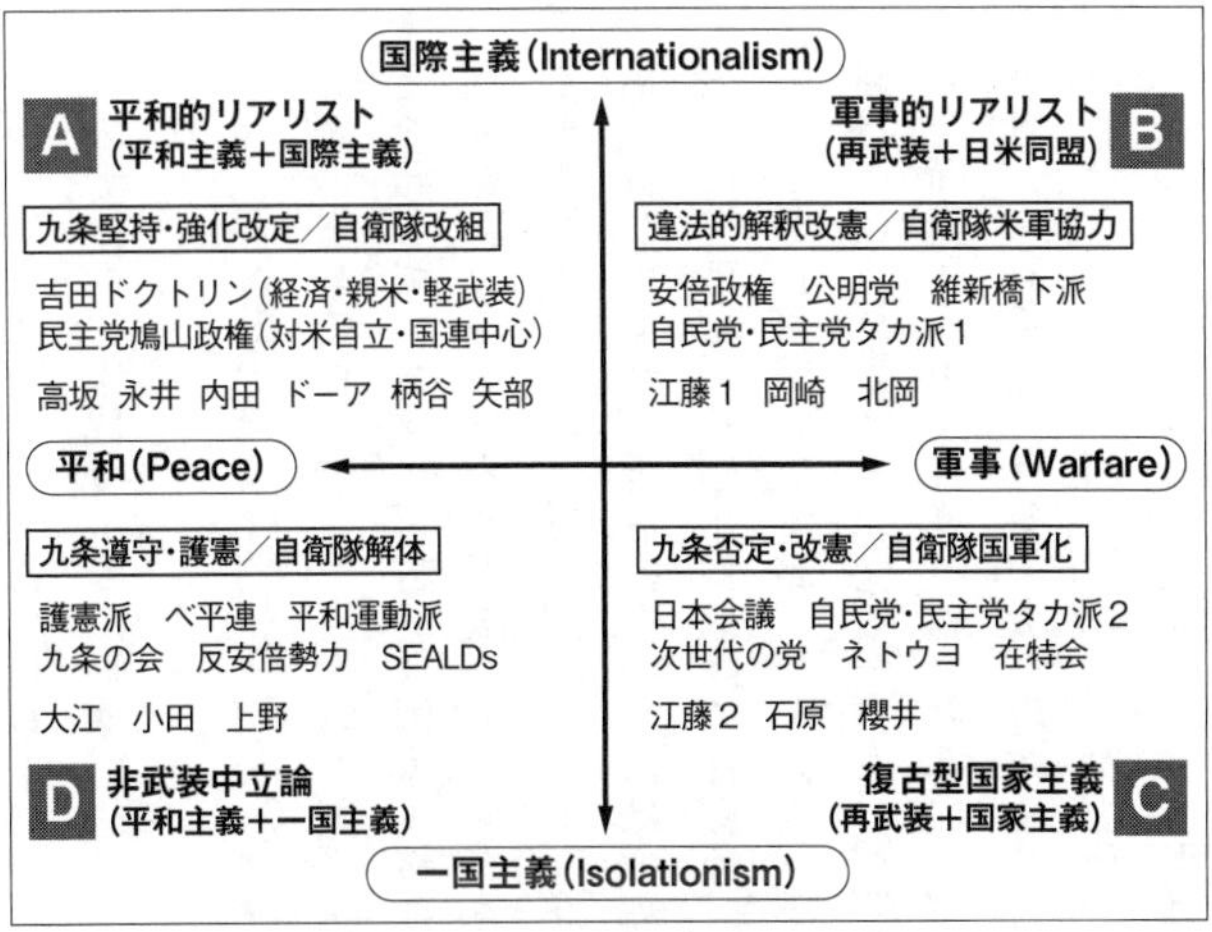

図2：憲法九条をめぐる対立の配置図 (1960〜2015年)

象限を、「平和的リアリスト」と呼んでおきます。論者としては、五〇年代の全面講和派・南原繁、六〇年代以降の吉田ドクトリン評価論者、ゼロ年代の内田樹、国連主義のR・ドーア、対米自立の矢部宏治、さらにこのあとふれる柄谷行人まで。

Bは「軍事志向＋日米同盟」で、内実は徹底従米主義です。これが現在の安倍政権の立場です。自衛隊は米軍協力が前提、さすがに米国の意向にさからえず改憲まではしないが、徹底的な違法的解釈改憲に踏み込み、集団的自衛権を容認、安全保障法制化をめざしています。呼称は先の永井図から変わらず「軍事的リアリスト」。徹底従米であるため、「誇り」

を単独では充当できない弱みがあり、これを補うCと一対になっています。安倍路線1です。論者は七〇年代後半の江藤淳、八〇年代の岡崎久彦、九〇年代・ゼロ年代以降の北岡伸一など。

Cは、「軍事志向＋国家主義」で、こちらは現在の安倍政権の最大の支持母体である日本会議の占める場所です。自衛隊の国軍化をめざし、対米自立、どちらかといえば反米の本音を蔵しています。復古的な国家主義によって「誇りある国づくり」をめざし、現在は交戦権を回復するための憲法改正が目標です。Bの安倍路線1が目下の「安全保障」の必要を充当しているのに対し、そこに足りない「誇り」の側面を分担しているという意味で、安倍路線2ですが、両者のあいだにはこれまで述べてきた矛盾と緊張がはらまれています。代表的な論者は、八〇年代以降の江藤淳、九〇年代以降の石原慎太郎、現在であれば、たくさんの煽動家がいますが、たとえば、櫻井よしこなど。

Dは、「平和主義＋一国主義」で、いわゆる歴代の護憲派がここに位置します。五〇年代の全面講和派の非武装中立の主張、六〇年代の護憲主義、七〇年代のべ平連など市民派の運動、ゼロ年代の九条の会、現在のＳＥＡＬＤｓまでのひろがりをもっています。論者としては、大江健三郎、樋口陽一、上野千鶴子など。

九条の堅持をめざし、建前として自衛隊の解体をめざすとしてきましたが、最近の安全保障法制での憲法違反論議では、自衛隊を合憲とみなす憲法学者たちまでが、集団的自衛権を行使しようというのなら憲法改正をしっかりしてからにせよとして、安倍首相の強引なやり方に反対するという一点で、ここに合流していますから、その包含範囲は、さらに広まっていると考えられます。(4)

九五年当時、私が書いた『敗戦後論』は、このうち、D（護憲派）とC（改憲派）の対位をとりあげたものでした。私は、Dの大江健三郎の護憲論とCの江藤淳の改憲論がともに「潔白」志向である点、「精神の双生児」を思わせると挑発的言辞を吐いたのですが、(5)そこでは「よごれ」の可能性を縦のAB象限との連関にまで発展できたかといえば、そうはできず、「ではどうすればよいのか」という問いに答えるところまでは踏み込めませんでした。

その理由は、いまの目から振りかえれば、九五年当時、そこでのA（ハト派＝政治的リアリスト）とB（タカ派＝軍事的リアリスト）の対位がともに、「日米同盟」を前提としており、非米的「国連中心主義」に立脚したAに位置する対立軸が、ロナルド・ドーアのものを除き、当時、日本の論壇に存在していなかったからです（そして私はドーアの提案の存在を迂闊にも知らないままでした）。『敗戦後論』では、大江と江藤の対位の延長で、九一年以降の柄谷行人・浅田彰らの「ラディカルな」憲法九条論と北岡伸一・小沢一郎らの「米国主導の国連軍」への合流論の対位に言及しています。しかし、前者は国連との連関を欠く観念論で、相変わらずDの一国主義のままであり、後者は、「国連軍への合流」をいいながら、なお実質は「対米自立」からほど遠いBの日米同盟論の一変形にすぎませんでした。(6)

『敗戦後論』を含め、いまも多くの戦後論に欠けているのはここにいう平和的リアリズムの立場、そのカギをなす「国際主義」的な展望だといえそうです。しかし、なぜ、そうだったかといえば、五一年の講和以来、「同盟」の選択先として、五〇年代は社会主義陣営（ソ連・中国）か自由主義陣営（米国）か、という選択肢しかなく、六〇年の安保後は、それが日米同盟（米国）一本にしぼられてしまったというのが、その理由でした。その結果、以後、日米同盟枠を前提として認めまいとすれば、AB象限が選択領域からごっそりと脱落しました。すなわち、全面講和か片面講和かという対立は、講和後、ほんとうは、国連か米国か、というように再定義されるべきだったのです。前記坂本の試みはその意味で、きわめて重要でしたが、この力点で受けとられ、継承されるということがありませんでした。

†分断された象限Aと象限D

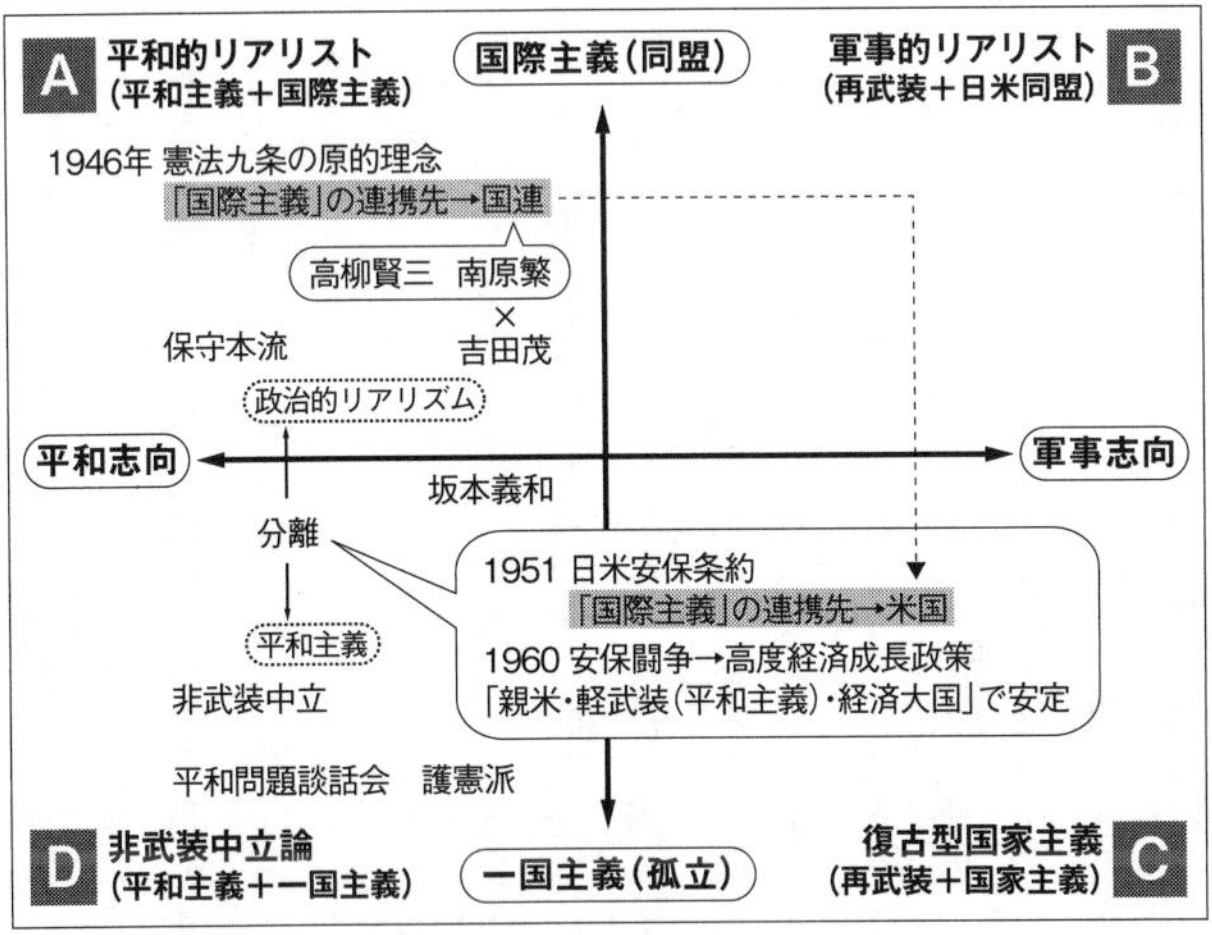

図3：象限AとDのつながりと分離（1945〜1960年）

ですから、この永井陽之助作成になる図には、もう少し今後に向けた使い道があります。

それは、この図の相関のなかに、平和志向の二つの象限、AとDの「合力」の可能性を見てとることです（図3：象限AとDのつながりと分離）。

一九四六年二月、憲法九条が（可能的な）国連軍創設とセットになった「戦争放棄」条項として提案されたとき、それは明らかに「国際主義＋平和志向」のAに位置していました。つまり憲法九条の理念の場所は、当初は、現在の護憲論の位置するDではありませんでした。

また四六年の五月から九月にかけて、南原繁、高柳賢三が衆議院で「戦争放棄」条項に関し国連の平和活動との連関を指摘したとき、彼らの主張も、このAに位置していました(→416頁)。一九四九年の末から五〇年の初頭にかけて、南原が米国で全面講和を主張し、平和問題談話会が声明を発表して全面講和と国連参加と外国軍基地撤廃を訴えたときも、その主張はなお、AとDとにまたがり、Aに対して開かれていたのです(→406頁以下)。

すると、吉田と同じ象限Aに、南原も位置してしまうかに見えます。これは、五〇年の両者の対立を考えると一見奇妙に見えます。しかしけっしてそうではありません。五〇年に、吉田茂は南原繁を「曲学阿世の徒」と罵倒し、南原はこれに反論し、二人のシゲルは厳しく対立します。しかし、南原が四九年の渡米前にマッカーサーに面会していることからわかるように、南原の全面講和の主張も、吉田の片面講和の方針と同様、マッカーサーの事前了解を得たものでした。マッカーサーは両者に了解を与えていたことになりますが、この当時、それは十分にありうることだったのです。

なぜなら、マッカーサーの憲法九条の「戦争放棄」案は当初、国連の平和管轄構想とのセットでした。その後、これが逆コースをへて日米安保条約とのセットに変わります。これを「国際主義+平和志向」の象限Aにおいてみると、その連携先は、一九四六年の初頭は、国連であり、一九五〇年の初頭には米国と変わっています。しかし、その双方がこの時期にはなお、マッカーサーの脳裏にあり、そのうちの前者が南原に承認を与え、後者が吉田に指示を与えているのです。つまり、象限Aを国際主義と見ると、その連携先は国連→米国と変わるものの、ほんらい、この象限のなかで、両者は代置・併存可能でした（とはいえ、このときのマッカーサーの日本中立案が、沖縄の軍事要塞化と一対になっていることを、前記矢部の著作は明らかにしています。[7] 二人のシゲルの視界からも沖縄が脱落していた可能性を押さえておく必要があります）。

†日米同盟と護憲派の成立

さて、この国連から米国への連携先の転換が決定的になるのが、片面講和でサンフランシスコ講和条約、日米安保条約が調印される五一年のことです。そして六〇年の安保闘争をすぎて、これを前提に保守本流路線が完成されます。日米安保条約が経済中心主義と合体して、吉田路線を作り、それが経済成長下、「親米・非核／軽武装（平和主義、その実核技術抑止策を含む）・経済大国」の三位一体で安定構造をなすようになると、この象限Aと象限Dが、やがて分離し、政治的リアリズムと理想主義に棲み分けるようになるのです。

保守本流はAを占め、平和主義がDを占め、戦後型のナショナルな平和主義をめぐる顕教・密教システムが完成します。棲み分けのきっかけは、国際主義の連携先から国連が抜け落ち、ここでの「同盟」先がもっぱら米国に独占されて日米同盟が至上命題と化したことでした。

ここから次のことが浮かびあがってくるでしょう。これによって、日本の理念的な平和主義が国連との連関を外し、分離し、はっきりと「独立・孤立・自立」系の一国平和主義的な主張となってしまうことです。この分離から生まれるのが、いま護憲論と呼ばれている主張です。つまり、五五年体制というよりは、このとき生まれる六〇年体制のほうが重要なので、一国平和主義の護憲論は、この六〇年体制の産物なのです。

五九年の坂本の「中立日本の防衛構想――日米安保条約に代るもの」のような、Aにまたがる政治的リアリズムの議論が当時、Dで十分にしっかりと受けとめられたのもそのためです。けれども、そういうものが六〇年の安保闘争後、消える。そしてDの領域に現れなくなる。それは、憲法九条と国連の連関という四六年の出発時の初期設定が、六〇年以降、決定的に見失われることと相即的な事態だったことがわかります。

ドーアは、九三年、国連中心主義への展開をここにいう「左折の改憲」によって果たすという提案をしたとき、国家主義、民族主義的な思想に抵抗を感じる「最も国際主義的であるべき」「左寄りの『平和主義者』」たちが、日本では「国連および日本の国連での活動に対して最も冷淡で、無関心」であることを、「大きな逆説」と呼んで嘆きました。(8)

彼は、その主張を行うようになって、護憲派の友人の多くを失ったとも述べています。しかし、こうしたAとDの分断は、六〇年以前には必ずしも決定的ではなく、ドーアの提案も、彼のいうごとく、五〇年の南原の主張をほぼそのとおり東西冷戦後に応用してみたものにほかなりませんでした。

†護憲・国連中心主義連合をどう作り直すか

これらのことから、私たちにとっての課題が見えてくるでしょう。

この図が教えるのは、現行の安倍政権の徹底従米の国家主義路線とそれに反対する私の案との対立が、いま、A対B（ハト派対タカ派）でもD対C（護憲派対改憲派）でもなく、BC（従米・軍事・国家主義）対AD（国連中心・平和・国際主義）の対位を基軸にもっているということです。軍事志向vs平和志向、これが一つ。徹底従米志向vs徹底国連中心外交志向、これがもう一つの対立軸なのです。

このことのポイントは、その対立が、何度もいってしまいますが、けっして日本の徹底従米志向vs対米独立志向ではないということです。

米軍基地撤廃の主張は、かつての五〇年代の「民主と愛国」の再現ではないし、むろん反米自主独立による「誇りある国づくり」の実践でもありません。それが意味しているのは、米国か国連かという、国際主義上の初期対立軸の回復なのです。

対位軸をこのようなものとして確定するために大事なことは何でしょうか。

永井にならって、いまこの図からいえることとして、それを指摘すれば、改憲派であるＢＣの不安定ながらの連携（安倍政権と日本会議。「右折の改憲」＝反米国家主義を含む対米協調の自民党タカ派１２の合同）――ＢＣ連合――に対して、護憲派が、ＡＤ間に、矛盾を含むにしても「にもかかわらず」なされる連携（「左折の改憲」から自衛権を認める憲法学者、旧自民党ハト派までを含む護憲・国連中心主義合同）――ＡＤ連合――を、どう作り出せるか、ということではないかと思います。

このばあい、このＡとＤの連携、ＡＤ連合とは何を意味しているでしょうか。

ここで思い出してもらいたいのは、先に私がエリザベス・アンスコムのきわめて論理的に明快な絶対平和主義への糾弾に、「断固とした」違和感を表明したことです（↓３１１頁）。アンスコムの糾弾は、Ａの政治的（合論理的）リアリズムからＤのやわな理想主義に対する明快で論理的な分離の宣言でした。それに対し、私が表明したのは、日本の全国民的な敗戦と戦争の体験は、ＡとＤの分離に反対する、両者の論理的に不整合な共存にとどまるように、私を促す、ということだったはずです。

高坂、永井の定義した「保守本流」の政治態度と、私の「基地撤廃」の国連中心外交の提案は、この「矛盾を含むもの・論理的に不整合なもの」をともに抱える、重層的非決定ともいうべき志向性で共通しています。そして、その底にあって、この論理的不整合の貫徹に意味があると感じさせているものこそ、私にいわせるなら、現在なお、体験としては枯渇しかかっていても思想としてはなお私たちのうちに残る戦争体験・戦後体験からの残響なのです。

†現実とせめぎあう理念

私はつねづね、平和主義には二つの平和主義があるのだと感じてきました。簡単にいえば上から目線の平和主義と草の根の平和主義で、後者のめざましい登場を画したのが先に引用した小田実の「難死」の思想でした。私はそれを『敗戦後論』では、それは、きれいな心情としての平和主義ではない、野放図で、矛盾をはらむ、よごれた平和主義なのだ、というように語ったつもりです。いまであればそこに、小田実の名前を、おくでしょう。そしてそれを、平板な理念ではなく「現実とせめぎあう理念」というようにこの本では語ってきたつもりです。

でも、ここで違ういい方を採用してもよいでしょう。

それは、たとえば、現実とのせめぎあいのなかで実現不可能であっても揺らぐことのない理念、カントのいう統整的な理念でもあります。

統整的理念というのは、近年の柄谷行人の説明によれば、「けっして実現できないけれども」、にもかかわらず目標として生き続ける理念のあり方のことです。その実現への遠さによってそれは「現実を創りあげる」土台としての理念——構成的理念——と区別されます。[9] ですから、そこで理念は、どんなに現実との矛盾を責められても、論理的には不整合のまま存在し、動かぬかたちで、方向を指示し続けます。せめぎあいを可能にするのは、そういう理念の働きなのです。

また、同じことを、逆のほうから、内田樹は、こういいます。

「人を殺さなければならない場合がある」というのは現実である。「人を殺してはならない」というのは理念である。この相剋する現実と理念を私たちは同時に引き受け、同時に生きなければならない。

どちらかに片づければすっきりすると政治家たちは言う。だが、「すっきりすること」というのはそんなに重要なことなのだろうか。(中略)

自衛隊は「緊急避難」のための「戦力」である。この原則は現在おおかたの国民によって不文律として承認されており、それで十分であると私は考える。自衛のためであれ、暴力はできるだけ発動したくない、発動した場合でもできるだけ限定的なものにとどめたい。（中略）これを「矛盾している」とか「正統性が認められていない」と文句を言う人は法律の趣旨だけでなく、おそらく「武」というものの本質を知らない人である。

「兵は不祥の器にして、君子の器にあらず。」

これは老子の言葉である。[10]

その意味は、「軍備は不吉な装備であり、志高い人間の用いるものではない」ということであって、「やむを得ず軍備を用いるときはその存在が自己目的化しないことを上策とする」と内田は、続けます。けっして正当化されることではない、ということをひとときも忘れずに、行動することが、軍事にあたる要諦だというのです。軍事とは最後まで理念に抗う現実だというのです。

私は、この本では、こうした現実と憲法の落差を生みだしたものは、憲法の制定権力が占領軍であったために、その制定した憲法に自らは拘束されないという超権力となってしまったこと、しかもその超権力が、占領終了後も超憲法的な権力として居座り続けたことにあると述べています。そして、その超権力＝原制定権力を排除することなしには、法の空間は日本に回復されない、と主張しているのですから、この現実と憲法の落差を、せめぎあいのかたちで肯定する考えとは違うのではないかと、受けとる人もいるかもしれません。

しかし、そうではありません。法（理念）の本質は、こうした「構成的理念」と「統整的理念」の葛藤のうちにある、また軍事（現実）の本質も、それがけっして理念（正当性）に解消されえないところにある、これが私の考えなのです。そのような「ねじれ」をはらんでいる点にこの二つのものの本質はある、と私は思うのです。

そして私が、米国がいまなお日本で行使している超憲法権力を排除しなければならないと考えるのは、それが、この「現実と理念のせめぎあい」を奪っているからにほかなりません。

憲法の制定権力が憲法を守らないでよい。そのうえその権力が表に姿を現さない。そのため理念が現実とどのようにぶつかるか、その場面が見えない。それが一番、困ることなのです。

†二度の「覚醒」の火花

ですから、私たちは、「現実と理念のせめぎあい」がどこでどのように起こっているのか、につねに注意をはらう必要があります。

そしていま、ここにいう「象限A」が、私たちにとり、そのような「現実とせめぎあう理念」の位置する場所なのにほかなりません。また、AとDの「矛盾を含む」連携こそ、今日、平和主義の本質が理念としても現実としても私たちに要請していることなのです。

このたびの私の九条改定案は、この意味でも、永井のいう自民党ハト派の政治的リアリズムに連なっています。永井の吉田ドクトリン再評価とは、そもそも、あの戦後の平和主義をめぐるAとDの顕教・密教システムの再評価の論にほかならないからです。永井は、先の章での引用個所で、続いて、こう述べていました。


ことさら逆説を弄するつもりは毛頭ないが、社会党はじめ野党が政権担当能力をかき、とくに保守合同以降、政権交代の可能性もとざされていたことが、防衛力最小限主義に徹した保守本流（吉田路線）の異例な持続性をつらぬかせた理由のひとつであった。もし社会党が西欧諸国の社会民主主義諸政党（中略）のように、（中略）なまじ政権担当の可能性をもっていたならば、政権担当者の責任からも、非武装中立、自衛隊違憲、日米安保条約の破棄などのいわば、〝空想〟的理想主義をたかくかかげることは不可能となったにちがいない。理想と正論をかかげて、国会における審議遅延、妨害、拒否などの抵抗手段で、わが国の軍事化への歯止め、抑制機能をはたらかすことはきわめてむずかしくなったであろう。[11]

平和主義の「〝空想〟的理想主義」と、それに対する現実的な政治勢力のあったことが、保守本流（吉田路線）の大きな構成要素だった、というのです。

また、もう一つ意外なところにレファレンス先を求めれば、一九九一年には一国的な憲法九条の観念的「護憲論」に立っていた先の柄谷行人も、その後の著作では、この「象限A」の考えをこう述べています。

では、どのように国家に対抗すればよいのでしょうか。（中略）われわれに可能なのは、各国で軍事的主権を徐々に国際連合に譲渡するように働きかけ、それによって国際連合を強化・再編成するということです。たとえば、日本の憲法第九条における戦争放棄とは、軍事的主権を国際連合に譲渡するものです。各国でこのように主権の放棄がなされる以外に、諸国家を揚棄する方法はありません。[12]

柄谷は、「資本＝ネーション＝国家」を越える構想を、交換様式をもとに読みかえられた世界史観のもとに展開するのですが、その目標に向けた現実的な着地点もやはり、「国際連合を強化・再編成する」こと以外には見出しえないことを明らかにしています。その発想の淵源には、永井と同様の、日本の戦後の経験があるでしょう。

ですから、いまこのAとDの連携をはかるとすれば、そこにはまだ僅かに残っているだろう自民党ハト派の一部、小沢一郎の国連中心外交、鳩山由紀夫の東アジア共同体構想、社会民主党・日本共産党の平和主義、外務省、財務省、防衛省の一部政治的リアリズム派までが、旧来の護憲派、現今のさまざまな未来的構想とともに、結集できることになります。

私の「基地撤廃」論のもう一つのカギは、このAとDの連携の提案であり、なにより論理的不整合のうえに立て、というこの信念の表明でもあるのです。

その中心に位置する憲法九条の平和理念とは、何でしょうか。

その淵源は、一つには、一九四五年の八月前後に、原爆の投下というできごとで人々のあいだに起こった覚醒と「回心」です。そこには投下したスティムソンから投下された永井隆までが、含まれます。国際連合と憲法九条は、そうした特別な時間に生まれた「理念の光」でした。

しかしそれを、さらに、一九一七年の一一月前後に、ロシア革命直後に出された「平和に関する布告」と、それに続く「一四ヵ条の平和原則」にまでさかのぼることが可能です。

それらは二度の戦争が国際社会に届けた、二度の「覚醒」の火花（イスクラ）でした。

それからもうすぐ一〇〇年になります。でもそれは、まだはじまったばかりなのです。


（了）

注

はじめに

(1) International New York Times紙。ウェブ上で同紙HPよりOp-Ed Column→Norihiro Katoで検索すれば読める。二〇一三年一一月~一四年一〇月。日本語で原稿を書き、Michael Emmerichカリフォルニア大学(UCLA)上級准教授に翻訳をしてもらい、月一回の連載を行った。

第一部

(1) 加藤典洋 一九八五。
(2) 中村秀之 二〇一四、一頁。
(3) 同前、二-三頁。
(4) サンフランシスコ講和条約第六条(a)項はこうである。「連合国のすべての占領軍は、この条約の効力発生の後なるべくすみやかに、且つ、いかなる場合にもその後九十日以内に、日本国から撤退しなければならない。但し、この規定は、一又は二以上の連合国を一方とし、日本国を他方として双方の間に締結された若しくは締結される二国間若しくは多数国間の協定に基く、又はその結果としての外国軍隊の日本国の領域における駐とん又は駐留を妨げるものではない」。「連合国のすべての占領軍」は撤退するが、これに代わり今度は米国一国による「軍隊の駐とん又は駐留」がはじまると読める。

（5）三島由紀夫 一九五九、五－七頁。
（6）江藤淳「戦後文学の破産」『毎日新聞』一九七八年一月二四日（江藤淳 一九七九、二一三－二一四頁）。
（7）Jun Eto 1974. pp. 7-8. 原文は以下の通り。"At noon sharp on August 15, 1945, the Emperor announced Japan's unconditional surrender to the Allied Nations in a recorded message broadcast over a nationwide radio network."（「八月一五日の正午きっかりに、天皇は全国放送を行い、音盤録音メッセージのかたちで、連合国に対する無条件降伏を発表した。」）
（8）このことは同時に、江藤が自分の言動に立ちどまり、そこからもう一度考え直すことをせず、これを知らぬ存ぜぬでやりすごすことにしたことをも語っている。彼がより自分に正直であれば、このあとの占領研究はいま見るようなものにはなっていなかったかもしれない。かえすがえすも残念である。
（9）江藤淳 一九六〇「ハガティ氏を迎えた羽田デモ」（江藤 一九六七、二一七－二二二頁）。
（10）田中康夫 一九八〇、一九八頁。
（11）同前、二一六頁。
（12）江藤淳 一九八〇「憲法と禁圧」（江藤 一九八〇、一八四頁）、初出一九八〇年七月。
（13）江藤淳 一九八〇「一九四六年憲法――その拘束」（江藤 一九八〇、九四－九五頁）、初出一九八〇年八月。
（14）江藤淳 一九七〇「『ごっこ』の世界が終ったとき」（江藤 一九八〇、一四七頁）、初出一九七〇年一月。
（15）江藤淳 一九八六。

(16) 江藤 一九七〇「『ごっこ』の世界が終ったとき」(江藤 一九八〇、一三九頁)。

(17) 加藤典洋 一九九七、一四頁。なおこの第一論考「敗戦後論」は一九九五年一月に『群像』に発表された。

(18) ヴィリー・ブラントは私生児で、首相になるときにこのことで反対キャンペーンを張られた。これに対して正面から立ち向かい、逆に評価を高めたという経歴をもっている。彼のワルシャワでの謝罪はこのような姿勢と別のものではない。彼の突然の謝罪はポーランド政府をも戸惑わせ、翌日、ポーランドの官製新聞はこのことを報道しなかった。当然、本国では「身売り外交」などと大きな反発に見舞われた。しかし謝罪とは、このようなものでなければ相手の心には届かない。そういう本質をもっているのだと、私は考えている。

(19) 吉本隆明 一九九四、五三-五四頁。

(20) 高橋彦博 二〇〇六。

(21) 柄谷行人 一九九四「自主的憲法について」(柄谷 一九九四、一九八-二〇三頁)。

(22) 吉本 一九九四、四七-五二頁。特に五一頁の述懐。

(23) 一九五五年の保守合同による自由民主党の創設時には吉田茂、佐藤栄作、橋本登美三郎らは入党しなかった。三人は一九五七年、鳩山引退後に入党している。

第二部

(1) 「八紘一宇」とは逐字的には世界の隅々(八紘)までを一つの屋根(一宇)に収めるというほどの意味。

(2) 日独伊三国中、イタリアは敗戦に先立ち、自国内でムッソリーニ体制へのクーデタを成功させた。その後、ヒトラーの助力で一時的にムッソリーニが盛り返し、ファシズム体制を回復するが、結局最終的に一足早く無条件降伏し、連合国側についている。そのために敗戦後の状況はドイツ、日本の無条件降伏とはだいぶ違っていた。

(3) ヴォルフガング・シヴェルブシュ 二〇〇一。

(4) 同前、一一-三九頁。

(5) 壺井繁治「七つの首――絞首刑を言渡された東条英機ら七人の戦争犯罪人に」。冒頭は「七つの首は/やがて/絞められるであろう//七つの首のために/ぼくらは涙を流さぬであろう」である。

(6) この現象もやや病的だった。一九五一年四月のマッカーサー離日時には二〇万人の日本国民が羽田空港までの沿道につめかけたのに、五月に米議会でのマッカーサー発言が報道されると、これを「未熟」という否定的意味合いに受けとった多くの日本人が裏切られたと感じて、マッカーサー熱があっというまに醒めている。「終身国賓待遇の贈呈」、「マッカーサー記念館の建設」などの計画も取りやめになった。

(7) 一九四一年六月の独ソ開戦時に、日本の軍部で、ドイツに呼応してシベリアへと攻め込み、ソ連軍を挟撃すべしという参謀本部の主張と、「ソ連が崩壊したら攻め込めばよい、柿が熟して落ちるのを待とう」という陸軍省軍事課の「熟柿論」とが対立した。最終的に後者の主張が通り、約五〇万人の将兵を動員してシベリア国境で関東特種演習が行われた。この待機は、日ソ不可侵条約が二カ月前に締結されたばかりであったから、侵攻に踏み切っていれば「卑劣」な裏切りとなっただろう。一九四五年八月のソ連参戦は不可侵条約の延長停止を四月に通告している分、日本よりまだましだったともいえる。

(8) シヴェルブシュ 二〇〇一、三二頁。訳文に手を加えた。

(9) 「想像の共同体」(Imagined Community)は、同名の著作で知られる米国の政治人類学者ベネディクト・アンダーソンの概念。ここではそれをナショナルな次元からインターナショナルな次元に移して考えている。

(10) ドイツ・オーストリア・イタリア等の同盟に対して、フランス・ロシア・イギリスの連繫は、露仏同盟・英仏協商・英露協商という二国同盟の組み合わせからなっていた。つまり過渡的な同盟であった。また、つながりもゆるやかで、イタリアはその後、自国の国益に従い、同盟国から協商国側へと転じている。

(11) 篠原初枝 二〇一〇、一四頁。

(12) ロナルド・ドーア 一九九三、五四-五五頁。

(13) シベリア出兵では、米国の約八〇〇〇人を除き、すべて五〇〇〇人以下の派兵というなか、日本だけが七万三〇〇〇人と突出した大部隊を送っている。さらに一九一八年のドイツ停戦後、二〇年には他のすべての国が撤兵するなか、やはり日本だけが居座り続け、領土的野心を疑われた。日本軍は最終的に一九二二年にしぶしぶ撤兵しているが、第二次世界大戦で捕虜を数年間にわたり抑留して強制労働に使役したソ連のやり方に変わらない不法ぶりだった。なお、米国の出兵は、第五部で扱うフィリピンの米軍基地からのもので、ここにフィリピンがすでに顔を出している。

(14) A・J・メイア 一九八三、第Ⅱ巻、三一頁。

(15) 同前、第Ⅱ巻、六九頁。

(16) ウラジミール・イリイチ・レーニン 一九一七「遠方からの手紙 第四信」(レーニン 一九五七、

三七三頁)
(17) ウラジミール・イリイチ・レーニン 一九二〇「共産主義インタナショナル第二回大会」(レーニン一九五九、二一二頁)
(18) A・J・メイア 一九八三、第Ⅱ巻、一七八-二〇〇頁。
(19) ノモンハン事件の戦死者数は八八四〇名で、日清戦争の戦死者数一一三二名を上回っている(ただし日清戦争ではほかに戦病死者数が一一八九四名を数える)。
(20) ウィルソンの一四カ条を逐条的にすべて示せば次の通り。一、秘密外交の否定、二、海洋航行の自由、三、自由貿易の確保、四、軍備削減、五、植民地問題の解決、六〜一三、ロシア、ベルギー、フランス、イタリア、オーストリア＝ハンガリー、ルーマニア他、トルコ、ポーランドの領土等の公明正大な戦後処理、一四、国際組織への取り組み、つまり国際連盟の創設。
(21) 当初は日独二国間協定で、翌一九三七年にイタリアも加盟して三国防共協定となる。条文には、日独両国は、「共産『インターナショナル』(所謂『コミンテルン』)の目的がその執りうるあらゆる手段による既存国家の破壊及び暴圧にあることを認め」、これが国内安寧だけでなく「世界平和全般を脅かす」と考えるゆえにこれへの防衛に共同してあたる、とあるが、やはり理念の提示というまでの構えはない。日本国内で語られた目的も、国際連盟を脱退したことから生じた国際的な孤立を防ぐということが主であった。翌年イタリアが加盟するが、それも国際連盟脱退組(日本一九三三年、ドイツ一九三三年、イタリア一九三七年)の同盟という色合いが強かった。
(22) ヒトラーは、日本のことを「文化的には創造性を欠いた民族」といって軽侮していたし、ムッソリーニはヒトラーを非知性的な政治家として軽蔑していた。また日本を含めた三国の指導者間に、連合国の米英ソ間に見られるような駆け引き、暗闘をも含めた政治家、人間個人としての交流はほぼなかった。

(23) ロバート・シャーウッド 一九四八、第Ⅱ巻、一三頁。

(24) George Orwell 1944, "What is Facism?" *Tribune*, March 24, 1944. 和訳が「ファシズムとは何か」として、オーウェル『気の向くままに』(小野協一監訳、彩流社、一九九七年)一四三－一四八頁にある。しかしここは拙訳で引いている。

(25) ファシズムの語源は「ファッシ」で古代ローマ由来の束桿に由来している。「集団・団結・結束」の意味で語られた。

(26) ジャワハルラル・ネール 一九三四、第三巻の一一七章「日本の勝利」、二九二頁。

(27) 孫文 一九二四「大アジア主義」、四三二－四三四頁。

(28) 山室信一 二〇〇五、一六四－一六五頁。

(29) 篠原 二〇一〇、九七－九九頁。

(30) 船尾章子 一九九五、二八－二九頁。

(31) 篠原 二〇一〇、六二－六三頁。

(32) 大沼保昭 一九八七、四四七－四五四頁。

(33) 〔篠原 二〇一〇〕によれば、石橋湛山は日本国民自らが中国人を差別していることを思い起こすべきと主張し、吉野作造は日本が中国人移民を認めるだろうかという問いかけを行っている(七三頁)。〔大沼 一九八七〕にもこのことについての詳しい記述がある(四六三－四六四頁)。

(34) 船尾 一九九五、二七頁。

(35) 同前、三三頁。小村欣一「講和会議ノ大勢ガ日本ノ将来ニ及ボス影響及之ニ処スルノ方策」一九一

八年一一月三〇日付、国立国会図書館蔵牧野伸顕文書。
(36) 近衛文麿 一九一八「英米本位の平和主義を排す」(北岡伸一編 一九九五、四七 - 五二頁)。
(37)「米国及英国ニ対スル宣戦ノ詔書」。庄司潤一郎 二〇一一、四四頁。原文は以下を参照。http://www.geocities.jp/sybrma/49taibeieisennoshousho.html
(38) 日本は一九三一年以降の対中国戦争で、宣戦布告を行わず、国際法上の戦争ではないという立場をとっており、戦争名も、満州事変、支那事変と呼んでいた。英語ではwarではなくincidentである。理由の第一は、不戦条約に抵触することを避けること、第二は、正式の戦争となることで米国の中立法にふれ、米国からのくず鉄など戦争資材の輸入が停止されるのを避けることだった。そのため、戦争遂行においてハーグ陸軍規定など、戦時国際法の遵守がひどくおろそかになり、この悪影響は多かった。
(39) 一二月一二日に内閣情報局が、「大東亜戦争」の名は「大東亜新秩序建設を目的とする戦争なることを意味する」と述べているのがそれである。
(40) 庄司 二〇一一、四五頁。
(41) たとえば、タイは第二項の「互助=互恵 (reciprocal)」を大東亜共栄圏の域内の「互恵」ではなく、大東亜共栄圏の域内国と域外国の関係においても「互恵」であることが明示されるべきだと主張したが、受け容れられなかった(深田祐介 二〇〇四、一三四頁)。
(42) 吉本隆明 一九五七、一七二 - 一七三頁。
(43) 吉本は、続けて「だから、戦後、人間の生命は、わたしがそのころ考えていたよりも遥かにたいせつなものらしいと実感したときと、日本軍や戦争権力が、アジアで『乱殺と麻薬攻勢』をやったことが、東京裁判で暴露されたときは、ほとんど青春前期をささえた戦争のモラルには、ひとつも取柄がないという衝撃をうけた」（吉本 一九五七、一七三頁）と述べている。

(44) シャーウッド 一九五七、第I巻、三九四頁。

(45) たとえばジェームズ・イールズ（James Eayrs）は近年の論考「大西洋会議とその憲章」において、「彼（ルーズヴェルト）がこのときインド人の自由に何ら関心をもっていなかったことが……大西洋憲章を二〇世紀の最大のインチキ話にしている」というM・S・ヴェンカタラマニ（M.S. Venkataramani）の指摘（"Roosevelt, America and the Indian Freedom Struggle: some Reflections"）等を引いている。(Earys 1994, in Douglas Brinkley, David R. Facey-Crowther eds., *The Atlantic Charter*, p. 165.)

(46) 深田 二〇〇四、四七頁。

(47) 重光葵 一九五二、下巻、一七一、一七三頁。

(48) 石原完爾は開戦翌日の一二月九日の「戦争指導方針」のメモに、こう書いている。「一 対南方作戦の進捗に伴い東亜聯盟の原則に基づき固有の文化を有する諸民族の独立を尊重することを中外に明らかにす 即ち 1『フィリッピン』を占領せず速やかにその完全独立を声明し適時これと不可侵条約を結ぶ 2『ジャバ』、『スマトラ』等もその民族の状態に応ずる独立国たらしむ これに対する指導の程度は一に諸民族の能力によりて決定す 華僑を安心せしめこれを活用すること特に肝要なり」（福田和也 二〇〇一、六九一頁）。

(49) アンドレ・シフリン 二〇〇七、一二〇‐一三九頁。一九五〇年から五四年まで続いたマッカーシズムでは、全米で、共産主義、社会主義に共感を示す、あるいは単にリベラルなだけの知識人、言論人、映画人などの多くが、戦時下の親ソ的行動や共産主義系の運動に関心を示した等のささいな理由、あるいは捏造された理由によって職場を追われた。シフリンは、その回想のなかで、その後、米国の社会には左翼思想に対する根源的恐怖が埋め込まれ、それは、さまざまなかたちで長く消えない影響を残して現在にいたっていると述べている。

(50) ハンキー 一九五〇、一三頁。

(51) 同前、八二頁。

(52) Spaight, J.M. 1948.

(53) ハンキー 一九五〇、八四頁。

(54) 国連憲章は一九四五年一〇月の国連創設に先立ち、同年六月に加盟国五一ヵ国により署名され、定められた。その五三条と一〇七条に、それぞれ、敵国が再び侵略戦争を起こそうとしたばあいには安保理の認可なしに制裁戦争を行うことができること、また戦争後の旧敵国に対する過渡的措置には国連憲章の規定は効力が及ばない（国連憲章の保護が及ばない）ことが記されている。

(55) 一九九八年にこれを「侵略犯罪」（国の指導者による国連憲章違反の侵略行為）というかたちで管轄する国際刑事裁判所が設立されているが、管轄権の行使について国連安保理の侵略判定との関連などで調整が必要とされ、現在、二〇一七年の決定を待つ状況である。

第三部

（1）Francis L. Loewenheim et al. eds. 1975, p. 286.

（2）United States Department of State 1968, p. 488.

（3）Loewenheim et al. eds. 1975, p. 290.

（4） United States Department of State 1968, p. 495. この個所の原文は次の通り。"I think that this conference may well result in knocking out Germany sooner than we anticipated."

（5） リチャード・ローズ 一九九五、下巻、八二頁。原著 *The Making of Atomic Bomb*, p. 442.

（6） United States Department of State 1968, p. 522.

（7） Elliot Roosevelt, 1946, pp. 116-122.

（8） これについてかなり浅い理解が行われているので一言述べておきたい。たとえばこの問題に特定して論じる近年の〔藤田宏郎 二〇〇七〕で、著者の藤田は、無条件降伏政策が国務省内の一九四二年五月六日の小委員会で「決定」され、それがルーズヴェルトに伝えられていることをもって、そこでこの政策がかねて「完全勝利」の意向をもっていたルーズヴェルトの採用するところとなったと、直線的に推定している（六-七頁）。しかしこの理解は、この小委員会での検討がそもそも国務長官ハルの指示ではじまっていること、そのハルがこのあと、最も強硬な無条件降伏政策の反対者としてルーズヴェルトの前に立ちはだかり、以後、両者のあいだで膠着状態をもたらすこと、また「無条件降伏」の「アイディア」は国務省のものではなかったと後にそのハルが述べていること、その一方で、ルーズヴェルトがハルを原爆開発の「秘密」の蚊帳の外に起き続けていること等を考え合わせたばあい、あまりに平板なものといわざるをえない。選択肢として示されたこととその採択の決定の契機が区別されていないし、なぜルーズヴェルトがカサブランカで発表に際し「とっさの思いつき」のような偽装をしなければならなかったのかという疑問にも答えていない。総じて、ほかの内外の研究者の論文全般にいえることだが、私がここに述べる無条件降伏政策と原爆使用の対応関係にはいまだまったく、注意が払われていない。門外漢ながら三〇年来その連関を指摘してきた者としては何とも理解に苦しむところである。

(9) 「ニールズ・ボーア覚書」(山極・立花 一九九三、二二一－二二八頁)。
(10) 「チューブ－アロイズ 一九四四年九月一八日にハイドパークで行われたローズヴェルト大統領とチャーチル首相の会談の覚書」(山極・立花 一九九三、三四〇頁)。
(11) 山極・立花 一九九三、資料解題、三七頁。
(12) 英語原文では、「日本陸軍の重要基地である広島」は"Hiroshima, an important Japanese Army base"。
(13) 山極・立花 一九九三、三三六頁。当時トラック島は、日本海軍の一大寄港地で軍事上の要衝、ちょうど一九四一年一二月のハワイ・オアフ島の「真珠湾の軍港」に対応した位置に該当している。
(14) 同前、三六五頁。
(15) 同前、三六六頁。
(16) 京都は第一候補だったが、最終的にスティムソン陸軍長官の執拗な進言によって候補から外された。
(17) 同前、六〇五頁。
(18) ハリー・トルーマン図書博物館所蔵資料。七月三〇日付。http://www.trumanlibrary.org/whistlestop/study_collections/bomb/large/documents/index.php?documentdate=1945-07-30&documentid=9-15&studycollectionid=&pagenumber=1
(19) この映像がいま、YouTubeで見られる。トルーマンは、メモを読み上げながら、声明を行っている。そこで"A short time ago, an American aeroplane dropped one bomb on Hiroshima and destroyed its usefulness to the enemy."と述べている。
(20) 山極・立花 一九九三、六二九頁。

(21) 同前、三七七頁。
(22) ジョセフ・ロートブラットはポーランド出身の英国物理学者。戦後、パグウォッシュ会議で中心的な役割を果たし、一九九五年にはノーベル賞を受賞している。その離脱の詳細はロートブラット、池田二〇〇六、一〇二‐一一九頁を参照。
(23) ローズ 一九九五、下巻、三六八頁。
(24) 長谷川毅 二〇〇六、二〇八頁、二二三頁。
(25) ハーバート・ファイス 一九六六、二一八‐二一九頁。
(26) 山極・立花 一九九三、六三〇頁。
(27) ハリー・トルーマン 一九五五‐五六、I、四一〇頁。
(28) このウォーレスが、いかにリベラルな米国にとって重要な存在であったかは、二〇一三年の映画監督オリバー・ストーンの監修テレビ番組『オリバー・ストーンの語るもう一つのアメリカ史』で、はじめて日本の多くの読者に知られることになった(オリバー・ストーン、ピーター・カズニック 二〇一三)。
(29) シャーウッド 一九五七、第Ⅱ巻、四二四頁。
(30) 立花隆 一九八三、三三頁。
(31) 同前、三一‐三二頁。
(32) Stimson & McGeorge Bundy 1948, pp. 656-657.
(33) Ibid., pp. 634-635.
(34) Ibid., pp. 641-644. また、日記によれば、スティムソンは後任のロバート・パターソン陸軍次官にも辞任直前の九月一七日、ほぼ同じいい方で自分の考え方の変化を伝え、後任の陸軍長官を就任前にそれまでの対ソ強硬論から翻意させている。日記、九月一七日参照（http://www.doug-long.com/stimsonx.htm）。ガー・アルペロビッツの「異例」との評言は、彼の自らの米国政府機関での勤務経験に照らした感想として、重みがあると思う（アルペロビッツ 一九九五、下巻、一七頁）。

（35）長谷川 二〇〇六、一四八頁。

（36）トルーマン 一九五五－五六、Ⅰ、三九四－三九八頁。

（37）David Robertson のバーンズ評伝 *Sly and Able: A Political Biography of James F. Byrnes* (Norton, 1995) p. 449. ともに日記にある記述。フォレスタルの日記記述については四四九頁、ウォーレスの日記記述については四五〇頁を参照。なおこの評伝のタイトルは『狡猾と有能――政治的評伝ジェームズ・バーンズ』である。

（38）Ibid., p. 451.

（39）トルーマン 一九五五－五六、Ⅰ、四一二頁。回想録では前半の一つのヤマ場として、このモスクワ会議をめぐるバーンズとの衝突と辞任勧告のいきさつが武勇伝めかして詳しく語られている。ちなみにここで解任されるもう一人は、第三部注28に述べたヘンリー・ウォーレス商務長官である。

（40）山極・立花 一九九三、四二二頁。

（41）Henry Stimson Diary, September 5 1945. http://www.doug-long.com/stimsonx.htm

（42）ガー・アルペロビッツ「歴史から消え、歴史を修正した男」（アルペロビッツ 一九九五、下巻、二三二－二五三頁）。

（43）Robertson 1995, p. 453.

(44) James F. Byrnes 1947, pp. 265-276.
(45) Ibid., pp. 269-271.
(46) Robertson 1995, p. 453. ただしロバートソンの評伝でも、米国の背信を前に米国を見切ったスターリンが完全な冷戦思考で対するようになり、米ソ対立が決定的になると、トルーマン政権で孤立しながらも、バーンズ自身、冷戦思考へと転進していく。バーンズが次に手がけるのはイランの石油資源に注目した対ソ強硬外交(イランからソ連を撤退させて石油利権を確保する戦略)である。そこでのトルーマンとの対立を描く次の章の題名は「イランの冬と冷戦の戦士」である。
(47) トルーマン 一九五五-五六、I、三九六-三九八頁。
(48) その主張を行ったアルペロビッツの著作は一九六四年刊の *Atomic diplomacy: Potsdom and Hiroshima*(未訳)。
(49) ジョージ・ケナンは戦争終結当時、ソ連大使館の、一九四六年にソ連封じ込め路線を提言する名高い「長大電報」を本国に送り、認められ、のち、新国務長官マーシャルのもとで国務省政策企画室長に抜擢される。クラーク・クリフォードは四六年以後、トルーマンの法律顧問となり、その後、九一年にCIAの中東での暗躍にからむスキャンダルで失脚するまで、国防長官を歴任するなど政界に絶大な力をふるう。
(50) アルペロビッツ 一九九五、下巻、一二頁、三五頁。
(51) Norman Cousins 1945.
(52) ルイス・マンフォード『生存の代償』一九四六年。マンフォードは建築から文学まで幅広い範囲で注目すべき評論活動を展開した評論家。

(53) アルペロビッツ 一九九五、下巻、二九－三八頁。
(54) 同前、下巻、四三－四四頁。
(55) 同前、下巻、四七頁。
(56) 同前、下巻、七九－八〇頁。
(57) 江藤淳 一九七八「戦後史の袋小路」(江藤 一九七九、二一七頁)。
(58) 「国務省覚書・一九四五年七月二十六日の宣言と国務省との政策の比較検討」『アメリカ合衆国外交関係文書・一九四五年・ベルリン会議』第一二五四号文書、江藤前掲、一九八頁。
(59) 江藤 一九七九、一一－一二頁。
(60) 「連合国最高司令官の権限に関する通達」(JCS一三八〇／六)、江藤前掲、三八－三九頁。
(61) 「朝日新聞」一九四五年九月二六日、江藤前掲、六七頁より再引用。
(62) 江藤 一九八九、一五九－一六〇頁。
(63) 「真珠湾を忘れず 国務次官談」(「朝日新聞」一九四五年九月一八日一面)。
(64) 江藤 一九七九、七三頁。
(65) 孫崎享 二〇一二、四四頁。
(66) Asada, S. 1997, in L. Hein & M. Selden, Eds. 1997, Eds. pp. 173-201、手塚千鶴子 二〇〇二「日米の原爆認識──「沈黙」の視点からの一考察」『異文化コミュニケーション研究』第一四号、八六－八七頁より再引用。
(67) 堀場清子 一九九五『原爆 表現と検閲──日本人はどう対応したか』(手塚千鶴子 二〇〇二、八五頁から再引用)。

(68) 松浦総三 一九七四「原爆、空襲報道への統制」(坂本・庄野監修 一九九九『日本原爆論大系』第一巻所収)、手塚 二〇〇二、八五‐八六頁。
(69) 手塚 二〇〇二、八六、八七頁。
(70) 中國新聞社編 一九六六、七〇頁。
(71) 同前。
(72) 同前、七一頁。
(73) 濱井信三 一九六七『原爆市長――ヒロシマとともに二十年』(石田宜子 一九九七より再引用『日本原爆論大系』第七巻、一五〇頁)。
(74) 寺光忠(当時参議院議事部長)「ヒロシマ平和都市法と私」(同前)。
(75) 石田 一九九七、一七〇頁。
(76) 平岡敬 一九九五「国際司法裁判所における広島市長の陳述」(『日本原爆論大系』第六巻、三二二頁)。
(77) 原爆判決(下田事件、下田判決)全文、東京地方裁判所、昭和三八年一二月七日判決(『下級裁判所民事裁判例集』第一四巻第一二号(二六一 損害賠償請求併合訴訟事件)四一‐八四頁)。
(78) ラッセル・アインシュタイン宣言 一九五五(http://www.pugwashjapan.jp/r_e.html)。
(79) G.E.M. Anscomb 1957.
(80) この個所の祖述はアンスコムの論文のほかに、後出の寺田俊郎 二〇一〇、一一〇‐一一八頁を参考にしている。
(81) 寺田 二〇一〇、一一二頁。

（82）篠田英朗 一九九九。
（83）George Orwell 1945. in Sonia Orwell et al. eds. 1970, pp. 23-26.
（84）小田実 一九六六「平和の倫理と論理」八〇 - 八三頁。

第四部

（1）正村公宏 一九八五、上巻、八七頁。
（2）結局、極東委員会の第一回委員会はワシントンで二月二六日に開催される。GHQの憲法準備対策はそれに間に合ったことになる。そこでは予想通り、ソ連、オーストラリアから天皇制廃止の要求が出たが、マッカーサーは、憲法に天皇制の象徴天皇制としての存置と戦争放棄という思い切った規定をセットで盛ることで、これらの提案の実現を阻止することに成功している。
（3）草案作成の責任者のチャールズ・ケーディスが、自衛権までを否定するのは現実的ではないと考え、この規定の明記を外したと述べている（鈴木 一九九五、一二五頁）。しかしそのため、このあと、解釈に自衛権まで放棄から自衛権保持までの幅が生まれ、多くの問題が生じるようになった。
（4）第九条二項の冒頭「前項の目的を達するため」を加える修正（いわゆる芦田修正）が、日本側の検討過程で認められた。
（5）具体的にはマッカーサー・ノートの趣旨は、不戦条約のいう「紛争解決の手段としての戦争」（"renunciation of war as an instrument of national policy"）だけでなく、「自衛の手段としての戦争」までをも放棄する点にあった（"Japan renounces it（=war）as an instrumentality for settling its disputes and even for preserving its own security."）。つまり、この踏み込みの前段として不戦条約を

起源としつつ、さらに不戦条約の先に出ようとするものだった。
(6) たとえば、西修 二〇〇四、一五三頁。
(7) 進藤榮一・下河辺元春編『芦田均日記』岩波書店、一九八六年、第一巻、七八-七九頁(西 二〇〇四、一六一頁、一五二頁より再引用)。
(8) 石橋湛山 一九四六「憲法改正草案を評す」(石橋 二〇一一、第一三巻、八七-八八頁)。
(9) この原子爆弾をめぐる驚くべき正確な論説で、石橋は原爆が当初、「英国が最初に之れに成功した」と述べている。このことは八月六日の米国スティムソン声明には出てこず、英国アトリー声明のみにある言明であるところから、石橋は、八月六日以後の敗戦の混乱のなか、早くもこの米国と英国両政府の声明の両方を読み込み、この論説を書いていることがわかる。
(10) 石橋湛山 一九七二『石橋湛山全集』第一五巻〔補訂版〕、年譜、二七七-二七八頁。
(11) GHQ民政局『日本の政治的再編成』より。小林直樹 一九六三、五九頁から再引用。
(12) 小林 一九六三、五九頁。
(13) たとえば、一九四八年に来日し、労働基本法の策定に関わった女性学者ヘレン・ミアーズが、占領の状況をつぶさに見て、帰国してから本国のあり方を批判する『アメリカの鏡・日本』(伊藤延司訳、アイネックス、一九九五年)を出版したケース。この本のばあいは、これを読んだマッカーサーが、占領期間、これが日本人の目にふれることはないだろうといい、翻訳を禁じている(三頁)。この本が日本語に訳されるのは著者の没後、一九九五年のことである。原著は絶版で、現在、米国でも入手が困難。
(14) 緒方章宏・古川純 一九七五、所収のグラフ、二四六-二四七頁を参照。
(15) 同前、二四六-二四七頁。

(16)「護憲」の語の初出は、ウェブ検索によれば、読売新聞「26日に本会議上程／労働省設置法案」（四七年二月一六日）、朝日新聞「護憲倒閣懇談会」（四九年七月一四日）。「護憲派」の初出は、読売「護憲派は不参加　憲法公聴会」（六二年一月三〇日）、朝日「護憲派、活発な動き　憲法記念日　政府側の行事なし」（六四年五月三日夕刊）。また、この逆転が生じる五五年一一月の直後の朝日新聞五六年二月四日夕刊には、世論の動向に手応えを感じた社会党指導者による「〝護憲〟を国民運動に」なる車中発言が、一面に出ている（「〝護憲〟を国民運動に　車中で社党鈴木委員長語る」）。

(17) 西 二〇〇四、六五-六六頁、七五頁、注八九（八〇-八一頁）などによる。

(18) 原彬久 二〇〇〇、六七-六八頁。原によると、右派は後年、「この『三原則』の否定に多大のエネルギーを割」く。しかし時すでに遅しで、その試みは「失敗に帰」す。この結果を「何とも皮肉なこと」と原は評している。

(19) 同前、九八-九九頁。

(20) 日本共産党中央委員会 二〇〇三、八二-八四頁。

(21) 吉田が日本社会党の九条に立脚する絶対平和主義と再軍備反対の主張を米国からの要請を拒む理由にしたことについては、〔原 二〇〇〇〕の「吉田と鈴木の〝連携〟」に興味深い挿話が出てくる。同書七六-七八頁を参照。

(22) 久野収・鶴見俊輔 一九五六。

(23) 渡辺京二 一九七六、二一五-二一六頁。

(24) 久野・鶴見 一九五六、一三二頁。

(25) 同前。

(26) 高坂正堯 一九六八、六六-六七頁。
(27) 江藤淳 一九八〇、八九-九二頁。
(28) 中曽根康弘 二〇〇四、一六五頁。
(29) 中曽根作詞のこの歌（「憲法改正の歌」）は、以下こう続く。「占領軍は命令す 若しこの憲法用いずば／天皇の地位請け合わず 涙をのんで国民は／国の前途を憂いつつ マック憲法迎えたり」（第二番）、「十年の時は永くして 自由は今や還りたり／我が憲法を打ち立てて 国の礎築くべき／歴史の責を果さんと 決意は胸に満ち満てり」（第三番、以下略）。
(30) 江藤淳 一九八七、一一頁。
(31) 永井陽之助 一九八五、六〇-六一頁。

第五部

(1) いわば出先の長にすぎない軍人のマッカーサーも、無条件降伏政策の淵源にまつわるバーンズ、トルーマンの認識は共有していなかったと見え、占領開始直後から一貫して早期講和論者としての持論を述べている。たとえば一九四七年二月、米国議会へのメッセージには「歴史は軍事占領というものが一定期間以上は効果をあげえないことを教えている」とある（正村 一九八五、上巻、三九三頁）。
(2) 正村 一九八五、上巻、三九三頁。
(3) 同前、三九四-三九五頁。
(4) 同前、四〇〇-四〇一頁。
(5) 南原繁 一九四九「日本における教育改革の理想」での発言（山口周三 二〇一一より再引用、一九〇－一九一頁）。

（6）平和問題談話会「講和問題についての平和問題談話会声明」（一九五〇年一月一五日）http://www.isc.meiji.ac.jp/~takane/lecture/kokusai/data/hmseimei.htm

（7）山口周三 二〇一一、一九三－一九六頁。山口によれば、一九四八年のケナンも同席した会談で、マッカーサーは、ほかのアジア諸国からの反発、占領の目的との整合性、憲法の戦争放棄に反すると三つの理由をあげ、日本に自衛軍を創設することに反対し、日本の軍事的中立化を主張している。同年一〇月の対日占領政策の変更を定めた国家安全保障会議対日方針（NSC13・2）が現れたときにも、これに反発し、抵抗の構えを見せている。五〇年五月の吉田の曲学阿世発言のあとも、日本の中立継続を希望すると述べ、米誌に日本は「極東のスイス」となるべきだとの持論を再説している。彼は、最終的に（朝鮮戦争勃発の二日前にあたる）五〇年六月二三日のダレスへの回答で、軍事的中立の考えを放棄したと考えられる。

（8）正村 一九八五、上巻、三九八頁。ケナン案は、国防総省のほうからの、日本を対共産主義陣営の軍事的拠点としても活用していくという構想と合致しないことから、採用されなかった。以後、ケナンは冷戦の激化のなかで中庸を模索し、孤立していく。

（9）ドーア 一九九三、一〇二－一〇五頁。

（10）宮村治雄 二〇一一、一六－一七頁、より再引用。

（11）ドーア 一九九三、一〇三－一〇五頁。

（12）南原繁、一九四六年八月二七日貴族院本会議、ドーア 一九九三より再引用、一〇三頁、注iv。

（13）高柳の質問は八月二六日貴族院本会議、九月一三日貴族院委員会での発言から。ドーア 一九九三、一〇四－一〇五頁、注ⅳより再引用。

(14)「一般的国際機構の設立に関する提案」（ダンバートン・オークス提案、一九四四年一〇月七日）、特に第八章「侵略の防止・抑止を含む国際平和・安全保障のための諸調停」の諸規定。

(15) ドーア 一九九三、一〇五－一〇六頁。

(16) 同前、一〇五－一〇六頁。

(17) 同前、一一頁。

(18)「東京新聞」二〇一四年七月三一日、「こちら特報部 日本最大の右派組織 日本会議を検証」。日本会議は、このあと、二〇一四年九月成立の第二次安倍改造内閣の閣僚一九名中一五名までがこの団体のメンバーによって占められたことでも話題になった。

(19)『プライド・運命の瞬間』は一九九八年東映作品。主演の津川雅彦は、二〇一二年、「安倍晋三総理大臣を求める民間人有志の会」発起人に名を連ね、現在、強力な支持者として知られている。

(20)「集団的自衛権行使、限定容認へ」および「集団的自衛権の行使容認に関する見解」（『日本の息吹』二〇一四年八月号、六－七頁）。

(21) 以下441頁までの記述は（ドーア 一九九三）一七二－一七九頁による。

(22) 同前、一七九頁。

(23) カント 一七九五、一六－一七頁。

(24) 山室信一 二〇〇七、七七頁。

(25) 小沢一郎 一九九三、一二二－一二四頁。

(26) 同前、一〇四－一〇五頁。なお、ここで小沢は「普通の国とは何か」と問い、「日本国内でしか通用しないことをいい立てたり」せず「国際社会において当然とされていることを、当然のこととして自らの責任で行うこと」と述べている。しかし、四六年に南原、高柳に言及された国連中心主義は、「日本国内でいわれている（特別な――引用者）こと」を「世界に広める」ことをもって国連との一体化を追求とする積極的なものだった。ちょうど方向転換のための力点が、アクセルとブレーキほどに違っていた。小沢の主張には、このとき、実利をめざすあまりだろうか、憲法の理念の「実行」という観点がほとんど見られない。

(27) アルバート・アインシュタイン 一九四五b「原子力戦か、平和か」I、二二二-二二三頁。

(28) アルバート・アインシュタイン 一九四五a「知識労働者の組織のために」、二一五頁。

(29) アルバート・アインシュタイン 一九四七「国連総会に対する公開状」、一八四頁。

(30) しかしこの会議はその後、核の全面廃絶をめざすラッセルと核の廃絶の不可能性に立ち最小限の核抑止論的立場を取るレオ・シラードなどの対立をはらみ、――シラードはこの会議を去るものの――最終的に、抑止論的なシラードの立場が主流を占め、現在にいたっている。

(31) パグウォッシュ会議はその第一回会議を五七年七月七日に開いているが、IAEAは同年七月二九日に設立された。そしてその第一回大会は同年一〇月に開催されている。

(32) 米国の後に核保有国はソ連（四九年）、英国（五二年）、フランス（六〇年）、中国（六四年）と続き、一九六七年時点で切ると、核保有国はそのまま安保理常任理事国と重なっていた。

(33) 七六年のNPT批准時の外務省条約局外務参事官の感想に、その「七割方の目的は日本とドイツの二国の核武装の途を閉ざすことにあった」との述懐が見られる。『村田良平回想録』下巻、ミネルヴァ書房、二〇〇八年、三一五頁。ロナルド・ドーア 二〇一二、一七三頁より再引用。

(34) 外郭団体の名前は「民主主義研究会」。永井陽之助、蠟山道雄などの識者をメンバーとして、六七年夏に検討が行われた。報告書は、「日本の核政策に関する研究」(1)と(2)。メンバーの一人である蠟山道雄のインタビュー(蠟山道雄 二〇〇〇)によると、結論は、核開発は日本にとって、国際的な孤立をまねき、益なしというもので、国土の狭さ、政治経済機能の集中、実験地域をもたないことなどからも、核戦力の保有は事実上、不可能とされた。
(35) その第一〇条に、異常事態により「自国の至高の利益」が危うくなったばあい「脱退する権利を有する」こと、「三ヶ月前」の通知でそれが可能であること、について明記がある。
(36) 「外交政策企画委員会」の名で「課長クラス以上」、「トップレベル」を集め、六九年五月から九月まで開催された。
(37) 杉田弘毅 二〇〇五、七五-七八頁。そのことは、それを記した文書(「わが国の外交政策大綱」)が九四年に毎日新聞のスクープで明らかにされるまで国民の目から隠されていた。
(38) Jonathan Schell 1984, p. 137.
(39) 孫崎享 二〇一〇、九六-九七頁、久住忠男 一九八三、一一三頁。
(40) カール・レイフランド 二〇〇二(スウェーデン駐日公使)。
(41) ジョセフ・ロートブラット、池田大作 二〇〇六、一八〇-一八一頁。
(42) 大久保賢一 二〇〇六。
(43) アインシュタイン 一九四七、バートランド・ラッセル 一九六一など。
(44) 豊田利幸 一九八三、七三-七五頁。
(45) 同前、七五頁。豊田は、先に続けて、「ここで誤解を避けるために付言するならば、少なくとも初期における相互核抑止論者の意図」は、「核開発競争に歯止めをかける」ことを主眼とするものだったと述べている。むろん豊田の意図はそこにないが、初期の抑止論がその後の「核開発競争」のための抑止論とは違っていたという意味をそこから取りだすことができる。
(46) 同前、五九-六〇頁。
(47) マックスウェル・ブルース、ホルスト・フィッシャー、トーマス・メンサー 一九九三、一二四-一二五頁。
(48) ラッセル 一九六一。
(49) 湯川秀樹 一九六三a。
(50) 湯川秀樹 一九六三b。
(51) 豊田 一九八三、六一頁。
(52) 同前、八九頁。
(53) ドーア 二〇一二、一七一-一七二頁。
(54) 二〇一五年七月、イランの核開発について欧米諸国との合意が成立した。しかし、他方にイスラエルの核保有が「野放し」になっている限り、それも根本的な解決にはつながらないだろうというウォルツの考えに、私自身は説得される。
(55) Kenneth N. Walz 2012. ドーア 二〇一二、一三四-一四一頁より再引用、ほかに一四四頁にも言及あり。
(56) ドーア 二〇一二、二〇五頁。
(57) 同前、二二〇-二二一頁。

(58) 矢部宏治 二〇一四、四〇－五二頁。
(59) 同前、二七六－二七九頁。
(60) 日本会議が二〇一四年八月一五日の「戦没者追悼中央国民集会」で行った声明。日本会議は、「これに反発している中韓両国に対して、我が国への外交的圧力が無意味・無力であることを悟らせるためにも、首相の靖国参拝を是非とも継続されんことを」と述べ、今後も連続参拝すべきだと安倍首相に働きかけた（八月一五日声明〔https://www.nipponkaigi.org/activity/archives/6849〕）。しかし靖国参拝直後には機関誌『日本の息吹』に公式の声明は現れず、大原康男の「安倍首相、初の靖國神社参拝」（二〇一四年二月号）という論評だけが掲載された。
(61) たとえば、白井聡 二〇一三、四八頁。日本の保守派は、国内・アジアに対しては「敗戦」を否認し、米国に対しては「卑屈な臣従」を続ける、という二枚舌で両者の「相互補完」を永続化してきたと著者は語っており、その指摘は現今、説得力をもつが、しかし、目を過去に向ければ、それはせいぜい「失われた二〇年」、とりわけ安倍政権以降のことだとわかるはずである。それ以前、日本がまだ自分に自信をもっているときには「敗戦」をしっかり前提にし、それを組み込んだ戦略が講じられていた。六〇年代から八〇年代までの保守本流の政治、吉田ドクトリンがその好例である。
(62) 加藤典洋 二〇〇七、所収。
(63) 同前、一三二－一三三頁。
(64) 内田樹 二〇〇六。
(65) 同前、一七頁。なお、「おじさん的思考」は内田の二〇〇二年の著書名（『「おじさん」的思考』）。
(66) 同前、三九頁。

(67) リーマン・ショックが二〇〇八年、中国のGDP世界第二位が二〇一〇年のできごとである。
(68) 矢部 二〇一四を参照。
(69) 同前、二七二-二七六頁。
(70) この驚くべき事実は、二〇〇八年、米国公文書の発見によって明らかになった。〔吉田敏浩・新原昭治・末浪靖司 二〇一四〕一三-一四六頁を参照。
(71) これ以後の記述は、〔松宮敏樹 一九九六〕による。著者は、当時フィリピンの地にあった元「赤旗」マニラ特派員。当時のフィリピンの基地撤去の企てを報じたほぼ唯一の日本語著作である。
(72) 米国政府周辺のジャパン・ハンドラーとして名高いのは、アーミテージのほか、アーミテージとよく並んで名前の出る国際政治学者のジョセフ・ナイ、政治学者のマイケル・グリーン、元国務次官補のカート・キャンベル、元国務省東アジア・太平洋局日本部長のケビン・メアなど。大事なことは、彼らが米国内のごく一部の勢力にすぎず、けっして米国市民の分厚い良識を代表しているわけではないという点である。
(73) 松宮 一九九六、一一八-一一九頁。なお、この政治家は、フィリピン交渉団副団長のアルフレド・ベンソン元保健相。ここでの記述は〔松宮 一九九六〕によっている。
(74) 鈴木昭典 一九九五。
(75) 加藤典洋 一九九六、二四七頁。
(76) 本間浩 一九九六、二四頁。
(77) じつは日本政府もこれとまったく同じ手段で、自国民に知らせたくない交渉結果を隠蔽しようとしたことがある。一九八〇年代の日米原子力協定での交渉では、米国側が議会の承認を要する「法的なコミットメント」に基づく合意（treaty）を求めたのに対し、日本政府が、その内容が国会審議にかからず、国民の目にふれない「行政取極」（agreement＝行政協定）の枠で合意することに固執したため、難航した。最終的に日本は米国に「行政取極」方式を呑ませている。いずれのばあいにも、いわば顕教的と密教的の二段構えの隠蔽システムを可能にする巧妙なアイテムとして行政取り決め＝行政協定が用いられている。これについては、〔遠藤哲也 二〇一〇〕に実例あり。詳細は〔加藤典洋 二〇一一〕を参照。一四六－一四八頁。

(78) 鈴木 一九九五、三七頁。

(79) フィリピンはほぼASEAN諸国のなかで「域内のけん引役」（「日本経済新聞」二〇一四年一一月二八日）として高成長のグループに位置し続けている。二〇一三年の前年比GDP成長率は、インドネシア五・八パーセント、ベトナム五・四パーセント、マレーシア四・七パーセント、シンガポール三・九パーセントである。

(80) 「米軍、22年ぶりに比回帰 派遣拡大で新協定署名」、「琉球新報」二〇一四年四月二八日。ryukyushimpo.jp/news/storyid-224458-storytopic-3.html

(81) 波照間陽 二〇一四、一〇頁。

(82) 正式には、こうである。第五一章「この憲章のいかなる規定も、国際連合加盟国に対して武力攻撃が発生した場合には、安全保障理事会が国際の平和及び安全の維持に必要な措置を執るまでの間、個別的又は集団的自衛の固有の権利を害するものではない。（後略）」。

(83) 矢部 二〇一四、二六九－二七〇頁。現在の安保法制論議と混同されないよう、一言断っておく。従来の解釈では、憲法九条が自衛権を認めているると考えるばあいでも、この国連憲章の認める集団的自衛権の行使までは、憲法九条の自衛権は含まない（個別的自衛権＝専守防衛のみ認められる）というのが内閣法制局の見解で、また、それが憲法学の常識の線だった。最大限、広く解釈しても、そこが限界とされていた。それを、集団的自衛権の行使まで、憲法九条が許容していると新たに拡大解釈を行ったのが二〇一四年の閣議決定とそれに連なる二〇一五年の安保法制で、大半の憲法学者は、これを違憲とみなした。これが現在、安保法制の違憲性と呼ばれていることである。今回安倍内閣は、「わが国が……存立を全うするために必要な自衛のための措置を取り得ることは、国家固有の権能の行使として当然」とした砂川事件最高裁大法廷判決を、安保関連法案の合憲性の根拠として、新たに持ち出している。この「砂川判決」とは、最高裁長官田中耕太郎が米国との協議のもとに一九五九年の伊達判決を破棄するために打ち出した、司法部門は日米安保条約のような国の存立に関わることまでは判断しないという「統治行為論」（→533頁）という考え方に立つ判決のことである。これが本文でも述べるように極度に問題を含む判決であることのほかに、駐留米軍の合憲性が争われたこの判決を基準に、憲法九条が集団的自衛権の行使（自衛隊の海外での集団的自衛権による作戦従事）を認めていると強弁すること自体に無理があるというのが、現在の法的な解釈にほかならない。

(84) 矢部 二〇一四、二七四頁。「日本国内で有事、つまり戦争状態になったとアメリカが判断した瞬間、自衛隊は在日米軍の指揮下に入る」という密約のこと。一九五二年七月と五四年二月、吉田首相とダレス米特使のあいだでこの密約が交わされていたことを憲法学者の古関が発見し、発表した（古関彰一「日米会談で甦る三〇年前の密約（上）」『朝日ジャーナル』一九八一年五月二二日号）。その実行機関として日米合同委員会が設置されたというのが矢部の推測である。

(85) 同前、二七四頁。

おわりに

（1）池澤夏樹 二〇一五。
（2）松宮 一九九六、八二頁。
（3）坂本義和 一九五九、三二五-三二六頁。
（4）なお、このことのダブル・スタンダードぶりに「違和感」を表明し、憲法九条と国連憲章との関連に言及している注目すべき憲法学者に山元一がいる。その「解釈改憲は悪か？ 安保法案『違憲論』への違和感」と題するコメントは次で読める。（マイナビニュース The PAGE [2015/07/12] http://news.mynavi.jp/news/2015/07/12/204/）
（5）加藤 一九九七、五七頁。
（6）一九九一年の柄谷らの湾岸戦争反対論は、従来の護憲論を観念的にラディカルにしたポストモダン版であり、他方、北岡の日米同盟リアリズム論は日米協調の軍事的強化の論だった。なかでドーアの『「こうしよう」と言える日本』と同じ九三年刊の小沢の『日本改造計画』での国連中心主義論には、いま読むと象限Aの非米的な国連志向が見てとれるが、当時、小沢は、平和志向の主張でそれを明示するより、「普通の国」という主張でそれを隠す政策展開をしたため、その方向性がドーアの主張と合流することはなかった。事実、ドーアは九三年の著書で小沢に言及しながらも、それを自説と連携しうるものとはみなしていない。
（7）矢部 二〇一四、三九頁。一九四八年三月三日のジョージ・ケナン国務省政策企画室長との会合記録などによる。

(8)　ドーア 一九九三、一九頁。
(9)　柄谷行人は、そこで、こう述べている。カントは「構成的理念と統整的理念」を「区別した。構成的理念とは、それによって現実に創りあげるような理念だと考えて下さい。たとえば、未来社会を設計してそれを実現する。通常、理念と呼ばれているのは、構成的理念ですね。それに対して、統整的理念というのは、けっして実現できないけれども、絶えずそれを目標として、徐々にそれに近づこうとするようなものです。カントが、『目的の国』とか『世界共和国』と呼んだものは、そのような統整的理念です」（柄谷行人 二〇〇九）。
(10)　内田 二〇〇六、一八－一九頁。
(11)　永井 一九八五、六一－六二頁。
(12)　柄谷行人 二〇〇六、二二五頁。

引用文献

1 日本語原文の著作

池澤夏樹 二〇一五「主権回復のために 左折の改憲 考える時」（連載コラム『終わりと始まり』朝日新聞、二〇一五年四月七日夕刊）
石田宜子 一九九七「過ちは 繰返しませぬから——碑文論争の歩み」（『日本原爆論大系』第七巻、一九九九年）
石橋湛山 一九四六「憲法改正草案を評す」『石橋湛山全集』第一三巻、東洋経済新報社、二〇一一年
石橋湛山 一九七二「年譜」『石橋湛山全集』第一五巻、東洋経済新報社、二〇一一年〔補訂版〕
内田樹 二〇〇六「憲法がこのままで何か問題でも?」、内田樹ほか『9条どうでしょう』毎日新聞社、二〇〇六年
江藤淳 一九六〇「ハガティ氏を迎えた羽田デモ」『江藤淳著作集』第六巻、講談社、一九六七年
江藤淳 一九七九『忘れたことと忘れさせられたこと』文藝春秋
江藤淳 一九八〇『一九四六年憲法——その拘束』文藝春秋
江藤淳 一九八三「吉田茂と養子政治」『同時代への視線』PHP研究所、一九八七年
江藤淳 一九八六『日米戦争は終わっていない 宿命の対決——その現在、過去、未来』ネスコ
江藤淳 一九八九『閉ざされた言語空間 占領軍の検閲と戦後日本』文藝春秋

遠藤哲也 二〇一〇「日米原子力協定（一九八八年）の成立経緯と今後の問題点」（『日本国際問題研究所研究報告』二〇一〇年一一月）
大久保賢一 二〇〇六「核兵器の違法性確立のために！」（二〇〇六年五月二五日）http://www.vcn.bc.ca/alpha/arc/speech/WorkshopFOhkuboKenichi-j.htm
大沼保昭編 一九八七『国際法、国際連合と日本』弘文堂
緒方章宏・古川純 一九七五「憲法第9条と平和主義をめぐる国民意識の変遷」（『法律時報』一九七五年一〇月臨時増刊号）
小沢一郎 一九九三『日本改造計画』講談社
小田実 一九六六「平和の倫理と論理」『「難死」の思想』岩波現代文庫、二〇〇八
加藤典洋 一九八五『アメリカの影』講談社文芸文庫、二〇〇九年
加藤典洋 一九九六「チャールズ・ケーディスの思想」『可能性としての戦後以後』岩波書店、一九九九年
加藤典洋 一九九七『敗戦後論』ちくま学芸文庫、二〇一五年
加藤典洋 二〇〇七「戦後から遠く離れて――わたしの憲法九条論」『さようなら、ゴジラたち』岩波書店、二〇一〇年
加藤典洋 二〇一一「祈念と国策」『3・11 死に神に突き飛ばされる』岩波書店
柄谷行人 一九九四『〈戦前〉の思考』文藝春秋
柄谷行人 二〇〇六『世界共和国へ』岩波新書
柄谷行人 二〇〇九「生活クラブとの対話」二〇〇九年五月一一日、柄谷行人公式ウェブサイト http://www.kojinkaratani.com/jp/essay/post-40.html

北岡伸一編 一九九五『戦後日本外交論集』中央公論社
久住忠男 一九八三『核戦略入門――米ソ核支配の手の内を読む』原書房
久野収・鶴見俊輔 一九五六『現代日本の思想』岩波新書
原爆判決（下田事件、下田判決）一九五九、判決全文、東京地方裁判所、昭和三八年一二月七日判決（『下級裁判所民事裁判例集』第一四巻第一二号（二六一 損害賠償請求併合訴訟事件）
憲法問題委員会編 一九六一『憲法を生かすもの』岩波新書
高坂正堯 一九六八『宰相吉田茂』中央公論社
小林直樹 一九六三『日本における憲法動態の分析』岩波書店
坂本義和 一九五九「中立日本の防衛構想――日米安保体制に代るもの」（『「世界」主要論文選 一九四六―一九九五』岩波書店、一九九五年）
重光葵 一九五二『昭和の動乱』下巻、中央公論社
篠田英朗 一九九九「核兵器使用と国際人道法――1996年核兵器使用と使用の威嚇に関する国際司法裁判所勧告的意見を中心にして」（広島大学平和科学研究センター編、IPSHU研究報告シリーズ研究報告第二七号『ポスト冷戦時代の核問題と日本：一九九九―二〇〇〇年度広島大学平和科学研究センタープロジェクト報告書』）
篠原初枝 二〇一〇『国際連盟 世界平和への夢と挫折』中公新書
庄司潤一郎 二〇一一「日本における戦争呼称に関する問題の一考察」（『防衛研究所紀要』第一三巻第三号）
白井聡 二〇一三『永続敗戦論』太田出版

進藤榮一・下河辺元春編　一九八六『芦田均日記』第一巻、岩波書店
杉田弘毅　二〇〇五『検証　非核の選択　核の現場を追う』岩波書店
鈴木昭典　一九九五『日本国憲法を生んだ密室の九日間』創元社
高橋彦博　二〇〇六「錯綜する『護憲』運動論——五十嵐仁著『活憲』を読んで」（『大原社会問題研究所雑誌』五七六号、二〇〇六年一一月）
立花隆　一九八三『宇宙からの帰還』中公文庫、一九八五年
田中康夫　一九八〇『なんとなく、クリスタル』河出文庫、一九八三年
中國新聞社編　一九六六『ヒロシマの記録　年表・資料篇』未來社
手塚千鶴子　二〇〇二「日米の原爆認識——「沈黙」の視点からの一考察」（『異文化コミュニケーション研究』第14号）
寺田俊郎　二〇一〇「あるアメリカ人哲学者の原子爆弾投下批判」（『PRIME』三一号、二〇一〇年三月）
ロナルド・ドーア　一九九三『「こうしよう」と言える日本』朝日新聞社
ロナルド・ドーア　二〇一二『日本の転機——米中の狭間でどう生き残るか』ちくま新書
豊田利幸　一九八三『新・核戦略批判』岩波新書
永井陽之助　一九八五『現代と戦略』文藝春秋
中曽根康弘　二〇〇四『自省録——歴史法廷の被告として』新潮社
中村秀之　二〇一四『敗者の身ぶり——ポスト占領期の日本映画』岩波書店
南原繁研究会編　二〇一一『南原繁と日本国憲法——天皇制と戦争放棄とをめぐって』EDITEX
西修　二〇〇四「憲法9条の成立経緯」（『駒澤大学法学部研究紀要』六二号）

日本会議 二〇一四「集団的自衛権の行使容認に関する見解」(『日本の息吹』二〇一四年八月号)
日本共産党中央委員会 二〇〇三『日本共産党の八十年 1922~2002』日本共産党中央委員会出版局
長谷川毅 二〇〇六『暗闘——スターリン、トルーマンと日本降伏』中央公論新社
波照間陽 二〇一四「米比防衛協力強化協定の概要と締結の背景」(『沖縄県危機管理・安全保障研究シリーズ』二〇一四年五月)
原彬久 二〇〇〇『戦後史のなかの日本社会党』中公新書
平岡敬 一九九五「国際司法裁判所における広島市長の陳述」(『日本原爆論大系』第六巻、一九九九年)
深田祐介 二〇〇四『大東亜会議の真実』PHP新書
福田和也 二〇〇一『地ひらく——石原莞爾と昭和の夢』文藝春秋
藤田宏郎 二〇〇七「フランクリン・D・ローズベルトの無条件降伏論」(『甲南法学』第四八巻第一号、二〇〇七年)
船尾章子 一九九五「大正期日本の国際連盟観——パリ講和会議における人種平等提案の形成過程が示唆するもの」(『中部大学国際関係学部紀要』中部大学、第一四号、一九九五年)
本間浩 一九九六『在日米軍地位協定』日本評論社
正村公宏 一九八五『戦後史』上下、ちくま文庫、一九九〇年
孫崎享 二〇一〇『日本人のための戦略的思考入門——日米同盟を超えて』祥伝社新書
孫崎享 二〇一二『戦後史の正体』創元社
松宮敏樹 一九九六『こうして米軍基地は撤去された! フィリピンの選択』新日本出版社
三島由紀夫 一九五九『鏡子の家』新潮文庫、一九六四年

宮村治雄 二〇一一「南原繁と日本国憲法――第九〇回帝国議会議事録を読んで」(南原繁研究会 二〇一一 所収)
村田良平 二〇〇八『村田良平回想録』下巻、ミネルヴァ書房
矢部宏治 二〇一四『日本はなぜ、「基地」と「原発」を止められないのか』集英社インターナショナル
山極晃、立花誠逸編 一九九三『資料マンハッタン計画』岡田良之助訳、大月書店
山口周三 二〇一一「南原繁の全面講和論とその背景」(南原繁研究会 二〇一一 所収)
山室信一 二〇〇五『日露戦争の世紀』岩波書店
山室信一 二〇〇七『憲法9条の思想水脈』朝日新聞社
山元一 二〇一五「解釈改憲は悪か? 安保法案『違憲論』への違和感」(マイナビニュース The PAGE [2015/07/12] http://news.mynavi.jp/news/2015/07/12/204/)
湯川秀樹 一九六三「戦争のない一つの世界――世界連邦世界大会を迎えて」『平和への希求』(『湯川秀樹著作集』第五巻) 岩波書店、一九八九年
吉田敏浩・新原昭治・末浪靖司 二〇一四『検証・法治国家崩壊』創元社
吉本隆明 一九五七『高村光太郎』講談社文芸文庫、一九九一年
吉本隆明 一九九四「日本における革命の可能性」『わが「転向」』文藝春秋、一九九五年
蠟山道雄 二〇〇〇 蠟山道雄インタビュー「30年前の『核武装は不可能』の結論は今も生きている」(『SAPIO』二〇〇〇年一月二六日・二月九日号)
渡辺京二 一九七六「戦争と基層民」(『戦争はどのように語られてきたか』河出書房新社、二〇一五年)

2　外国語原文和訳の著作

アルバート・アインシュタイン　一九四五a「知識労働者の組織のために」(アインシュタイン　一九五〇、所収)
アルバート・アインシュタイン　一九四五b「原子力戦か、平和か」I(アインシュタイン　一九五〇、所収)
アルバート・アインシュタイン　一九四七「国連総会に対する公開状」(アインシュタイン　一九五〇、所収)
アルバート・アインシュタイン　一九五〇『晩年に想う』中村誠太郎他訳、日本評論社
ガー・アルペロビッツ　一九九五『原爆投下決断の内幕――悲劇のヒロシマ・ナガサキ』上下、鈴木俊彦他訳、ほるぷ出版
イマヌエル・カント　一七九五『永遠平和のために』宇都宮芳明訳、岩波文庫、一九八五年
ヴォルフガング・シヴェルブシュ　二〇〇一『敗北の文化――敗戦トラウマ・回復・再生』福本義憲ほか訳、法政大学出版局、二〇〇七年
ロバート・シャーウッド　一九四八『ルーズヴェルトとホプキンズ』全二巻、村上光彦訳、みすず書房、一九五七年
オリバー・ストーン、ピーター・カズニック　二〇一三『オリバー・ストーンの語るもう一つのアメリカ史』第一巻、太田直子他訳、早川書房
アンドレ・シフリン　二〇〇七『出版と政治の戦後史――アンドレ・シフリン自伝』高村幸治訳、トラン

スピュー、二〇一二年
孫文 一九二四「大アジア主義」『孫文革命文集』深町英夫編訳、岩波文庫、二〇一一年
ハリー・トルーマン 一九五五―五六『トルーマン回顧録』全二巻、加瀬俊一監修、堀江芳孝訳、恒文社、一九六六年
ジャワハルラル・ネール 一九三四『父が子に語る世界歴史』第三巻、大山聰訳、日本評論新社、一九五四年
ハンキー卿 一九五〇『戦犯裁判の錯誤』長谷川才次訳、時事通信社出版局、一九五二年
ハーバート・ファイス 一九六六『原爆と第二次世界大戦の終結』佐藤栄一ほか訳、南窓社、一九七四年
マックスウェル・ブルース、ホルスト・フィッシャー、トーマス・メンサー 一九九三『核兵器のない世界』の体制――核兵器全廃条約」(ジョセフ・ロートブラットほか編、小沼通二ほか監訳『核兵器のない世界へ』かもがわ出版、一九九五年)
ヘレン・ミアーズ 一九四八『アメリカの鏡・日本』伊藤延司訳、アイネックス、一九九五年
A・J・メイア 一九五九『ウィルソン対レーニン』斉藤孝・木畑洋一訳、岩波現代選書、一九八三年
バートランド・ラッセル 一九六一『人類に未来はあるか?』日高一輝訳、理想社、一九六二年
カール・レイフランド 二〇〇二「新アジェンダ連合による今後の核廃絶の取り組み」二〇〇二年一一月一七日、地球市民フォーラム「核兵器廃絶への新たな挑戦」講演。http://www.swedenabroad.com/SelectImage/9833/NewAgendajp.pdf
ウラジミール・イリイチ・レーニン 一九一七「遠方からの手紙 第四信」『レーニン全集』第二三巻、マルクス=レーニン主義研究所 レーニン全集刊行委員会訳、大月書店、一九五七年

ウラジミール・イリイチ・レーニン　一九二〇「共産主義インタナショナル第二回大会」『レーニン全集』第三一巻、マルクス＝レーニン主義研究所　レーニン全集刊行委員会訳、大月書店、一九五九年
リチャード・ローズ　一九八六『原子爆弾の誕生』上下、神沼二真・渋谷泰一訳、紀伊國屋書店、一九九五年
ジョセフ・ロートブラット、池田大作　二〇〇六『地球平和への探究』潮出版社

3　外国語の著作

Anscomb, G.E.M. 1957, "Mr. Truman's Degree" in *The Collected Philosophical Papers of G.E.M. Anscomb*, vol. III (Ethics, Religion and Politics) Blackwell, 1981, pp. 63–71.
Asada, S. 1997, "The Mushroom Cloud and National Psyches: Japanese and American Perceptions of the Atomic-Bomb Decision, 1945–1995," in L. Hein & M. Selden eds. 1997, *Living with the Bomb: American and Japanese Cultural Conflicts in the Nuclear Age*, Armok.
Byrnes, James F. 1947, *Speaking Frankly*, Harper & Brothers.
Cousins, Norman 1945, "Modern Man Is Obsolete," *Saturday Review of Literature*, August 10, 1945.
Eayrs, James 1994, "The Atlantic Conference and Its Charter," in Brinkley, Douglas and Facey-Crowther, David R. eds. 1994, *The Atlantic Charter*, Macmillan Press.
Eto, Jun 1974, *A Nation Reborn: A Short History of Postwar Japan*, International Society for Educational Information.
Loewenheim, Francis L. et al. eds. 1975, *Roosevelt and Churchill: Their Secret Wartime Correspondence*,

Barrie and Jenkins.

Orwell, Sonia, and Ian Angus, eds. 1970, *The Collected Essays, Journalism and Letters of George Orwell, Vol.4: 1945–1950,* Penguin Books.

Robertson, David 1995, *Sly and Able: A Political Biography of James F. Byrnes*, Norton.

Roosevelt, Elliot 1946, *As He Saw It*, Duell, Sloan and Pcace.

Schell, Jonathan 1984, *The Abolition*, Picador Books.

Spaight, J. M. 1948, *The Atomic Problem: A New Approach,* Arthur Barron.

Stimson, Henry 1945, *Henry Stimson Diary*, http://www.doug-long.com/stimsonx.htm

Stimson, Henry & Bundy, McGeorge 1948, *On Active Service in Peace and War*, Harper & Brothers.

United States Department of State, *Foreign Relations of the United States, Diplomatic Papers, The Conference at Washington, 1941–42, and Casablanca, 1943.* Washington, USGPO, 1968.

Waltz, Kenneth N. "Why Iran Should Get the Bomb," *Foreign Affairs*, Jun/Aug 2012, Vol. 91, Issue 4.

あとがき

これまで発表してきた『アメリカの影』、『敗戦後論』での主張を誰も引き取ってくれないので、ほかに仕方がなく、自分ですべてを引き受けるつもりでもう一度戦後について考えてみた。

もとより歴史家でもないし、政治や外交の専門でもない。ただ、なにものでもないものでなければ考えられないことがある。なにものでもないものでなければ入れない領域がある。誰でもない透明人間になって、戦後をどこまでもどこまでも追いかけたらどこに行くのだろうという興味があった。

これまでのどんな戦後の本よりも大きな眺望を、小さな新書で、という気持ちでこの八カ月間をかけて書いたのだが、その結果がこの本で、こんな分厚い「受験参考書」みたいなものができた。

自分としては気に入っている。

たぶん私の書いた本で一番読みやすいだろう。すぐに読めてしまうだろう。しかし、書かれた内容は大きくて広いはずである。

深いかどうか。それは読んでもらってのお楽しみとしよう。

*

『戦後入門』という表題にはいくつかの意味がこめられている。

一つが、この自分に向けての命名で、再度、自分が入門者になってゼロから戦後について考えてみた。時代小説を読むと道場破りは入門者になって一言、「頼もう」、という。

二つが、この間、英語で九年間、外国人留学生と日本人の学生に「戦後」について講義をしていて痛感したことで、いまや「戦後」にも「入門」書が必要だ。でもそれは、自分が、もし書くなら、もちろん書き下ろしで、とびきりの「入門」書を書いてやろう、と思った。

三つが、一つの反省である。

私は戦後論を書くにあたり、人がどうすれば日本という国に「誇り」を感じることができるか、というようなことはこれまで考えたことがなかった。そう考えることをどこかで軽蔑してきたとすら、いえる。しかし、ロナルド・ドーアは、外交の目的の一つは国民に「誇り」の気持ちを与えることで、その「誇り」とは、外国の新聞などに自分の国が取りあげられるのを見て、ああ、この国に生まれて良かったなと思えることだ、と書いている。これを読んで、私は、ああ、なるほどと思い、教えられた。自分にも、そういう心持ち、ひとかどの飢餓感がたしかにあることに気づいたからである。

また、戦前と戦後の結びつきということでも、似たような反省のときをもった。過去と結びつきを感じたいというのは人間の健全な渇望である。これまで、それをことさらに切断することに力点をおきすぎてきたかもしれない、と感じた。戦前と戦後は断絶している。しかし、それですむなら、世話はない。そのことを残念に思うこころが、「ねじれ」を作る。私たちは、その「ねじれ」をうまく生きる技法、作法を身につけるべきだ、と考えるようになった。

現在の安倍政権の主要な支持母体である日本会議は、その目標を一語で「誇りある国づくり」と述べている。戦前から続く「美しい日本」の歴史と伝統のうえに、日本は正しいという「誇り」ある「国づくり」をめざすというのだが、私はこのようなやり方では、いまの日本に「誇り」は作れないだろうと考えている。これとは別の、戦後の国際秩序にフィットした・そして持続可能（サステイナブル）な・「ねじれ」をうまく生き抜く・「誇りある国づくり」こそが、大切だ。この本にはそのことを書いたつもりである。

そして四つが、現在の自民党政権の暴走に対する怒りである。

ここまで、戦後がことばの剝げチョロけた看板になったことはなかった。しかし、これを基底に、ここを出発点としてはじめられる戦後再建の動きを、「新しい戦後」と呼んでみたい気持ちが私にはある。

この本を、高校生くらいの若い人にも、読んでもらいたい。

大学生にも読んでほしい。

そういうチャレンジの気持ちを、書き手として抑えられない。

そういう人を説得できなければ、日本の平和主義に、未来などないに決まっているからである。

最後に。

今回の本を書くにあたって、私がもっとも励まされ、教えられたのは、イギリス人のロナルド・ドーアと、元編集者の矢部宏治という二人の「部外者」による憲法九条論だった。二人の共通点は、憲法九条の精神をいま生かそうとしたら、それは「護憲」ではなく、「改憲」となる、と見切ったことである。私は、この一点で、彼らに勇気をもらった。お礼をいいたい。

彼らから一番教えられたのは、そのような九条の精神の実行にむけた「改憲」論をささえる、生き生きとした世界観である。ドーアは、なぜ日本は世界のことを考えないのか、といっている。憲法九条は、「日本は世界とともにある。世界とともに生きていく以外に自分をまっとうできない道を選んだのだ」という宣言ではないか。そういう言葉ではないが、そういっている。日本人たちよ、もっと本腰を入れて悲惨のうちにある世界の人々と連帯せよ、と。

また矢部は、沖縄に赴くことで、いま何が必要なのか、ということを日本に関してつかんでいる。彼の基地撤廃条項の九条への書き込みというアイディアはフィリピンに学ぶ独立の仕方である。それを彼は沖縄で見つけたのだと私は思っている。そこからは彼の声が聞こえる。沖縄と連帯しようとすれば世界につながる。護憲ですむのか、と。

矢部の本を読んだ池澤夏樹は、この本の真価は改憲の提案にある、と評している。そしていまは、直進の「護憲」ではなく「左折の改憲」が必要なのかもしれないと書いた。そのコラムの最後のくだりは、こうだ。

「さあ、どうするか」

私の答えは、こうである。

「もう護憲では足りない。左折の改憲を」

＊

一冊の本を書き下ろすのに、これだけ苦労したこと、苦しんだことは、この二〇年ほどをふり返ってもあまり記憶にない。大学の講義準備、雑務から解放され、「大リーグボール養成ギプス」(©梶原一騎)を外したら、こんな初心の場所が待っていたということか。いやはや。最後の段階で一二〇〇枚になった原稿を三分の二くらいまでダイエットさせる過程が、苛酷であった。

その最後の最後の段階で、私という書き手を作ってくれた人である鶴見俊輔氏の逝去に遭った。

いまの気持ちをいえば、この本はぜひ鶴見さんに読んでいただきたかった。そういう思いであまり休まずに書き続けた。しかし間に合わなかった。そのことを含め、これまで教えていただいた多くのこと、心をかけて下さったさまざまなことがらに対して、深く感謝を捧げたい。

ありがとうございました。

それ以外の言葉は、出てきません。

この本を書き下ろすまで、筑摩書房編集部の増田健史氏に大変お世話になった。この人とは八カ月間をともに苦しみながら歩んだといってよい。また最後の段階で作図で旧知の三宅敏之さんに助けられた。記してお礼を申しあげる。

二〇一五年九月二日

加藤典洋

ちくま新書
1146

戦後入門《せんごにゅうもん》

二〇一五年一〇月一〇日 第一刷発行
二〇二二年 五 月二五日 第八刷発行

著者 加藤典洋(かとう・のりひろ)
発行者 喜入冬子
発行所 株式会社 筑摩書房
東京都台東区蔵前二―五―三 郵便番号一一一―八七五五
電話番号〇三―五六八七―二六〇一(代表)
装幀者 間村俊一
印刷・製本 株式会社 精興社

ISBN978-4-480-06856-9 C0236

ちくま新書

532 靖国問題　高橋哲哉
戦後六十年を経て、なお問題でありつづける「靖国」を、具体的な歴史の場から見直し、それが「国家」の装置としていかなる役割を担ってきたのかを明らかにする。

569 無思想の発見　養老孟司
日本人はなぜ無思想なのか。それはつまり、「ゼロ」のようなものではないか。「無思想の思想」を手がかりに、日本が抱える諸問題を論じ、閉塞した現代に風穴を開ける。

623 １９６８年　絓《すが》秀実
フェミニズム、核家族化、自分さがし、地方の喪失などに刻印された現代社会は「１９６８年」によって生まれた。戦後日本の分岐点となった激しい一年の正体に迫る。

1039 社会契約論 ――ホッブズ、ヒューム、ルソー、ロールズ　重田園江
この社会の起源には何があったのか。ホッブズ、ヒューム、ルソー、ロールズの議論を精密かつ大胆に読みなおし、近代の中心的思想を今に蘇らせる清冽な入門書！

948 日本近代史　坂野潤治
この国が革命に成功し、わずか数十年でめざましい近代化を実現しながら、やがて崩壊へと突き進まざるをえなかったのはなぜか。激動の八〇年を通観し、捉えなおす。

085 日本人はなぜ無宗教なのか　阿満利麿
日本人には神仏とともに生きた長い伝統がある。それなのになぜ現代人は無宗教を標榜し、特定宗派を怖れるのだろうか？　あらためて宗教の意味を問いなおす。

465 憲法と平和を問いなおす　長谷部恭男
情緒論に陥りがちな改憲論議と冷静に向きあうには、そもそも何のための憲法かを問う視点が欠かせない。この国のかたちを決する大問題を考え抜く手がかりを示す。

ちくま新書

594 改憲問題　愛敬浩二

戦後憲法はどう機能してきたか。改正でどんな効果が期待できるのか。改憲論議にはこうした実質を問う視角が欠けている。改憲派の思惑と帰結をクールに斬る一冊！

722 変貌する民主主義　森政稔

民主主義の理想が陳腐なお題目へと堕したのはなぜか。その背景にある現代の思想的変動を解明し、複雑な共存のルールへと変貌する民主主義のリアルな動態を示す。

905 日本の国境問題 ――尖閣・竹島・北方領土　孫崎享

どうしたら、尖閣諸島を守れるか。竹島や北方領土は取り戻せるのか。平和国家・日本の国益に適った安全保障とは何か。国防のための国家戦略が、いまこそ必要だ。

984 日本の転機 ――米中の狭間でどう生き残るか　ロナルド・ドーア

三〇～四〇年後、米中冷戦の進展によって、世界は大きく変わる。太平洋体制と並行して進展する中東の動きを分析し、徹底したリアリズムで日本の経路を描く。

1122 平和憲法の深層　古関彰一

日本国憲法制定の知られざる内幕。そもそも平和憲法は押し付けだったのか。天皇制、沖縄、安全保障……その背後の政治的思惑、軍事戦略、憲法学者の主導権争い。

914 創造的福祉社会 ――「成長」後の社会構想と人間・地域・価値　広井良典

経済成長を追求する時代は終焉を迎えた。「平等と持続可能性と効率性」の関係はどう再定義されるべきか。日本再生の社会像を、理念と政策とを結びつけ構想する。

971 夢の原子力 ――Atoms for Dream　吉見俊哉

戦後日本は、どのように原子力を受け入れたのか。核戦争の「恐怖」から成長の「希望」へと転換する軌跡を、緻密な歴史分析から、ダイナミックに抉り出す。

ちくま新書

545 哲学思考トレーニング 伊勢田哲治

哲学って素人には役立たず？　否、そこは使える知のツールの宝庫。屁理屈や権威にだまされず、筋の通った思考を自分の頭で一段ずつ積み上げてゆく技法を完全伝授！

944 分析哲学講義 青山拓央

現代哲学の全領域に浸透した「分析哲学」。言語のはたらきの分析を通じて世界の仕組みを解き明かすその手法は切れ味抜群だ。哲学史上の優れた議論を素材に説く！

964 科学哲学講義 森田邦久

科学的知識の確実性が問われている今こそ、科学の正しさを支えるものは何かを、根源から問い直さねばならない！　気鋭の若手研究者による科学哲学入門書の決定版。

967 功利主義入門――はじめての倫理学 児玉聡

「よりよい生き方のために常識やルールをきちんと考えなおす」技術としての倫理学において「功利主義」は最有力のツールである。自分で考える人のための入門書。

1060 哲学入門 戸田山和久

言葉の意味とは何か。私たちは自由意志をもつのか。人生に意味はあるか……こうした哲学の中心問題を科学が明らかにした世界像の中で考え抜く、常識破りの入門書。

1119 近代政治哲学――自然・主権・行政 國分功一郎

今日の政治体制は、近代政治哲学が構想したものだ。ならば、その基本概念を検討することで、いまの民主主義体制が抱える欠点も把握できるはず！　渾身の書下し。

1099 日本思想全史 清水正之

外来の宗教や哲学を受け入れ続けてきた日本人。その根底に流れる思想とは何か。古代から現代まで、この国のものの考え方のすべてがわかる、初めての本格的通史。